U0940997

# 中国外交

## China's Foreign Affairs

## 2006年版

中华人民共和国外交部
政 策 研 究 司 编

## 《中国外交》(2006年版) 指导委员会



## 《中国外交》(2006年版) 编辑委员会

# 外交部长序

在多极化、全球化和科技进步的推动下，国际形势和国际关系格局不断变化，和平、发展、合作的时代潮流浩浩荡荡。尽管世界还不很太平，各种问题也层出不穷，但以合作谋和平，以合作促发展，成为越来越多国家的选择。

2005年，中国人民在建设中国特色社会主义道路上继续团结奋斗、开拓进取。我们内求稳定、发展、和谐，外促和平、友谊、合作的努力，体现了世界各国人民的共同愿望。中国为维护世界和平、促进共同发展做出的贡献赢得国际社会高度评价。

《中国外交》一书问世已经20年。2005年是中国外交在很多方面取得重要进展的一年。2006年版《中国外交》力图对2005年中国外交的进展作尽可能周全而又准确的描述。

中国外交独立自主，以和平、发展、合作为宗旨，是为中国经济社会发展和祖国和平统一大业服务、为中国人民和人类进步事业服务的外交。

希望此书能对中外朋友了解日益丰富多彩的中国外交实践有所帮助。

李肇星

2006 年 1 月 10 日

# 目　录

## 第二章　2005 年的中国外交



## 第三章　中国与各建交国家的关系

## 第四章　中国与国际和地区组织的关系

## 第五章　中国外交中的条约法律工作

## 第六章　中国外交中的新闻工作



## 第七章　中国外交中的领事工作

＊ 仅指东亚、东南亚、南亚。—编者

# 第一章

# 2005 年的国际形势

2005 年，国际形势总体趋向缓和，全球化的深入发展推动国际关系深刻演变，和平、发展、合作越来越成为世界的主旋律。与此同时，影响世界和平与发展的不稳定、不确定因素也在增多。如何维护世界和平，促进共同发展，仍是国际社会面临的重大课题。

## 1. 概　述

### (1) 国际形势总体趋缓，热点问题仍未解决

随着国际安全形势的新变化和全球化的深入发展，各国间利益融合和相互依存进一步加深。各国在维护地区安全、打击恐怖主义、维护国际能源市场以及国际贸易基本稳定等方面的共同利益增多，通过对话和协商处理分歧、寻求利益共赢而非“零和”，逐渐成为一种客观要求。

2005 年，几大热点问题继续曲折发展。伊拉克先后举行过渡议会选举、宪法公投和议会选举，但安全形势依然严峻。阿巴斯就任巴勒斯坦民族权力机构主席，以色列沙龙政府实施单边脱离计划，中东和平进程出现新发展。在各方努力下，朝核问题六方会谈在中断 13 个月后复会并发表共同声明，明确了朝鲜半岛无核化目标和谈判解决

的方向。围绕伊朗铀浓缩计划，国际斗争时起时伏，有关各方继续致力于谈判解决。总的看，热点问题并无根本变化，和平解决任重道远。

### (2) 各种国际力量“谋势”意识增强，多边主义在国际关系中的影响上升

2005年，在总体和平的大环境下，世界上各大力量都在谋求更好发展。美继续将反恐、防扩散作为对外政策重点，同时，突出在全球推进其“自由”和“民主”主张。美注重恢复与盟国的合作，在朝核和伊朗核问题上显示一定灵活，主张加强联合国在反恐、维和以及和平重建等方面的作用，加大对非洲贫困等发展问题的关注，重视应对禽流感等新型非传统安全威胁。美国内政治、经济、社会问题增多，对布什政府对外行动能力产生影响。欧盟内部问题凸现，法国、荷兰公投否决欧盟宪法条约，欧盟一体化建设面临重大挑战。另一方面，欧盟中期预算涉险过关，反映出成员国仍致力于维护欧盟团结和推动欧盟发展的共同愿望。俄罗斯总体形势继续好转，经济保持高增长，普京总统着力推行各项改革，积极开展全方位外交，努力重振俄大国地位。日本借经济复苏势头，加快成为“正常国家”的步伐，进一步密切同美同盟关系，全力争取成为联合国安理会常任理事国。包括中国、印度、巴西、南非等在内的发展中大国影响上升。首届东亚峰会召开，印度、澳大利亚、新西兰正式参与东亚合作进程。

2005年是二战胜利和联合国成立60周年，联合国改革问题突出。“四国集团”、“观点相近国家”、非盟以及其他各方围绕安理会改革问题展开激烈争论，反映了各方均希在新秩序和新规则的形成过程中占据有利地位，拥有更大的发言权。

总的看，各种力量希望在国际舞台上发挥重要作用的意识更趋强烈。各方利益不同，政策取向有差异，矛盾和摩擦不时有新的表现，但合作和协调的需要也在上升，多边主义越来越成为维护和扩大国家利益的重要手段。

### (3) 全球化的深层次影响日益显著

全球化的影响已越来越超出经济领域，深刻触动各国内部政治社会面貌和总体国际关系。世界不同区域、不同国家以及各国内部发展不平衡问题更加突出。南北差距、贫富差距进一步拉大，多数发展中国家在全球化进程中继续处于不利地位，非洲等地区最不发达国家被边缘化趋势仍在发展。同时，全球化对发达国家的冲击也日益显著，发达国家内部“反全球化”运动进一步加强。大国内部社会矛盾扩大，政治、社会、经济发展方

面的棘手问题增多，推行社会、经济变革的任务更加紧迫。

在上述背景下出现的一个突出现象是：一国的内政与外交的互动更加密切；一国的国内经济社会发展在对外关系中的反映更加迅速；国际形势和国际关系的变化对各国内部事务的影响也更加直接。

### (4) 非传统安全问题对国际事务的影响显著上升

2005年，国际恐怖主义活动依然猖獗，范围进一步扩大。英国伦敦、印度新德里、约旦安曼等地相继发生大规模恐怖事件。恐怖袭击活动出现了分散化、隐蔽化和本地化等新特点。继2004年底印度洋海啸之后，美国“卡特里娜”飓风和南亚大地震等自然灾害造成巨大损失，全球爆发新一轮高致病性禽流感疫情引起国际社会高度关注，气候变化、环境污染等各种形式的全球性、跨国性问题更加突出。随着国际社会的联系日益紧密，这些问题的影响更加广泛，连带效应更加明显，与各国的切身利益更加休戚相关，对人类的可持续发展构成严峻挑战。各国对非传统安全问题的认识加深，通过国际合作维护共同安全环境的意识在加强。非传统安全问题已经成为双边关系和多边框架内的重要议题，成为国家间合作的重要领域。

### (5) 世界经济继续增长，但发展不平衡问题突出

美国经济继续较快增长，欧洲经济增长低于去年水平，日本经济进入稳步增长轨道。亚洲仍是全球经济增长最快地区，非洲、拉美、中东和独联体经济也保持了较快发展势头。中国、印度等发展中大国经济增长强劲。

世界经济发展不平衡问题更加突出。地区不平衡加大，全球性国际收支失衡状况加剧。发达国家经济结构性问题依然突出。发展中国家经济总体实力上升，但南北差距继续扩大。区域经济合作继续推进。与东盟有关的多种地区自贸安排正加紧推进。美洲地区自贸区建设取得进展。非洲区域一体化迈出新步伐。

全球贸易额较上年增长6.5%。世贸组织多哈回合谈判取得一定突破，但全球范围内的经贸摩擦呈上升趋势。国际直接投资继续保持增长，世界范围内产业转移方兴未艾，新的全球产业分工体系已具雏形，发展中国家间的产业转移明显增加。

国际市场石油价格大幅上涨，原油期货价格两度突破70美元/桶大关，铁矿石、铜矿石、天然气等原材料价格也普遍上扬，给世界经济带来负面影响。

# 2. 全球各地区形势

## (1) 亚洲地区形势

2005 年，亚洲形势总体保持稳定，经济发展呈现较强活力，协调与合作是本地区多数国家的政策取向。

大国关系总体稳定，相互协作意识增强。中美建设性合作关系继续发展，双方在朝鲜半岛核问题、反恐、防扩散、防控传染病等问题上保持沟通与合作。中俄战略协作伙伴关系取得新的进展。中印建立“面向和平与繁荣的战略合作伙伴关系”。

地区热点问题趋向缓和。朝鲜半岛核问题六方会谈取得重要阶段性进展，各方发表共同声明，确认了朝鲜半岛无核化的目标。朝鲜半岛南北方交流与合作进一步扩大。印度与巴基斯坦关系继续缓和，双方宣布和平进程不可逆转。阿富汗和平重建取得积极进展。

亚洲经济克服了油价高涨、印度洋海啸和禽流感疫情等不利影响，经济基本面总体良好。不少国家经济结构调整与改革初显成效，私人投资与消费需求不断增长。日本经济复苏势头进一步增强。

区域合作取得新的突破，呈现全面发展的态势。东盟稳步推进共同体建设，启动制定《东盟宪章》，加快推进与其他国家的自贸区谈判。东盟与中日韩（10+3）领导人会议确定“10+3”为推进东亚共同体建设的主渠道。首届东亚峰会召开，确认东亚峰会今后将每年举行，并与其他对话与合作机制共同在地区一体化进程中发挥重要作用。南盟确定 2006 年 1 月启动南盟自贸区进程。亚非峰会、亚洲—中东对话相继举行，亚洲国家建立了新的跨区域合作平台。各方日益重视并推动东盟地区论坛等非传统安全领域对话与合作。

另一方面，影响本地区和平与发展的复杂因素依然存在，传统与非传统安全问题交织。日本领导人坚持参拜靖国神社，严重伤害包括中国、韩国在内的亚洲受害国人民的感情。朝鲜半岛核问题的发展走向仍存在较多变数。恐怖主义、分离主义和极端主义活动相当猖獗。贫困和发展不平衡问题依然存在。重大自然灾害和严重疫病给本地区人民的生命财产安全造成重大损失，对各国的经济发展与社会稳定构成威胁。

## （2）西亚北非地区形势

2005 年，西亚北非地区形势持续动荡，对国际形势产生深刻影响。

伊拉克重建进程继续曲折推进。1 月 30 日，伊拉克举行大选，产生由 275 人组成的过渡议会，在经历近三个月的磋商后，于 4 月组建过渡政府。8 月 28 日，伊拉克出台永久宪法草案，并于 10 月 15 日在全民公决中通过。12 月 15 日，伊拉克举行正式议会大选。安全形势未有根本改观。受安全形势等因素影响，许多重建项目难以启动。

国际社会仍十分关注伊问题，重视参与伊重建。联合国向伊政治重建进程提供了大量技术支持。伊总统、总理和外长等接连出访周边邻国和一些重要国家。10 月，阿盟秘书长穆萨访伊。11 月，伊拉克民族和睦大会预备会议在埃及首都开罗召开。

中东和平进程乍暖还寒。1 月 10 日，阿巴斯当选巴勒斯坦新领导人。2 月 8 日，巴勒斯坦和以色列达成停火协议。8 月 15 日，以色列开始单方面执行“脱离计划”，并于 9 月下旬完成。但由于双方均受内部反和势力制约，“以暴易暴”行动不断，导致双方和谈重陷僵局。同时，以内部分歧加剧，矛盾激化。11 月 21 日，以总理沙龙宣布解散议会，提前举行大选，同时退出执政的利库德集团，组建新党——前进党。国际社会也没有解决巴以问题的新思路，缺乏推动巴以和谈的手段，“路线图”计划停滞。巴以问题处于重要十字路口，面临新一轮考验。

与此同时，地区其他热点问题出现新变化。伊朗核问题升温。6 月，艾哈迈德·内贾德当选伊朗总统，伊朗坚持不放弃和平利用核能的权利，并于 8 月重启铀转换装置，与欧盟谈判陷入僵局。叙利亚问题迅速成为中东新热点。2 月，黎巴嫩前总理哈里里遇刺身亡，叙利亚被迫从黎撤军。安理会随后通过第 1595、1636、1644 号决议，叙面临巨大压力。苏丹政府与南方“苏丹人民解放运动”签署《全面和平协议》，达尔富尔问题谈判时断时续，北南问题与达尔富尔问题相互交织、影响。

地区恐怖主义活动呈现扩大化趋势，埃及和约旦等国均发生恐怖袭击事件。地区恐怖活动频繁对地区稳定产生消极影响。

受诸多因素影响，美国“大中东计划”推进步伐放缓，调门降低，手段也更趋多样。

地区国家因形势变化，继续调整内外政策。3 月，阿拉伯国家联盟第 17 届首脑会议通过了关于改革阿盟的计划，决定成立阿拉伯联盟议会。12 月，海湾合作委员会首脑会议继续推进经济一体化进程。得益于国际高油价，地区产油国经济持续增长，能源和其他基础设施建设力度加大，带动地区国家继续调整经济结构。

### （3）撒哈拉以南非洲地区形势

2005年，撒哈拉以南非洲地区在和平与发展问题上取得积极进展，政治和安全形势进一步改善，经济保持恢复性增长，外交凸显集体影响力，与国际社会合作呈现新态势。

非洲总体局势继续朝和平稳定的方向发展。布隆迪顺利完成和平过渡，大湖地区形势显著改善；索马里过渡政权重返本土；塞拉利昂、利比里亚战后重建继续推进。刚果（金）、科特迪瓦等热点问题得到控制，未对地区和平局面形成冲击。津巴布韦、多哥、埃塞俄比亚、坦桑尼亚等13国举行选举。部分选举竞争激烈，有的甚至引发暴力冲突，但总体上看，多党选举制度开始更多融入非洲本土特色，对政局的冲击明显减弱。非洲联盟依托次区域组织和地区大国，悉力斡旋科特迪瓦、苏丹达尔富尔、刚果（金）、索马里、多哥等问题，向苏丹和刚果（金）部署维和部队，在维护地区和平与稳定中的主导作用和权威得到公认。非洲国家联合自强的政治意愿进一步上升，自主解决内部事务的能力有所增强。但非洲总体和平与动荡隐忧并存，形势根本好转将是一个长期、渐进的过程。

非洲经济连续第11年保持恢复性增长，2005年，全非增长4.5%，黑非洲4.1%。宏观经济形势续有改善，多数国家预算赤字继续减小，占国内生产总值的比例平均降至0.9%，通膨率保持在6.6%的较低水平。非洲努力推行“非洲发展新伙伴计划”，对内建立健全宏观调控，加强良治建设，对外大力争取国际社会为非洲发展提供帮助，经济发展的内外环境改善。经济一体化在次区域经济合作层面上缓步发展，东非共同体启动关税同盟，南部非洲发展共同体实现区内人员自由流动，东南非共同市场和西非国家经济共同体分别设定关税同盟时间表。非洲经济正逐渐步入良性轨道，但“有增长、少发展”、地区发展不平衡等问题依旧突出，总体积贫积弱的局面没有根本改观。

国际社会对非洲关注和重视上升，非洲对外关系较前活跃。一方面，围绕安理会改革问题，非盟形成并坚持以“埃祖尔维尼共识”为核心的共同立场，备受各方重视。外部力量对非洲重要性的认识转趋积极，从政治上和战略上更加重视非洲，开始检讨和调整对非战略。美国内重视非洲的呼声渐高，欧盟酝酿对非新战略，英国倡导的“非洲委员会”较为活跃。另一方面，关注发展日益成为国际社会的一面旗帜，各方对非洲发展问题的关注和投入增加。西方国家纷纷推出力度空前的援非举措。美、英、法、德、意、日等国均承诺近年内实现对非援助翻番。“八国集团”宣布

减免包括14个非洲国家在内的18个重债穷国400亿美元债务，并承诺在2010年前对非援助每年增加至少250亿美元。巴黎俱乐部承诺减免尼日利亚180亿美元债务。非洲在倚重发达国家的同时，更加重视开展南南合作。南非等发起并积极参与亚非峰会，推动建立亚非新型伙伴关系。不少非洲国家希望借鉴亚洲经济成功经验，纷纷提出“向东看”战略。

## （4）独联体地区形势

2005年，独联体地区形势总体稳定，局部紧张。

俄罗斯当局继续推进政治、社会、经济改革，强化垂直权力体系，刺激经济发展，维护国内稳定。车臣通过新宪法并顺利举行议会选举，马斯哈多夫等多名叛军要员被捕或被击毙。车臣和平与重建进程取得重大进展。

吉尔吉斯斯坦、摩尔多瓦、哈萨克斯坦、塔吉克斯坦、阿塞拜疆分别举行总统或议会选举，国内政治斗争升温。吉政局剧烈动荡并引发非正常政权更迭。乌兹别克斯坦爆发“安集延”事件后，乌与美西方关系紧张，关闭了境内的美国空军汉纳巴德基地，与俄罗斯签署了联盟关系条约，加入欧亚经济共同体。

独联体一体化面临挑战。8月，该组织在喀山举行峰会，提出改革独联体。土库曼斯坦放弃成员国地位，转为联系成员国。“古阿姆”集团召开基希讷乌峰会，发表《民主、发展与稳定宣言》和《建设从波罗的海到黑海的民主联合声明》。年底，乌克兰、摩尔多瓦、格鲁吉亚及部分东欧国家在基辅召开“民主选择共同体”成立大会。

独联体多数国家保持经济增长势头。地区全年国内生产总值（GDP）增长率约为6%，其中俄罗斯经济连续七年增长，增幅约为6.4%，GDP预计6100亿美元，阿塞拜疆、亚美尼亚的增幅在两位数以上。乌克兰、格鲁吉亚经济增长速度放缓，吉尔吉斯斯坦下降0.4%。得益于国际能源价格上涨，俄、哈等国石油出口收入增加，但多数国家在改善经济结构、提高经济发展质量、吸收外资方面还面临诸多困难。

## （5）欧洲地区形势

2005年，欧洲地区形势在总体稳定中发生深刻变化。

### 欧洲政治与安全局势

2005年，欧洲各国政局总体稳定，但政府更迭、重组明显增多。德国、英国、波兰、葡萄牙、保加利亚、挪威、丹麦、阿尔巴尼亚等国举行了议会选举。除英国、丹麦外，其他各国执政党纷纷败选，政坛左右易位。德国新政府组成一波三折，最终由联盟党和社民党共同组建了“大联合政府”。英国工党虽然胜选连任，但在议会中的优势削弱。《欧洲宪法条约》公投失败后，法国政府改组。

伦敦恐怖袭击事件、法国社会骚乱、禽流感等新安全威胁上升，促使欧盟加强合作。科索沃最终地位、塞尔维亚和黑山（塞黑）统分之争、波斯尼亚和黑塞哥维那（波黑）修宪等问题提上日程。西巴尔干地区局势依然敏感、复杂。

### 欧洲经济和欧元

欧盟经济持续不振，增长明显回落。2005年欧盟及欧元区增长分别约为1.6%和1.3%，低于2004年，未实现年初预期的持续复苏。物价水平总体保持稳定，但受国际油价上涨等因素的影响，欧盟和欧元的通膨率分别为2.6%和2.3%。财政赤字继续攀升，占国内生产总值的3%。欧盟平均失业率为8.6%，虽略有下降，但成员国间的差别拉大，英国及北欧国家的失业率在5%左右，法国、德国和南欧国家则在9~10%左右。内需增长疲软是经济增长乏力的主要原因。

年初，欧元对美元汇率创下1:1.36的历史高点，之后开始持续走软，年底降至1:1.20。美国持续加息，欧美经济增速和利率差异增大，法国、荷兰公投否决《欧洲宪法条约》等经济、政治因素对欧元汇率波动产生一定影响。

### 欧盟一体化建设

欧盟在加速深化和扩大的同时，内部问题不断聚积。一体化建设面临重大考验，进入调整发展的新阶段。

法国、荷兰公投否决《欧洲宪法条约》。5月29日和6月1日，法国和荷兰分别举行了关于批准《欧洲宪法条约》的全民公决，两国公众分别以54.9%和63%的多数予以否决。英国、丹麦、爱尔兰、捷克等国纷纷宣布推迟公投日期。6月，欧盟首脑会议被迫决定推迟《欧盟宪法条约》的最后批准期限。

欧盟通过中期预算。由于各成员国利益分歧难以弥合，欧盟6月首脑会议未能通过2007~2013年财政预算。12月，欧盟首脑会议经过艰苦谈判，最终就该预算达成协议，结束了长达半年的“预算危机”。该预算总额为8624亿欧元，占欧盟国民总收入的1.05%。

欧盟安全与防务建设取得新进展。英国、法国、意大利三国完成三个战斗群的组建，欧盟战斗群计划初步实现。欧洲军备局正式投入运转，机构建设取得实质性进展。欧盟正在实施包括波黑军事行动、达尔富尔支援非盟行动等对外行动。

稳步向东南欧扩大。4月，欧盟与罗马尼亚、保加利亚签署入盟条约，

决定于2007年1月正式吸收两国入盟。10月，欧盟与克罗地亚、土耳其开始进行入盟谈判。10月和11月，欧盟分别与塞黑、波黑就签署《稳定与联系协议》展开谈判。12月，欧盟决定给予马其顿入盟候选国地位。

欧盟扩大到25国后，原有的利益平衡被打破，成员国间责权利再分配矛盾加剧，政策协调难度加大。欧洲经济社会发展模式与经济全球化趋势不相适应的一面日益明显。各国在欧盟发展模式和方向上分歧增多。但欧洲联合是总趋势，一体化进程没有逆转。欧盟已就重启“里斯本战略”达成共识，着力推进经济社会改革和以制宪为核心的政治一体化，继续推进共同外交与安全政策建设，扩大进程仍在继续。

欧美、欧俄关系

欧美在反恐、防扩散及中东等热点问题上协调配合，并针对中国、俄罗斯等大国加强战略协调与对话。2月，美国总统布什访问比利时、德国、斯洛伐克，并分别与欧盟和北约成员国领导人举行峰会。5月，布什总统访问拉脱维亚和荷兰，并会见了波罗的海三国领导人。6月，欧盟与美国共同举办伊拉克问题国际会议。12月，美国国务卿赖斯访问德国、罗马尼亚、比利时，强调欧美合作的重要性。欧美在改善关系的同时，分歧和矛盾依然存在。有关美国中央情报局利用欧洲转运恐怖嫌犯，并在部分中东欧国家设立秘密监狱的报道引起欧洲强烈反应。

欧盟与俄罗斯关系继续稳定发展。3月，法国、德国、俄罗斯和西班牙举行首脑会议，就欧俄关系、伊拉克、伊朗核、黎巴嫩等重大问题交换意见，协调立场。5月，欧俄第15次峰会签署了旨在推动建立经济、自由安全与司法、外部安全和科教文四大“共同空间”的“路线图”协议。10月，欧俄第16次峰会在推进和落实“路线图”方面取得新进展，双方决定加强在经贸、能源、运输、农业、环境等领域合作，就便利签证问题达成一致。但欧盟及其成员国对俄未来发展走向仍有疑虑，继续关注独联体内热点问题、人权、民主等问题。

北　约

2005年，北约转型继续稳步推进，对外活动积极、活跃。4月，北约与俄签署部队地位协议，规定了北约与俄部队在对方领土上参加反恐、维和行动和演习以及过境等方面的法律问题。4月，北约决定建立与欧盟定期非正式外长会议机制，以加强两组织间的协调。6月，北约决定应非洲联盟的要求，为苏丹达尔富尔维和行动提供后勤支持。9月、10月，北约分别为美国“卡特里娜”飓风灾区和巴基斯坦地震灾区提供了紧急人道主义救援。

欧盟与发展中国家关系

欧盟关注非洲地区局势，积极参与在非洲的国际维和行动。7月，欧盟向非盟在达尔富尔地区的维和部队提供军事和民事支持，包括提供后勤支援、派遣军事观察员、培训军队和警察等。10 月，欧盟委员会通过《对非洲战略》，提出帮助非洲国家实现联合国“千年发展目标”的行动框架。

积极参与印度洋海啸的救灾工作。欧盟及成员国的捐款总额达 15 亿欧元。欧盟积极倡议国际社会减免受灾国债务或对债务进行重新安排，并提议建立地区和全球范围的地震海啸预警机制。

深化欧印战略伙伴关系。9 月，欧盟—印度举行第六次峰会，发表了《联合行动计划》等文件，为欧印关系未来稳定发展提供了框架。

加强与地中海国家关系。11 月，首次欧盟—地中海国家峰会举行，通过了反恐行为准则和五年行动计划。重申在 2010 年前建成欧盟—地中海自由贸易区。

## （6）北美大洋洲地区形势

2005 年，美国总统布什进入第二任期。布什政府大力推进以各项制度改革为核心的内政施政。推动社会保障制度改革，要求将社保部分私有化；继续推进减税，敦促国会将减税政策永久化并简化税制，以刺激经济增长，创造就业；推进能源改革，签署《2005 能源政策法》；推动国会通过并签署美国与中美洲自由贸易协定；签署《2004 情报改革及防止恐怖主义法》，加强各情报机构的整合，强化国土安全；提名保守派法官填补联邦最高法院的空缺，并在干细胞研究、同性恋婚姻等社会问题上坚持保守立场。

美国经济保持稳健增长，四季度增长率分别为 3.8%、3.3%、4.1% 和 1.6%。消费支出继续增长，企业投资增加，劳动生产率持续提升，就业市场好转。美联储年内八次调高联邦基金利率。同时，美国经济存在双赤字、高油价等隐忧。

2005 年，布什政府对外交政策进行了一定调整。

在中东地区，美国重点推动伊拉克政治、经济重建取得进展。在伊保持 13 万驻军，力求确保临时议会选举、出台宪法草案并举行全民公决、正式议会选举等顺利进行。但伊国内安全局势持续动荡，美军伤亡有增无减，美国内反战声浪高涨。美国推进对伊政策仍面临困难。在伊朗核问题上，美国通过国际原子能机构等途径加大对伊朗施压，并竭力推动将该问题提交安理会。美国尽力将巴以冲突维持在可控范围内，着手应对后阿拉法特时代的地区局势。

美国与俄罗斯关系总体稳定，但矛盾加剧。美一方面重视同俄在反

恐、防扩散、中东等问题上的合作，另一方面加大对俄内政施压，指责俄民主倒退，公开支持俄国内反对派，并在俄周边策动“颜色革命”。美国从政治、经济、安全和军事等领域全面实施大中亚战略，并积极插手里海事务，支持开通巴库—杰伊汉石油管道，支持“古阿姆”集团。

美国与欧盟关系深入调整，政治气氛改善。双方加强在反恐、防扩散等领域合作，但在对外战略、对国际秩序的看法等问题上仍存在深层次矛盾。

在亚太地区，美国提升与印度的关系，接待印总理辛格对美进行国事访问，加强军事合作，启动民用核能合作。美国加大对东南亚投入，巩固与菲律宾、泰国、新加坡等盟友的关系，恢复与印度尼西亚的军事安全合作，拉近与越南等国的关系。美国并加大对亚洲区域合作的关注与投入。在朝鲜半岛核问题上，美国在表示以外交谈判解决的同时，对朝保持压力。公开承认朝主权，重申不入侵朝或对其实施军事打击，增加与朝双边接触，在第四轮六方会谈中与朝等各方发表共同声明，参加第五轮六方会谈第一阶段会议。另一方面，通过朝鲜人权法案，并对朝实施金融制裁。

美国注意巩固与深化在拉美地区的影响，但效果有限。美国推动美洲自由贸易区建设的努力未取得明显成果。

美国对非洲重视程度上升，在促进经济发展、维护地区稳定、缓解人道危机等方面加大投入，重点推动解决苏丹达尔富尔问题。

2005年，加拿大政局不稳定因素增加。总理马丁领导的自由党政府在议会处于少数党地位，多方受制于反对党。受“联邦广告宣传赞助计划”丑闻案影响，自由党民意支持率持续下降。11月28日，加拿大众议院以171票比133票通过了反对党保守党提出的对自由党政府的不信任案，马丁政府被迫下台，加拿大将于2006年1月23日举行联邦大选。

加拿大经济稳中有升。2004/2005财政年度，实现了连续第八年财政盈余。2005年，出口稳定增长，加元对美元汇率保持上升势头，失业率持续下降，一度降至30年来最低水平。国际能源价格上涨为加拿大能源产业带来了巨大利益，进一步刺激了经济增长。2005年，加拿大国内生产总值增长幅度为3.2%，预计在2005/2006财年继续保持财政盈余。

加拿大外交较活跃。4月，加拿大外交部发表了题为《在世界上扮演令人骄傲和有影响力的角色》的“对外政策声明”，从外交、国防、发展和商业四个方面系统阐述其对外政策。加拿大积极改善因伊拉克战争受损的加美关系，同时加强与亚洲国家的关系。马丁总理年初访问了中国、日本、印度等多个亚洲国家，并积极参与印度洋海啸救灾和重建。加拿大重视联合国作用，积极参与联合国在海地等国开展的维和行动，并努力推动全球在气候变化、卫生等领域的合作。

2005 年，澳大利亚、新西兰政局稳定，经济增长势头良好。霍华德政府进一步推动澳电讯公司私有化、劳资关系、财税分配体制等改革，预计经济增长达 2.5%。采取实质步骤加大反恐投入，制定反恐立法。新西兰举行全国大选，工党蝉联执政，与进步党组成少数联合政府。经济继续保持增长，预计增长率为 3.1%。澳继续巩固与美、日同盟关系，大力发展同亚洲国家关系。澳、新积极参与区域合作进程，参加首届东亚峰会。两国积极推进“太平洋计划”，促进南太地区稳定和经济发展。

2005 年，南太地区形势总体稳定，一些热点问题逐步得到解决。巴布亚新几内亚布干维尔自治政府 6 月正式成立，布和平进程取得重大进展；在澳大利亚、新西兰领导的地区援助团的干预下，所罗门群岛局势日趋稳定。

区域合作取得新进展，10 月，太平洋岛国论坛首脑会议通过了“太平洋计划”及其路线图，确立了经济增长、可持续发展、良政和安全四大支柱，标志着论坛国家在整合地区资源、推进区域一体化道路上迈出了重要一步。

一些岛国社会深层次矛盾仍然比较突出，经济发展困难很多，贫困、跨国犯罪、气候变化、重大传染性疾病等非传统安全威胁有所上升。斐济、萨摩亚等国将于 2006 年举行大选，党派竞争趋于激烈；汤加爆发大规模公务员罢工，王室面临挑战增多；瓦努阿图等国政治力量分化组合比较频繁，不稳定因素仍然存在。一些岛国经济形势恶化，在经济全球化浪潮中有被进一步边缘化的危险，对外援依赖进一步加深。

### （7）拉丁美洲和加勒比地区形势

2005 年，拉美形势总体保持稳定，但局部严重动荡，政治格局变化日益明显。各国普遍采取稳健、务实政策，更加重视解决社会问题，竭力避免激化社会矛盾。多国大选顺利举行，委内瑞拉局势趋于平稳。但厄瓜多尔和玻利维亚长期积聚的社会矛盾再度爆发，两国总统先后在大规模民众抗议中下台。巴西爆出以贿赂手段拉取选票丑闻，引发政治震荡，政府形象和地位严重受损。拉美国家对自身发展道路进行更深入的反思和探索，经济社会发展失衡问题日益为人们所深切关注，传统政党影响式微，左翼政治力量持续上升，土著民众运动扩大。玻利维亚“争取社会主义运动”领袖埃沃·莫拉莱斯在年底该国举行的大选中以压倒多数胜出，成为该国有史以来的首位土著总统。

地区经济稳定增长，势头良好。巴西继续实行财政紧缩政策，市场环

境持续改善；墨西哥紧紧依靠有利的外部经济环境，力促贸易与投资，拉动经济重显活力；阿根廷成功置换到期债券，债务压力减轻，复苏再添动力；委内瑞拉得益于国际油价上涨，经济继续强劲恢复。总的看，在世界经济景气和自身调整措施的双重作用下，拉美市场信心重振，内需和出口转旺，国际收支状况改善，投资增加，通膨保持稳定水平，就业形势出现好转，实现连续三年增长，2005年增幅可达4%左右，有望形成新一轮稳定增长周期。

多元化外交保持活跃，地区一体化与跨区域合作同步发展；与美国关系保持了合作为主的总体格局，但双方矛盾也有发展。9月，首届南美国家共同体峰会举行，会议确定了南共体的宗旨、组织机制和发展重点，标志着南美一体化进程取得了新的重大进展。首届南美—阿拉伯峰会的举行以及南美—非盟合作意向的出台表明拉美与发展中国家开展跨区域合作迈出了新步伐。10月的伊比利亚美洲首脑会议决定设立会议秘书处，是伊美首脑会议制度化建议取得的新突破。巴西在地区事务中日益发挥重要作用，积极推动跨区域合作，地区大国地位进一步巩固和加强。美国总统布什年内赴阿根廷出席第四届美洲国家首脑会议并顺访巴西和巴拿马，其他多位美政府要员也在年内接踵访问拉美国家，表明美加大了对该地区的关注力度。美与中美洲五国及多米尼加达成自由贸易协议，与秘鲁、哥伦比亚和厄瓜多尔等安第斯三国的自由贸易谈判续有进展。同时拉美国家在一些涉及自身利益的重大问题上也常与美发生龃龉，美在重启美洲自由贸易区谈判、建立美洲国家民主监督机制、强化军事反恐、推选美洲国家组织新任秘书长等诸多问题上未能赢得拉美国家的整体性支持，表明拉美国家独立自主意识进一步增强，美对其影响力有所下降。

## 3. 专题评述

### （1）联合国成立60周年

2005年是联合国成立60周年。60年来，联合国会员国从51个增加到191个，成为最具普遍性和代表性的国际组织。联合国有成功的经验，也有失败的教训，总体上为维护世界和平、促进共同发展发挥了不可替代的作用。60年来，世界上大多数国家和地区享有和平与安宁，未爆发新的世界大战。联合国在实践中建立并发展了维和行动，为促进地区热点问题解决、缓解危机发挥了重要作用。联合国致力于国际军备控制与裁军，同时日益关注防止大规模杀伤性武器扩散、核裁军、防止外空军备竞赛、地雷、小武器等问题，为全球安全做出了贡献。联合国努力促进各国经济和社会发展，以实现“促成大自由中之社会进步及较善之民生”。2000 年 9 月，联合国千年首脑会议发表的《千年宣言》确定了千年发展目标，向贫困、疾病等发展问题宣战。千年发展目标已成为国际发展合作的里程碑。

进入新千年、新世纪，国际形势继续发生深刻变化。各种全球性威胁层出不穷，彼此交织。联合国面临着前所未有的挑战。“9·11”事件和伊拉克战争后，国际社会进一步认识到，在全球化深入发展和各国依存不断加深的情况下，只有坚持多边主义、采取集体行动，才能有效应对威胁和挑战。作为实践多边主义的最佳场所，联合国作用只能加强，联合国权威必须维护。在此情况下，改革并加强联合国作用的呼声高涨，各方普遍希望以联合国成立 60 周年为契机，进一步加强联合国在国际事务中的中心作用。

2003 年，联合国秘书长安南任命“威胁、挑战与变革”高级别名人小组，分析国际社会当前面临的威胁，评估联合国应对这些威胁的能力，并就解决这些威胁提出政策和机构调整的建议。2004 年 12 月，名人小组提出题为《一个更加安全的世界：我们的共同责任》的报告。报告指出了世界面临的持续贫困、环境恶化、恐怖主义、内战、国家间冲突、大规模杀伤性武器扩散和有组织犯罪等六大威胁，提出了应对这些威胁的 101 条建议。2005 年 3 月，联合国秘书长安南提出题为《大自由：实现人人共享的和平、发展与人权》的报告，提出联合国历史上规模最大、最“雄心勃勃”的改革计划。各方在此基础上，就联合国改革相关问题进行了热烈、广泛、深入的讨论和磋商，达成一系列共识。

2005 年 9 月 14～16 日，联合国成立 60 周年首脑会议在纽约联合国总部举行，包括 170 多位国家元首和政府首脑在内的各国代表出席。首脑会议以鼓掌方式一致通过《成果文件》。在《成果文件》中，各国领导人重申对《联合国宪章》宗旨和原则以及国际法的承诺，表示决心按照《联合国宪章》宗旨和原则维护世界和平，建立有效的多边体系，发挥联合国的中心作用；承诺采取具体行动积极应对威胁和挑战，致力于消除威胁和挑战的根源；表示支持联合国将促进经济、社会和环境的可持续发展作为主要活动；强调尊重和理解世界的多样性、宗教和文化多样性。各国领导人表示决心在发展、和平与集体安全、人权与法治、加强联合国四个方面采取具体措施，创建一个更加和平、繁荣、民主的世界。《成果文件》已成为指导联合国未来工作的纲领性文件。

## （2）非传统安全问题引起国际社会关注

2005 年，非传统安全问题对世界的威胁和挑战有所上升。国际恐怖主义活动依然猖獗，世界各地恐怖袭击事件频发，英国、埃及、孟加拉国、印尼、印度和约旦等国相继发生恶性恐怖爆炸事件，袭击范围有所扩大，攻击呈分散化、网络化的特点。印度洋海啸、南亚地震、美国飓风等重大自然灾害给人类带来巨大灾难，造成数十万人遇难，数千亿美元财产损失。艾滋病、禽流感等传播性疾病向全球蔓延，构成人类社会稳定与发展的严峻挑战。此外，非法移民、毒品走私和跨国犯罪等问题随全球化进程的深入进一步突出。非传统安全威胁已成为人类需共同面对的问题，引起国际社会关注。

打击恐怖主义已成为国际社会共识。4 月，联合国大会通过第 13 个国际反恐公约——《制止核恐怖主义行为国际公约》。9 月，联合国安理会通过第 1624 号决议，谴责煽动恐怖主义，要求各国采取措施在法律上禁止煽动恐怖主义行为。一些全球性和地区性组织召开国际会议讨论打击恐怖主义问题。国际反恐合作在双边及包括亚太经合组织、上海合作组织、东盟地区论坛等多边领域内得到了进一步加强。美国、英国、法国、巴基斯坦和有关中亚国家通过相关反恐立法，提高应对恐怖主义的行动能力。

国际社会减灾救灾合作活跃。东盟地震和海啸灾后问题领导人特别会议、联合国小岛屿发展中国家可持续发展国际会议、泰国海啸预警机制区域合作部长级会议以及联合国世界减灾大会等先后举行，提出建立区域海啸预警机制等重要倡议。亚非峰会发表《减灾联合声明》，加强了亚非国家间的防灾救灾合作。美国遭受“卡特里娜”飓风袭击后，包括众多发展中国家在内的上百个国家和国际组织提供各类援助。南亚地震后，联合国召开南亚地震灾区会议，世界多国积极提供援助。

禽流感防控国际合作加强。有关国际组织和国家先后召开“预防禽流感国际合作计划”会议、“全球流感大流行准备——卫生部长级国际会议”、防控人感染高致病性禽流感和应对流感大流行国际研讨会、亚洲禽流感防控合作部长级会议等一系列国际或区域禽流感防控国际会议。各国及相关国际组织互相通报疫情、提供资金和物资援助，技术交流与合作增多。

打击跨国犯罪问题地区合作继续发展。第二届东盟和中国禁毒合作国际会议、第二届东盟与中日韩（10 + 3）打击跨国犯罪部长级会议、首届亚欧会议总检察长会议举行，就打击跨国有组织犯罪、国际合作反腐败、打击国际毒品犯罪等达成共识。

## (3) 朝鲜半岛核问题六方会谈取得重要的阶段性进展

2005 年，在中方积极斡旋和有关各方共同努力下，六方会谈发表首份共同声明，明确了解决朝鲜半岛核问题的总体目标和原则，标志着六方会谈取得重要阶段性进展。

推动举行第四轮六方会谈

新年伊始，朝美尖锐对立，半岛紧张加剧。1 月 18 日，美国候任国务卿赖斯在国会听证会上称朝鲜等国为“暴政前哨”。2 月 10 日，朝外务省发表声明表示，朝将不可避免地无限期中断参加六方会谈。朝已制造了核武器，并将采取措施进一步扩充核武库。朝通过对话协商解决问题的原则立场和实现半岛无核化的最终目标没有变。

为保持和谈进程，中方与有关各方密切磋商，做了大量劝和促谈工作。外交部长李肇星分别应约与美国国务卿赖斯、俄罗斯外长拉夫罗夫、韩国外长潘基文、日本外相町村信孝通电话，并应约会见了来华磋商的六方会谈美方团长希尔和韩方团长宋旻淳，就半岛核问题形势交换意见。

2 月 21 日，国家主席胡锦涛委托访朝的中联部部长王家瑞向朝鲜领导人金正日转达口信，希望避免局势进一步复杂化并早日重开六方会谈。金正日表示，朝方从未反对过六方会谈，只要条件成熟，朝方愿随时回到谈判桌前。

3 月 20～23 日，国家主席胡锦涛、国务院总理温家宝分别会见访华的美国务卿赖斯和朝鲜总理朴凤柱，就重开会谈做美朝工作。赖斯表示，美坚持通过六方会谈以外交方式和平解决问题，承认朝是主权国家，无意侵朝、无意颠覆朝政权。4 月 2～5 日，朝鲜外务省第一副相姜锡柱应邀对中国进行工作访问，国务委员唐家璇和外交部副部长戴秉国分别会见、会谈，双方就半岛核问题深入交换意见。此后，经反复做工作，朝美六方会谈团长 7 月 9 日在北京接触，并就 7 月下旬重开会谈达成协议。

7 月 10 日，胡锦涛主席、温家宝总理、唐家璇国务委员和李肇星外长分别会见访华的美国务卿赖斯，就如何推动新一轮会谈取得进展交换了意见。7 月 12～14 日，胡锦涛主席特别代表、国务委员唐家璇访朝，向金正日转达了胡主席的口信，表示希中朝共同推动六方会谈取得实质性进展。金正日表示，六方会谈机制应成为实现半岛无核化的重要平台，朝方期待下一轮会谈如期举行并取得积极进展。

第四轮六方会谈第一阶段会议

第四轮六方会谈第一阶段会议于 7 月 26 日至 8 月 7 日在北京举行。

中方作为主席国，引导各方协商同意围绕实现半岛无核化制定六方会谈总体目标，然后再研究如何分阶段实施，避免了各方在具体步骤及顺序上纠缠不休。经过反复磋商，各方就六方会谈共同文件大部分内容达成一致。为使各方代表团回国向各自政府报告会议情况，进一步研究各自立场，以解决尚存的分歧，会议决定暂时休会。

第四轮六方会谈第二阶段会议

第四轮六方会谈第二阶段会议于9月13～19日举行。中方积极发挥主席作用，始终坚持公正、平衡立场，耐心细致地做各方工作，并以主席名义提出兼顾各方利益和关切的共同文件方案。经过艰苦谈判，会谈发表首份六方会谈共同声明，体现了各方通过对话和平解决半岛核问题的政治意愿以及合作共赢的精神，标志着会谈取得重要阶段性进展。

推动举行第五轮六方会谈第一阶段会议

10月下旬，中国朝鲜半岛事务大使李滨分别赴朝、美、韩进行工作磋商。10月28～30日，胡锦涛主席对朝鲜进行正式友好访问，与金正日会谈。胡锦涛强调，中方主张坚持半岛无核化的目标，坚持对话和平解决的方向，坚持维护半岛和地区的和平稳定，将同朝方及有关方面共同努力，落实共同声明的总体目标，推动第五轮六方会谈取得新进展。金正日表示，朝鲜坚持半岛无核化，坚持通过对话和平解决问题的立场。共同声明来之不易。朝方将根据已作出的承诺，如期参加第五轮六方会谈。

11月9～11日，第五轮六方会谈第一阶段会议在北京举行。各方围绕如何落实六方会谈共同声明提出了有关方案和思路。会议发表了各方一致同意、基调积极的主席声明。各方重申，将根据“承诺对承诺、行动对行动”原则全面履行共同声明，早日可核查地实现朝鲜半岛无核化目标，维护朝鲜半岛及东北亚地区的持久和平与稳定。各方商定尽快举行第五轮会谈第二阶段会议。

### （4）巴以局势总体缓和，和谈前景变数仍多

2005年，巴以局势总体缓和，双方维持了近7个月的相对平静期，但重启和谈仍受到诸多不确定因素影响。

巴以局势总体缓和，主要表现在：（一）双方领导人均表现出和平意愿。1月9日，巴勒斯坦顺利完成大选，态度温和、务实的马哈茂德·阿巴斯当选巴民族权力机构第二任主席。1月10日，以色列总理沙龙成功组阁，将左翼的工党吸收进联合政府。阿巴斯与沙龙两次会晤，表达了恢复和谈的意愿。（二）双方实现并保持了较长时间的停火。2月8日，在埃及总统胡斯尼·穆巴拉克的倡议和推动下，以、巴、埃、约领导人在埃

及沙姆沙伊赫举行峰会，就巴以停止长达 4 年多的暴力冲突达成协议。此后，以暂停了对巴军事行动，先后释放了 898 名在押巴囚，并向巴移交了杰里科和图勒凯尔姆两城的安全控制权。巴方也采取积极措施：巴民族权力机构与各武装派别就停止对以袭击达成谅解，将原来的 12 个安全机构整合为内政部、安全部队和情报总局三个部门，对违反巴以停火协议者采取行动，并组建专门委员会负责处理遭以通缉的巴武装人员问题等。（三）以顺利完成“脱离计划”。8 月 15 日至 9 月 20 日，在埃及等方面的推动以及巴方的积极配合下，以完成从加沙和约旦河西岸部分地区撤离犹太定居点和军队的“脱离计划”。11 月 15 日，在美国斡旋下，巴以达成《加沙地区通行进出协议》，以同意开放加沙与埃及交界处的拉法口岸以及加沙南部与以交界处的凯雷姆货物口岸，同意巴修建加沙港口，并允诺逐步开放加沙地带农产品向以出口的通道等。25 日，由巴控制、欧盟观察员监督的拉法口岸正式开放。

和谈前景仍面临诸多变数。首先，暴力冲突仍时有发生，严重影响巴以双方建立互信。7 月 12 日，以海滨城市内坦亚遭巴武装人员自杀式爆炸袭击。以随即宣布恢复“定点清除”，一度平静的巴以局势再度紧张，原定的巴以第三次首脑会晤被迫取消。12 月 5 日，内坦亚再次遭袭，以宣称将继续采用“一切可能的方式”来制止巴武装人员的袭击。28 日，以启动“蓝天”军事行动，意图在加沙北部建立军事隔离区，阻止巴武装人员袭击以城市。其次，以色列政局发生重大变化。11 月 20 日，工党新主席佩雷茨宣布工党退出联合政府。21 日，沙龙退出利库德集团，另组“前进党”。12 月 8 日以总统卡察夫宣布解散议会，于 2006 年 3 月 28 日提前举行大选。由于前进党、工党和利库德集团在中东问题上持不同立场，大选后以的和谈政策尚难确定。再次，巴勒斯坦定于 2006 年 1 月举行立法委员会选举。巴勒斯坦民族解放运动（“法塔赫”）与伊斯兰抵抗运动（“哈马斯”）将在巴立法委员会选举中展开激烈竞争，其结果将对巴政局及和谈立场产生重要影响。最后，中东和平“路线图”计划虽为有关各方接受，但执行难度与阻力均较大，国际社会促和强度仍显不足。

### （5）伊朗核问题继续突出

英国、法国、德国（下称“欧盟三国”）与伊朗就伊核问题于 2004 年 11 月在巴黎达成协议，伊朗承诺暂停所有铀浓缩相关及后处理活动。欧、伊并于 2004 年 12 月开始谈判长期解决方案。然而，双方在伊是否可保留独立核燃料循环能力问题上的根本分歧使谈判陷入僵局。伊朗认为，欧盟三国提出的“长期协议框架”方案未能解决自己关切，遂加以拒绝并恢复

伊斯法罕的铀转换活动（铀浓缩前期活动）。美、欧则威胁将伊核问题提交安理会。围绕伊核问题，有关各方纷纷就此加紧展开外交活动。

根本分歧难以弥合，欧伊谈判暗藏危机

欧、伊双方于2004年12月13日开始谈判伊核问题长期解决方案。此后，双方成立的三个工作组就核问题、安全、经贸合作等问题分别举行了数轮谈判。由于双方在伊是否可保留独立核燃料循环能力问题上存在根本分歧，谈判未取得实质性成果。

2005年5月2日，伊朗外长在《不扩散核武器条约》（NPT）第七次审议大会发言强调，伊决心继续寻求只用于和平目的的、包括铀浓缩在内的所有合法核技术。5月11日，伊正式告欧盟三国，伊打算重启铀转换活动。欧方表示此举将导致欧支持将伊核问题提交安理会。应欧方要求，5月25日，欧盟三国外长及欧盟共同安全和外交政策高级代表索拉纳与伊首席核谈代表鲁哈尼在日内瓦举行会谈，并达成以下初步共识：伊将继续暂停铀浓缩相关活动；欧方将于2005年7月底或8月初提出解决伊核问题的详细方案，涉及核、经贸和政治安全所有三个领域。伊核问题紧张局势暂时缓解。

伊国内政局变化，态度日趋强硬；美、欧加大施压力度，形势一触即发

6月25日，伊新一届总统选举结果揭晓，德黑兰市长马哈默德·艾哈迈迪·内贾德以高支持率击败前总统拉夫桑贾尼，当选伊第九任总统。6月26日，内贾德表示，伊愿与欧盟继续谈判伊核问题，但将坚持发展用于和平目的的核计划。

8月5日，欧盟三国向伊提出关于解决伊核问题的“长期协议框架”（下称“协议”），要求伊放弃核燃料循环相关活动，停建位于阿拉克的重水研究堆。协议同时提出在政治、经济、安全等领域与伊合作的一揽子方案。8月6日，伊表示拒绝该协议，并于10日正式恢复伊斯法罕的铀转换活动。8月11日，国际原子能机构（下称“机构”）特别理事会以协商一致方式就伊核问题通过决议，敦促伊全面恢复暂停所有铀浓缩相关活动。

由于伊未恢复暂停铀转换活动，美、欧于9月24日推动机构理事会通过欧盟三国提交的伊核问题决议草案。决议将伊有关行为定性为“违约”。伊表示不接受该决议。伊核问题形势一触即发。

各方围绕伊核问题加紧开展外交活动，欧伊复谈再现曙光

为打破僵局，欧盟三国提出新的解决方案，同意伊有条件地保留铀转换活动，但不允许伊拥有任何铀浓缩和后处理能力，并于11月18日邀请中、俄、美在伦敦举行了关于伊核问题的磋商。俄罗斯并提出在其境内建立俄伊合资铀浓缩厂的设想。伊表示愿与欧盟三国复谈，但坚持在其境内

进行铀浓缩的权利，对俄建议尚未正式公开表态。

为给伊更多时间考虑俄建议，欧决定暂不推动将伊核问题提交安理会。11月24～25日召开的机构理事会亦未就该问题采取行动。欧盟三国外长及欧盟共同外交与安全政策高级代表索拉纳并于12月初致函伊最高国家安全委员会秘书、首席核问题谈判代表拉里贾尼，敦促伊积极考虑欧一揽子方案及俄建议，并愿与伊就恢复谈判的基础寻求一致。双方商定于12月21日恢复谈判。

中国在伊核问题上的立场及所做工作

中国反对任何形式的核武器扩散；同时认为在不违反核不扩散义务的前提下，各国和平利用核能的合法权利应得到尊重。中国主张在机构框架内尽早妥善解决伊核问题，支持伊与欧盟三国通过对话和谈判寻求长期解决方案。

自伊核问题出现以来，中方高度关注并积极推动问题的解决，一直通过自己的渠道、以多种方式做伊、欧工作，并与俄、美等主要各方保持密切沟通、协调。2004年11月，李肇星外长访伊期间重点与伊磋商伊核问题。2005年7月，张业遂副外长在京与来访的英国外交部政治总司长索尔斯就伊核问题举行磋商。8月，李肇星外长在京会见了专程来华磋商伊核问题的伊副外长霍斯鲁，张业遂副外长与霍举行磋商。10月，曾庆红副主席及李肇星外长都明确向访华的伊外长穆塔基表示，希望伊尽早与欧复谈。胡锦涛主席11月出访欧洲及出席亚太经合组织第13次领导人非正式会议期间，亲自就伊核问题做各方工作。李肇星外长也与欧、美、俄等保持密切沟通。11月14日，李肇星外长应邀与伊外长通话。11月18日，外交部军控司司长应邀出席了在伦敦举行的中国、欧盟三国、俄、美关于伊核问题的磋商。在与各方接触中，中方敦促欧、伊体现灵活，尽快复谈，同时对任何有助于和平解决伊核问题的努力和建议持欢迎和支持态度。

中方上述外交努力，为将伊核问题维持在机构框架内、推动欧伊谈判取得进展发挥了建设性作用，受到欧、伊双方的感谢及各方高度评价。

### (6) 独联体地区继发“彩色革命”

自2003年底开始，独联体地区的格鲁吉亚、乌克兰、吉尔吉斯斯坦相继发生了反对派在民主旗号下的夺权事件，分别被媒体冠之以“玫瑰革命”、“橙色革命”、“黄色革命”等称谓，因均与颜色有关，被统称为“彩色革命”。

“彩色革命”一般由大选纷争引发，执政力量在大选中获胜，反对派指责当局选举舞弊，拒绝承认其结果，继而发动支持者搞街头抗议，迫使

当局妥协，或同意重新选举，或被迫交权，最终达到反对派上台执政的目标。

独联体地区第一个发生“彩色革命”的国家是格鲁吉亚。因反对派以玫瑰为斗争标志，此次革命被称为“玫瑰革命”或“玫瑰色革命”。

2005 年 1 月告一段落的乌克兰“橙色革命”起于 2004 年 10 月乌克兰举行独立后的第四届总统选举。在第二轮选举投票后，乌克兰中央选举委员会宣布时任总理的亚努科维奇以 2.85% 的微弱优势战胜前总理尤先科。尤先科指责选举舞弊，拒绝接受选举结果，要求重新举行选举，其支持者举行示威活动，包围总统府、政府和议会。亚努科维奇的支持者亦在东部地区举行大规模游行，反对重新举行选举。

乌克兰最高法院首先要求亚努科维奇暂停举行就职仪式，并受理了选举舞弊案，随后宣布第二轮选举和投票结果无效，并决定于 12 月 26 日重新举行第二轮投票。2005 年 1 月 10 日，乌克兰中央选举委员会宣布，在重新举行的第二轮选举中尤先科以 51.99% 的得票率胜出，亚努科维奇的得票率为 44.2%。2005 年 1 月 23 日，尤先科在议会大厅宣誓就任乌克兰总统。因尤先科的支持者手持橙色旗帜，此次革命被称为“橙色革命”。

2005 年 3 月 13 日，吉尔吉斯斯坦举行一院制议会选举第二轮投票。在当选的 71 名议员中，亲政府代表约 30 名，独立人士近一半，反对派代表不超过 10 人。反对派指责选举舞弊，表示不接受选举结果，在吉南部贾拉拉巴德州和奥什市发起抗议活动，并逐步发展到首都比什凯克。3 月 24 日，抗议者冲进总统府，阿卡耶夫总统出逃国外，反对派接管政权。4 月 4 日，阿卡耶夫总统在吉尔吉斯斯坦驻俄罗斯使馆签署声明，宣布辞去总统职务。7 月 10 日，巴基耶夫在提前举行的总统选举中胜出，成为吉尔吉斯斯坦新一届总统。因为吉尔吉斯斯坦首都的市花是柠檬黄色的迎春花，反对派以此颜色为抗议标志，所以称此次革命为“柠檬革命”，又称“黄色革命”。

### （7）欧洲一体化建设挑战与机遇并存

2005 年，欧洲一体化建设在困难中曲折前进。5 月 29 日和 6 月 1 日，法国和荷兰分别举行了关于批准《欧洲宪法条约》的全民公决，两国分别以 54.9% 和 63% 的多数予以否决。6 月 16～17 日，欧盟布鲁塞尔首脑会议未能通过 2007～2013 年欧盟财政中期预算，并决定推迟《欧洲宪法条约》原定 2006 年 11 月的生效日期。欧洲一体化建设受挫。这是欧盟在加速深化和扩大过程中，内部问题不断聚积，各种矛盾集中爆发的结果。原因是欧盟东扩后原有利益平衡被打破，成员国间责权利再分配矛盾加剧，政策协调难度加大。欧洲经济增长乏力，福利负担沉重，失业人口庞大，国际竞争力下降，经济社会发展模式的弊端日益明显。政治精英与普通民众对一体化的认识存在较大的差距，各国在欧盟发展模式和方向上分歧增多，主导权之争加剧。

欧洲一体化的历史表明，一体化总是在不断克服危机和困难中前进。50多年来，一体化建设取得了巨大成就，欧盟已成为当今世界一体化程度最高、综合实力最强的国家联合体，欧盟在国际事务中的影响不断扩大。继续深化一体化符合欧盟各成员国的根本利益。当前欧盟面临的困难是发展中的挑战，成员国以欧盟为依托求团结、求稳定、谋发展、图自强的战略目标未变。欧盟危机感和紧迫感增强，深入反思和调整一体化发展战略。决定重启“里斯本战略”，努力推进经社体制改革，探索适合欧盟的新发展模式，着手从根源上寻找破解一体化困境的办法。10月27日，欧盟轮值主席国英国在伦敦举行非正式首脑会议，提出了欧盟经社改革战略的建议，确定欧盟下阶段的工作重点是促进就业、提高研发投入和创新能力、支持高等教育、加强能源合作等，表明欧盟在探索新发展模式中力图寻求公平和效益新的平衡，为经济、社会、环境的和谐与可持续发展创造条件。12月15～17日，欧盟首脑会议在布鲁塞尔举行。经过艰苦谈判，会议最终就欧盟中期财政预算达成协议。该预算总额为8624亿欧元，占27国（包括将于2007年入盟的保加利亚和罗马尼亚）全部国民总收入的1.05%。新入盟10国将在七年内获得总额1570亿欧元的补贴和援助。英国同意减少105亿欧元的预算返款，占其原全部返款总额的20%。欧盟委员会将对包括农业补贴和英国返款在内的欧盟所有支出重新进行评估，并于2008/2009财年提交报告。欧盟中期财政预算的通过有利于欧盟逐步摆脱目前的困境，恢复民众对一体化的信心，对于推动欧盟经济改革和提高竞争力、加快新老成员国的融合均将产生积极影响。

欧盟基于自身地缘政治利益和长远战略需要，继续稳步向东南欧扩大。4月，欧盟与罗马尼亚、保加利亚签署入盟条约，并将于2007年1月正式吸收两国入盟。10月，欧盟启动同克罗地亚、土耳其的入盟谈判。12月，欧盟给予马其顿入盟候选国地位。同时，积极落实新睦邻政策，继续推进共同外交与安全政策建设，在巴以、达尔富尔、伊朗核等问题上发挥了积极乃至关键作用。加强对非洲关注，首次推出《对非洲战略》，并在《安全战略》的基础上出台了《反恐战略》。但受各种因素制约，当前和今后一个时期，欧盟一体化进程仍将艰难小步推进。

# 第二章

# 2005年的中国外交

## 1. 概　述

2005年，中国外交工作成绩显著。面对复杂多变的国际形势，在以胡锦涛同志为总书记的党中央领导下，中国高举和平发展合作的旗帜，坚持独立自主的和平外交政策，坚持在和平共处五项原则基础上发展同世界各国的友好关系，广交朋友，深化合作，为国内全面建设小康社会和维护世界和平、促进共同发展做出新的贡献。

### (1) 稳定大国关系，推进全方位合作

中美建设性合作关系保持良好发展势头。胡锦涛主席多次与布什总统会晤、通话、通信，就双边和重大地区、国际问题保持沟通。9月，胡主席与布什总统在纽约出席联合国成立60周年首脑会议期间会晤，双方一致同意增进交流互信，扩大共识合作，全面推进21世纪中美建设性合作关系。11月，布什总统访华，就深化中美各领域合作与胡主席达成重要而广泛的共识。中美启动并举行两轮战略对话。两国在经贸、执法、文化、教育、卫生、科技、能源等众多领域的交流与合作富有成果，军事交流也取得重要进展。在朝鲜半岛核问题、反恐、打击跨国犯

罪、防治艾滋病和突发性传染性疾病等重大地区、国际问题上开展了卓有成效的磋商、协调与合作。

中俄战略协作伙伴关系提升到新水平。胡主席两次访俄，两国元首签署并发表《中俄关于21世纪国际新秩序的联合声明》。双方启动并两次举行战略安全磋商，成功举行首次大规模联合军事演习。双方在一系列重大国际问题上保持密切配合。《中俄国界东段补充协定》经两国立法机构批准并换文后正式生效，历史遗留的边界问题彻底解决。中俄贸易额持续大幅攀升。随着2006年、2007年中国“俄罗斯年”和俄罗斯“中国年”活动的展开，两国人文、社会领域的交流必将掀起新的热潮。

中欧全面战略伙伴关系加强。中国与欧盟以建交30周年为契机，进一步巩固和充实战略伙伴关系。中欧高层交往频繁，胡主席、温家宝总理相继访欧，多位欧洲国家元首或政府首脑访华。第八次中欧领导人会晤成果丰硕。中欧经贸、科技、人员与文化交流持续扩大，多层次、宽领域对话与磋商机制不断完善，全方位务实合作扎实推进。

## （2）深化睦邻互信，促进区域合作

中国认真贯彻“与邻为善，以邻为伴”的方针和睦邻、安邻、富邻政策，努力构筑和谐、和睦的邻国关系框架，扩大共同利益基础，继续走与周边国家共同发展之路。

一年来，中国党和国家领导人分别访问朝鲜、韩国、蒙古、越南、文莱、印度尼西亚、菲律宾、马来西亚、新加坡、泰国、印度、巴基斯坦、孟加拉、斯里兰卡等国，并在亚非峰会、万隆会议50周年纪念活动、俄罗斯纪念卫国战争胜利60周年庆典、亚太经合组织第13次领导人非正式会议、东亚峰会等多边场合与周边国家领导人会晤，推动双方关系深入发展。中国与印度、巴基斯坦、印度尼西亚建立或确立战略合作伙伴关系，与菲律宾、泰国的关系提升到战略性合作的水平。中国与越南、菲律宾签订《南中国海协议区三方联合海洋地震工作协议》，推动南海共同开发取得历史性突破。

中国与东盟关系继续深化。双方确立了新的五大合作领域，规划了未来15年发展蓝图。温总理出席第九次东盟与中日韩（10+3）、东盟与中国（10+1）会议和首次东亚峰会，积极推动东亚区域合作健康、稳定发展，倡导东盟地区论坛在非传统安全领域开展合作。胡主席出席上海合作组织阿斯塔纳峰会，温总理出席上合组织总理定期会晤。该组织吸收巴基斯坦、伊朗、印度为观察员，与东盟、独联体签署谅解备忘录，对外交往进一步扩大。中国继续加强与南亚区域联盟合作，南盟第13届峰会原则

同意中国成为南盟观察员。

在朝鲜半岛核问题上，中国坚持劝和促谈，成功举办朝核问题第四轮六方会谈和第五轮会谈第一阶段会议。第四轮六方会谈《共同声明》确定了朝鲜半岛无核化目标和对话和平解决的大方向。中国为此而付出的巨大努力，赢得国际社会的高度评价。

中国是周边邻国患难与共的朋友。印度洋海啸和南亚大地震发生后，中国政府采取了一系列紧急救援措施，为受灾国救灾和重建工作提供了及时、真诚的帮助。目前，中国正全力以赴与东盟和亚洲各国开展防治禽流感合作。

2005 年，中日政治关系因日本领导人参拜靖国神社、右翼势力美化侵略战争受到影响。中国政府一贯重视与日本建立致力于和平发展的友好合作伙伴关系。4 月，胡锦涛主席在雅加达与小泉首相会晤时提出改善和发展中日关系的“五点主张”和十六字方针。在 9 月 3 日纪念抗日战争胜利 60 周年的讲话中，胡主席全面阐述了中国对日政策，强调坚持中日友好方针，希望日本严格遵守中日三个政治文件，正确认识和对待历史，正确处理台湾问题。中方愿继续本着“以史为鉴，面向未来”的精神，进一步扩大与日本在广泛领域的交流合作，加强民间友好交往，与日本人民世世代代友好下去。

### （3）推进南南合作，促进共同发展

中国始终站在广大发展中国家的立场上，积极支持并参与南南合作。胡主席出席在印尼举行的亚非峰会和万隆会议 50 周年纪念活动，就构筑亚非新型战略伙伴关系提出四点倡议，呼吁亚非国家与时俱进，继往开来，加强合作，推动经济全球化朝着均衡、普惠、共赢的方向发展。在出席联合国成立 60 周年首脑会议期间，胡主席就中国支持发展中国家经济发展提出减免债务、增加援助、加强人力资源培训等五点举措，引起国际社会积极反响。中国希望通过自己的真诚努力，帮助其他发展中国家尤其是最不发达国家克服困难，增强自主发展能力。一年来，中国党和国家领导人访问了众多发展中国家，并接待了近 40 位亚非拉国家元首和政府首脑来华访问。

中国继续深化与发展中国家集体对话与合作。一年来，中国在中非合作论坛框架下为推进中非合作，援助非洲发展采取了一系列具体措施，比如：实施对非洲 25 个最不发达国家部分输华商品免关税待遇，宣布新增 4 个非洲国家为中国公民出国旅游目的地国，启动中非环保及人口发展合作，向非洲派出首批青年志愿队，为非洲培训各类人才数量增加近 50%。

中阿合作论坛第二届高官会、企业家大会和“中阿关系暨文明对话研讨会”成功举行，丰富了中阿合作内涵，促进了双方在论坛框架下的务实合作。中国进一步提升并深化与拉美区域组织的关系，中国—美洲国家组织合作基金正式启动，中国与安共体政治磋商与合作机制进一步加强。

### (4) 积极参与多边外交，倡导构建和谐世界

中国积极倡导公正合理的新秩序观，认真实践以平等互利为核心的新发展观，推动树立以互信、互利、平等和协作为主要内容的新安全观，主张形成以尊重多样性为特点的新文明观，坚持包容精神，努力与国际社会一道，共同建设持久和平、共同繁荣的和谐世界。

胡主席出席联合国成立 60 周年首脑会议及相关活动，阐述中国对国际形势和联合国作用等问题的看法。胡主席还出席了八国集团与中国、印度、巴西、南非、墨西哥五国领导人对话会议、亚太经合组织第 13 次领导人非正式会议，就促进全球经济增长和区域合作、加强南北对话和南南合作以及能源安全和禽流感防控等问题表明了中方的积极立场。

中国积极支持和参与以联合国为中心的多边外交，维护以联合国为核心的国际多边体制。中国支持联合国进行必要、合理的改革，强调改革要着眼大局、坚持原则，发扬民主、广泛协调，积极稳妥、循序渐进。中国建设性参与伊拉克、苏丹达尔富尔、巴以冲突等热点问题的解决。广泛开展在反恐、军控、发展、人权、司法、卫生、环境等领域的国际合作，努力扩大参与多边外交的广度和深度，与国际社会一道积极应对人类面临的新威胁、新挑战。

### (5) 坚持“外交为民”，切实维护中国公民和法人海外合法权益

为更有效地保护中国海外公民和法人合法权益，中国不断总结经验，加强推动领事保护理论、法规和机制建设，重点强化预防预警机制，提高大案处置能力。2005 年颁布新版《中国海外领事保护和服务指南》，进一步细化驻外使领馆处理领事保护案件的职责和义务，为维护中国公民和法人的合法权益提供法理基础。

党和国家领导人高度重视境外涉及中国公民和法人的重大突发事件。外交部等部门及驻外使领馆认真贯彻中央指示精神，坚持“以人为本”、“外交为民”宗旨，沉着应对各种复杂情况，加大领事保护力度。一年来，成功处理了伊拉克中国公民遭绑架、吉尔吉斯斯坦中国商户被抢、俄罗斯

伊尔库茨克市涉华劳务纠纷等2万余起领事保护案件，切实维护了中国公民和企业的合法权益。

## （6）坚定维护国家主权、安全和领土完整

中国政府坚决反对国际反华和“台独”分裂势力在国际上制造“两个中国”、“一中一台”和“台湾独立”的图谋，坚决维护台湾海峡和亚太地区的和平稳定。一年来，中国政府在国际上、特别是在多边场合与台湾当局的分裂活动进行了坚决斗争，连续第13次和第9次挫败台“重返”联合国和挤入世界卫生组织的图谋，有力维护了国家主权和领土完整。同时，从台湾人民的实际利益出发，中国与世界卫生组织签署谅解备忘录，允许该组织在“一个中国”前提下与台湾开展技术合作，充分体现了为台湾人民福祉着想、为台湾人民办实事、促进祖国统一的诚意。国际社会普遍坚持一个中国的原则，支持中国通过《反分裂国家法》。越来越多的国家认清了“台独”的危险性，明确反对“台独”，不为“台独”提供活动空间。格林纳达、塞内加尔与中国复交。

中国坚决捍卫国家主权安全，对有关国家插手香港、澳门事务进行针锋相对的斗争，维护香港、澳门的稳定和繁荣。

## （7）大力加强经济外交，妥善应对经贸摩擦

中国继续深化对外开放，在更大范围、更广领域、更高层次上参与国际经济技术合作和竞争，同各国广泛开展平等合作，推进互利共赢。加强同有关国家、国际金融组织的宏观经济和金融政策对话。年内，中国首次成功举办了20国集团财长与央行行长会议，推动与各成员国的交流与合作。

积极参与国际经济规则制定和多边贸易谈判，推动贸易和投资自由化、便利化，进一步减少技术出口限制，消除贸易壁垒，努力创造公平、公正、合理、开放的贸易环境，推动世界贸易组织多哈回合谈判进程。举办香港第六届WTO部长会议。通过对话与磋商，较好地解决了与一些国家在双边经贸领域的摩擦与纠纷，分别与欧盟和美国就纺织品贸易问题达成协议，维护了平等互利的合作环境。争取到更多国家承认中国的全面市场经济地位。

2005年，中国继续深入开展政党、人大、政协、军队、民间对外交流与往来。在对外开放和国际关系行为主体多元化的新形势下，中国通过多层次、多领域的广泛交流，增进中国人民与世界人民的友谊与合作。政

治与经济协调、双边与多边结合、民间与官方并举，中国总体外交局面更加活跃，成果丰硕。

## 2. 中国与各地区国家关系

### (1) 中国与亚洲地区国家关系

2005年，中国贯彻“与邻为善、以邻为伴”的周边外交方针和“睦邻、安邻、富邻”政策，不断推进与亚洲各国的睦邻友好与互利合作。

中国领导人利用出访和出席国际会议，深入、系统地阐述中国的周边外交政策。11月，国家主席胡锦涛在越南国会演讲时强调，中国的发展离不开亚洲，中国的发展是亚洲振兴的重要组成部分。亚洲各国应该在政治上和睦相处、经济上互利合作、安全上互信协作、文化上相互促进。4月，国务院总理温家宝在亚洲合作对话外长会议开幕式上讲话指出，中国坚持和平发展道路，将继续扩大和加深同亚洲各国的合作，实现与亚洲国家的互利共赢，共同致力于建设一个和平、稳定、合作、发展的新亚洲。12月，温总理在首届东亚峰会上讲话指出，中国将永远做本地区人民可信、可靠的合作伙伴，绝不会在本地区谋求支配性地位，强调中国主张在区域合作进程中坚持开放的思维，倡导开放的地区主义，在开放中推动各国共同进步，促进本地区共同发展。

中国与亚洲国家的高层互访和对话频繁，相互信任增加。胡锦涛主席访问了文莱、印尼、菲律宾、朝鲜、越南和韩国，吴邦国委员长访问了马来西亚和新加坡，温家宝总理访问了巴基斯坦、孟加拉国、斯里兰卡、印度和马来西亚。朝鲜、韩国、蒙古、越南、柬埔寨、泰国、马来西亚、新加坡、印尼、斯里兰卡、孟加拉国的国家元首或政府首脑访华。中国领导人还在亚非峰会、俄罗斯纪念卫国战争胜利60周年庆典、大湄公河次区域经济合作第二次领导人会议、联合国成立60周年首脑会议、亚太经合组织领导人非正式会议、东亚领导人系列会议等场合与亚洲多国领导人会晤。这些高层互访与接触对于增进中国与亚洲其他国家之间的相互了解与信任起到了重要作用。

中国与亚洲邻国的睦邻友好关系进一步加强。中朝传统友谊得到巩固，双方签署《中华人民共和国和朝鲜民主主义人民共和国关于海上共同

开发石油的协定》。中韩全面合作伙伴关系继续深入发展。中蒙睦邻互信伙伴关系发展势头良好。中日经贸等领域交流与合作在复杂、严峻的政治环境中保持总体稳定发展。中国与东盟战略伙伴关系发展势头强劲。中国与印尼建立战略伙伴关系，与菲律宾建立致力于和平与发展的战略性合作关系。中国、菲律宾、越南三国石油公司签署《南中国海协议区三方联合海洋地震工作协议》，启动三方海上作业，实现南海共同开发的历史性突破。中国与印度建立“面向和平与繁荣的战略合作伙伴关系”，签订了《关于解决中印边界问题政治指导原则的协定》，启动了两国之间的战略对话。中国与巴基斯坦签署“睦邻友好合作条约”，确立了两国战略合作伙伴关系。中国与南亚其他国家的睦邻友好合作也呈现良好的发展态势。2005 年是中国与印度、印尼建交 55 周年，与尼泊尔、阿富汗建交 50 周年，与泰国、菲律宾、孟加拉国建交 30 周年，中国与上述国家分别举行了纪念活动。

2005 年，中国对本地区遭受重大自然灾害的国家积极开展救援行动。面对印度洋地震和海啸，中国政府开展了建国以来规模最大的一次对外救援行动。1 月，温家宝总理出席东盟地震和海啸灾后问题领导人特别会议。截至 3 月 1 日，中国政府和人民对受灾国的援助总额达到 12.62 亿人民币，其中政府援助 6.86 亿人民币，民间援助 5.76 亿人民币。10 月，南亚发生大地震，胡锦涛主席分别致电巴基斯坦和印度总统，温家宝总理会见巴基斯坦、印度和阿富汗驻华使节，就地震给有关国家造成重大生命财产损失表示诚挚慰问。中国政府向巴基斯坦提供总值达 2050 万美元的救灾款物，并派出救援队和医疗队到灾区开展救助工作，随后又宣布为巴灾后重建提供 3 亿美元优惠出口买方信贷。

中国本着互利双赢的原则，积极发展与亚洲国家的经贸合作。2005 年，中国保持亚洲最大进口市场的地位，与日本、韩国、东盟、印度等主要贸易伙伴的双边贸易均有相当幅度的增长。中国政府还积极鼓励本国企业、公民到亚洲地区投资、兴业和旅游，努力推动中国与亚洲国家之间的经济合作项目，这些均对本地区经济的稳定增长起到了重要的推动作用。中国向老挝、柬埔寨、缅甸提供第二批输华产品零关税待遇，与马来西亚原则同意就建立紧密经济伙伴关系开展可行性研究，与巴基斯坦签订自贸区“早期收获”协定并举行了两轮自贸区谈判，与印度发表“全面经贸合作五年规划”，宣布给予孟加拉国关税优惠。中韩发表《中韩经贸合作中长期发展规划联合研究报告》，韩国承认中国的完全市场经济地位。

中国积极参与并促进区域合作进程，大力推动本地区各区域合作机制向前发展。中国与东盟《货物贸易协定》开始实施，7 月启动了全面降税进程。中国成为东盟东部增长区的发展伙伴。中国—东盟名人小组发表了

《名人小组报告》，为中国—东盟关系的发展规划了蓝图。根据中方倡议，第九次中国—东盟领导人会议同意在深化农业、信息产业、人力资源开发、相互投资和湄公河流域开发合作的基础上，将交通、能源、文化、旅游和公共卫生确定为双方新的五大重点合作领域。在第九次东盟与中日韩（10+3）领导人会议上，温家宝总理发言支持东盟关于坚持“10+3”作为东亚合作主渠道的立场，倡议“10+3”在总结经验、规划未来、深化经贸合作、应对突发公共卫生事件和重大自然灾害、缩小发展差距、加强非传统安全领域合作、拓展文教和青年合作等方面做出努力。在首届东亚峰会上，温总理表示，中国继续支持东盟在东亚合作进程中发挥主导作用，支持东亚合作保持透明和开放，考虑和照顾区域外国家在本地区的合理利益，增进这些国家对东亚合作的理解和支持。中国反对搞封闭的、排他的和针对任何特定一方的东亚合作。中国在参与南亚区域合作方面取得进展，南亚区域合作联盟原则同意接纳中国为观察员。中国还于年内主办了大湄公河次区域经济合作第二次领导人会议、博鳌亚洲论坛年会、首届亚洲文化部长论坛和第七届亚洲艺术节等一系列重要活动。

中国努力增进与亚洲国家的安全互信与合作，积极维护地区和平与稳定。在朝鲜半岛核问题上，中国坚持不懈，积极斡旋，推动第四轮六方会谈召开并发表共同声明，为维护东北亚的和平与稳定发挥了建设性作用。中国与东盟召开落实《南海各方行为宣言》后续行动联合工作组首次会议，积极探讨落实海上合作项目；中国与印尼签署了政府间《海上合作谅解备忘录》。中国参加了国际海事组织与印尼合办的马六甲海峡安全与环境保护会议，积极参与有关马六甲海峡安全的多边对话与合作。

中国积极参与本地区非传统安全领域的国际合作。中国与东盟召开首次打击跨国犯罪部长级非正式会议，推动东盟地区论坛（ARF）在非传统安全领域开展合作，加大对第二轨道（非官方）对话与合作的参与，主办了ARF加强非传统安全领域合作研讨会，与印尼共同举办了第五次ARF救灾会间会。中国积极参与防治禽流感的国际和区域合作，主办了亚洲禽流感防控合作部长级会议。

### （2）中国与西亚北非地区国家关系

2005年，在西亚北非地区形势复杂多变的背景下，中国积极稳妥发展与地区国家关系，双方在各个领域的友好合作取得了新进展。

高层互访频繁，政治互信加深。国家主席胡锦涛在出席国际会议期间会见了阿尔及利亚总统、苏丹总统和伊朗第一副总统；全国人大常委会委员长吴邦国访问摩洛哥；国务院总理温家宝在出席国际会议期间会见了伊

朗第一副总统；国务院副总理黄菊赴突尼斯出席信息社会峰会；中共中央政治局常委李长春访问苏丹；国务院副总理曾培炎赴卡塔尔出席南方首脑会议并访问阿曼、阿联酋；国务院副总理回良玉赴沙特吊唁法赫德逝世、访问摩洛哥；国务委员周永康、陈至立分别访问土耳其；外交部长李肇星访问巴勒斯坦、以色列、黎巴嫩、叙利亚和约旦。约旦国王、巴勒斯坦民族权力机构主席、土耳其副总理兼外长、伊拉克临时政府副总统、阿曼副首相、苏丹和伊朗外长等先后访华，伊斯兰会议组织秘书长首次访华。

中国与该地区国家开展集体对话与合作的新平台——中阿合作论坛的建设工作取得新进展。2005年，中国先后举办了论坛框架下的企业家大会、论坛第二届高官会和“中阿关系暨中阿文明对话研讨会”，丰富了论坛内容，促进了务实合作。

中国继续积极参与解决该地区热点问题。在中东问题上，外交部长李肇星访问中东，副部长戴秉国出席“支持巴勒斯坦民族权力机构”伦敦会议，中东问题特使两度出访，中国还派员观察巴勒斯坦大选。中国上述劝和促谈的积极举措受到各方赞赏和欢迎。在苏丹达尔富尔、伊朗核问题和叙利亚等地区热点问题上，中国坚持通过政治和外交手段解决问题，产生了积极影响。在伊拉克问题上，李肇星外长出席在布鲁塞尔举行的伊拉克问题国际会议，中国还通过为伊培训外交、电力等领域人员等途径切实支持伊重建，使中伊关系在平稳过渡基础上续有发展。

中国与该地区国家在地区和国际事务中密切配合，相互支持。该地区国家继续在台湾、人权等问题上给予中国坚定支持。在联合国改革问题上，中国与该地区国家密切沟通，协调立场，拓宽了双方的合作领域。

2005年，中国与该地区国家经贸合作进一步得到加强。双方贸易额继续保持快速增长势头，在大型工程项目承包、能源、自贸区建设、投资等领域的合作也取得了重要进展。

### (3) 中国与撒哈拉以南非洲地区国家关系

加强和发展同包括非洲国家在内的广大发展中国家的友好合作关系是中国独立自主和平外交政策的重要基础。中国致力于与撒哈拉以南非洲地区国家发展新型伙伴关系。该地区共有46个国家，截至2005年底，有40个国家与中国建交。2005年，中国与该地区国家的友好合作关系继续深入发展，各领域合作成果丰硕。

高层互访频繁，政治互信加深。中共中央政治局常委、国务院副总理黄菊访问几内亚、博茨瓦纳、马达加斯加。中共中央政治局常委李长春访问纳米比亚、南非、坦桑尼亚。中央军委副主席、国务委员兼国防部长曹刚川上将访问坦桑尼亚。国务院副总理曾培炎访问肯尼亚、刚果（布）、安哥拉。全国政协副主席王忠禹访问尼日利亚、加纳。外交部长李肇星访问塞舌尔、马达加斯加、毛里求斯、莱索托。该地区访华的领导人有：厄立特里亚、刚果（金）、尼日利亚、津巴布韦、肯尼亚、科摩罗、刚果(布)、赤道几内亚和纳米比亚总统以及一位副总统、三位总理、一位首相、四位议长、六位外长和非洲联盟委员会主席。非洲国家坚持一个中国立场，积极配合中国成功挫败台湾当局所谓“重返”联合国、“参与”世界卫生组织图谋。中国全国人大制定《反分裂国家法》后，所有与中国建交的非洲国家均表示理解和支持。10月25日，中国与塞内加尔实现关系正常化。

中非合作论坛框架下的中非友好合作不断深化。2005年，中国开始实施给予非洲最不发达国家部分输华商品免关税待遇，25个非洲国家享受该项优惠。莱索托、纳米比亚、博茨瓦纳和马达加斯加被增列为中国公民自费出境旅游目的地国，使获得该资格的非洲国家增至16个。中非环保合作、人口发展合作及青年志愿者计划启动，首批中国青年志愿者已前往埃塞俄比亚。中国加大对非人力资源培训力度，一年来为非洲培训各类人员4000多名。中非合作论坛第四届高官会在北京成功举行。根据部分非洲国家的提议，中国政府决定于2006年主办中非合作论坛北京峰会暨第三届部长级会议。

中非积极探讨扩大经贸合作的新领域、新方式。中非贸易额继续大幅增长，中国对非投资、工程承包和劳务合作亦增长较快，双方在农业、基础设施建设、电信、能源等重要领域的合作规模继续扩大。随着中非经贸和人员往来的增多，也出现了一些中国公民人身及财产受到损害的事件。中国政府本着“外交为民”的宗旨，全力维护中国公民和企业在海外的合法权益。

在国际事务中，中非双方继续密切合作，维护共同利益。双方在联合国改革、世界贸易组织谈判等问题上进行良好的合作。中国支持非洲维护本地区和平与稳定的努力，继续参加联合国在刚果（金）和利比里亚维和行动，并决定向苏丹派出维和部队。截至2005年底，中国在非维和人员总数为843人。中国向非洲联盟提供了维和专项捐款和物资援助，任命驻埃塞俄比亚大使兼任驻非洲联盟代表。印度洋发生海啸后，中国积极参加国际社会对非洲受灾国家的救援行动。

中国还在多边舞台身体力行地推动国际社会重视非洲、帮助非洲。中国国家主席胡锦涛出席了在印度尼西亚举行的亚非峰会暨万隆会议50周年纪念活动，表示中国愿同亚非国家携手努力，继承和发扬万隆精神，构筑亚非新型战略伙伴关系。在联合国成立60周年首脑会议发展筹资高级

别会议上，胡锦涛主席代表中国政府宣布中国在今后三年帮助发展中国家加快发展的五点举措，非洲作为发展中国家最集中的大陆，将是主要受益者。这些主张和举措将成为新形势下发展中非关系的重要指导原则和具体行动指南。

2005年，中国外交部首次举办以非洲为主题的公众开放日活动，增进了中国民众对非洲和中非关系的了解。

### (4) 中国与独联体地区国家关系

独联体是中国的周边地区，中国历来重视同地区各国发展友好关系。2005年，中国与独联体地区各国顺利开展双边与多边合作，并就重大国际与地区问题进行了广泛磋商与协作，成果显著。

中国对独联体国家外交政策的基本原则是平等互利、友好合作。中国尊重独联体各国的主权和领土完整，不干涉其选举等内部事务，始终尊重各国人民做出的选择。独联体国家在台湾、西藏、人权、“法轮功”等问题上支持中国的原则立场。全国人大通过《反分裂国家法》后，该地区绝大多数国家明确表示支持。绝大多数独联体国家支持中国在联合国安理会改革问题上的原则立场。

2005年中国与独联体各国高层交往频繁，政治互信进一步提升。国家主席胡锦涛、国务院总理温家宝、副总理吴仪、国务委员唐家璇等党和国家领导人先后访问了该地区各国。独联体执行委员会主席鲁沙伊洛，白俄罗斯、阿塞拜疆和乌兹别克斯坦总统，俄罗斯杜马主席格雷兹洛夫、总理弗拉德科夫和第一副总理梅德韦杰夫、土库曼斯坦副总理别尔德耶夫，乌克兰国家安全与国防会议秘书波罗申科，白俄罗斯第一副总理谢马什科等独联体国家领导人来华访问。李肇星外长同本地区绝大多数国家外长在不同场合举行会晤。中国和俄罗斯启动并两次举行战略安全磋商，成功举行首次联合军事演习。胡锦涛主席在出席上海合作组织阿斯塔纳峰会期间发表讲话，表示中方将一如既往地同各方一道努力，求团结、促合作、谋发展，使上海合作组织给各成员国人民带来更多福祉，在维护世界和平、促进共同发展中发挥更大作用，反响强烈。

2005年，胡锦涛主席与俄罗斯总统普京签署了《中华人民共和国和俄罗斯联邦关于21世纪国际秩序的联合声明》；与哈萨克斯坦总统纳扎尔巴耶夫签署了《中华人民共和国和哈萨克斯坦共和国关于建立和发展战略伙伴关系的联合声明》；与乌兹别克斯坦总统卡里莫夫签署了《中华人民共和国和乌兹别克斯坦共和国友好合作伙伴关系条约》；与白俄罗斯总统卢卡申科签署了《中华人民共和国和白俄罗斯共和国联合声明》。《中俄国界东段补充协定》经两国立法机构批准并换文后正式生效，中俄历史遗留的边界问题彻底解决。

中国与独联体国家有7000多公里的共同边界，同四国接壤，与五国共同成立了上海合作组织。双方经济合作水平不断提高，2004年双边贸易额超过300亿美元，2005年达420亿美元。2005年，中国和俄罗斯贸易额达291亿美元。第二届中国和俄罗斯投资促进会确定了15亿美元的中国对俄罗斯投资项目，其中斥资13亿美元的“波罗的海明珠”是中国最大规模的对俄罗斯投资项目。2005年，中国同中亚国家贸易额同比增长65.9%，同阿塞拜疆、格鲁吉亚和亚美尼亚的贸易额同比增长分别为36.4%、74.6%和79.7%。

2005年，中国完成了历史上最大一宗海外能源并购案——中石油并购哈萨克斯坦PK石油公司。中国历史上第一条陆路原油输入管道——中国、哈萨克斯坦“阿塔苏—阿拉山口”原油管道一期工程和用中国资金修建的中国—吉尔吉斯斯坦—乌兹别克斯坦公路吉境内路段已于2005年年底前竣工。

人文领域合作不断加强。中国同独联体国家在文化、教育、卫生、科技等领域的交流与合作继续发展。中国在独联体国家成功举办了一系列中国文化节、文化周、艺术节、电影周、图片展、教育展等活动，促进了人文领域合作和民间交往。

### （5）中国与欧洲地区国家关系

中国本着互相尊重、互利共赢、求同存异的原则，高度重视发展同欧洲地区国家关系。2005年，中国与该地区国家关系继续健康、稳定发展。

中国与欧洲国家高层交往进一步密切，各级政治对话日趋活跃且富有成效。国家主席胡锦涛访问英国、德国、西班牙，并出席在英国举行的八国集团与中国、印度、巴西、南非、墨西哥五国领导人对话会；国务院总理温家宝访问法国、斯洛伐克、捷克、葡萄牙；国务院副总理黄菊赴瑞士出席世界经济论坛2005年年会；中共中央政治局常委、中央纪律检查委员会书记吴官正访问马耳他、瑞典、芬兰；国务院副总理回良玉访问丹麦、芬兰、挪威、马耳他；国务委员周永康访问德国；国务委员陈至立访问希腊。葡萄牙、冰岛、爱沙尼亚总统，比利时国王；爱尔兰、芬兰、法国、奥地利、捷克、匈牙利、克罗地亚总理，西班牙、英国、安道尔首相等欧洲国家领导人访华。中欧领导人还多次通话、互致信函或利用联合国首脑会议、亚欧会议等多边场合会晤方式，就双边关系、国际形势以及联合国改革、伊朗核问题等重大国际和地区热点问题交换意见。

中西、中葡将双边关系提升为全面战略伙伴关系，中克建立全面合作伙伴关系，中意政府委员会召开第一次联席会议。中国与中东欧国家关系继续平稳发展。李肇星外长访问比利时、意大利、波黑、卢森堡、阿尔巴尼亚、爱沙尼亚、立陶宛、拉脱维亚、塞黑、马其顿、塞浦路斯等欧洲国家，并与英国、西班牙、波兰、瑞士、爱尔兰等欧洲国家外长通话、致函或在多边场合举行会晤。英国、挪威、荷兰、塞浦路斯、拉脱维亚、匈牙利、塞尔维亚和黑山等国外长访华。中国外交部还同英国、德国、法国、意大利、瑞典、挪威、芬兰、瑞士、奥地利、波兰、塞浦路斯等欧洲国家外交部举行副部级、司局级等不同层次的政治磋商，就双边关系、外交政策、战略安全、军控、反恐、人权、联合国事务、气候变化、非洲发展和领事关系等问题展开对话。

中欧互设多家领事机构。中国驻法兰克福总领馆开馆，中法就中国在法属波利尼西亚帕皮提和法国在成都设立领事机构达成协议；丹麦在重庆、葡萄牙在上海、瑞士在广州开设总领馆；中比就比利时在广州开设总领馆达成协议。

双边贸易额持续快速增长。2005 年，中国与欧洲 39 国的贸易额达 2287.5 亿美元。冰岛承认中国市场经济地位。中国与比—卢经济联盟签署新一代投资保护协定。德国对华投资增速迅猛。

中国与欧洲国家签署并开展了一系列重大合作项目。中国南方、东方、深圳航空公司、中航材集团分别与空中客车公司签署购买 200 架空中客车飞机的框架协议及采购合同，包括 A380、A330 和 A320 空客飞机；中国国际航空公司与英国罗尔斯·罗伊斯公司就 20 架 A330-200 空客飞机发动机及备用发动机购买、支援及发动机机队管理签署协议；中法签署两国政府财政议定书，共同建设石太线铁路；中国铁道部与德国西门子公司签署采购 60 列时速 200 公里和 300 公里动车组合同及技术转让协议；中国化工集团公司与法国道达尔公司签署关于成立中化道达尔油品有限公司的合资合同；英国苏格兰皇家银行和渣打银行分别入股中国银行和渤海银行；中国—比利时直接股权投资基金开始实质性资产运作；卢森堡阿塞洛尔钢铁集团与上海宝钢合资的宝钢新日铁汽车板有限公司投产等。

中国同英国、法国、德国、瑞士、瑞典、挪威、西班牙、希腊、匈牙利、斯洛文尼亚、塞尔维亚和黑山、克罗地亚、爱沙尼亚、拉脱维亚、立陶宛等国举行了经贸联委会会议，经济、投资研讨会或经济政策磋商。首届中法中小企业博览会在广州举行。

科技合作成为中国与欧洲国家关系的重要支柱。中德共同举办 2005 北京国际可再生能源大会，并通过《北京宣言》；“英国科技年”在华开幕，第三届“中英高技术论坛”在北京举行；中西签署和平利用核能协定；芬兰在上海浦东张江科技园设立“芬中创新中心”；空客公司正与中方就在华建立一条空客单通道飞机总装线进行可行性研究；中兴通讯公司与法方签署在欧洲建立研发中心的协议。

文化、教育、军事、旅游、司法等领域合作有效开展，成果显著。一系列精彩活动为中法文化年画上圆满句号，法国参议长蓬斯莱来华出席法国文化年闭幕式；中国与意大利、波兰、克罗地亚等国也举行了形式多样的文化活动。中国与意大利、爱尔兰、丹麦、瑞典就互相承认高等教育学历学位达成一致，中英、中芬签署新的两国政府文化交流执行计划；中英签署关于全面加强教育合作与交流的联合声明，中英教育部启动了部级定期会晤机制；中德签署新的文化合作协定，柏林中国文化中心正式奠基；中西就互设文化中心达成协议；上海复旦大学“奥地利中心”成立；中国在瑞典、比利时、西班牙、葡萄牙、法国等欧洲国家开设“孔子学院”。

中央军委副主席、国务委员兼国防部长曹刚川上将访问荷兰、丹麦，中央军委委员、总参谋长梁光烈上将访问德国，中央军委委员、空军司令员乔清晨上将访问瑞典，中央军委委员、总装备部部长陈炳德上将访问英国。意大利国防参谋长、希腊国防部长、克罗地亚总参谋长、比利时国防大臣、国防参谋长等军方代表团分别访华。

中英签署旅游目的地国协议，欧盟 25 国均对中国游客开放，中欧人员交往更趋便利。2005 年，中国公民首站赴欧人数达 98.87 万人次。截至 2004 年，中国在欧盟各国留学生人数近 16.5 万人。

司法合作有所突破。中法、中葡签署刑事司法互助协定，中西签署刑事司法互助、引渡、被判刑人移管三个条约；中德签署法律交流与合作协议的第三个两年（2006 ~ 2007 年）实施计划。中德第六届法律研讨会在汉堡举行。

双方议会、政党、媒体、地方之间交流不断增多。全国人大常委会副委员长何鲁丽访问希腊、爱尔兰、罗马尼亚，全国人大外事委员会主任委员姜恩柱访问波兰。冰岛议长、西班牙参议长、塞黑议长、德国联邦参议长、德国联邦议院议长、爱尔兰众参两院议长、法国参议长、卢森堡议长、奥地利国民议会议长等率议会代表团先后访华，中德签署联合声明将议会交流机制化。全国政协副主席王忠禹访问马耳他，副主席周铁农访问罗马尼亚，副主席白立忱访问保加利亚，副主席陈奎元访问斯洛文尼亚。中联部部长王家瑞访问德国、意大利、比利时。

温家宝总理和丹麦首相拉斯穆森为丹麦《贝林新闻周刊》中国特刊致词；波兰通讯社设立驻北京分社并派常驻记者；瑞典电视台、广播电台、挪威《晚邮报》派驻北京常驻记者。英国 BBC 在华录制“提问时间”并播出“中国周”系列节目。

甘肃省与法国科雷兹省、河南省与芬兰东芬省、海南省与西班牙加那利自治区、安徽省与瑞典西哥特兰省结为友好省。武汉与奥地利圣珀尔滕，北京与罗马尼亚布加勒斯特、匈牙利布达佩斯、希腊雅典，沈阳与希腊萨洛尼卡，宁波与波兰比德哥什缔结友城。上海与克罗地亚萨格勒布共同庆祝结好 25 周年。

## （6）中国与北美大洋洲地区国家关系

2005 年，中华人民共和国与美利坚合众国的关系总体保持稳定并取得重要进展。两国高层和各级别交往密切。国家主席胡锦涛和美国总统布什 9 月在纽约出席联合国成立 60 周年首脑会议期间举行会晤，美国总统布什 11 月访华，两国领导人就全面推进 21 世纪中美建设性合作关系达成重要共识。这为中美关系进一步发展指明了方向。此外，两国元首还通过在其他场合会面、通电话和互致信函等方式，就中美关系及共同关心的重大国际与地区问题保持沟通。美国会众议长哈斯特德、国务卿赖斯、国防部长拉姆斯菲尔德等访华，全国人大常委会副委员长盛华仁、国务委员唐家璇访美，都取得了良好效果。李肇星外长和赖斯国务卿通过会晤、通电话、通信等方式就中美双方共同关心的问题保持密切联系与沟通。外交部副部长戴秉国与美国常务副国务卿佐立克先后进行了两轮中美战略对话，就国际形势、中美关系、重大国际和地区问题等进行了深入讨论。这些都有力地促进了中美关系的发展，也有利于地区乃至世界的和平、稳定与发展。

台湾问题仍然是影响中美关系稳定发展的最大因素。中国领导人多次向美国领导人重申中方在台湾问题上的原则立场，指出中国政府坚持“和平统一、一国两制”的基本方针，愿尽一切努力争取以和平方式解决台湾问题，实现祖国的完全统一，但绝不容许“台独”、绝不允许任何人以任何方式把台湾从中国分割出去。希望美方认清“台独”分裂活动的严重危害性，恪守在台湾问题上向中方所做承诺，慎重、妥善处理台湾问题，不向“台独”分裂势力发出任何错误信号。美方领导人也多次表示理解台湾问题的敏感性和重要性，将坚持一个中国政策，遵守美中三个联合公报，反对“台独”，反对单方面改变台湾现状和导致台湾走向“独立”的言行，不会向台当局发出不一致的信号。

中美在经贸、反恐、防扩散、防控禽流感、能源、环保、文教等领域的交流与合作得到加强。双边贸易继续快速增长，两国成功举行了第 16 届中美商贸联委会以及第 17 届中美经济联委会会议。两军关系取得新进展。

中国和加拿大关系继续保持良好发展势头。两国高层接触频繁。1月，加拿大总理马丁访华。9月，国家主席胡锦涛对加拿大进行了国事访问，两国领导人一致同意将中加关系提升为战略伙伴关系。同时，两国各级别官员保持着密切的交流与合作。中加经贸关系发展较快，中国已成为加拿大第二大贸易伙伴，加拿大是中国第十大贸易伙伴。两国在文化、教育、卫生、科技等领域开展了广泛合作，并取得丰富成果。两军之间继续保持友好交往。

中国与澳大利亚、新西兰关系发展顺利。双方高层互访频繁。全国人大常委会委员长吴邦国对澳、新进行正式友好访问。澳总督杰弗里、总理霍华德、众议长霍克和新总理克拉克等访华。温家宝总理在出席吉隆坡东亚峰会期间分别会见了澳总理霍华德、新总理克拉克。中澳、中新经贸合作不断扩大，双边贸易继续保持稳步增长。澳承认中国市场经济地位，中澳启动双边自由贸易协定谈判，两国在能源资源领域的合作稳步推进。中新双边自由贸易协定谈判进展顺利。中澳、中新在文化、教育、司法等领域的合作与交流继续深化。澳、新重申坚持一个中国政策，反对“台独”。中澳、中新在国际和地区问题上继续保持磋商与合作。

中国同南太岛国关系进一步发展。双方高层接触频繁。瓦努阿图总理、副总理兼外交部长，萨摩亚总理，斐济总理，汤加王储和外交大臣，密克罗尼西亚联邦议长，巴布亚新几内亚外交部长以及岛国多位部长访华。

国家主席胡锦涛在印尼亚非峰会期间会见巴新总理。全国政协主席贾庆林和国家副主席曾庆红分别经停斐济，并会见斐济总统、总理和参议长。全国人大常委会副委员长许嘉璐访问巴新、斐济和瓦努阿图。全国政协副主席李贵鲜访问斐济。外交部长李肇星在毛里求斯小岛屿发展中国家可持续发展国际会议期间会见密联邦总统等政要。外交部副部长杨洁篪赴巴新出席第17届太平洋岛国论坛会后对话会。商务部部长助理陈健率政府经贸代表团访问瓦努阿图、斐济和所罗门群岛。全国人大代表团赴萨摩亚出席第五届论坛议会大会对话会。国家旅游局代表团赴巴新出席南太旅游组织第15届部长理事会会议。

中国与南太岛国贸易持续增长，经济合作富有成果。中国冶金建设集团就在巴新投资开发镍矿项目与巴新签署协议。中国援建的汤加首都中学、瓦努阿图农业学院和客货两用船、萨摩亚游泳馆、密联邦金枪鱼委员会办公楼、巴新巴巴利利公路改造等项目竣工。中国成功组织南太岛国记者团访华，并为岛国举办经济管理、渔业管理研修班、审计长培训班等一系列活动，各层次交往明显增加，合作领域更加广泛。

### (7) 中国与拉丁美洲和加勒比地区国家关系

2005年是中国同拉丁美洲和加勒比国家关系快速发展的一年，在双方共同努力下，中拉互利合作的友好关系取得丰硕成果。

双边高层交往频繁，进一步深化了中拉战略共识和政治互信。国家主席胡锦涛访问墨西哥，同比森特·福克斯总统就加强对话、增进互信、深化中墨战略伙伴关系达成共识。全国政协主席贾庆林访问墨西哥、古巴、哥伦比亚和乌拉圭。国家副主席曾庆红访问墨西哥、秘鲁、委内瑞拉、特立尼达和多巴哥、牙买加，并出席在牙举行的“中国—加勒比经贸合作论坛”首届部长级会议开幕式。曾庆红副主席同五国领导人就进一步加强双边友好合作关系的方针、原则和措施达成广泛共识。中共中央政治局常委罗干访问阿根廷、乌拉圭和古巴。中拉领导人还通过通话、互致信函或利用多边场合会晤等方式，就双边关系和共同关心的国际问题交换看法。哥伦比亚、秘鲁总统，牙买加、格林纳达、圭亚那、多米尼克总理以及格林纳达、阿根廷、智利、牙买加、巴巴多斯、圣卢西亚外长先后访华。

中国同拉美地区组织的合作进一步加强。2月，中国政府同美洲国家组织签署关于建立中国—美洲国家组织合作基金协议，中国政府在五年内向该组织提供100万美元，用于美洲国家经济社会发展项目，年内中方共资助和参与了七个项目，取得良好效果。曾庆红副主席访问秘鲁期间集体会见了安第斯共同体五国外长及该组织秘书长。李肇星外长在出席第60届联大期间，同里约集团举行第15次政治对话。12月，应南方共同市场轮值主席国乌拉圭总统邀请，胡锦涛主席特使、建设部部长汪光焘出席南方共同市场峰会。中国全国人大作为观察员出席拉美议会第21届年会，并与安第斯议会签署合作协议。

中拉在国际事务中密切配合，相互支持。拉美国家在中国人大通过《反分裂国家法》、西藏等问题上充分理解和支持中国的立场。中拉在亚太经济合作组织和东亚—拉美合作论坛内，以及在联合国改革和多哈回合谈判等问题上，保持着密切的联系与合作。

中拉贸易继续呈快速增长势头，经济合作领域进一步拓宽，规模继续扩大。国家主席胡锦涛访问墨西哥和曾庆红副主席访问拉美和加勒比五国期间，中墨两国政府签署了避免双重征税和防止偷漏税协定，中国与有关国家签署了涉及贸易、投资、农业、海运、旅游、社会发展、矿业合作、植物检疫等领域的多项合作协议。11月，中国同智利签署自由贸易协定，智利成为第一个同中国签署自由贸易协定的拉美国家。截至2005年底，已有15个拉美和加勒比国家承认中国的市场经济地位。

中国全国人大与拉美和加勒比各国议会之间交往密切，相互了解加深。全国人大常委会副委员长李铁映率团访问了阿根廷、乌拉圭和巴西；全国人大常委会副委员长、全国妇联主席顾秀莲率中国妇女代表团访问巴西并出席中巴妇女文化与发展周活动；全国政协副主席、中共中央统战部部长刘延东访问古巴、巴西和阿根廷。拉美和加勒比国家访华的议会领导人有：哥伦比亚众议长苏莱玛·哈丁·科拉莱斯、圣卢西亚参议长希尔福特·德特维尔和众议长约瑟夫·贝登·阿莱茵、智利参议长塞尔希奥·罗梅罗。

中国同拉美和加勒比国家在军事、文化、教育、旅游、人力资源培训等领域的合作继续得到加强。中国先后组织举办了拉美和加勒比青年外交官讲习班和高级外交官访华团、中拉青年节、拉美高级公务员培训班等活动。

2005 年，中国同拉美和加勒比地区未建交国的关系也取得了新的进展，双方人员往来更趋密切，相互了解进一步增加，有关国家舆论中要求尽快同中国实现关系正常化的呼声继续上升。1 月 20 日，中国与格林纳达恢复外交关系。

# 3. 专题评述

## (1) 胡锦涛主席出席联合国成立60周年首脑会议

联合国成立 60 周年首脑会议于 9 月 14 ~ 16 日在纽约联合国总部举行，共有 154 个国家元首或政府首脑与会，是联合国历史上规模最大的首脑会议。会议期间还举行了安理会首脑会议、发展筹资高级别会议和四次圆桌会议。与会各国领导人讨论了改革联合国、加强集体安全机制、落实千年发展目标等重大问题，重申促进世界和平与发展及加强多边合作的承诺，进一步确认了联合国在多边合作机制中的中心地位。会议通过了成果文件。

中国国家主席胡锦涛于 9 月 13 ~ 16 日与会。期间，胡主席出席首脑会议开幕式，并在全会、安理会首脑会议、圆桌会、发展筹资高级别会议上发表讲话，全面阐述中国对国际形势和重大问题的立场。

胡主席在全会上做了题为《努力建设持久和平、共同繁荣的和谐世界》的发言。胡主席指出，联合国在维护世界和平、推动共同发展、促进

人类文明等方面发挥了重要作用，取得巨大成就。遵守国际责任，承担国际义务，和平解决争端，采取有效集体措施，共同维护地区和全球安全，成为国际社会实现持久和平、普遍安全的必由之路。尊重国家主权和领土完整，尊重各国自主选择社会制度和发展道路的权利，成为各国建立和发展关系的指导原则。加强国际合作，促进共同发展，实现互利共赢，成为实现各国共同发展繁荣的重要途径。胡主席呼吁国际社会共同努力，建设一个持久和平、共同繁荣的和谐世界，并为此提出四点主张：（一）坚持多边主义，实现共同安全；（二）坚持互利合作，实现共同繁荣；（三）坚持包容精神，共建和谐世界；（四）坚持积极稳妥方针，推进联合国改革。胡主席还重申，中国将坚定不移地高举和平、发展、合作的旗帜，走和平发展道路，奉行独立自主的和平外交政策，同各国一道推动建立公正合理的国际政治经济新秩序。

在圆桌会议上，胡主席全面阐述了中国对联合国改革问题的立场，强调中国坚定支持联合国改革，愿同各会员国携手推动改革健康发展。改革要着眼大局，坚持原则；要发扬民主，广泛协商；要积极稳妥，循序渐进；要把握重点，全面推进。

在安理会首脑会议上，胡主席强调要维护安理会权威，加强集体安全机制，并提出四点主张：（一）坚持多边主义，维护安理会权威；（二）有效应对威胁，提高安理会效率；（三）体现民主原则，改进安理会决策；（四）重视非洲关切，加大安理会投入。

在发展筹资高级别会议上，胡主席就如何落实千年发展目标，加快国际合作，促进普遍发展，实现共同繁荣提出四点建议：（一）进一步深化改革，使国际经济体制和规则更加公平合理；（二）尊重发展模式多样性，推动发展经验的交流；（三）建立公平、合理、有效的千年发展目标进展评估框架；（四）加强联合国在推动国际发展合作中的作用。胡主席还强调，中国将尽最大努力支持和帮助其他发展中国家加快发展，并将采取五项新措施：（一）给予所有同中国建交的39个最不发达国家部分商品零关税待遇；（二）进一步扩大对重债穷国和最不发达国家的援助规模，并通过双边渠道，在今后两年内，全部免除或以其他处理方式消除所有同中国有外交关系的重债穷国2004年底前对华到期未还的全部无息和低息政府贷款；（三）将在今后三年内向发展中国家提供100亿美元优惠贷款，帮助发展中国家加强基础设施建设；（四）将在今后三年内，增加对发展中国家特别是非洲国家的相关援助，为其提供包括防疟特效药在内的药物，帮助他们建立和改善医疗设施、培训医务人员；（五）将在今后三年内为发展中国家培训3万名各类人才。

与会期间，胡主席还会见了美国、菲律宾、赞比亚、莫桑比克、俄罗斯、阿尔及利亚、巴基斯坦、马其顿、加蓬、瑞典总统和印度总理，就双边关系、国际形势和共同关心的问题交换了看法。

### （2）胡锦涛主席出席亚非峰会及万隆会议50周年纪念活动

2005 年 4 月 21～23 日，“亚非峰会暨万隆会议 50 周年纪念活动”在印度尼西亚雅加达和万隆举行。胡锦涛主席和 88 个亚非国家领导人，30 个国际、区域组织代表及亚非以外国家的观察员出席。

会议主题是“恢复万隆精神的活力：致力于建立亚非新型战略伙伴关系”。会议深入探讨了新形势下推进亚非国家团结合作的方向、领域和原则，签署了《亚非新型战略伙伴关系宣言》，宣布建立“亚非新型战略伙伴关系”，确定“政治团结、经济合作、社会文化关系”三大合作领域，决定四年召开一次亚非国家或政府领导人峰会，两年举办一次部长会议。会议还发表了《亚非领导人关于海啸、地震和其他自然灾害的联合声明》。

胡主席在亚非峰会和亚非商业峰会上发表重要讲话，阐述中国关于加强亚非团结合作的政策主张，强调应在新的历史条件下弘扬万隆精神，为推动会议取得成功发挥了建设性作用。与会期间，胡主席还同与会亚非国家和国际组织的领导人举行了 12 场双边会见，就双边关系及共同关心的重大国际及地区问题深入交换意见。胡主席出席此次活动有如下几个特点：

第一，突出团结协作。胡主席的亚非峰会讲话中深刻分析了当前亚非国家面临的新形势、新机遇、新挑战，指出亚非国家肩负着加快经济社会发展、提高人民生活水平、应对传统和非传统安全威胁、维护世界和平与稳定、维护发展中国家权益、建立公正合理的国际政治经济新秩序的历史使命，要加强团结，成为政治上相互借重、相互支持，经济上优势互补、互利共赢，文化上相互借鉴、取长补短，安全上平等互信、对话协作的合作伙伴。

第二，倡导互利共赢。胡主席重申，中国始终是发展中国家的一员，加强同发展中国家的团结合作是中国外交政策的基石。中国高度重视同亚非国家的经贸关系，将逐步拓展和深化同亚非国家的互利合作，进一步增加对亚非欠发达国家的援助。中国永远致力于与亚非国家共同发展。胡主席的庄严承诺赢得与会领导人的积极评价。

第三，宣示和平发展。胡主席表明了中国坚持走和平发展道路的决心，强调中国将坚持以科学发展观统领经济社会发展全局，实现全面、协调和可持续发展；坚持社会主义市场经济的改革方向；坚持走新型工业化道路，着力建设资源节约、环境友好型社会；坚持对外开放的基本国策，

积极参与经济全球化，争取互利共赢，为维护世界和平、加强国际合作发挥更大的建设性作用。

第四，促进互利合作。胡主席在与巴基斯坦、泰国、尼泊尔、缅甸、阿尔及利亚、加纳等国领导人的双边会见中强调，中国愿本着平等互利、共同发展的原则，不断拓展和深化双方在各领域的互利合作。中国将鼓励和支持更多有实力、有信誉的中国企业参与这些国家的经济建设，愿积极考虑有市场、有效益的合作项目。胡主席与印度总理辛格就深化中印面向和平与繁荣的战略合作伙伴关系达成重要共识。

### (3) 胡锦涛主席出席八国集团与中国、印度、巴西、南非、墨西哥五国领导人对话会（“8+5对话会”）

2005年7月7日，国家主席胡锦涛出席了在英国鹰谷举行的八国集团与中国、印度、巴西、南非、墨西哥五国领导人对话会（简称“8+5对话会”）。对话会前夕，胡锦涛主席同印度、巴西、南非、墨西哥领导人举行集体会晤，并发表《共同宣言》。对话会期间，胡锦涛主席还进行了一系列双边会见活动。

胡锦涛主席出席“8+5对话会”取得了积极成果，影响深远。

第一，推动南北对话和国际发展合作。在“8+5对话会”上，胡锦涛主席发表了题为《携手开创未来 推动合作共赢》的重要讲话，全面阐述了中国对当前国际形势及世界经济的基本看法和中国支持通过加强国际合作，共同解决全球性问题，促进世界经济协调、均衡发展的立场，并就开展国际合作、实现共同发展提出四点主张：共同努力保持世界经济稳定增长；加强政策磋商，解决影响世界经济发展的深层次问题；开展务实合作，落实千年发展目标；深化全球对话，建立新型南北合作伙伴关系。这对于加强南北对话和南南合作，推进国际发展合作具有重要的现实意义。

第二，促进中国同八国集团及其成员国的合作。此系中国领导人第二次同八国集团首脑进行对话。胡锦涛主席系统阐述了中国对促进南北对话与合作，共同促进世界和平与发展的主张，并结合科学发展观，宣传中国在解决能源需求及经济社会协调发展方面的相关政策和举措，受到八国集团成员国高度重视。胡锦涛主席还同英国、美国、法国、德国等国领导人举行双边会晤，就双边关系及共同关心的问题交换了意见，增进了了解，加强了合作。

第三，加强同发展中国家的协调与合作。在同印度、巴西、南非、墨西哥领导人集体会晤和双边会见时，胡锦涛主席深刻阐述了发展中国家加强协调与配合对推进南北对话、维护共同利益的意义，并就此提出四点建议：团结协作，维护发展中国家共同利益；求同存异，妥善处理相互分歧；拓展思路，深入开展南南合作；因势利导，积极推进南北对话。五国一致赞同应积极推动南北对话和国际发展合作，使全球化朝均衡、普惠、共赢的方向发展。中国倡导的五国领导人会晤为发展中国家交流与合作注入了新的活力，开创了新的对话方式。

第四，增进国际社会对中国的理解与信任。针对国际社会对中国经济发展趋势、人民币汇率及中国对世界能源资源市场的影响等存在的疑虑或误解，胡锦涛主席阐述了中国采取的相关政策和措施，表明中国大力发展循环经济，建设资源能源节约型、环境友好型社会，强调中国的发展将对世界经济发展带来机遇。胡锦涛主席的讲话赢得与会各方和国际舆论的赞誉。

### (4) 温家宝总理出席首届东亚峰会

2005 年 12 月 14 日，首届东亚峰会在马来西亚吉隆坡举行。国务院总理温家宝和东盟十国、澳大利亚、日本、印度、韩国和新西兰领导人出席。会议分为开幕式和非正式闭门会议两部分，俄罗斯总统普京作为马政府客人在闭门会议前向领导人发表了讲话。

与会领导人重点讨论了东亚峰会的定位、目标、参与范围及与其他合作机制的关系等问题。会议确定：峰会为外向、开放和包容的战略对话论坛，与现有机制相互补充，为本地区共同体建设发挥重要作用；东盟在东亚峰会上发挥主导作用，峰会每年举行一次，由当年的东盟轮值主席国主办和主持；第二届会议将于 2006 年 12 月在菲律宾举行。此外，领导人还就经贸、金融、能源及跨国问题等交换了意见。

温总理在讲话中积极评价东亚峰会的历史意义，指出东亚峰会的召开，是东亚合作进程中的一件大事，标志着东亚合作进入一个新的发展阶段。温总理指出，为实现本地区的持久和平、发展与繁荣，应以发展为中心，促进共同发展；构建和睦关系，维护和平稳定；以合作为途径，实现互利共赢。强调中国支持东亚合作保持透明和开放，支持东盟在东亚合作进程中发挥主导作用，考虑和照顾区域外国家在本地区的合理利益，增进这些国家对东亚合作的理解与支持。温总理还介绍了中国的国内发展情况，表示中国将坚持走和平发展道路，坚持“与邻为善、以邻为伴”，继续致力于推进本地区区域合作进程，为实现各国合作共赢和地区振兴做出应有贡献。

会后，领导人签署了《关于东亚峰会的吉隆坡宣言》，发表《关于预防、控制和应对禽流感的东亚峰会宣言》。

### (5) 做好涉台外交工作，在对外领域维护一个中国原则

2005 年，台湾当局顽固坚持“台独”分裂路线，在对外领域推行新一轮“攻击性外交”，挑战一个中国原则。

一年来，中国政府坚决贯彻“和平统一，一国两制”的基本方针及中国共产党各项对台政策，与“台独”势力在国际上的分裂行径进行了坚决斗争，沉重打击了“台独”分裂势力的嚣张气焰。全国人大制定和通过《反分裂国家法》，得到国际上绝大部分国家的理解和支持，极大地震慑了“台独”势力。

中国政府积极向国际社会宣示中国发展两岸关系、维护台海和平稳定的诚意，揭露陈水扁的“台独”本质和“台独”分裂活动的危害，使各国对“台独”的危害性有了更清醒的认识，增进了国际社会对中国政府对台方针政策的理解和支持，有力地遏制了台当局以各种手段推行“实质外交”的图谋。

针对台当局在国际多边领域的分裂活动，中国政府进行了坚决斗争，第九次挫败台挤入世界卫生大会、第十三次挫败台“参与”联合国的图谋，及台在联合国唆使其“邦交国”提出的所谓“联合国维护台海和平的积极作用”的提案。阻止了陈水扁挤入釜山亚太经合组织领导人非正式会议，挫败了台当局借禽流感等问题扩大国际影响的企图，在对外领域捍卫了一个中国原则。

一些台“邦交国”对中国的国际地位及台当局的分裂路线认识更加清楚。2005 年 1 月和 10 月，格林纳达、塞内加尔先后与中国复交，台“邦交国”数量减少至 25 个。

中国政府十分关心台湾同胞在海外的经济、民生、安全问题，采取有效措施努力维护海外台胞的合法权益，获得台湾岛内及国际社会普遍赞誉。

### (6) 与国际社会共同应对非传统安全的威胁

2005 年，中国积极开展与各国在非传统安全领域的合作，努力发挥建设性作用，受到各方赞赏与重视。

中国坚定支持并积极参与国际反恐斗争。中国政府支持联合国在反恐斗争中发挥主导作用，认真执行安理会有关决议，积极加入国际反恐公约。中国政府还在“平等合作、双向互利”的基础上，积极参加包括亚太经合组织、上海合作组织、东盟地区论坛框架下的反恐合作机制，与美国、俄罗斯、德国、巴基斯坦等国举行了双边反恐磋商。

中国及时向海啸等自然灾害受灾国伸出援助之手。东南亚和南亚海啸发生后，国家主席胡锦涛分别向印度尼西亚、印度、斯里兰卡、孟加拉国、马尔代夫、泰国和马来西亚等七国元首致慰问电，国务院总理温家宝出席东盟地震和海啸灾后问题领导人特别会议并做出援助承诺。中国政府先后三次向灾区提供了总计约 6.88 亿元人民币的援助，派出以医疗急救为主的国际救援队，并致力于协助建立南亚地震海啸预警系统。“卡特里娜”飓风袭击美国新奥尔良市后，胡锦涛主席致电布什总统表示深切同情和慰问，中国政府除向美提供救灾急需物资外，还提供 500 万美元救灾援助。针对巴基斯坦北部发生大地震并波及印度、阿富汗部分地区，胡锦涛主席和温家宝总理分别向巴基斯坦、印度两国总统和总理致慰问电。中国政府积极参加各类国际及双边赈灾会议，通过各种渠道对巴基斯坦援助 2050 万美元，并将提供 3 亿美元优惠贷款用于灾区重建及协助建设覆盖巴全境的地震台网等项目。

中国政府高度重视并积极倡导有关禽流感和人禽流感防控的国际交流与合作。中国及时向有关国际组织和国家通报疫情，向周边国家提供资金和技术援助。中国卫生部、农业部与世界卫生组织、联合国粮农组织建立了四方联席会议制度。中国发起和主办昆明亚洲禽流感防控合作部长级会议，同其他与会国家和地区联合发表了《昆明倡议》，并参加了在美国、加拿大和瑞士举行的有关防控禽流感和流感大流行的国际会议。中国还与美、加、澳等国就共同防控禽流感疫情达成共识，与美国共同制定了《中美禽流感共同行动倡议概念文件》。

中国十分重视打击跨国犯罪的区域合作。中国与东盟在打击跨国犯罪领域合作进展迅速，主办了第二届东盟和中国禁毒合作国际会议，积极参加东盟与中日韩（10+3）打击跨国犯罪部长级会议。中国还主办了首届亚欧会议总检察长会议，就合作打击跨国有组织犯罪进行了探讨。

### （7）中国参与国际发展合作

中国一贯以积极务实的态度参与国际发展合作。中国主张通过国际发展合作，缩小南北差距，确保每个国家得到公平发展的机会，实现共同繁荣；主张减轻发展中国家的债务负担，并对国际金融体制进行必要的改革，维护和完善多边贸易体制，为发展中国家发展创造良好的外部环境；主张建立公平、合理、有效的千年发展目标进展评估框架，既评估各国取得的进展，又监督国际合作和发展援助承诺的落实。

多年来，中国在南南合作框架内，积极以多种形式为广大发展中国家提供力所能及的帮助和支持，为促进这些国家实现发展做出了贡献。

在贸易领域，中国与亚非拉所有地区发展中国家的贸易额均有较大幅度增长，已向30多个最不发达国家提供了优惠关税待遇。

在投资领域，中国还加大了对亚非拉地区的投资力度。2005年，中国在亚洲国家直接投资达24.53亿美元，对非洲直接投资达2.8亿美元，在拉美和加勒比地区直接投资额为6.59亿美元。

在减债方面，截至2005年底，中国已同非洲、亚洲、美洲和大洋洲地区共41个国家签署了免债议定书，免除这些国家部分对华到期债务共计200笔。

在援助方面，截至2005年底，中国提供过援助的发展中国家和区域组织达160多个，承担实施各类项目2000多个，并提供大量物资和少量现汇援助。

在公共卫生领域，中国先后向亚洲、非洲、拉丁美洲、欧洲和大洋洲的65个发展中国家和地区派遣过医疗队，累计派出人员超过18000人，经我国医生诊治的发展中国家患者达2.4亿人次。

此外，中国倡导成立了中非合作论坛、中阿合作论坛等合作机制，在亚洲开发银行设立了中国减贫和区域合作基金并提供了2000万美元捐款。2005年5月，中国国际扶贫中心在北京正式成立，旨在为世界消除贫困事业做出贡献。2005年6月，第二届南方首脑会议在卡塔尔多哈举行，国务院副总理曾培炎率团出席会议，并宣布向“南方发展与人道主义援助基金”捐款200万美元，用于中国与广大发展中国家开展互利合作。

2005年9月，在联合国成立60周年首脑会议发展筹资高级别会议上，胡锦涛主席提出对发展中国家援助的五点新建议：

一、给予所有同中国建交的39个最不发达国家部分商品零关税待遇，优惠范围将包括这些国家的多数对华出口商品。二、在今后两年内，全部免除或以其他处理方式消除所有同中国有外交关系的重债穷国2004年底前到期未还的全部无息政府贷款。三、今后三年内向发展中国家提供100亿美元优惠贷款，以帮助发展中国家加强基础设施建设，推动双方企业开展合作。四、今后三年内，增加对发展中国家特别是非洲国家的相关援助，为其提供包括防疟特效药在内的药物，帮助他们建立和改革医疗设施、培训医务人员。五、今后三年内为发展中国家培训培养3万名各类人才。

中国政府坚信，加强国际发展合作，实现各国共同发展是大势所趋、民心所向。中国将坚持在更大范围、更广领域和更高层次上参与国际经济技术合作，积极推动经济全球化向有利于各国共同繁荣，特别是有利于发展中国家的方向发展。同时，中国将尽最大努力帮助发展中国家不断增强自主发展的能力，为促进各国发展、实现共同繁荣做出贡献。

## (8) 以人为本，维护海外中国公民和法人的合法权益

中国奉行独立自主的和平外交政策，按照和平共处五项原则处理国家间关系。中国的领事保护工作始终坚持国家和人民的根本利益高于一切，依法行政、不干涉别国内政并尊重驻在国法律法规，高效、妥善处理涉及中国公民合法权益的事件，满腔热情地为在国外的中国公民和法人服务。

2005年，中国继续实施“走出去”战略，对外开放向深层次推进，中外交往日益频繁，中国公民和各类机构出国数量迅速增加，由于部分国家和地区社会治安环境恶化，海外中国公民和法人面临的风险不断上升，中国的领事保护工作面临新的挑战。

中国政府坚持“以人为本”、“执政为民”的理念，高度重视每一起涉及海外中国公民和法人的领事保护案件。2005年，外交部和驻外使领馆着重加强了领事保护机制建设，特别是预警、处置、协调和保障机制逐步建立和完善，并初显成效。2005年中国的领事保护工作形势总体上较平稳，重大恶性突发事件相对减少，但案件总量有所上升，中国公民在境外违法犯罪引发的问题较多，劳务纠纷、非法越界捕鱼等案件数量居高不下。另一方面，由于社会公众对政府处理领事保护案件的期望值越来越高，领事保护工作的艰巨性和复杂性愈显突出。2005年的领事保护案件主要有以下特点：

由于社会动荡、自然灾害和意外事件所引发的领事保护案件增多。例如，吉尔吉斯斯坦骚乱、美国“卡特里娜”飓风袭击、法国巴黎骚乱等事件，给旅居当地的中国公民的生命财产安全造成严重威胁。

非洲地区领事保护工作面临巨大压力，成为领事保护工作的新热点。中国在非企业近千家，在非公民逾20万人，遍及非洲各国，且仍在快速增长。针对中国公民和企业的重大抢劫或杀人案件频发，各类侵权案件急剧增多。

中国公民在境外违法违规问题较突出。随着中国逐步放宽公民出境政策和手续，不少企业和公民相继出境寻求商机。劳务纠纷和渔事案件增加，甚至有大规模查抄中国商户的情况发生。

外交部和各驻外使领馆在领事保护工作中以高度的责任感和使命感，秉持国家和人民利益至上的坚定信念，努力提高领事保护处理能力，全力以赴保护海外中国公民的生命财产安全。每遇涉及中国公民和中资机构的

重大领事保护案件，外交部和驻外使领馆都能做到反应迅速、决策果断、措施有力。许多重大领事保护案件的成功处理充分凸显了中国政府“以人为本”、“执政为民”的理念，证明了中国政府在领事保护工作领域执政能力的提高，得到社会各界的广泛好评。

# 第三章

# 中国与各建交国家的关系

## 阿富汗
## （Afghanistan）

2005年是中华人民共和国与阿富汗伊斯兰共和国建交50周年。中国重视发展对阿传统关系，支持阿进一步推进和平重建进程，并继续向阿重建提供力所能及的帮助。双方还举行了内容丰富的两国建交纪念活动，进一步增进了理解与友谊。

两国高层保持密切接触，政治互信加强。1月，两国领导人互致建交贺电。4月，外交部长李肇星访问阿富汗，并参加阿富汗发展论坛第三次会议，会见了阿总统哈米德·卡尔扎伊、前国王穆罕默德·查希尔·沙阿、副总统艾哈迈德·齐亚·马苏德、穆罕默德·卡里姆·哈利利和外长阿卜杜拉·阿卜杜拉。12月，外交部副部长武大伟访问阿富汗，并出席喀布尔区域经济合作会议，会见了阿总统、前国王、两位副总统和外长。4月，阿富汗副总统哈利利出席博鳌亚洲论坛年会并顺访北京。全国政协主席贾庆林在年会期间会见哈利利。国家副主席曾庆红在京与哈举行会谈，就巩固和加强中阿睦邻友好和互利合作及阿富汗重建形势交换意见，并宣布在1.5亿美元对阿援助框架下向阿富汗提供600万美元无偿援助。9月，阿富汗第一副外长扎尔迈·阿齐兹访华，与副外长武大伟举行会谈，正式

启动两国外交磋商机制。国务委员唐家璇和外长李肇星分别会见阿一行。

中国继续参与阿富汗经济重建，推进中方援建的喀布尔医院和帕尔旺水利工程两大项目，为阿富汗培训15名外交官和15名经济管理官员。

中阿经贸往来活跃，中国继续成为阿商品最大进口国。中国公司积极参与阿经济重建，在阿承建基础设施。

中阿在国防、宗教、文化等领域交流活跃。10月，国防部副部长穆罕默德·哈马尤·法兹中将访华，中方决定向阿提供1500万人民币无偿军援。6月，阿富汗宗教事务部副部长穆罕默德·卡西姆应中国伊斯兰教协会邀请访华。11月，阿富汗新闻和文化部长赛义德·马赫杜姆·拉辛应邀来华参加“亚洲文化部长论坛”，并与中方签署有关文化合作协议。

# 阿尔巴尼亚

## （Albania）

2005 年，中华人民共和国与阿尔巴尼亚共和国关系稳步发展。

两国政治交往保持良好势头。1 月，阿尔巴尼亚议会对外政策委员会主席伊利尔·泽拉访华。3 月，外交部长李肇星访阿。6 月，外交部长李肇星在出席伊拉克问题国际会议期间与阿尔巴尼亚外交部长卡斯特里奥特·伊斯拉米会晤。

两国外交部合作不断加强。外交部副部长张业遂赴阿进行两国外交部副外长级磋商。其间，双方签署了《中华人民共和国外交部与阿尔巴尼亚共和国外交部关于档案领域的合作协议》。阿尔巴尼亚外交部新闻发言人戴萨达·梅塔伊访华。

两国其他各领域合作续有发展。中阿政府间经贸混委会第四次会议在地拉那举行。中国人民解放军外事代表团、国家档案局副局长杨冬权分别访阿。阿尔巴尼亚工会联合会主席科尔·尼古拉、监察专员埃尔米尔·多比亚尼相继访华。

# 阿尔及利亚

(Algeria)

中华人民共和国与阿尔及利亚民主人民共和国有着深厚的传统友谊。自1958年12月建交以来，两国在各领域的友好合作关系稳步发展。2004年2月，两国建立战略合作关系。2005年，中阿关系进一步深化，各领域的交流与合作取得重要进展。

两国高层交往密切，政治互信加深。4月22日，国家主席胡锦涛在出席第二届亚非峰会暨万隆会议50周年纪念活动期间会见了阿尔及利亚总统阿卜杜勒-阿齐兹·布特弗利卡，双方就全面发展中阿战略合作关系及共同关心的国际问题达成广泛共识。9月15日，胡锦涛主席在出席联合国成立60周年首脑会议期间再次会晤布特弗利卡总统，双方就两国关系和共同关心的国际问题深入交换看法。2月17日和6月8日，布特弗利卡总统两次致信胡锦涛主席，对中国辽宁阜新发生矿难和多个省份发生水灾表示慰问。11月底，布特弗利卡总统因病住院，胡锦涛主席致电慰问并赠送花篮。

两国充分利用外交部定期磋商机制，在重大国际和地区问题上加强协调合作。7月，外交部领导成员乔宗淮赴阿尔及利亚进行两国外交部第四次政治磋商。同月，阿尔及利亚两名外交官在伊拉克遇害，李肇星外长致电贝贾维外长表示哀悼和慰问。8月，外交部部长助理吕国增访阿。9月、10月，两国外长在出席第60届联合国代表大会和联合国关于黎巴嫩问题外长会议期间两次会晤，就联合国改革等共同关心的国际和地区问题深入交换了意见。

阿尔及利亚政府始终坚持一个中国的政策。4月，阿外交部发表声明，支持中国制定《反分裂国家法》。

此外，8月，广东省副省长许德立访阿。9月，国家审计署副署长刘家义访阿，与阿方签署了两国在审计领域的合作协议。

中阿两国经贸合作取得积极进展。3月，中国石油天然气集团公司下属的工程建设公司中标斯基克达工业园区新建凝析油拔头装置项目。7月，商务部副部长魏建国访阿，与阿高等教育和科研部长拉希德·哈拉乌比亚共同主持召开第五届中阿经贸合作混委会。9月，阿尔及利亚邮政和信息、通讯技术部长布贾马·哈伊舒尔访华，信息产业部部长王旭东和商务部副部长魏建国分别会见，双方决定加强两国在信息通讯领域的合作。

两国在军事、政党、文化、新闻等领域的合作与交流全面开展。5月底，阿尔及利亚海军司令亚拉·穆罕默德·塔哈少将访华，这是阿尔及利亚海军司令首次访华。11 月，中央军委委员、第二炮兵司令员靖志远上将访阿，与阿方就如何加强两军合作交换了看法。7 月，阿尔及利亚主要执政党民族解放阵线代表团访华，与中国共产党签署了两党合作议定书。同月，应阿尔及利亚文化部邀请，中国青年民族艺术团一行 25 人访阿。9 月底，中国新闻记者代表团访阿，采访了阿尔及利亚总理艾哈迈德·乌叶海亚和国务部长、总统个人代表阿卜杜勒－阿齐兹·贝勒卡迪姆等政要。

# 安道尔

## (Andorra)

2005年，中华人民共和国与安道尔公国的关系进一步密切。

1月，安道尔首相福尔内对中国进行非正式访问。这是两国建交以来的首起高访。在京期间，国务院总理温家宝、国务委员唐家璇分别会见了福一行。福还访问了上海，会见了上海市长韩正。

2月，中安签署了《中华人民共和国国家旅游局与安道尔公国政府关于中国旅游团队赴安道尔旅游的谅解备忘录》。

6月，温家宝总理致电安新任首相平塔特，祝贺其就任新职。外交部长李肇星致电安外交大臣米诺韦斯，祝贺其连任。同月，两国外交部举行了建交以来的首次政治磋商。

7月，李肇星外长同安道尔外交大臣米诺韦斯通电话，就安理会改革等共同关心的问题交换了意见。

# 安哥拉

(Angola)

2005 年，中华人民共和国与安哥拉共和国友好合作关系继续顺利发展，两国政治互信不断增强，各领域合作成果显著。

两国保持高层交往。2 月 24～26 日，国务院副总理曾培炎对安哥拉进行正式访问，会见安总统若泽·爱德华多·多斯桑托斯，与安总理费尔南多·多斯桑托斯·南多举行会谈。曾副总理表示，中国政府珍视中安传统友谊，愿与安方增进高层往来，拓展各领域的合作，推动两国友好合作关系取得更大进展，安领导人表示，安方高度重视发展对华关系，安坚定奉行一个中国政策，支持中国统一大业。其间，双方签署了《中华人民共和国政府与安哥拉共和国政府经济技术合作协定》。10 月 17～24 日，安执政党安哥拉人民解放运动副主席安东尼奥·内图率团访华，中共中央政治局常委、中央政法委书记罗干会见代表团。

双方其他层次的交往保持良好势头。外交部副部长吕新华、信息产业部副部长蒋耀平、中国进出口银行副行长苏中等访安。安哥拉财政部长若泽·德莫赖斯、副部长塞韦林·德莫赖斯、贸易部长若阿金·穆阿富马、外交部副部长若热·希科蒂、武装部队总参谋长阿戈斯蒂纽·桑雅尔上将等先后访华。

两国经贸合作不断扩大，双边贸易额持续增长，安哥拉已成为中国在非洲第二大贸易伙伴。年内，中国政府援建的罗安达妇幼医院竣工，由中方提供信贷实施的罗安达电网改造一期项目和安南部四省通讯工程也告完成。

# 安提瓜和巴布达

## (Antigua and Barbuda)

中华人民共和国与安提瓜和巴布达自1983年建交以来，两国友好关系稳步发展，经济技术合作进展顺利，双方在国际事务中相互支持、密切配合。

2005年，中安在政治、经贸、多边等领域交流与磋商活跃。2月初，安巴总理鲍德温·斯潘塞率团出席在牙买加举行的中国—加勒比经贸合作论坛首届部长级会议，并与国家副主席曾庆红会见，双方签署了关于中国公民旅游团队赴安提瓜和巴布达旅游实施方案的谅解备忘录。9月，中国援建的板球场如期开工。12月，建设部部长汪光焘访问安巴。

# 阿根廷

## (Argentina)

中华人民共和国与阿根廷共和国 1972 年建交以来，双边关系全面稳步发展。2005 年，在两国元首确定建立的中阿战略伙伴关系框架下，双边互利合作呈现良好发展势头。

12 月 12 ~ 15 日，中共中央政治局常委罗干对阿根廷进行正式友好访问。访问期间，罗干会见了阿副总统兼参议长丹尼尔·奥斯瓦尔多·西奥利，并考察了世特佳钢厂。

3 月和 11 月，阿外长拉斐尔·安东尼奥·别尔萨两次对华进行工作访问，就推动落实两国元首互访成果与中方交换意见，达成了广泛共识。

两国部委、议会、地方政府、军事交往密切，双边副部级以上互访团组逾 60 个。全国人大常委会副委员长李铁映、成思危，全国政协副主席、中央统战部部长刘延东等对阿进行了正式友好访问。4 月，阿科尔多瓦省、圣菲省及恩特雷里奥斯省三省长受内斯托尔·卡洛斯·基什内尔总统指示联合访华，以加强与中国地方交流。9 月，中央军委委员、解放军总政治部主任李继耐上将，10 月，中央军委委员、解放军总参谋长梁光烈上将分别访阿，阿陆军参谋长罗伯托·费尔南多·本迪尼上将访华。

在国际事务中，中阿相互支持，配合密切。两国在联合国、世贸组织等多边机构中进行了卓有成效的合作，为维护广大发展中国家的正当权益发挥了积极作用。

中阿贸易继续保持良好发展势头，经贸合作领域进一步拓宽。阿根廷牛肉产品首次进入中国市场。

中阿在文化、科技等领域的交流不断深化。11 月，中央电视台“手拉手”大型文艺表演活动在阿成功举办。阿民间掀起“汉语热”，来华商务、旅游人数大幅增长。

# 亚美尼亚

## (Armenia)

2005年，中华人民共和国与亚美尼亚共和国友好合作关系继续稳定发展，各领域交流与合作日益扩大，取得许多积极成果。

中亚继续保持重要往来，政治互信加深。6月，亚外长奥斯卡尼扬来华进行正式访问，国务院总理温家宝、外交部长李肇星分别与奥斯卡尼扬外长举行会见、会谈，就两国关系及共同关心的国际和地区问题广泛交换意见，一致同意继续深化双边关系，拓宽各领域合作。两国外长签署关于相互提供使馆馆舍和地皮的协议。8月，外交部领导成员乔宗淮访亚，与亚总统办公厅主任图马尼扬、代外长基拉科相会见、会谈。9月，亚共和党副主席、国民议会副议长托罗相率共和党代表团访华，中共中央政治局常委罗干会见。11月，全国人大常委会委员、全国人大中国—亚美尼亚议员友好小组主席侯义斌访亚并出席亚议会成立15周年庆祝活动，分别与亚议长巴格达萨良、亚美尼亚—中国议员友好小组主席彼得罗相会见。

两国经贸关系发展良好，双边贸易额稳步增长。9月，中亚政府间经贸合作委员会第四次会议在北京举行，双方签署经济技术合作协定。外交部长李肇星会见委员会亚方主席、亚总统办公厅主任图马尼扬。两国最大的经济技术合作项目——山纳合成橡胶有限责任公司的有关工作开展顺利。

其他领域的交流继续开展。5月，亚公务员事务委员会主席巴达良访华。9月，亚科学院东方研究所所长奥瓦尼相访华。

# 澳大利亚
(Australia)

中华人民共和国与澳大利亚联邦自 1972 年 12 月建交以来，双边关系发展顺利。发展与澳大利亚的友好合作关系符合两国人民的根本利益，也有利于促进亚太地区的稳定与繁荣。中国政府重视中澳关系，愿与澳方在相互尊重、平等互利的基础上进一步深化两国全面合作关系。2005 年，中澳关系继续保持良好发展势头。

双边高层互访与接触频繁，各领域交流与合作不断深入。2005 年 5 月，全国人大常委会委员长吴邦国对澳进行正式友好访问，双方签署了教育、通讯等领域的合作协议。11 月，中共中央政治局委员、广东省委书记张德江访澳。12 月，国务院总理温家宝在出席东亚峰会期间与澳总理霍华德举行双边会晤。同月，全国政协副主席李贵鲜访澳。4 月，澳总理霍华德访华并出席博鳌亚洲论坛会议。10 月，澳总督杰弗里对中国进行国事访问。这些互访有力地推动了中澳全面合作关系的发展。

其他重要双边交往有：3 月，最高人民法院院长、首席大法官肖扬赴澳出席会议，澳贸易部长维尔访华。4 月，澳众议长霍克、司法和海关部长艾利森访华。7 月，澳教育、科技和培训部长纳尔逊，农业、渔业和林业部长特拉斯，艺术、体育部长肯普，小企业和旅游部长贝利访华。9 月，卫生部长高强访澳。外交部长李肇星在出席第 60 届联合国大会期间与澳外长唐纳举行双边会晤。10 月，国库部长科斯特洛，工业、旅游和资源部长麦克法兰，移民、多元文化及土著事务部长范斯顿访华。

双边经贸合作深入发展，合作领域不断扩大，能源资源合作稳步推进。目前，中国是澳第三大贸易伙伴和第二大出口市场。4 月，澳承认中国市场经济地位。5 月，中澳正式启动双边自由贸易协定谈判，年内已举行了三轮谈判。

双边对话和磋商机制不断加强。双方举行了中澳第 17 次外交部官员政治磋商、中澳第 9 次人权对话。

两军交流继续深入。4 月，澳海军“堪培拉”号护卫舰访问湛江和上海。6 月，澳国防部长希尔访华。8 月，澳海军司令沙尔德斯中将访华。10 月，澳国防军副司令吉列斯皮访华，双方举行了两国国防部门第九次防务战略磋商。

双方在文化、教育等领域交流与合作继续扩大。全澳第一个孔子学院在珀斯成立。中国是澳最大的留学生来源国。

澳大利亚政府重视对华关系。澳总理霍华德表示，中国的发展不仅对中国有利，对本地区乃至全球的发展都有好处。澳政府多次重申坚持一个中国政策，反对“台独”。

# 奥地利

(Austria)

2005 年，中华人民共和国与奥地利共和国关系继续保持良好发展势头，双方在政治、经贸、教育、科技、文化、军事等各领域的友好交流与互利合作取得新的进展。

两国高层交往频繁，政治关系进一步加强。4 月，奥地利总理沃尔夫冈·许塞尔对华进行正式访问并出席了博鳌亚洲论坛 2005 年年会。访问期间，国务院总理温家宝与奥总理许塞尔进行了会谈，全国人大常委会委员长吴邦国、国家副主席曾庆红、全国政协主席贾庆林分别会见。双方签署了《中奥两国政府关于动物检疫及动物卫生合作协定》《中奥两国政府关于互免航空运输企业国际运输收入税收的换函》《中国商务部投资促进事务局和奥地利联邦商会双向投资促进合作谅解备忘录》等五项协议和备忘录。10 月，奥国民议会议长安德烈亚斯·科尔对华进行正式友好访问，与吴邦国委员长举行了会谈，国家副主席曾庆红、全国人大常委会副委员长路甬祥分别会见。两国外交部间保持磋商与合作。双方在国际事务中保持良好沟通与协作。

两国经贸关系稳步发展，2005 年，双边贸易额较上年有所增加。两国总理就加强双方在可再生能源和环保领域的具体合作互致信函。6 月，奥财政部长卡尔—海因茨·格拉瑟来华出席第六届亚欧财长会议。

两国教育、文化、军事等各领域的交流与合作续有发展。《奥地利新抽象派绘画展》和奥女画家艾玛·波曼画展在华举行。8 月，奥卫生与妇女部长玛丽亚·劳赫—卡拉特来华出席纪念联合国世界妇女大会十周年会议。9 月，奥教育、科学与文化部长伊丽莎白·盖勒尔女士来华出席上海复旦大学校庆及“奥地利中心”成立开幕仪式。11 月，奥国防部长君特·普拉特尔访华，双方签署了《中华人民共和国国防部与奥地利国防部合作备忘录》。两国在人员管理培训领域继续保持良好合作，互派高级公务员团访问。

# 阿塞拜疆

## (Azerbaijan)

2005年，中华人民共和国与阿塞拜疆共和国友好合作关系发展顺利，各领域交流与合作日益深化。

双方继续保持高层交往，政治互信进一步加深。3月，阿塞拜疆总统伊利哈姆·阿利耶夫来华进行国事访问。国家主席胡锦涛、国务院总理温家宝分别与阿利耶夫总统举行会谈、会见。双方对两国关系发展取得的积极成果表示满意，愿继续保持高层交往，密切双边政治关系，开展多层次交流，深化各领域合作。阿方表示支持中国全国人大通过《反分裂国家法》。双方签署《中阿联合声明》等13个文件，为两国关系的进一步发展奠定了坚实基础。2月，阿塞拜疆外长埃利马尔·马梅德亚罗夫来华进行正式访问，国务院副总理黄菊、外交部长李肇星、副部长戴秉国分别与马梅德亚罗夫外长举行会见、会谈。双方积极评价中阿关系的发展，表示愿继续努力，不断深化各领域合作。

两国经济技术合作继续扩大，双边贸易额稳步增长。中方石油公司加大在阿投资，能源合作项目进展良好。双方逐步拓展在通讯、电力等方面的合作。

双方青年、体育、文化、教育等领域开展多种形式的交往。4月，中国全国青联副主席尔肯江·吐拉洪访阿。9月，阿内务部代表团出席在北京召开的亚洲减灾大会。同月，阿老战士协会主席等应邀出席中方在北京举行的纪念抗日战争暨世界反法西斯战争胜利60周年庆祝活动；阿职业技术教育考察团访华。11月，中国现代国际关系研究院代表团访阿。中国艺术体操队、中国拳击队分别参加在阿举行的第27届世界艺术体操锦标赛、国际拳击邀请赛。阿拳击队、艺术家代表团分别参加在华举办的国际比赛和“相约北京”艺术节。

# 巴哈马

## (Bahamas)

中华人民共和国与巴哈马国自1997年建立外交关系以来，两国关系健康发展，双方在政治、经济、文教、新闻等领域进行了积极合作，在国际事务中相互支持、密切配合。

2005年，两国友好合作关系继续稳步发展，交往领域不断拓宽。4月，巴哈马—中国友好协会代表团访华。7、8月间，中共中央对外联络部副部长马文普率中共友好代表团访巴。8月，巴众议院外委会主席肯雅塔·吉普森率团访华，实现了巴议会代表团对中国的首次访问。8、9月间，巴社会服务和社区发展部长梅拉尼·格里芬来华参加纪念联合国第四次世界妇女大会十周年会议。9月，巴上诉法院院长琼·索耶来华出席第22届世界法律大会，《拿骚卫报》和岛屿广播电台两名记者参加加勒比国家联合新闻团访华。10月，广东省常务副省长汤炳权访巴。12月，全国人大常委会副委员长成思危访巴。

巴政府坚持一个中国政策，支持中国在台湾问题上的原则立场。中国全国人大通过《反分裂国家法》后，巴外长弗雷德·米切尔重申巴坚持一个中国立场，希望两岸实现和平统一。

两国经贸等领域的合作继续发展。2005年初，中巴签署中国将巴列为中国公民旅游目的地国的谅解备忘录。巴是中国在英语加勒比地区最主要的贸易伙伴之一。中国向巴出口的商品主要为船舶、服装、鞋帽、轻工业品等。

# 巴　林

## (Bahrain)

中华人民共和国与巴林王国于1989年建立外交关系。建交以来，两国友好合作关系不断巩固和发展。2005年，中巴友好合作关系发展顺利。

政治往来频繁，政治互信加深。1月，巴林农业次大臣卡兹姆·哈希米出席在北京召开的“亚洲合作对话”农业政策论坛并访华，农业部副部长张保文、商务部部长助理陈健分别会见。7月，外交部部长助理吕国增访巴，分别会见了巴林首相哈利法、王储萨勒曼·本·哈马德·阿勒哈利法、新闻大臣兼外交事务国务大臣穆罕默德·本·阿卜杜勒·加法尔·阿卜杜拉和外交部次大臣尤素福·穆罕默德·马哈茂德。9月，外交部长李肇星致电哈立德·本·艾哈迈德·本·穆罕默德·阿勒哈利法，祝贺其当选新任外交大臣。10月，外交部长李肇星与巴林负责内阁委员会事务副首相穆罕默德·本·穆巴拉克·阿勒哈利法互致函电。12月，外交部大使王世杰出席在巴举办的第二届“海湾对话会议”。

在国际和地区事务中，中巴继续相互支持与配合。在第58届世界卫生组织大会上，巴支持中国在涉台问题上的立场。

中巴在经贸、农业等领域的合作稳步发展。2005年，中国援巴三名农牧渔业专家圆满完成任务，离任回国，巴方给予高度评价。

中巴民间和文化交往富有成效。8月，巴妇女最高委员会副主席玛丽娅·宾特·哈桑·阿勒哈利法出席在北京举办的纪念联合国第四次世界妇女大会十周年会议，全国妇联主席顾秀莲会见了玛一行。11月，中国人民对外友协会长陈昊苏率团访巴，巴首相哈利法和负责内阁委员会事务副首相穆罕默德分别会见；12月，“中国文化周暨新疆文化节”在巴举办。

# 孟加拉国

# (Bangladesh)

中华人民共和国与孟加拉人民共和国是友好近邻，两国长期相互信任、相互尊重、平等相待、真诚合作，双边关系健康稳步发展。2005 年是中孟建交 30 周年，两国关系进一步提升，各领域的合作呈现良好发展势头。

两国总理互访，中孟建立全面合作伙伴关系。4 月，国务院总理温家宝访孟，两国发表政府联合公报，确立中孟长期友好、平等互利的全面合作伙伴关系，在经济、科技、农业、水利等领域签署了九个合作文件，并宣布 2005 年为“中孟友好年”。8 月，孟总理卡莉达·齐亚回访，双方在能源、旅游、水利等领域签署了六项合作协定，推进了中孟互利合作。

两国还为建交 30 周年举行了内容丰富的庆祝活动。两国领导人在建交日——10 月 4 日互致贺电，双方联合在北京举行庆祝建交招待会，两国艺术团进行互访演出。中方还为孟邮政部门印制建交纪念邮票，在孟举行了建交 30 周年图片展、中国电影周和中国商品与技术展。5 月，中国东方航空公司开通了北京—昆明—达卡直航。

各领域友好交往频繁。孟议长、首席大法官、粮食与救灾部长、商业部长、私有化委员会主席、外交顾问分别访华或来华出席国际会议，执政的民族主义党、主要反对党人民联盟、民族党、主要左翼政党等组团访华。此外，军事方面，中国人民解放军总参谋长梁光烈上将访孟，孟海军参谋长、武装部队首席参谋官、三军情报局长先后访华。文化与教育方面，较大的文化交流项目达 28 个，人员交流 220 多人次。孟文化国务部长、文化部秘书、大学校长代表团、新闻代表团、青年与学生代表团、歌舞艺术团及多个友协代表团访华。中国艺术团、中国国际交流协会代表团、中国人民对外友协代表团等访孟。

双边贸易额继续快速增长。为缓解孟对华贸易逆差问题，中国决定在《亚太贸易协定》（即《曼谷协定》）框架下给予孟数十种输华商品零关税待遇，并于 12 月向孟派遣采购团。孟是中国在南亚地区重要的工程承包和成套设备出口市场，2005 年承包合同额超过 2 亿美元。

在国际和地区事务中，中孟继续相互支持和配合。在联合国改革问题上，中孟保持密切沟通。在世界卫生组织大会和联合国大会等多边场合，孟坚持一个中国原则，在台湾、西藏、人权等重大问题上支持中国。

## 巴巴多斯
## (Barbados)

中华人民共和国与巴巴多斯于1977年建交。近30年来，两国友好关系稳步发展。中国政府重视发展中巴关系，愿与巴巴多斯政府共同努力，构筑互利共赢的友好合作关系。巴巴多斯政府坚持一个中国政策。

2005年，中巴双方在政治、经贸、多边等领域交往频繁。2月初，巴副总理米亚·莫特利率团出席在牙买加举行的中国—加勒比经贸合作论坛首届部长级会议，并与国家副主席曾庆红会见，双方签署了关于中国公民旅游团队赴巴巴多斯旅游实施方案的谅解备忘录。1月，中国贸促会副会长于平访巴。8月，中联部副部长马文普访巴。10月，海关总署副署长刘文杰访巴。12月，中国人民银行行长周小川、证监会副主席屠光绍等访巴。

# 白俄罗斯

## (Belarus)

中华人民共和国与白俄罗斯共和国自1992年1月建交以来，双边关系发展顺利。2005年，两国政治、经贸、科技、文化等各领域合作续有发展，双边关系进一步深化。

两国高层交往频繁。12月，白俄罗斯总统卢卡申科对中国进行国事访问，国家主席胡锦涛、全国人大常委会委员长吴邦国、国务院副总理黄菊分别与卢卡申科举行会谈和会见。胡锦涛主席在与卢卡申科总统会谈时表示，中方感谢白俄罗斯在台湾等问题上给予中国的宝贵支持，将一如既往地尊重白俄罗斯从本国实际出发奉行的内外政策和选择的发展道路。中方愿与白方一道，从以下四个方面推动两国关系全面发展：(一)保持高层交往，深化政治互信。(二)扩大务实合作，促进共同发展。(三)扩大文化、教育、体育、旅游等人文领域的交流与合作，增进两国人民的相互了解和传统友谊。(四)加强双方在国际和地区事务中的磋商与协调，共同维护和促进世界和地区的和平、稳定与发展。卢卡申科总统赞同胡锦涛主席对深化两国合作关系的建议并表示，白俄罗斯愿与中方共同努力，积极推进两国关系和各领域合作深入发展。会谈后，两国元首共同签署了《中华人民共和国和白俄罗斯共和国联合声明》，并出席了两国经济技术合作等方面12项文件的签字仪式。

其他重要访问还有：6月，中共中央书记处书记、中央纪律检查委员会副书记何勇访问白俄罗斯。9月，中共中央政治局常委、中央纪律检查委员会书记吴官正访问白俄罗斯，分别与白俄罗斯总统亚历山大·格里戈里耶维奇·卢卡申科、国家监察委员会主席阿纳托利·阿法纳西耶维奇·托济克、总统办公厅主任维克多·弗拉基米罗维奇·舍依曼举行会见、会谈。

两国在国际事务中相互支持、密切合作，就双边关系及共同关心的问题保持经常磋商。3月，白俄罗斯外交部长谢尔盖·尼古拉耶维奇·马丁诺夫访华。同月，白俄罗斯外交部发表声明，支持中国全国人民代表大会通过《反分裂国家法》。9月，外交部部长助理李辉赴白俄罗斯举行两国外交部磋商。12月，白俄罗斯总统卢卡申科访华期间，两国签署中国与白俄罗斯WTO双边市场准入协议。

两国经贸合作不断扩大，贸易额大幅攀升。6月，上海贝尔—阿尔卡特公司中标白俄罗斯移动通信网络项目。同月，白俄罗斯第一副总理弗拉基米尔·伊里奇·谢马什科率团出席第16届哈尔滨经济贸易洽谈会，吴仪

副总理在哈尔滨与谢马什科举行了会见。11 月，两国政府经济贸易合作委员会第七次会议在明斯克召开。

两国科技、文化、军事交流与合作势头活跃。6 月和 12 月，“白俄罗斯科技日”和“白俄罗斯文化日”活动先后在吉林省长春市和北京市举办。5 月，中央军委委员、总装备部部长陈炳德上将访问白俄罗斯。同月，白俄罗斯国防部长列昂尼德·谢苗诺维奇·马尔采夫上将访华。

# 比利时

## (Belgium)

2005 年，中华人民共和国与比利时王国的关系顺利发展，政治、经济、文化、军事等各领域的交流与合作继续扩大。

两国各层次交往频繁。6 月 4～11 日，比利时国王阿尔贝二世对中国进行国事访问，国家主席胡锦涛与阿尔贝二世国王举行会谈，全国人大常委会委员长吴邦国、国务院总理温家宝分别会见。访问期间，中比签署了两国投资保护协定及一系列经贸、科技、环保和教育合作协议。6 月，比国防参谋长范德勒上将访华。10 月，比国防大臣弗拉奥访华。11 月，比弗拉芒大区首席大臣莱特姆访华。这些访问加深了两国间相互了解和信任，推动了两国关系不断向前发展。

两国外交部保持密切磋商。1 月 27 日，外交部副部长张业遂与来华的比外交部秘书长格鲁斯举行磋商。3 月 15～17 日，外交部长李肇星访问欧盟总部期间，与比外交大臣德古赫特举行会谈，会见了比首相伏思达、众议院议长德克罗和参议院议长里赞。李肇星外长与德古赫特外交大臣年内在双边和多边场合共举行四次会晤。

双边各领域合作快速发展。2005 年，中比双边贸易保持快速增长。中比直接股权投资基金开始实质性资产运作。中国在比设立 2 所孔子学院。

# 贝　宁

## (Benin)

中华人民共和国重视发展与贝宁共和国的友好合作关系，致力于不断深化两国在各领域的合作。贝宁政府坚持一个中国立场，坚定支持中国全国人民代表大会通过《反分裂国家法》。

2005年，两国高层往来保持良好势头。6月，国务院副总理曾培炎在卡塔尔出席第二届南方首脑会议期间，会见了贝宁总统马蒂厄·克雷库。曾培炎副总理高度评价中贝关系。克雷库重申贝政府将继续坚持一个中国立场，希望借鉴中国发展经验。6月，贝宁国民议会议长安托万·科拉沃莱·伊吉访华，全国人大常委会委员长吴邦国和副委员长路甬祥分别会见。双方签署了《中国全国人民代表大会与贝宁国民议会交流合作协议》。

两国经贸合作进展顺利。双边贸易额增长强劲，中国已成为贝宁第一大贸易伙伴。12月，中国驻贝宁大使李蓓芬和贝宁外交部长罗加蒂安·比亚乌分别代表各自政府签署两国经济技术合作协定。

## 玻利维亚

(Bolivia)

中华人民共和国与玻利维亚共和国自 1985 年建交以来，两国关系发展顺利。2005 年是中玻建交 20 周年，双边关系进一步巩固。

两国高层交往增加。11 月 20 ~ 25 日，玻外交和宗教事务部长阿曼多·洛艾萨·马里亚卡访华，这是时隔 11 年后玻外长再次访华。期间，曾庆红副主席会见，李肇星外长与洛举行会谈，商务部副部长马秀红与洛共同主持了中玻第八次经贸混委会，双方签署了《中华人民共和国和玻利维亚共和国经济技术合作协定》。9 月 19 日，李肇星外长与洛艾萨外长在出席第 60 届联合国大会期间举行会晤，就双边关系和联合国改革问题交换了意见。此外，两国外长还互致贺电，庆祝建交 20 周年。

玻副外长伊萨克·马依达纳·吉斯韦特、前总统海梅·帕斯·萨莫拉率左派革命运动党代表团，争取社会主义运动副主席安东尼奥·佩雷多率玻主要政党领导人代表团，总统外事顾问马塞罗·奥斯特利亚·特里戈、武装力量总司令安东尼奥·胡斯蒂尼亚诺海军上将等先后访华。9 月，中联部副部长张志军率中共友好代表团访玻。

两国经贸合作不断扩大，双边贸易继续保持快速增长势头。11 月，中玻第八次经贸混委会确定了两国今后经济技术合作的重点领域。

# 波斯尼亚和黑塞哥维那
## (Bosnia and Herzegovina)

2005年是中华人民共和国与波斯尼亚和黑塞哥维那建交十周年。两国友好合作关系得到进一步加强。

4月3日，国家主席胡锦涛、全国人大常委会委员长吴邦国、国务院总理温家宝和外交部长李肇星分别与波黑主席团轮值主席博里斯拉夫·帕拉瓦茨、部长会议主席阿德南·特尔兹奇、波黑议会代表院轮值主席舍菲克·贾费罗维奇、民族院轮值主席韦利米尔·尤基奇和外交部长姆拉登·伊万尼奇互致贺函，庆祝两国建交十周年。

两国政治交往增多。3月，外交部长李肇星访问波黑。这是中国外交部长首次访问波黑。全国人大常委会委员王怀远、外交部副部长张业遂、中共中央对外联络部部长助理陈凤翔相继访问波黑。

两国经济、军事、民间等各领域合作取得突破性进展。中方首次以主宾国身份参加“莫斯塔尔国际博览会”。中国人民解放军外事代表团和中国人民对外友好协会副会长刘志明先后访问波黑。波黑国防部第一副部长埃内斯·贝契尔巴希奇访华。

## 博茨瓦纳

## (Botswana)

2005 年是中华人民共和国与博茨瓦纳共和国建交 30 周年，两国友好合作关系稳步发展，各领域的合作顺利进行。

两国保持高层往来，政治互信增强。1 月 6 日，国家主席胡锦涛和外交部长李肇星与博茨瓦纳总统费斯图斯·莫哈埃和博外交与国际合作部长蒙帕蒂·梅拉费就两国建交 30 周年分别互致贺电。11 月 19 ~ 21 日，应莫哈埃总统邀请，中共中央政治局常委、国务院副总理黄菊对博茨瓦纳进行正式访问。黄菊副总理与莫哈埃总统举行会谈，并会见了博国民议会议长帕特里克·巴洛皮。双方高度评价中博长期友谊和在政治、经济、文教、卫生等领域的良好合作，表示对两国友好合作关系的未来充满信心。黄菊副总理就加强中博关系提出四点建议，一是加强高层交往，巩固两国关系的政治基础；二是扩大两国政府、议会和民间交流与合作；三是充分发挥各自优势，扩大经贸合作；四是大力推进文化、教育、旅游等领域的交流与合作。博方领导人完全赞同黄菊副总理的建议，并表示希望有更多的中国企业到博投资，参与博国家建设。访问期间，双方签署了《中华人民共和国政府和博茨瓦纳共和国政府经济技术合作协定》，中方宣布博为中国公民出境旅游目的地国。此外，博农业部长约翰尼·斯沃茨、内政部长莫恩·佩托先后访华，中国全国人大民族事务委员会代表团访博。

两国在文教和人力资源培训等领域的合作顺利发展。5 月，博记者代表团访华。7 月，中国人民对外友好协会代表团访博。在中非合作论坛框架下，中国培训博政府官员和各种专业技术人才 20 多名。

# 巴　西

## (Brazil)

中华人民共和国与巴西联邦共和国于1974年建交，1993年建立战略伙伴关系。巴西是第一个与中国建立战略伙伴关系的发展中国家。2005年，中巴关系继续发展。

两国领导人和外长保持交往。7月7日，国家主席胡锦涛在英国鹰谷出席八国集团与发展中五国领导人对话会期间，同巴西总统路易斯·伊纳西奥·卢拉·达席尔瓦就深入发展两国关系交换意见。9月8日，全国人大常委会委员长吴邦国在美国纽约出席第二届世界议长大会期间与巴西众议长塞维里诺·卡瓦尔坎蒂举行会晤，商讨进一步发展双边关系和加强两国议会交流等事宜。5月22日，外交部长李肇星在比利时布鲁塞尔出席伊拉克问题国际会议时会见巴西外交部长塞尔索·阿莫林，就共同关心的国际问题交换看法。7月12日，李肇星外长与正在中国大连参加世贸组织小型部长会议的阿莫林外长通电话，就发展双边关系等问题交换看法。

中方去访的重要代表团有：全国人大常委会副委员长李铁映，全国人大常委会副委员长、全国妇联主席顾秀莲，全国政协副主席刘延东，澳门特别行政区行政长官何厚铧等。巴方来访的主要有：发展、工业和外贸部长路易斯·费尔南多·富兰，环境部长玛丽娜·席尔瓦等。巴西财政部长安东尼奥·帕洛西、外交部长阿莫林先后来华参加国际会议。此外，两国政党、地方政府和社会团体之间也保持了较频繁往来。

中巴两国在联合国、世贸等国际组织中继续保持了良好沟通与合作。12月6日，外交部部长助理沈国放与巴西外交部副秘书长安东尼奥·帕特里奥塔在北京就双方共同关心的国际与地区问题进行磋商。

巴西政府坚持一个中国政策，对中国颁布《反分裂国家法》表示充分理解。

双边经贸关系继续保持快速发展势头，中巴贸易在中拉贸易中继续保持领先地位。9月和12月，中国商务部和巴西发展、工业和外贸部就中巴纺织品贸易问题举行了两轮磋商。双方相互投资稳步增加，经贸合作取得了新的成果。五矿发展和中冶建设组成的企业联合体在巴西盖道阿苏米纳斯钢厂成套冶炼设备设计与采购项目中中标，开创了中国向拉美出口大型成套设备的先河；中信集团获得在巴设计建造热电厂的项目协议；两国合作生产支线飞机等项目也进展顺利。

中巴在科技、文化领域的交流与合作取得新的成果。双方签署了一系列在信息通讯、生物多样性保护等领域开展合作的协议。6月，中巴两国妇联在巴联合举办“中巴妇女文化与发展周”，这是中国妇联迄今在国外举行的最大规模的交流宣传活动。中国在巴西还先后举办了“汉字展”、“中国乐器展”、“锦绣中华摄影展”等一系列文化活动。上述活动在当地均引起良好反响。

# 文　莱

## (Brunei Darussalam)

2005年，中华人民共和国与文莱达鲁萨兰国的睦邻友好合作关系继续全面发展。

4月，国家主席胡锦涛对文莱进行国事访问，与苏丹哈桑纳尔·博尔基亚就拓展两国各领域合作达成许多新的共识。双方发表了联合新闻公报。两国就互免外交、公务护照签证进行了换文。9月，国务院副总理吴仪访问文莱，就双边关系特别是经贸合作与文方交换意见。

两国经贸合作成效显著。中国保持从文进口原油，同时积极参与文油气资源开发和电信等基础设施项目建设。10月，文工业及初级资源部长艾哈迈德来华出席第二届中国—东盟博览会。

两国在民间、卫生、军事等领域的交流与合作不断扩大。4月，文莱成立“文莱—中国友好协会”，两国卫生部签署《2005～2007年度卫生合作执行计划》。10月，文国防部副部长亚斯敏访华。

# 保加利亚
(Bulgaria)

2005 年，中华人民共和国与保加利亚共和国的友好合作关系继续稳步发展。

两国高层交往保持在一定级别，各领域合作不断深化。全国政协副主席白立忱、外交部副部长吕新华、教育部副部长吴启迪、民政部副部长张印忠、中共中央统战部副部长黄跃金、国家知识产权局局长田力普等访保。保加利亚国民议会国内安全和社会秩序委员会主席尼古拉伊·斯维纳罗夫、保军总参谋长尼古拉·科列夫上将、外交部副部长伊万·佩特科夫、经济部副部长瓦伦廷·珀尔瓦诺夫等访华。两国经贸合作逐步扩大，贸易额有所增长。

两国外交部签署了《中华人民共和国外交部和保加利亚共和国外交部关于解决两国使馆馆舍问题的谅解备忘录》。

# 布隆迪

## (Burundi)

中华人民共和国与布隆迪共和国1971年复交，两国友好合作关系健康、稳步发展。2005年，两国继续保持友好交往，在双边及国际事务中合作良好。

2005年8月，布隆迪顺利举行立法和总统选举，结束了过渡期，国家主席胡锦涛、全国人大常委会委员长吴邦国、国家副主席曾庆红和外交部长李肇星分别向布隆迪新任总统皮埃尔·恩库伦齐扎、国民议会议长伊玛库莱·纳哈约、参议长热尔韦·鲁菲基里、第一副总统马丁·恩杜维马纳、第二副总统艾丽斯·恩佐穆昆达和对外关系与合作部长安托瓦内特·巴图穆布维拉致电祝贺。3月，布隆迪政府发表声明支持中国全国人大通过《反分裂国家法》。

12月18～22日，布隆迪对外关系与合作部长巴图穆布维拉女士来华进行正式访问。曾庆红副主席会见，李肇星外长会谈。中方高度评价布隆迪顺利结束过渡期，进入和平与发展的新时期，赞赏布隆迪一贯坚持一个中国原则，表示将继续支持布隆迪和平进程和重建事业，并愿与布方加强交往，扩大和深化合作，共同推动中布友好合作关系不断发展。巴图穆布维拉感谢中国政府为布隆迪和平稳定和经济重建提供的无私帮助，重申布隆迪新政府将坚持一个中国原则，致力于加强对华关系。访问期间，双方签署了《中华人民共和国政府与布隆迪共和国政府经济技术合作协定》。

8月25～27日，中国政府特使、外交部部长助理李金章访问布隆迪并出席新总统的就职仪式。恩库伦齐扎总统和过渡政府对外关系与合作部长西农古鲁扎分别会见。

中国继续积极支持布隆迪和平进程，参与联合国布隆迪行动团在布维和行动，在布派有三名军事观察员。

# 柬埔寨

# (Cambodia)

中华人民共和国与柬埔寨王国友好关系历史悠久，互为友好近邻。中国重视与柬发展更加密切、稳固的睦邻友好合作关系，支持柬为保持国家和平稳定、促进民族和解、发展经济及参与地区合作所做的努力。2005年，两国关系持续稳定发展，两国领导人保持密切接触，各领域的合作不断深化。

两国高层密切接触，增进了相互了解，扩大了共识与合作。8月，柬埔寨国王西哈莫尼对中国进行首次国事访问，国家主席胡锦涛、全国人大常委会委员长吴邦国、国务院总理温家宝分别予以会见。7月、10月，柬埔寨首相洪森先后来华出席大湄公河次区域第二次领导人会议和中国—东盟第二届南宁博览会并顺访云南、贵州和广西等地，温家宝总理和国家副主席曾庆红分别会见。12月，温家宝总理在出席东盟与中日韩（10+3）领导人会议期间同洪森首相举行会晤。两国领导人就两国关系特别是经贸合作深入交换意见，达成重要共识。

两国经贸合作取得了积极的成果，贸易额稳步增长，中国成为柬埔寨第四大贸易伙伴。中国援助的柬七号公路修复等项目进展顺利。中国对柬埔寨投资协议额达3.5亿美元，投资项目100余个，成为柬第四大外资来源地。

两国党际交往十分密切，团组互访频繁。11月，中共中央政治局委员、书记处书记、中宣部部长刘云山率中共友好代表团访柬。中共云南省委副书记丹增应奉辛比克党邀请，出席奉党特别党代会并访柬。柬人民党中常委兼秘书长赛冲、中央宣传教育委员会副主席达顺义、奉辛比克党秘书长西里武分别率团访华。这些重要访问促进了中国共产党同柬两大执政党的友好合作关系。

两国议会、政府部门、军事、文化等方面的交流与合作全面开展。中国全国人大教科文卫委员会副主任委员蒋祝平、建设部部长汪光焘、交通部部长张春贤、国土资源部部长孙文盛、水利部部长汪恕诚、农业部副部长范小建、外交部部长助理李金章分别访柬。柬埔寨国务兼国土管理、城市规划与建设部大臣尹春林，妇女事务部大臣英·坎塔帕维，国防部国务秘书哈萨武，公共工程交通部大臣孙占托，旅游部大臣莱布拉哈，文化艺术部大臣西索瓦·帕那拉，卫生部大臣努索昆，社会福利、退伍军人及青年改造部大臣叶绍兴，国家警察总监霍隆迪上将，金边市市长高竹德玛，

磅湛省省长洪能等分别访华。7月29日，中柬两国通过互换照会形式确认同意柬埔寨在广西南宁设立总领事馆。

柬埔寨坚持一个中国政策，支持中国和平统一大业。2005年3月，柬埔寨国王、首相、国会均发表声明，支持中国全国人大通过《反分裂国家法》。

# 喀麦隆

## (Cameroon)

中华人民共和国与喀麦隆共和国 1971 年建交，两国关系发展顺利。2005 年，双方在各领域的友好交往与合作继续稳步发展。

两国政治上保持友好交往。6 月 12～15 日，外交部部长助理吕国增过境喀，喀总统保罗·比亚、外交部负责与伊斯兰国家关系的部长级代表阿杜姆·加尔古姆分别会见。

两国在经贸领域保持良好合作。10 月，商务部副部长魏建国率中国政府经贸代表团访喀，并与喀外交部长埃索共同主持中喀经贸混委会第六次会议。比亚总统予以会见。4 月，全国工商联副主席谢伯阳率中国民营企业家代表团访喀。

两国在文化、教育、卫生等领域积极开展友好交流与合作。10 月，山西省卫生厅代表团赴喀麦隆参加中喀医疗卫生合作 30 周年庆祝活动。12 月，山东省人大常委会副主任王道玉和辽宁省委副书记、沈阳市委书记张行湘分别率山东省友好代表团和沈阳市政府代表团访问喀麦隆。10 月，喀麦隆卫生部国务秘书阿兰·哈亚杜、经社理事会主席阿阳·吕克相继来华参加“人口与发展国际援助研讨会”及“经社理事会和类似组织国际协会管委会会议”。11 月，喀麦隆基础教育部长哈芒·阿达玛来华出席联合国教科文组织第五届全民教育高层会议及中非教育部长论坛。年内，第二届“汉语桥”中文大赛在喀成功举行。

# 加拿大

## (Canada)

中华人民共和国与加拿大自1970年建交以来，两国关系总体发展顺利，高层交往密切，经贸合作不断扩大，在重大国际和地区问题上保持了良好的沟通与协调。2005年是中加建交35周年，两国建立了战略伙伴关系，双边关系迈上了一个新台阶。

高层互访有力推动了两国关系发展。1月，加拿大总理马丁应国务院总理温家宝邀请访华，国家主席胡锦涛、全国人大常委会委员长吴邦国分别会见，温家宝总理与其会谈。双方发表了《中加联合声明》《中加战略工作组共同文件》，并签署了文化、资源、能源、农业科研、教育等领域合作的一系列协定和谅解备忘录。

9月，胡锦涛主席应加拿大总督克拉克森邀请对加进行国事访问。胡主席先后访问了渥太华、多伦多和温哥华，会见了克拉克森总督，与马丁总理举行了会谈，双方一致同意将中加关系提升为战略伙伴关系。双方商定，推动两国开展全方位、多领域的合作，更广泛地涵盖政治、经贸、科技、文教、卫生、环保等各个领域；按照市场经济原则开展互利合作，扩大双方投资领域，加强经贸合作，争取到2010年使双边贸易额达到300亿美元；建立双方长期稳定的合作机制，充分利用中加战略工作组和经贸、农业联委会等现有各种合作机制，深入挖掘互利合作潜力；加强双方在重大国际和地区问题上的磋商和协调，共同为维护世界和平、促进共同发展做出更大的贡献。访问期间，胡主席还广泛接触了加部分议员、省长及各界人士。双方签署了涉及航空、铁路、核能、质检等领域的七项合作协议。

两国各领域合作机制日益完善。为促进双方在多边领域、能源与资源、贸易与投资领域合作，2005年初，双方正式启动中国加拿大战略工作组。8月，工作组以电视电话会议形式举行了首次全会，审议了工作组框架下各项合作进展。此外，双方还先后举行了第12次中国加拿大外交部官员政治与安全磋商、中国加拿大经贸联委会第18次会议以及中国和加拿大第十次人权对话。

双方各级别官员保持了密切往来。国家审计署审计长李金华，河南省委书记、省人大常委会主任徐光春，黑龙江省省长张左己，广东省省长黄华华先后率团访问加拿大。中国人民银行行长周小川赴加拿大出席中央银行行长圆桌会议。卫生部部长高强赴加出席“全球流感大流行准备——卫生部长国际会议”。据不完全统计，2005年访问加拿大的中国副省、部级以上团组近100个。来华访问的加拿大联邦部长、省长及议会代表团较往年明显增加。加拿大卫生部长杜新志、总理外交政策高级顾问弗里德、西部经济多样化部长兼体育国务部长欧文、国际贸易部长彼得森、工业部长埃默森、交通部长拉皮埃尔、劳动和住房部长方塔纳、国税部长兼自然资源部长麦卡勒姆、环境部长戴恩、魁北克省省长夏雷、萨斯喀彻温省省长卡尔弗特、安大略省省长麦坚迪以及参议长海斯、加中议会协会两主席参议员戴伊和众议员沃佩尔先后访华。

2005年，中国和加拿大经贸关系发展较快，中国成为加拿大第二大贸易伙伴，加拿大是中国第十大贸易伙伴。截至2005年11月，加拿大在华累计投资48.75亿美元。中国在加累计投资2.63亿美元。两国经贸关系已从单一的商品贸易发展为全方位、跨领域、多元化的经贸和技术合作，两国经贸合作仍有进一步深化的潜力。

中国和加拿大在科技、文化、教育、卫生等领域开展了广泛合作，并取得丰富成果。1月，两国签署了《中华人民共和国政府和加拿大政府文化协定》。9月，加拿大境内首个孔子学院在不列颠哥伦比亚理工学院设立。10月，“聆听中国——尼亚加拉大瀑布中国交响音乐会”在加拿大多伦多举行。2005年，中国教育部还分别与加拿大魁北克省和安大略省签署了高等教育学历学位互认协议。

两军间保持了友好交往。6月，中国国防大学副政委李殿仁中将率国防大学战略班代表团访问加拿大。9月，中国北海舰队旅顺基地司令田中少将率团访问加拿大。

# 佛得角

## (Cape Verde)

佛得角共和国是中华人民共和国传统友好国家。建交以来，两国关系一直发展顺利。中国政府重视与佛得角在各个领域的友好合作关系。2005年，两国关系继续稳步发展。佛得角政府重申在台湾问题上坚持一个中国立场。

6月15日，国务院副总理曾培炎在出席第二届南方首脑会议期间会见佛得角总理若泽·马里亚·佩雷拉·内韦斯，就双边关系和共同关心的重大国际问题交换意见。

8月16日，佛得角首任驻华大使儒利奥·塞萨尔·弗莱雷·德莫赖斯向国家主席胡锦涛递交国书。

4月，佛得角争取民主运动主席阿戈斯蒂尼奥·洛佩斯访华。

两国经贸合作继续保持良好发展势头。11月29日，中国驻佛得角大使孙荣茂与佛得角外交、合作和侨务部长维克托·曼努埃尔·巴尔博萨·博尔热斯分别代表各自政府签署了《中华人民共和国政府与佛得角共和国政府经济技术合作协定》。中国为佛得角援建的水坝项目进展顺利。

两国文化交流持续发展，中国四川艺术团赴佛得角访问演出。

# 中非

## （Central African Republic）

中华人民共和国与中非共和国1998年1月复交后，两国关系不断巩固和加强。2005年，两国友好合作关系继续稳步发展。

两国友好交往不断。5月，国家主席胡锦涛致电祝贺弗朗索瓦·博齐泽当选中非总统；6月，全国人大常委会委员长吴邦国、国务院总理温家宝和外交部长李肇星分别向中非新任国民议会议长塞莱斯坦·勒鲁瓦·加翁巴莱，总理埃利·多泰，外交、地区一体化和法语国家事务国务部长让·保罗·恩古潘德发去就职贺电。6月，外交部部长助理吕国增访问中非，博齐泽总统会见，外交、地区一体化和法语国家事务部长级代表居伊·莫斯基特举行会谈。双方就进一步加强两国在各领域友好交往与合作等问题深入交换了意见，签署了《中华人民共和国政府和中非共和国政府经济技术合作协定》。11月，中非军队总参谋长安托万·甘比少将访华，中央军委副主席、国务委员兼国防部长曹刚川上将会见，总参谋长梁光烈上将与其会谈。

3月17日，中非外交部发表公报，支持中国全国人大通过《反分裂国家法》，重申中非政府坚持一个中国的立场，支持中国政府为实现统一所做的努力。

两国经贸合作续有发展。中国政府援建的班吉体育场建设工程和姆波科农场及宾博电台技术合作进展顺利。

# 智　利

## (Chile)

中华人民共和国与智利共和国于 1970 年建立外交关系，智利是南美洲第一个与中国建交的国家。2004 年，两国关系提升为全面合作伙伴关系。2005 年，双边关系进一步深化。

11 月 18 日，国家主席胡锦涛出席在韩国釜山举行的第 13 次亚太经合组织领导人非正式会议期间，与智利总统里卡多·拉戈斯·埃斯科瓦尔进行了会晤，并共同出席了《中华人民共和国政府和智利共和国政府自由贸易协定》的签字仪式。5 月，智利外交部长伊格纳西奥·瓦尔克·普列托对中国进行正式访问，国家副主席曾庆红会见，李肇星外长与其会谈。6 月，智利参议长塞尔希奥·罗梅罗访华，全国人大常委会委员长吴邦国、副委员长热地分别会见。此外，双边副部级以上互访团组超过 60 个。两国在议会、政党、地方政府、文化、教育、科技、军事等领域交往密切。双方还举行了一系列庆祝活动纪念两国建交 35 周年。

中智在联合国、世界贸易组织、亚太经合组织、美洲国家组织、东亚—拉美合作论坛等多边机构中保持密切的协调与合作。智利坚持一个中国政策，在涉台问题上给予中方坚定支持。

中智经贸关系继续保持快速发展，双边贸易大幅增长。经过五轮谈判，双方就中智货物自由贸易达成一致，并签署了相关协定。

# 哥伦比亚

# （Colombia）

中华人民共和国与哥伦比亚共和国自 1980 年建交以来，双边关系发展顺利。哥政府长期坚持一个中国的立场。2005 年是中哥建交 25 周年，双方各领域交流与合作深入发展。

双方保持高层接触。2 月 7 日，国家主席胡锦涛和外长李肇星分别与哥总统阿尔瓦罗·乌里韦·贝莱斯和外长卡罗丽娜·巴尔科·艾萨克森互致函电，庆祝两国建交 25 周年。4 月 6～9 日，哥总统乌里韦对中国进行国事访问。胡锦涛主席与乌里韦总统进行会谈，全国人大常委会委员长吴邦国和全国政协主席贾庆林分别会见。双方一致同意进一步扩大两国各领域的交流与合作，努力开创新世纪中哥友好合作关系新局面。双方还签署了经济技术合作、植物检疫合作、动物检疫及动物卫生合作、信息通信领域合作和互办电影展等五项协议。5 月 15～18 日，应哥国会主席兼参议长路易斯·戈麦斯·加略邀请，全国政协主席贾庆林对哥进行正式友好访问，与戈麦斯举行会谈，双方就认真落实两国元首达成的共识、进一步加强双边各领域的合作取得一致。贾主席还分别会见总统乌里韦、众议长苏莱玛·哈丁·科拉莱斯和外长巴尔科，并被授予哥国会最高级金质勋章。

两国在议会、军事、司法、文化、卫生、农业等各领域的交流与合作不断扩大。副总参谋长张黎上将、山东省委书记张高丽、卫生部副部长张凤楼、农业部副部长范小建等分别访哥；哥众议长哈丁、武装力量总司令卡洛斯·阿尔韦托·奥斯皮纳·奥瓦列上将、最高法院院长卡洛斯·伊萨克·纳达尔、文化部长玛丽亚·孔苏埃洛·阿劳霍·卡斯特罗等访华。

# 科摩罗

## （Comoros）

中华人民共和国与科摩罗联盟1975年建交以来，两国关系稳步发展。中国坚持大小国家一律平等原则，支持科实现民族和解，向科提供了力所能及的援助。科历届政府均奉行一个中国政策。

2005年是中科建交30周年，中国国家主席胡锦涛与科摩罗总统阿扎利·阿苏马尼及两国外长在建交日即11月13日分别互致贺电。中科间相互信任、平等互利的友好合作关系取得新进展。

9月6~11日，阿扎利总统来华度假访问，上海市市长韩正、江苏省省长梁保华和外交部部长助理吕国增分别会见。双方互访还有：科负责团结、卫生、人口、劳动、社会保障和国家改革的副总统卡比·埃尔—亚克鲁图·穆罕默德来华出席国际人口与发展高官研修班。科国家发展军参谋长萨利赫·穆罕默德访华。中共中央对外联络部考察团访科。中国杂技团赴科摩罗成功访演。

# 刚果共和国

# （Congo）

中华人民共和国与刚果共和国［简称刚果（布）］自1964年建交以来，两国关系始终稳步发展。2005年，两国高层交往频繁，政治互信进一步加深，经贸合作扩大，文教、妇女等领域的交流与合作日益活跃，在国际事务中进行了良好的协调和配合。

2月23～24日，国务院副总理曾培炎对刚果（布）进行正式访问。刚果（布）总统德尼·萨苏—恩格索会见，总理伊西多尔·姆武巴举行会谈。双方就进一步巩固传统友谊，深化经贸合作及共同关心的国际和地区问题交换了意见，达成了广泛共识。两国政府有关部门签署了经济技术、能源、矿产等领域的合作协议。9月26～30日，萨苏总统应中国国家主席胡锦涛邀请对中国进行第四次国事访问。胡锦涛主席主持欢迎仪式并与萨苏总统进行会谈，全国人大常委会委员长吴邦国、国务院总理温家宝分别会见。两国领导人高度评价中刚关系取得的成果，一致表示愿深化传统友谊，加强战略合作。胡锦涛主席建议两国在政治上保持高层交往，加强对话交流；经济上发扬互补优势，加强在农业、矿业、石油、电信和基础设施建设等领域的合作；扩大文化、教育、卫生等领域的合作；加强在国际事务中的磋商与协调。萨苏总统表示完全赞同，欢迎更多的中国企业到刚果（布）投资。访问期间，双方签署了两国政府经济技术合作协定等双边合作文件。12月5～11日，刚果（布）军队总参谋长蒙乔少将访华，中央军委副主席、国务委员兼国防部长曹刚川上将会见，总参谋长梁光烈上将与蒙乔少将举行了会谈。3月29日，刚果（布）外交与法语国家事务部发表政府公报祝贺中国全国人大通过《反分裂国家法》。

4～12月，刚交通和民航部长萨利萨，能源和水利部长伊图瓦，负责石油和天然气的国务部长卢塔德，商业、消费和供给部长恩戈洛女士，邮电部长姆武奥等相继访华。4月，中国公司在刚承建的英布鲁水电站正式开工。8月，中国援建的布拉柴维尔郊区西比蒂市供水工程竣工。

8月，萨苏总统夫人安托瓦内特和妇女发展部长莱孔巴来华出席北京世界妇女大会十周年纪念会议。11月，刚果（布）高教部长奥塞比和初、中级教育及扫盲部长卡马女士来华出席联合国教科文组织第五届全民教育高层会议和中非教育部长论坛。

# 库克群岛

## (Cook Islands)

中华人民共和国政府重视与库克群岛关系。2005 年，中国与库克群岛的友好合作关系得到进一步发展。

2005 年 8 月，国家主席胡锦涛致电库克群岛女王代表古德温，祝贺库克群岛“宪法日”40 周年。11 月，库克群岛总理马鲁莱率南太岛国旅游部长代表团来华出席在昆明举行的第七届中国国际旅游交易会。库政府多次重申坚持一个中国政策，反对“台独”，不与台进行官方往来。

# 科特迪瓦

## (Côte d'Ivoire)

中华人民共和国与科特迪瓦共和国自1983年建交以来，双边关系发展顺利。中国政府重视与科特迪瓦的友好合作关系。2005年，两国继续发展相互尊重、平等互利的友好合作关系。

两国各层次、各领域人员交往不断，双方就双边关系和共同关心的重大国际问题经常交换意见。8月，外交部长李肇星与科特迪瓦外交国务部长马马杜·班巴通电话。

2月，科特迪瓦外交国务部亚洲中东司司长阿密杜·迪亚拉率高官磋商团访华。5月30日至6月8日，科交通国务部长伊诺桑·科贝南·阿纳基访华。9月，科新技术和电讯部长艾哈迈德·巴卡约科访华。11月，科卫生和人口国务部长图瓦克斯·马布里访华。

科特迪瓦坚定奉行一个中国政策，总统洛朗·巴博、外长班巴表示理解并支持中国全国人大颁布《反分裂国家法》。

两国经贸合作继续发展，双边贸易保持快速增长，合作项目进展顺利。

# 克罗地亚

## （Croatia）

2005年，中华人民共和国与克罗地亚共和国宣布建立全面合作伙伴关系。两国在各领域的合作与交往继续深化。

双方高层交往保持良好势头，政治互信不断增强。5月，应国务院总理温家宝邀请，克罗地亚总理伊沃·萨纳戴尔正式访华。两国总理签署了《中华人民共和国和克罗地亚共和国关于建立全面合作伙伴关系的联合声明》。双方代表还签署了《两国中小企业合作协议》《中化公司和克罗地亚伊纳石油工业公司谅解备忘录》。克罗地亚副议长兼红十字会副主席马托·阿尔洛维奇访华。外交部长李肇星在出席伊拉克问题国际会议期间同克罗地亚外交和欧洲一体化部部长科琳达·格拉巴尔－基塔罗维奇会晤。

两国外交部合作良好。6月，外交部副部长张业遂赴克罗地亚进行两国外交部副外长级磋商。

中克经贸合作不断扩大，双边贸易额持续增长。两国政府间经贸合作委员会第九次会议在萨格勒布召开。

两国在文化、科技、卫生、军事和政党等各领域的合作与交流续有发展。科技部副部长李学勇、卫生部副部长蒋作君、济南军区司令员范长龙中将等分别访克。克罗地亚科学艺术院院长米兰·莫古什、克军总参谋长约西普·卢契奇上将、社会民主党主席伊维察·拉昌等相继访华。中克科学技术合作委员会第二届联委会在北京召开。中国爱乐乐团赴克演出成功。“中国电影周”活动和克罗地亚现代绘画展分别在两国举办。

两国地方和民间交往活跃。2005年是上海市和萨格勒布市建立友好城市关系25周年。上海市政协主席蒋以任，上海市市长代表、中共上海市委常委姜斯宪先后访克。克中友协代表团访华。

# 古　巴
## (Cuba)

中华人民共和国与古巴共和国于 1960 年 9 月 28 日建交。20 世纪 90 年代以来，两国高层互访频繁，各个领域的平等互利合作与交流不断扩大。2004 年 11 月，国家主席胡锦涛访古，中古关系进入全面发展的新时期。2005 年是中华人民共和国与古巴共和国建交 45 周年，中古全面友好合作关系继续保持良好发展势头。

9 月 28 日，国家主席胡锦涛和国务院总理温家宝联名与古巴国务委员会主席兼部长会议主席卡斯特罗互致贺电，庆祝两国建交 45 周年。李肇星外长与古巴外长费利佩·佩雷斯·罗克也分别互致贺电。

2 月，国家副主席曾庆红在牙买加出席首届中国—加勒比经贸合作论坛期间，会见了出席论坛的古巴国务委员会副主席兼部长会议执行秘书卡洛斯·拉赫·达维拉。

4 月 17～22 日，古共中央第二书记、国务委员会第一副主席兼部长会议第一副主席、革命武装力量部部长劳尔·卡斯特罗·鲁斯正式访华。胡锦涛主席、吴邦国委员长、温家宝总理、贾庆林主席等分别会见，曾庆红副主席主持会谈。双方签署了《中华人民共和国政府和古巴共和国政府经济技术合作协定》。

5 月 12～15 日，全国政协主席贾庆林正式访问古巴。12 月 18～22 日，中共中央政治局常委罗干访问古巴。双方签署了《中华人民共和国政府与古巴共和国政府经济技术合作协定》。

6 月，国务院副总理曾培炎在卡塔尔出席第二届南方首脑会议期间，会见了古巴国务委员会副主席兼部长会议执行秘书拉赫。年内，全国政协副主席、中共中央统战部部长刘延东，中央军委委员、总参谋长梁光烈上将，国家环保总局局长解振华等分别率团访问古巴。古巴卡斯特罗主席特使、政府部长里卡多·卡布里萨斯·鲁伊斯，教育部长路易斯·伊格纳西奥·戈麦斯·古铁雷斯，科技与环境部代部长费尔南多·冈萨雷斯·贝穆德斯等分别率团访华。

中古在国际事务中相互支持，密切配合。中国在第 61 届联合国人权会上再次投票反对涉古提案，在第 60 届联大再次投票支持古巴提出的要求美国取消封锁的议案。古巴积极支持中国在台湾、人权和联合国改革等问题上的原则立场。古巴外交部发表声明，支持中国全国人大通过《反分裂国家法》。

两国经贸合作迈上新台阶，合作领域不断拓宽。年内，第 17、18 次中古经贸混委会在北京举行。中古合资的百泰生物药业有限公司和长春海伯尔生物技术公司竣工。

两国在文教、科技等领域的交流与合作进一步加强。中古第七届科技混委会、中古生物技术联合工作组第一次会议在北京举行，第五届中国文化节在哈瓦那举行。双方有关部门签署了《中国国家环保总局和古巴科技环境部合作谅解备忘录》。

# 塞浦路斯

## (Cyprus)

2005年，中华人民共和国与塞浦路斯共和国关系继续稳步发展。

两国高层接触密切，外交部间的磋商加强。两国外长实现互访。5月，塞外长亚科武访华，国家副主席曾庆红予以会见，外交部长李肇星同亚会谈。8月，李肇星外长访塞，分别会见了塞总统帕帕佐普洛斯、议长赫里斯托菲亚斯，并与外长亚科武会谈。5月，两国外长在日本京都举行亚欧外长会议期间会见。1月，李肇星外长在毛里求斯参加小岛屿发展中国家可持续发展国际会议时会见塞外交部常务秘书扎基奥斯。6月，外交部副部长张业遂访塞，会见塞外长亚科武，与外交部常秘扎基奥斯磋商。双方在联合国等国际组织中就安理会改革等重大问题进行了良好的协作与配合。8月，卫生部副部长陈啸宏访塞。

中塞两国政党和民间往来进一步加强。7月，以主席阿纳斯塔西亚迪斯为团长的民主大会党代表团访华，全国政协副主席罗豪才、中共中央对外联络部副部长马文普分别会见。4月，四川省省委副书记、省人大主任张学忠访塞。

两国经贸合作不断扩大，贸易额大幅增长。

# 捷克共和国

## （Czech Republic）

2005年，中华人民共和国与捷克共和国的关系进一步向前发展。

两国保持高层交往，政治关系加强。6月25~28日，伊日·帕鲁贝克总理对中国进行工作访问。12月8~9日，温家宝总理对捷克进行正式访问。这是捷克独立后中国总理首次访捷。温家宝总理会见了总统瓦茨拉夫·克劳斯、参议院主席普热密斯尔·索博特卡、众议院主席卢博米尔·扎奥拉莱克，与帕鲁贝克总理进行了会谈。温总理对发展双边关系提出几点建议：加强政治层面的沟通与联系；提高经贸合作规模和水平；扩大人文领域的合作。两国总理签署了《中华人民共和国政府和捷克共和国政府联合声明》。中捷双方还签署了《中华人民共和国政府与捷克共和国政府关于促进和相互保护投资协定》，以及关于文化、农业、林业、旅游、社会保障合作等协定，及两国企业间合作协定共13个文件。

两国各领域合作不断深化。全国人大常委会副委员长、中国科学院院长路甬祥，全国人大外事委员会副主任委员王英凡，劳动和社会保障部长田成平，外交部副部长张业遂，文化部副部长赵维绥，国家行政学院副院长韩康，国有企业监事会主席吴天林等访捷。捷克副总理兼劳动和社会事务部长兹登列克·什克罗马赫、副总理兼交通部长米兰·希莫诺夫斯基、政府立法委员会主席帕维尔·扎热茨基、宪法法院院长巴维尔·里赫尔斯基、工贸部长米兰·乌尔班、环境部长利博尔·阿姆布罗泽克、地方发展部长拉德科·马尔丁内克等先后访华。

中捷两国贸易关系持续发展，互利合作不断深化，双边贸易额继续保持增长势头。

# 丹麦

## (Denmark)

2005 年是中华人民共和国与丹麦王国建交 55 周年，两国关系继续稳步、健康发展，各领域的交流与合作不断深化和扩大。

两国高层互访频繁，人员往来密切。4 月 13～16 日，国务院副总理回良玉访丹，女王玛格丽特二世、食品农渔大臣汉斯·克里斯蒂安·施密特会见、会谈。双方一致认为，近年来，中丹两国关系发展顺利，在各领域的交流与合作都取得新进展。4 月 19～21 日，中央军委副主席、国务委员兼国防部长曹刚川访丹，此系中国国防部长首次访丹。中方访丹的还有：中共中央政治局委员、北京市委书记刘淇，最高人民检察院检察长贾春旺，国家开发银行行长陈元，中国电监会主席柴松岳，河北省政协主席赵金铎等。6 月 25 日至 7 月 2 日，丹副首相兼经济、贸工大臣本特·本特森访华，全国政协主席贾庆林、国务院副总理吴仪分别会见。丹麦女王丈夫亨里克亲王、社会事务和平等大臣埃娃·凯尔·汉森、文化大臣布里安·米克尔森、第一副议长斯万德·奥肯、第四副议长尼尔斯·彼得森、亚历山德拉公主、国防司令汉斯·赫尔旭上将、欧洲社会党主席波尔·尼鲁普·拉斯穆森等分别访华。丹属格陵兰自治政府主席汉斯·埃诺克森于 5 月首次组团访华。

1 月 2 日，温家宝总理致电拉斯穆森首相对丹在印度洋地震海啸中遇难和失踪人员家属表示慰问。2 月 24 日，吴邦国委员长、温家宝总理和李肇星外长分别致电，祝贺丹议长克里斯蒂安·迈达尔、首相拉斯穆森和外交大臣佩尔·斯蒂·默勒连任。

双边经贸合作富有成果，内容不断充实，水平不断提高。2005 年双边贸易额大幅增长。两国在航运、造船等领域的合作愈加密切。丹麦许多知名企业加大在华投资力度。4 月，中丹农业部签署农业合作谅解备忘录。5 月和 10 月，两国先后在丹举办中丹海事论坛、中国知识产权保护与中丹投资贸易等大型部级研讨会。9 月，丹经贸部、外交部及丹主要企业高级代表共同倡议成立“丹中商业论坛”。

两国在文化、科教等领域的交流与合作十分活跃。2 月，中国驻丹麦大使馆在丹举办新春音乐会，首相拉斯穆森发来书面春节贺辞。5 月，“点燃下一根火柴——纪念安徒生诞辰 200 周年”系列活动开幕式在北京举行。中国多个艺术团组赴丹参加纪念安徒生诞辰 200 周年文艺演出和奥胡斯艺术节等活动。7 月，上海京剧团赴丹参加“哈姆雷特之夏”艺术

节，并上演京剧《王子复仇记》。9月，“2005年中国西藏文化周”在丹举行。5月底6月初，丹国家交响乐团访华巡演。9月，丹文化协会在京成立“北京地希爱安徒生文化交流咨询中心有限公司”，从事文化艺术交流与咨询活动。

丹新闻媒体对华关注增多，双方交往增加。1月，丹《贝林新闻周刊》发行中国特刊，温家宝总理和拉斯穆森首相分别致辞祝贺。5月，丹国家广播电台对丹国家交响乐团访华演出进行全程直播，并制作播出了为期两周的中国文化与音乐系列广播节目。10月，《人民日报》记者组访丹，丹副首相本特森接受采访。

2005年2月，丹在重庆开设领事馆。

# 吉布提

## (Djibouti)

中华人民共和国与吉布提共和国自 1979 年建交以来，两国关系发展顺利。中国重视发展与吉布提的友好合作关系，吉布提历届政府均坚持一个中国政策。2005 年，中吉友好合作关系进一步发展。

9 月 19～26 日，吉布提总理迪莱塔·穆罕默德·迪莱塔对中国进行正式访问，全国人大常委会委员长吴邦国予以会见，国务院总理温家宝主持会谈。中方领导人表示，中吉建交 26 年来，两国高层交往不断增多，各领域合作日益扩大，在国际事务中的磋商与配合进一步加强。中方愿继续加强与吉方合作，推动两国关系全面发展。迪莱塔总理积极评价两国关系，赞赏并感谢中国给予吉的长期支持和帮助，重申一个中国政策，认为中国是吉真诚的朋友和合作伙伴，愿进一步发展同中国的全面友好合作关系。双方签署了《中华人民共和国政府和吉布提共和国政府经济技术合作协定》。此外，7 月 21～28 日，吉布提军队总参谋长法蒂·艾哈迈德·侯赛因少将访华，中央军委副主席、国务委员兼国防部长曹刚川上将会见，中央军委委员、总参谋长梁光烈上将主持会谈。

中吉经贸互利合作进一步发展。中国援建的两座小型综合体育设施和人民宫二期维修工程已竣工移交，援吉布提贝尔蒂医院肾透析房工程和总统府小型办公楼工程进展顺利。

# 多米尼克

## (Dominica)

中华人民共和国与多米尼克国 2004 年 3 月 23 日建交以来，友好合作关系迅速发展。2005 年，双方高层接触频繁，经贸、文教等领域合作增多，在国际事务中相互支持、密切配合。

2005 年 9 月 18～24 日，斯凯里特总理对中国进行正式访问，并与国务院总理温家宝会谈。全国政协主席贾庆林、国家副主席曾庆红分别会见。双方就进一步推动中多在各领域的交流与合作深入交换了意见，并签署了经济技术合作、教育、旅游等文件。2 月，国家副主席曾庆红在牙买加会见了出席中国—加勒比经贸合作论坛首届部长级会议的多米尼克总理罗斯福·斯凯里特。中国政府宣布将多列为中国公民出境旅游目的地国。同月，多社区发展部长马修·沃尔特率执政联盟代表团访华。3 月，商务部副部长廖晓淇访多，并出席中国政府援建的温莎公园体育场项目开工仪式。

多米尼克政府奉行一个中国原则。3 月 14 日，斯凯里特总理就中国全国人大通过《反分裂国家法》致函温家宝总理，重申多米尼克政府和人民将继续坚持一个中国原则，在涉及中国国家利益的问题上坚定地支持中国。

# 朝鲜民主主义人民共和国

# （DPRK）

中华人民共和国与朝鲜民主主义人民共和国有着传统友好合作关系。2005 年，两国关系继续保持良好发展势头。

高层往来密切，促进了两国关系的发展。10 月 28～30 日，应朝鲜劳动党总书记、国防委员会委员长金正日邀请，中共中央总书记、国家主席胡锦涛对朝鲜进行正式友好访问。在与金正日的会谈中，胡锦涛就进一步发展两党两国关系提出四点建议：继续密切高层往来，加强相互沟通；拓展交流领域，丰富合作内涵；推进经贸合作，促进共同发展；积极协调配合，维护共同利益。金正日对此表示赞同，强调朝方将从战略高度把握朝中友好，把发展朝中友谊作为坚定不移的战略方针。双方一致同意继续坚持半岛无核化，坚持通过对话和平解决核问题。中朝双方还签署了中朝经济技术合作协定。

3 月 22～27 日，应国务院总理温家宝邀请，朝鲜内阁总理朴凤柱对中国进行正式友好访问。国家主席胡锦涛、全国政协主席贾庆林分别会见，温家宝与朴凤柱举行会谈。温家宝表示，在新形势下，中方愿与朝方继续加强在重大问题上的沟通与协调，深化经贸合作，推动两国友好合作关系不断向前发展。朴凤柱表示，不断巩固和发展朝中友好关系是朝方坚定不移的政策，朝方希望朝中友好关系在新世纪里取得更大发展。双方还就朝鲜半岛核问题等共同关心的国际与地区问题交换了意见。双方有关部门签署了关于促进和保护投资协定和环境合作协定。

7 月 12～14 日，国务委员唐家璇作为胡锦涛主席的特别代表访朝，与朝鲜外务相白南舜举行会谈，朝鲜领导人金正日、内阁总理朴凤柱分别会见。双方就双边关系和共同关心的国际和地区问题交换了意见。

10 月 8～11 日，国务院副总理吴仪率中国政府代表团访朝。朝鲜领导人金正日、最高人民会议常任委员会委员长金永南、内阁总理朴凤柱分别会见。吴仪还出席了大安友谊玻璃厂竣工仪式和朝鲜劳动党建党 60 周年纪念活动。

12 月 24～27 日，朝鲜内阁副总理卢斗哲率朝鲜政府代表团访华。国务院总理温家宝、副总理曾培炎、国务委员唐家璇分别会见。曾培炎和卢斗哲分别代表中国和朝鲜政府签署了《中朝政府间关于海上共同开发石油的协定》。

两国经贸关系进一步发展，中国保持朝鲜最大贸易伙伴的地位，继续向朝鲜提供了力所能及的援助。

# 刚果民主共和国

## （D.R.Congo）

中华人民共和国与刚果民主共和国［简称刚果（金）］长期保持传统友好合作关系。2005年，两国友好交往密切，经贸、文教合作进展顺利，在国际事务中相互支持，密切配合。

3月20～23日，刚果（金）总统约瑟夫·卡比拉来华进行工作访问。国家主席胡锦涛与其会谈，全国人大常委会委员长吴邦国、国务院总理温家宝和中央军委副主席、国务委员兼国防部长曹刚川上将分别会见。中方积极评价两国关系，表示愿进一步加强两国各层次、各领域的交往与合作，扩大经贸合作领域，丰富合作内容，把人力资源开发、农业和基础设施建设作为两国政府间合作的重点，重申中国将一如既往地支持刚果（金）和平进程和经济重建，为刚果（金）早日实现全面和平发挥建设性作用。卡比拉总统表示刚果（金）高度重视全面加强两国合作，视中国为可信赖的伙伴，欢迎中国企业参加刚果（金）经济重建。重申将继续坚持一个中国政策。访华期间，双方签署了《中华人民共和国政府和刚果民主共和国政府经济技术合作协定》等文件。

两国在各领域继续保持友好交往与合作。9月，全国人大常委会副委员长盛华仁在纽约出席第二届世界议长大会期间会见刚果（金）议长奥利维埃·卡米塔图。11月，刚果（金）副总统阿蒂尔·扎赫迪·恩戈马率团出席在北京召开的联合国教科文组织第五届全民教育高层会议。12月，刚果（金）三军总参谋长桑吉朗加·基桑比亚中将正式访华，中央军委副主席、国务委员兼国防部长曹刚川上将会见，总参谋长梁光烈上将与其举行会谈。

中国支持刚果（金）和平进程，积极推动国际社会加大对刚果（金）和平事业的关注和帮助，主张有关各方在维护刚果（金）主权和领土完整的基础上，本着非洲团结和民族和解的精神，通过对话协商妥善解决相关问题，尽快恢复刚果（金）以及大湖地区的和平、稳定。4月，中国轮换第四批参加联合国刚果（金）特派团维和行动的维和部队，12月，中国轮换第五批维和部队。

12月28日，刚果（金）新任驻华大使夏尔·蒙巴拉·恩赞库向胡锦涛主席递交国书。

# 厄瓜多尔

# (Ecuador)

中华人民共和国与厄瓜多尔共和国自 1980 年建交以来，两国关系发展顺利。厄政府坚持一个中国立场。2005 年是中厄建交 25 周年，两国友好合作关系续有发展。1 月，胡锦涛主席和李肇星外长分别与厄总统卢西奥·古铁雷斯·博武阿和外长帕特里西奥·苏吉兰达·杜克互致贺电，庆祝两国建交 25 周年。

双方保持一定级别的人员往来，合作领域不断扩大。厄议会厄中议员友好小组主席安德烈斯·派斯，民主左派党副主席、皮钦查省省长拉米罗·冈萨雷斯，卫生部长惠灵顿·桑多瓦尔，前总统奥斯瓦尔多·乌尔塔多，基多市长帕科·蒙卡约和《宇宙报》社长卡洛斯·佩雷斯先后访华。中联部副部长张志军，山东省委书记、省人大常委会主任张高丽，中国人民武装警察部队副司令员刘世民中将和中华全国新闻工作者协会主席邵华泽分别访厄。

两国在联合国等国际和地区组织中保持良好合作关系。

两国经贸关系稳步发展，中资公司业务和投资项目进展顺利。

# 埃 及

## (Egypt)

阿拉伯埃及共和国是最早与中华人民共和国建交的阿拉伯、非洲国家。1956 年建交以来，双边关系发展顺利，1999 年两国建立了面向 21 世纪的战略合作关系。2005 年，中埃各领域交流与合作不断发展。

双方政治接触不断，人员交往频繁，在国际和地区事务中相互协调，密切配合。外交部长李肇星在参加亚非峰会暨万隆会议 50 周年活动和出席第 60 届联大会议期间两次会见埃及外交部长阿布·盖特，就双边关系和共同关心的国际地区问题交换意见。双方副部级以上互访团组达 100 余个，其中埃方主要有：交通部长伊萨姆·沙拉夫、旅游部长艾哈迈德·马格拉比、教育部长艾哈迈德·贾马勒·丁·穆萨等相继访华。中方主要有：中共中央军委副主席、国务委员兼国防部长曹刚川上将，全国人大常委会副委员长、中国科学院院长路甬祥，国务院新闻办公室主任赵启正等访埃。

两国就安理会改革问题保持密切磋商，共同维护发展中国家利益。埃及在 2005 年世界卫生大会上继续支持中国的立场。中国中东特使年内两次访埃，与埃方就地区形势和中东和平进程等交换看法。埃及赞赏中国在中东和伊拉克等问题上所持公正立场。

经贸合作稳步快速增长。2005 年，两国政府积极推动双方企业扩大经贸合作，双边贸易额继续保持增长态势。中国在埃投资增长较快，截至 9 月在埃注册的合资、独资企业已达 174 家，投资额 1.9 亿美元。在苏伊士经济区项目上，天津不锈钢项目顺利完成注册手续，中纺机无纺布项目奠基。中方对埃援助的蚕豆项目顺利移交；蘑菇项目正在实施；中方援建的中文学校、远程教育系统二期、聚酯布等项目有条不紊地进行前期工作。能源领域合作取得新进展，中石化新星石油公司同埃及萨瓦石油公司联合投资成立“中石化—萨瓦钻井公司”。承包工程方面，1~9 月，中国公司在埃完成承包工程营业额 2.27 亿美元，新签合同金额 2.59 亿美元。

中埃旅游、文教、新闻、科技等领域往来密切，成果丰硕。10 月底，埃及航空公司恢复中埃直航航线。埃在上海举办文化周；中埃签署 2005~2008 年文化合作协议执行计划；15 个教育团组访埃，签署了建立“埃及中国大学”的协议。8 月，赵启正主任访埃并参加由《金字塔报》主办的加强中埃新闻合作研讨会。10 月，李肇星外长接受来华访问的埃《金字塔》报、《十月》杂志记者书面采访，就双边关系、中阿合作论坛、联合国改革等问题回答对方的提问。11 月，中国作为主宾国参加开罗国际电影节，引起各方广泛关注。两国政府间科技合作协议执行顺利，双方于11月在开罗召开第四届科技合作联委会中期会议；路甬祥院长访埃并同其签署《中埃科技合作协定》。

中埃两军关系继续加强。曹刚川上将访埃期间得到穆巴拉克总统会见，并同埃国防部长穆罕默德·侯赛因·坦塔维元帅举行会谈。埃及军工生产国务部长赛义德·阿卜达·穆斯塔法·米什阿勒等访华。

# 赤道几内亚

## (Equatorial Guinea)

中华人民共和国与赤道几内亚共和国自 1970 年建交以来，两国关系稳步发展。特别是近年来，在双方的共同努力下，两国友好合作关系呈现加速发展的良好势头，双方相互了解与友谊不断加深，各领域的交流与合作不断扩大。2005 年，两国关系续有发展。

10 月 19～24 日，应国家主席胡锦涛邀请，赤几总统奥比昂·恩圭马·姆巴索戈对中国进行工作访问。此系奥比昂第五次访华。胡锦涛主席与其会谈，国务院总理温家宝会见。双方就双边关系和共同关心的地区和国际问题深入交换了意见，达成广泛共识。胡主席表示，中国和赤几都是发展中国家，巩固和加强中国同包括赤几在内的广大非洲国家的传统友谊和友好合作是中国对外政策的重要组成部分。中国愿同赤几共同努力，从以下方面进一步加强双方的交流与合作：（一）保持高层交往，加强两国政党、议会对口交流，进一步增进了解和友谊。（二）提高两国经贸合作水平，积极探索新的合作思路和方式，重点拓展双方在基础设施建设、油气资源开发、农林渔业等领域的互利合作。（三）扩大两国在文教、卫生、人力资源开发等领域的合作。（四）就联合国改革、发展筹资、消除贫困等共同关心的问题保持密切磋商，共同维护发展中国家的权益。奥赞同胡主席对进一步发展两国关系的建议。他表示，巩固和发展同中国的友好合作关系是赤几政府坚定不移的政策。赤几愿不断加强两国在政治上的相互支持，深化在经贸、科技、资源开发等领域的互利合作，欢迎中国企业积极参与赤几的经济建设，通过双方共同努力，不断推进双边关系向前发展。访问期间，双方签署了《中华人民共和国政府和赤道几内亚共和国政府关于互免持外交、公务和官员护照人员签证的协定》《中华人民共和国政府和赤道几内亚共和国政府关于促进和保护投资的协定》等合作文件。

两国外交部之间保持着良好的交流与合作。6 月，赤几外交、国际合作和法语国家事务部长帕斯托尔·米恰访华。7 月，外交部部长助理吕国增访问赤几。

2005 年是中国和赤几建交 35 周年。胡锦涛主席和奥比昂总统、李肇星外长和米恰外长分别互致贺电。

两国经贸合作不断扩大。6 月，双方在北京召开中、赤几第二届混合委员会会议。8 月，赤几基础设施和城市规划部长阿尼塞托·埃比亚卡访华。9 月，赤几财政和预算部长马塞利诺·埃杜率石油财政代表团访华。

两国在卫生等领域的交流与合作取得新进展。3 月，赤几卫生和社会福利部长胡斯蒂诺·奥巴马访华。同月，中国驻赤几使馆向赤几卫生部捐赠一批治疗霍乱的药品。8 月，赤几妇女促进部长赫苏萨·奥博诺来华参加纪念联合国第四次世界妇女大会十周年会议。

# 厄立特里亚

## (Eritrea)

中华人民共和国与厄立特里亚国自1993年建交以来，双边关系健康稳定发展。厄坚持一个中国政策，在涉华国际事务中给予中国坚定支持。中国政府重视发展中厄关系，支持厄国家建设，愿进一步推动和拓展两国间相互尊重、平等信任的友好合作关系。

2005年，中厄继续保持高层交往势头。2月17~24日，厄立特里亚总统伊萨亚斯·阿费沃尔基对中国进行国事访问。访问期间，国家主席胡锦涛与伊举行会谈，国务院总理温家宝和全国政协主席贾庆林分别会见。双方就两国关系和共同关心的地区和国际问题充分交换了意见。胡主席表示，中国珍视中厄传统友谊，重视加强与厄在各领域的合作，愿在和平共处五项原则基础上，与厄方一道，把新世纪的中厄友好合作关系推向新的高度。伊萨亚斯感谢中国政府为推动两国友好合作所做的贡献，表示厄视中国为主要合作伙伴，愿与中方进一步扩大在经贸等领域的合作，加强在国际事务中的协调与配合。双方签署了《中华人民共和国政府和厄立特里亚国政府经济技术合作协定》。

厄方访华的还有国家发展部长沃尔达伊·富图尔。中国外交部部长助理吕国增、中共中央政策研究室秘书长纪玉祥及南京军区司令员朱文泉中将等先后访厄。

厄支持中国全国人大通过《反分裂国家法》。

两国在经贸、文化、教育等领域的交流与合作不断加强。双方在工程承包、合资设厂、通讯基础设施等领域积极开展互利合作。厄多名官员参加了中国政府举办的各类培训班。

# 爱沙尼亚

(Estonia)

2005 年，中华人民共和国与爱沙尼亚共和国关系稳步发展，各领域交往增多，友好合作进一步加强。

两国高层保持接触，政治互信增强。8 月，爱沙尼亚总统阿诺尔德·吕特尔对中国进行国事访问。国家主席胡锦涛与吕特尔总统就双边关系及共同关心的国际问题深入交换意见。胡主席高度评价中爱关系现状，并提出发展双边关系四点建议：加强双方高层交往，进一步增进互信；加强两国经贸合作，不断提高互利合作水平；加强文化、教育、科技、旅游等领域的交流与合作，促进双方人员往来；加强在国际事务中的协调与合作。爱方赞赏中国奉行大小国家一律平等的政策，表示重视发展对华关系，愿与中方携手推动双边关系不断发展。同月，外交部长李肇星访爱，分别会见爱沙尼亚总统吕特尔、总理安德鲁斯·安西普，并与外交部长乌尔马斯·帕依特举行会谈，双方就中爱关系及联合国改革等共同关心的问题深入交换看法，取得积极成果。

双方经贸合作深入发展，经贸额持续增长。8 月，商务部副部长于广洲率团出席在塔林举行的中爱经贸合作委员会第六次会议。

两国文化、教育等领域的交流活跃，人员往来增多。湖南昆曲团、浙江歌舞民乐团的访演以及汉字展、民族服饰展等赢得爱沙尼亚社会各界广泛赞誉。

# 埃塞俄比亚

## (Ethiopia)

中华人民共和国与埃塞俄比亚联邦民主共和国自1970年建交以来，两国友好合作关系发展顺利。2005年是中埃建交35周年，两国总理和外长互致贺电，双方举行了一系列庆祝活动，并以此为契机推动两国全面合作伙伴关系向前发展。

两国政治互信进一步加强。11月27~30日，埃塞俄比亚外交部长塞尤姆·梅斯芬对中国进行正式访问。国家副主席曾庆红予以会见，外交部长李肇星主持会谈。曾副主席高度评价两国关系，赞赏埃在台湾、人权等问题上坚定支持中国，表示愿深化和扩大双方在各领域的合作，使中埃成为相互信任的好朋友和共同发展的好伙伴。李外长对两国关系发展提出三点建议：（一）加强高层交往和各种形式的交流，增进相互了解和信任。（二）发挥优势互补，挖掘合作潜力。（三）深化在国际事务中的磋商与合作。塞尤姆感谢中国长期以来对埃的真诚无私援助，强调两国关系政治基础牢固，表示愿扩大和深化双边经贸合作，并在中非合作论坛框架下为推进中非关系而不懈努力。

此外，外交部部长助理吕国增两次访埃。中国政府还应埃政府邀请派遣观察员对埃议会选举进行了观察。

经贸合作不断深化，呈现全方位、多方式、高速度的良好发展势头。双方积极探讨在矿业、农业、基础设施建设、电力、纺织等领域开展互利合作的新方式、新途径，决定在两国经贸联委会下设立联合专家组，为两国经贸合作出谋划策。1月起，中国政府对埃部分输华产品实行免关税待遇。2005年中国企业在埃工程承包额为2.9亿美元。中方援建的职业教育学院项目开工。

军事、文教、司法、新闻和人力资源开发等领域的交往与合作持续发展。南京军区司令员朱文泉中将、教育部援非工作组访埃。中方派出12名青年志愿者赴埃开展支援服务工作。埃议会联邦院议长穆拉图·特肖梅来华参加世界汉语大会。埃教育部长辛塔耶胡·沃尔德·米切尔来华出席首届中非教育部长论坛。埃最高法院副院长曼比尔·谢哈耶、埃新闻团访华。

# 斐济

(Fiji)

2005年是中华人民共和国与斐济群岛共和国建交30周年，两国关系得到进一步发展。

双方高层交往频繁。全国政协主席贾庆林、国家副主席曾庆红、全国人大常委会副委员长许嘉璐、全国政协副主席李贵鲜分别过境和访问斐济。6月，斐济总理莱塞尼亚·恩加拉塞自2001年就任以来第三次访华，国家主席胡锦涛、国务院总理温家宝和全国政协主席贾庆林分别与他会见、会谈，就进一步深化中斐合作达成广泛共识，推动了双边关系的发展。

中斐经贸合作不断扩大，两国政府经贸代表团实现互访。两国政党和军队交往继续增加。中共中央对外联络部部长王家瑞访问斐济，斐济反对党工党代表团访华，与中国共产党建立党际关系；中国人民解放军外事代表团访问斐济，斐济武装部队司令弗兰克·白尼马拉马访华。

# 芬 兰

## (Finland)

2005年是中华人民共和国与芬兰共和国建交55周年，两国关系发展良好，各领域合作不断深化。

双方高层政治交往密切。4月，国务院副总理回良玉访芬，分别与芬兰总理马蒂·万哈宁和农林部长尤哈·科尔凯奥亚会见、会谈。9月，中共中央政治局常委、中纪委书记吴官正访芬，分别会见芬兰总理万哈宁、议长帕沃·利波宁、司法部长莱娜·卢赫达宁。两国领导人强调，当前中芬关系发展良好，愿在相互尊重、平等互利的基础上，继续推动双边关系走向深入。其他访芬的中国重要代表团还有四川省省长张中伟、河北省政协主席赵金铎等。9月，芬兰总理万哈宁对上海、江苏和广东进行非正式访问。芬兰前总统马尔蒂·阿赫蒂萨里、农林部长科尔凯奥亚、司法部长约翰内斯·科斯基宁、文化部长塔尼娅·卡佩拉、国防部长塞波·凯里埃宁等分别访华。

两国立法机构保持互访势头。全国人大常委会副委员长、中科院院长路甬祥访芬，芬兰总理万哈宁和议长利波宁分别会见。芬兰议会外事委员会、法律委员会、农林委员会、银行监管专员和议会秘书长代表团分别访华。

两国外交部保持密切沟通与协调。5月，外交部长李肇星在日本出席亚欧外长会议期间会见芬兰外交部长图奥米奥亚。2月，芬兰外交部国务秘书阿尔托·满萨拉来华与外交部副部长张业遂举行政治磋商。

两国经贸关系持续深化。3月和5月，两国分别签署《中芬农业合作谅解备忘录》和新的《中芬经济、工业和技术合作协定》。9月，芬兰贸工部牵头与浦东新区政府在上海浦东张江科技园区设立“芬中创新中心”。芬兰造纸企业芬欧汇川集团在江苏常熟投资兴建的第二条造纸生产线正式投产。10月，芬兰诺基亚公司与中国普天信息产业股份有限公司建立合资3G公司。11月，芬兰海关再次购买一台中国清华同方公司生产的集装箱检测仪。

两国文教、旅游和民间交往活跃。9月，芬兰文化部长卡尔佩拉访华并同中国续签2005~2009年中芬政府文化交流计划。中国京剧院、哈尔滨歌舞团、沈阳杂技团先后赴芬演出。芬兰拉蒂交响乐团等文艺团体访华。5月，芬兰16所大学校长联合组团访华。7月，芬兰国家旅游局驻京办事处正式成立。8月，河南省与东芬兰省结成友好省市。9月，芬兰航空公司开通赫尔辛基至广州直航航线。

两国司法领域交流频繁。5月，芬兰司法部长科斯基宁来华出席在上海举行的《中芬司法合作协定》签署10周年庆典暨公证、公司法国际研讨会。6月，中国最高人民检察院副检察长王振川访问芬兰。9月，芬兰最高行政法院院长贝卡·哈尔贝格出席在北京举行的第22届世界法律大会。12月，芬兰总检察长马蒂·库西麦基来华出席亚欧检察长会议。

两军高层交往活跃。5月，中国人民解放军副总参谋长许其亮中将访芬。6月，芬兰国防军总参谋长卡里·林毕中将访华。10月，芬兰国防部长凯里埃宁访华。

# 法　国

## (France)

中华人民共和国与法兰西共和国自1964年建交以来，两国关系发展顺利。特别是近10年来，两国关系更是突飞猛进地向前发展。1997年，两国建立全面伙伴关系。2004年，两国发表新的联合声明，宣布建立全面战略伙伴关系。2005年，中法全面战略伙伴关系继续深入发展，各领域交流与合作进一步深化。

两国保持高层互访势头。国家主席胡锦涛和法国总统雅克·希拉克在出席俄罗斯纪念卫国战争胜利60周年活动和英国苏格兰鹰谷"8+5对话会"期间两度会晤，并通过热线电话、互致函电等方式，就双边关系和共同关心的重大国际问题交换意见。继2004年两国元首互访后，2005年又实现了两国总理互访。法国总理让—皮埃尔·拉法兰4月访华，国务院总理温家宝12月访法。通过两国总理互访，双方确定了未来中法关系发展方向。外交部长李肇星和法国外长菲利普·杜斯特—布拉齐多次在联合国会议期间见面，就双方共同关心的问题交换意见。

双方战略互信进一步加深。在台湾问题上，法国一贯坚持一个中国原则，对中国全国人大通过的《反分裂国家法》表示理解和支持。法国在欧盟内带头推动解除对华军售禁令和承认中国完全市场经济地位。中方坚定支持国际热核聚变实验反应堆场址落户法国。两国还在伊拉克、伊朗核等重大国际问题上进行了密切协调与配合。

经贸合作步伐明显加快。航空航天、铁路交通、能源等重点领域的合作进展顺利。4月，双方签署了中国购买包括5架A380在内的30架空中客车飞机的正式合同，12月，双方又签署了中国订购150架空客A320飞机的框架协议及中国国家发展和改革委员会与空客公司关于加强工业合作的备忘录。中小企业合作取得突破，双方先后举办了广州中法中小企业博览会和上海中法中小企业研讨会，共有1400多家法国中小企业到中国参会洽谈业务。

两国文化交流活跃。9月，法国参议院议长克里斯蒂昂·蓬斯莱来华主持法国文化年闭幕式，标志着中法互办文化年活动圆满落幕。这项历时两年的国际文化交流盛事涵盖文学、艺术、科技、教育、体育、影视、出版、时尚、文物等各个领域，700余个精彩项目吸引了600万人次的观众，加深了中法两国和两国人民的相互了解，带动了两国经贸、科教、旅游等领域的合作，也成为中欧乃至世界文化交流史上的一大创举。

两国教育、旅游及地方交流和合作成果显著。中国留法学生总数已达两万多人。49 对省市缔结友好关系。1 月，第二届中法市长圆桌会议在成都召开，10 月，首届中法地方政府合作高层论坛在武汉召开。

## 法国总理拉法兰访华

应国务院总理温家宝的邀请，法国总理拉法兰于 4 月 21～23 日对中国进行正式访问。访问期间，温家宝总理与拉法兰举行了会谈，就双边关系和共同关心的问题深入交换意见，达成广泛共识。双方签署了涉及农业、财政、航空、能源、通讯等领域的 20 个双边文件。两国总理还共同出席了在故宫举办的路易十四国王展揭幕仪式。国家副主席曾庆红会见了拉法兰总理。

会谈时，温总理表示，在双方的共同努力下，中法关系正在顺利发展。双方互信加深，战略对话深入，各领域合作取得了丰硕成果。中法同为联合国安理会常任理事国，两国应以对世界和平与发展高度负责的态度来规划两国全面战略伙伴关系的合作目标，共同为世界和平、稳定与繁荣做出贡献。为此，中方愿同法方继续保持高层互访势头，密切两国在联合国等国际组织内的协调与配合；积极拓展经贸关系，加强在能源、交通、航空、农业、环保等领域的合作，建立和完善政府间的各种合作机制；大胆探索在文化领域开展交流与合作的新途径、新方式，确保中法文化交流持续发展；在相互尊重的基础上，稳步推进两国在司法领域的合作。

拉法兰赞同温总理对两国关系的评价和建议。他表示，近年来两国关系不断取得进展，在贸易、核能、航空、环保、农业、大型企业合作方面开展了富有成效的合作。法中关系是长期性的，双方还有大量的工作要做，法方对两国经贸关系持乐观态度，希望与中方在互利互惠的基础上，充分发挥互补优势，加强在贸易、能源、中小企业方面的合作，继续推动在文化、教育、青年方面的交流。

## 温家宝总理访法

应法国总理多米尼克·德维尔潘的邀请，国务院总理温家宝于 12 月 4～7 日对法国进行正式访问。访问期间，温总理与希拉克总统会见，并与德维尔潘总理会谈。双方签署了《中国国家发展和改革委员会与空中客车公司关于加强工业合作备忘录》《中国航空器材进出口集团公司与空中客车公司关于订购 150 架空客 A320 飞机框架协议》《中法共建博士生院意向书》等 19 个双边合作文件。温总理在巴黎综合理工大学和法国雇主协会分别发表了《尊重不同文明、共建和谐世界》和《中法经贸合作前景广

阔》的重要演讲。温总理还会见了国民议会议长让—路易·德勃雷。

温总理和德维尔潘总理一致同意，在中法关系业已存在的牢固基础上，进一步深化两国全面战略伙伴关系，将双边关系提高到更高水平。

温总理表示，在当前复杂多变的国际形势下，中法共同利益和责任不断增多。巩固和发展中法关系既符合两国各自发展的需要，也有助于推动中欧和亚欧关系的发展。为此，温总理对中法关系的下一步发展提出了五点建议：第一，保持高层交往势头，加强战略对话机制，增进政治互信。第二，密切在国际事务中的协调与配合，推进不同文明间的对话。第三，深化经贸合作。中方将本着平等互利的原则，扩大同法方在能源、航空航天、交通、农业、环保等领域的合作。第四，积极开展文化和青年交流，建立文化合作长效机制，增进两国青年相互了解和友谊。2006 年中国将邀请 400 名法国青年到中国访问。第五，加强在社保、安全生产等新领域的相互学习和借鉴。

德维尔潘赞同温总理对两国关系的评价和建议，他表示，法中关系正在不断得到加强，在一系列重要的领域深入开展合作。法方高度重视并希望加强双方在航空、核能、铁路和电信等领域的长期合作。利用北京奥运会、上海世博会等平台扩大双方交流。深化文化、旅游和青年交往方面的合作。法方将继续推动欧盟与中国关系的发展，加强与中国在反恐、防止大规模杀伤性武器扩散、联合国改革等重大国际和地区问题上的协调与合作。

温总理在与希拉克总统会见时，双方高度评价了中法关系，并就进一步加强双边合作达成了重要的共识。

温总理表示，目前中法关系处在历史上最好时期，主要是因为有着三个基础：一是历史基础。二是文化基础。三是政治基础，这是最重要的。在处理双边关系上，双方相互尊重、平等互利、和平共处；在台湾、解禁、ITER 选址等具体问题上，相互理解、彼此支持。今后，双方应在目前良好的合作基础上，进一步密切高层交往和战略对话，深化全面战略伙伴关系，加强在国际事务中的协调与配合，共同维护联合国权威和应对传统及非传统安全问题的挑战。希望两国加强在重大项目上的合作，实现互利共赢。同时，希望继续扩大中法文化和教育交流，鼓励青年交往，增进两国人民的相互了解和友谊，为两国关系的持久发展奠定坚实基础。

希拉克表示，法中关系友好，两国在重大国际问题上有共识，在联合国内的合作很有成效。中国在国际事务中发挥的作用积极而且重要，法方对此表示赞赏和支持，愿与中方加强协调与配合。法国对与中国开展经贸、科技、文化和青年交流等领域合作持积极和坚定的态度，法国也愿邀请 400 名中国青年到法国访问。双方应继续从战略高度来构建两国关系未来。法方将为推动欧盟与中国关系的发展，解决中方的合理关切继续做出努力。希拉克重申法政府将继续坚定奉行一个中国政策。

# 加　蓬

## (Gabon)

中华人民共和国与加蓬共和国1974年建交以来，两国关系始终健康稳步发展。2005年，中加友好合作关系继续深入发展。

9月15日，国家主席胡锦涛在纽约出席纪念联合国成立60周年首脑会议期间会见加蓬总统哈吉·奥马尔·邦戈·翁丁巴。胡锦涛主席指出，中加传统友好合作关系已进入成熟和加速发展的新阶段，加蓬是中国可以信赖的真诚朋友和重要合作伙伴。邦戈总统强调加蓬希不断拓宽两国友好合作的领域，欢迎更多中国企业到加蓬发展。7月，外交部部长助理吕国增访问加蓬，邦戈总统会见，加蓬外交、合作和法语国家事务部长级代表让·弗朗索瓦·恩东古举行会谈。双方就双边关系和联合国改革等问题深入交换了意见。4月，加蓬总统特使、国务部长兼计划、发展规划部长卡西米尔·奥耶-姆巴访华，中国人民银行行长周小川、外交部副部长戴秉国分别会见。6月，加蓬国防部秘书长让·雷米·翁多上将访华，中央军委副主席、国务委员兼国防部长曹刚川会见。

3月17日，加蓬政府发表部长会议公报，支持中国全国人大通过《反分裂国家法》。

两国地方和民间积极开展友好交往。9月，加中友好协会第二副主席、加蓬总检察长皮埃蕾特·朱阿萨率加中友协代表团访华。10月，温州市人大常委会副主任陈志坚率温州市友好经贸考察团访问加蓬，与让蒂尔港市市长签署了温州市与让蒂尔港市缔结友好城市关系的意向书。

两国经贸合作继续保持良好发展势头。年内，中国政府援建的加蓬参议院大厦圆满竣工，中国机械设备进出口总公司承建的加蓬广电大厦正式动工。

# 格鲁吉亚

# (Georgia)

2005 年，中华人民共和国与格鲁吉亚友好关系顺利发展，各领域交流与合作不断深化。

双方保持高级别交往，政治互信增强。6 月，格议长布尔扎纳泽正式访华，全国人大常委会委员长吴邦国、国务委员唐家璇分别会见。双方就中格关系、议会交往及共同关心的国际和地区问题深入交换意见，达成广泛共识。9 月，外交部长李肇星与格外长祖拉比什维利在出席第 60 届联大期间会晤，对中格关系的发展予以积极评价。

两国经贸合作进一步发展，双边贸易额持续增长。6 月，双方签署“避免双重征税和防止偷漏税协定”。9 月，中国机械进出口（集团）有限公司代表团访格，格议长布尔扎纳泽、农业部长斯维莫尼什维利、能源部长基拉乌利分别会见。12 月，中格政府间经贸合作委员会第二次会议在北京举行。

双方继续开展外交磋商、党际交流，文化、新闻、地方交往等领域的合作进一步发展。8 月，外交部领导成员乔宗淮访格。10 月，中联部部长助理陈凤祥访格。2 月，格“伊梅基”电视台记者来华采访。11 月，格总统特派扎瓦赫季地区代表哈赤泽率地区政府代表团访问湖北省。7 月，中国女画家秦百兰在格举办画展。此外，广东省与格阿扎尔自治共和国结好，两地领导并进行了互访，四川省也与格有关地方建立了联系。

3 月，格在华开设使馆，首任驻华大使为米哈伊尔·乌克列巴。

# 德　国

## (Germany)

2005 年，中华人民共和国与德意志联邦共和国的关系发展良好。尽管德国举行大选和政府发生更迭，中德关系仍保持了连续性和稳定性，并继续呈现全面、快速发展的势头，两国在政治、经贸、文化、科技、环保、教育、法律、军事等各领域的合作成果显著。

两国保持密切的高层交往，政治关系进一步加强。11 月，中国国家主席胡锦涛对德国进行国事访问。3 月，德国联邦参议院议长普拉策克访华，全国人大常委会委员长吴邦国和全国政协主席贾庆林分别会见。4 月，联邦议院议长蒂尔泽访华。胡锦涛主席会见。吴邦国委员长与蒂尔泽议长举行了会谈，并共同签署了《中华人民共和国全国人民代表大会常务委员会委员长和德国联邦议院议长联合声明》，将两国议会之间的各项交流与合作机制化。5 月和 7 月，国家主席胡锦涛在莫斯科出席俄罗斯纪念卫国战争胜利 60 周年庆典以及在苏格兰出席八国集团“8 + 5 对话会”期间与德国总理施罗德两次会见，就双边关系发展以及重大国际和地区问题交换了看法。5 月，国务委员兼公安部长周永康访问德国，会见了施罗德总理，并与德国内政部长席利举行会谈，加强了双方在执法和反恐领域的交流与合作。12 月 1 日，国务院总理温家宝通过中德总理热线与德国新任总理默克尔通电话，对其就职表示祝贺，双方就进一步发展双边关系交换了意见。

两国在国际事务中保持了密切的磋商与合作。4 月，中德年度军控磋商在柏林举行。5 月，中德第五轮人权对话在北京举行。9 月，外交部长李肇星赴纽约出席第 60 届联大会议期间会见了德国外交部国务秘书沙利奥特。同月，外交部副部长张业遂在柏林与德国外交部国务秘书沙利奥特举行两国外交部政治磋商。胡锦涛主席 11 月访德期间，李肇星外长与德国副总理兼外长菲舍尔举行了对口会谈。双方于 11 月在北京举行了第三次反恐磋商。

双边经贸合作保持增长势头。与 2004 年相比，全年贸易额稳步增长。第三届中德行业论坛暨经贸交流会和中德经济合作联委会第 12 次会议于 11 月在柏林举行。

两国在文化、教育、能源、法律、军事等各领域的交流与合作续有发展。中国驻法兰克福总领事馆于 2005 年 6 月正式开馆。胡锦涛主席访德期间，两国签署了新的文化合作协定。柏林中国文化中心举行了奠基仪

式。柏林爱乐乐团时隔26年再次访华。中德高等教育战略对话在柏林举行了第二次会议。双方商定在柏林和埃尔朗根设立两所孔子学院。以全国政协副主席徐匡迪为中方主席和以德国西门子公司监事会主席冯必乐为德方主席的“中德对话论坛”在柏林正式成立并举行了第一次会议。中德在北京共同举办了2005北京国际可再生能源大会，并通过旨在促进可再生能源发展的《北京宣言》。中德第六届法律研讨会在汉堡举行。德国联邦司法部长居普里斯女士9月访华期间，双方签署了《中德法律交流与合作协议》的第三个两年（2006~2007年）实施计划。中央军委委员、总参谋长梁光烈上将访问德国。中德两军总参谋部间第八次会晤在北京举行。

重要团组互访频繁。中方赴德国访问的重要团组有：中共中央对外联络部部长王家瑞，国务院台湾事务办公室主任陈云林，安徽省委书记、省人大常委会主任郭金龙，河北省委书记、省人大常委会主任白克明，国务院法制办公室主任曹康泰，广西壮族自治区党委书记、自治区人大常委会主任曹伯纯，全国政协副主席张榕明，铁道部部长刘志军等。德方访华重要团组有：下萨克森州州长武尔夫，联邦议院副议长索尔姆斯，联邦交通、建筑与住房部长施托尔佩，联盟党议会党团副主席朔伊布勒，前总理科尔，前总理施密特，联邦法院院长赫尔施，联邦环境、自然与核反应堆安全部长特里廷，联邦宪法法院院长帕皮尔，联邦经济与技术部长格罗斯等。目前，两国已建立48对友好省州（市）关系。

## 胡锦涛主席对德国进行国事访问

应德国总统克勒邀请，胡锦涛主席于11月10~13日对德国进行了为期三天的国事访问。访德期间，胡锦涛主席与克勒总统、施罗德总理、候任总理默克尔女士、联邦议院议长等德国领导人就双边关系和共同关心的问题交换了意见，达成了广泛共识。胡锦涛主席还与德国领导人共同出席了柏林中国文化中心奠基仪式和“中德对话论坛”正式成立典礼，并在德国经济亚太委员会发表了题为《加强互利合作，促进共同发展》的重要演讲。中德双方还签署了《中华人民共和国政府和德意志联邦共和国政府文化合作协定》《铁路动车组采购合同和技术转让协议》等八项协定和合同。访问取得了实质性成果和圆满成功，促进了两国关系的进一步发展。

胡锦涛主席在与德国领导人谈话中，从历史、战略和中欧关系的高度积极评价和展望中德关系。胡锦涛主席表示，中国人民和德国人民都是伟大的人民，两国都是在世界上有着重要影响的国家。两国关系始终保持顺利发展的局面主要有两个原因。第一是中德关系有着坚实的政治基础，没有直接利害冲突。第二是中德都高度重视发展双边关系。在当前国际形势下，进一步发展中德关系，有利于促进中欧关系发展，也有利于促进世界的和平、稳定与繁荣。中方愿继续保持两国高层交往，加强双方政治对话和磋商；扩大双方经贸合作，欢迎德国经济界扩大对华投资；积极推动双方在科技、教育、文化、环保等领域的交流合作；保持双方在重大国际问题上的沟通和协调。

克勒总统完全赞同胡锦涛主席对两国关系的评价和就进一步发展双边关系提出的建议。他表示，德国的对华政策将保持连续性，德方将继续全面落实两国政府联合声明所确定的各项合作。施罗德总理表示，坚持一个中国政策是德国对华关系的基础，不会有任何动摇。德中关系已进入全面迅速发展的阶段，双方在文化、教育、高技术等领域的交流合作也在不断取得进展。候任总理默克尔强调，中国发展迅速，充满生机和活力，令人钦佩。对德国而言，同中国发展长期稳定的关系具有重要意义。新的德国政府将坚持科尔总理以来德国政府的对华政策，进一步加强两国政治对话，落实现有合作并开拓新的合作领域，这完全符合两国人民的愿望和利益。

胡锦涛主席还利用会谈、会见和演讲，重点介绍了中国国内形势和“十一五”规划总体目标，有针对性地就能源、环保、人口老龄化、经贸合作等问题进行了深入阐述，强调中国的发展是和平的发展、开放的发展、合作的发展，鼓励德国经济界加强对华合作。

# 加　纳

## （Ghana）

2005年，中华人民共和国与加纳共和国的友好合作关系继续稳定向前发展。两国各层次交往不断，互信加深。

4月23日，中国国家主席胡锦涛在出席雅加达亚非峰会期间会见加纳总统约翰·阿吉耶库姆·库福尔，双方就双边关系和共同关心的问题广泛交换了意见。胡主席表示，中方感谢加方长期以来坚持一个中国立场，将继续支持加经济社会发展，并提供力所能及的帮助。希望在双方的共同努力下，中加友好合作在新世纪不断取得新的成果。库福尔总统对中国给予加纳的无私帮助表示感谢，欢迎更多的中国企业赴加投资并开展合作，并表示愿与中国领导人共同努力，加深两国业已存在的关系，推动加中政治、经贸合作不断取得进展。

5月31日至6月2日，全国政协副主席王忠禹访问加纳，会见总统库福尔并与议长塞基—休斯举行会谈。8月，外交部部长助理李金章访加。

2005年是中加建交45周年，中国外长李肇星与加纳外长纳纳·丹夸·阿库福—阿多就此互致贺电。

两国经贸及其他领域的合作取得进展。中国人民银行行长周小川、全国工商联副主席谢伯阳、国家体育总局副局长于再清等先后访问加纳。加能源部长迈克·奥夸耶和私营企业发展和总统特别倡议部长夸梅纳·巴特尔斯先后访华。

# 希　腊

## (Greece)

2005年，中华人民共和国与希腊共和国的关系继续深入发展，各领域互利合作进一步密切。

双方高层接触频繁，政治互信牢固。4月，全国人大常委会副委员长何鲁丽访希，会见了希总统帕普利亚斯和议长贝纳基，并与第一副议长索蒂利奥斯进行会谈。双方就进一步发展双边关系，特别是议会交往交换了看法。6月，国务委员陈至立访希，会见了希总统帕普利亚斯、总理卡拉曼利斯，并与文化部代部长佩特拉里娅举行会谈。双方积极评价双边关系发展现状，表示将采取切实措施，进一步推动两国在体育、教育、文化、科技及奥运领域的友好互利合作。访问期间，双方还签署了《中希体育合作协定》和《中希教育合作谅解备忘录》。

希多位内阁部长先后访华，促进了两国各领域交流与合作。6月，希海运部部长凯法洛尼亚斯访华，双方签署《加强港口发展与海上贸易合作备忘录》。8月，希国防部部长斯彼里奥托普洛斯访华，其间，中央军委副主席、国防部长曹刚川上将同斯会谈，全国人大常委会副委员长何鲁丽予以会见。11月，希公共秩序部长沃尔伽拉基斯访华，中共中央政治局委员、北京市委书记、北京奥组委主席刘淇予以会见，中共中央政治局委员、国务委员、公安部部长周永康与沃会谈。双方签订了《2008年奥运会及残奥会安全合作谅解备忘录》。

双边经贸合作发展迅速。11月，中希经贸混委会第九次会议在北京举行，商务部副部长于广洲与希副外长斯蒂利亚尼迪斯共同主持会议，并发表了会议联合声明。双方一致认为两国经济发展有着很强的互补性，应进一步挖掘经贸合作潜力。其间，双方还分别在北京和上海举办经贸论坛，为两国企业家投资兴业，增进相互了解与合作提供了一个有效的平台。2005年，双边贸易额达20.2亿美元，同比增长37.7%。

奥运、旅游成为两国合作亮点。6月，希旅游部部长阿乌拉莫普洛斯率团来华参加“2005北京国际旅游博览会”，并出席希国家旅游组织驻北京办事处剪彩仪式。7月，希腊文化部代部长佩特拉里亚访华，国务委员陈至立、教育部长周济、文化部长孙家正予以会见，国家体育总局局长刘鹏、北京奥组委执行副主席刘敬民分别同佩举行会谈。双方同意成立中希奥运合作联席委员会，协调两国各相关部门围绕场馆建设、竞赛组织、安保、赛后利用等开展一系列交流与合作，组织各级别互访，交流经验。12

月，中希奥运合作联委会第一次会议在北京召开，双方签署会议纪要。

两国地方城市间友好交流活跃，希雅典市长芭戈雅妮、萨洛尼卡市长帕帕乔治普洛斯分别应邀率团访华，双方签署了《北京市与雅典市正式建立友好城市关系协议》《沈阳市—萨洛尼卡市友好城市关系协议》，并就如何利用友城关系，在经贸、文化等领域开展友好交往取得共识。

# 格林纳达

## （Grenada）

中华人民共和国与格林纳达自 2005 年 1 月 20 日恢复外交关系以来，双边关系发展迅速，双方开展了频繁的高层往来，在政治、经济、教育等领域的交流与合作初见成效，在国际事务中开展合作，相互支持，互信和友谊不断加深。

1 月 20 日，外交部长李肇星在北京与格林纳达外长埃尔文·尼姆罗德签署联合公报，决定自即日起恢复两国大使级外交关系。7 月，格林纳达总理基思·米切尔访华，国务院总理温家宝与其会谈，国家副主席曾庆红会见。中国领导人对格林纳达政府重视发展对华关系、奉行一个中国政策表示赞赏，指出中方愿与格方共同努力，推动两国关系向前发展。米切尔总理感谢中国政府对格灾后重建以及发展民族经济给予的无私援助，重申格政府将坚持一个中国原则，不与台湾发展任何形式的官方关系。其他重要交往还有：2 月，曾庆红副主席在牙买加会见出席中国—加勒比经贸合作论坛首届部长级会议的尼姆罗德外长。3 月，商务部副部长廖晓淇访格。5 月，应中联部邀请，尼姆罗德外长以新民族党主席身份访华，副总理黄菊、外交部长李肇星、中联部部长王家瑞分别会见。6 月，格外交部常秘阿琳·乌特勒姆访华。9 月，格总督丹尼尔·威廉斯夫妇来华进行私人访问。同月，格反对党民族民主大会党领袖蒂尔曼·托马斯率代表团访华。12 月，中国全国人大常委会副秘书长王云龙访格。

两国加强了经贸、科技、文化等领域的合作。2 月，中国宣布格林纳达为中国公民出国旅游目的地国。3 月，格林纳达宣布承认中国完全市场经济地位。中国政府援建的格体育场项目顺利开工，向格林纳达派遣了专家，启动了农业技术合作项目，中方还接受六名格留学生来华学习，接待格记者来华访问。

两国互派了大使。4 月，中国驻格林纳达大使钱洪山向格总督威廉斯递交国书。11 月，格在华开设使馆。12 月，格驻华大使乔斯林·怀特曼向胡锦涛主席递交国书。

# 几内亚

## (Guinea)

几内亚共和国是撒哈拉以南非洲第一个与中华人民共和国建交的国家。建交以来，两国关系发展顺利。中国政府一贯重视发展与几内亚的传统友谊和友好合作关系。2005年，两国关系取得新的发展。

双方高层交往密切，政治互信进一步加深。11月17～19日，国务院副总理黄菊对几内亚进行正式访问，会见了几内亚总统兰萨纳·孔戴、国民议会议长阿布巴卡尔·松帕雷，与总理塞卢·达莱因·迪亚洛举行会谈。几方高度评价几中传统友谊和友好合作关系，感谢中方长期以来提供的无私援助，重申坚持一个中国的立场不会改变，表示愿进一步加强双方在能源、矿产开发等领域的合作。双方签署了《中华人民共和国政府和几内亚共和国政府经济技术合作协定》、关于中国政府向几内亚政府提供现汇无偿援助和一般物资援助的换文、《中华人民共和国政府和几内亚共和国政府关于促进和相互保护投资协定》等文件。

8月，外交部长李肇星与几内亚外交部长西迪贝·法图玛塔·卡巴通电话；10月，外交部部长助理吕国增对几内亚进行工作访问，与几方就双边关系和共同关心的重大国际问题交换意见。

4月，几内亚邮政和电信部长让·克洛德·苏丹访华。

几内亚政府和国民议会表示坚持一个中国立场，理解并支持中国全国人大颁布《反分裂国家法》。

两国经贸合作继续发展，合作项目进展顺利，双边贸易保持快速增长。

# 几内亚比绍

(Guinea-Bissau)

中华人民共和国与几内亚比绍共和国近年来双边关系发展顺利。中国政府重视与几比的友好合作关系。2005年，两国在各领域的交流与合作继续向前发展。

双方人员交往密切，相互了解加深。9月20日，外交部长李肇星在第60届联合国大会期间会见几比外交、国际合作和侨务部长苏亚雷斯·桑布，就双边关系和共同关心的重大国际问题交换意见。

11月17~18日，外交部部长助理吕国增对几比进行工作访问，分别会见了几比总统若奥·贝尔纳多·维埃拉、总理阿里斯蒂德斯·戈梅斯、全国人民议会议长弗朗西斯科·贝南特、武装部队总参谋长巴蒂斯塔·塔格梅·纳·瓦伊将军，与外长安东尼奥·伊萨克·蒙泰罗举行会谈。几比方感谢中国长期以来给予几比的援助，重申将坚定奉行一个中国政策。双方签署了《中华人民共和国政府和几内亚比绍共和国政府经济技术合作协定》。

4月，几比渔业部长埃莱娜·玛丽亚·诺索利尼·恩巴洛访华。9月，几比最高法院院长玛丽亚·多塞乌·席尔瓦·蒙泰罗来华参加在北京举行的第22届世界法律大会；商业、工业与手工业部长阿迪亚图·贾洛·南迪格纳来华参加在厦门举行的第九届中国厦门国际投资贸易洽谈会。12月，几比社会革新党代主席阿尔贝托·南贝阿访华。

几比政府表示完全赞同并毫无保留地支持中国全国人大颁布《反分裂国家法》。

两国经贸合作进展顺利。中国援建的几比人民宫项目正式移交。中国政府向几比政府提供多笔紧急现汇援助，帮助几比抗击蝗灾和霍乱疫情。

## 圭亚那

## （Guyana）

中华人民共和国与圭亚那合作共和国自1972年建交以来，友好合作关系顺利发展，双边交往保持良好势头。2005年，中国政府继续重视发展与圭亚那的关系，两国政治、经济、文化各领域关系稳步向前发展。

2005年7月，应中国政府邀请，圭亚那总理塞缪尔·海因兹对中国进行工作访问。国务院总理温家宝会见，国务委员唐家璇会谈。访问期间，双方签署了经济技术合作协定等文件。1月，中国进出口银行副行长赵文章访问圭亚那，与圭亚那财政部长赛斯纳伦·科利萨签署中国进出口银行向圭亚那斯凯尔顿糖厂联合发电厂项目提供优惠贷款的协议。同月，吴仪副总理致信祝贺中国公司承建的斯凯尔顿糖厂项目开工，商务部副部长安民访问圭亚那并出席开工典礼。中国政府还向圭亚那政府捐赠10万美元用于赈济水灾。3月，圭亚那政府和国民议会分别就中国全国人大通过《反分裂国家法》发表声明，重申恪守主权和领土完整原则，始终坚持一个中国政策。6月，圭亚那反对党人民全国大会党领袖罗伯特·科宾访华。中共中央政治局委员、全国人大常委会副委员长王兆国会见。8月，以圭亚那总统新闻官、政府新闻署署长罗伯特·帕索德为团长的圭亚那新闻代表团访华。9月，圭亚那代理大法官兼高等法院首席大法官卡尔·辛格来华参加第22届世界法律大会。

# 匈牙利

(Hungary)

2005年，中华人民共和国与匈牙利共和国双边关系继续保持良好发展的势头，两国友好合作伙伴关系深入发展。

两国高层交往频繁，政治互信不断增强。全年副部级以上代表团互访达80余起。9月8~9日，应国务院总理温家宝的邀请，匈牙利总理久尔查尼·费兰茨对中国进行工作访问。温家宝总理与久尔查尼总理举行会谈，国家副主席曾庆红会见。久尔查尼出席了在北京举办的匈牙利经济论坛、文化周和旅游论坛等活动。中共中央政治局委员、北京市委书记刘淇，国务院台湾事务办公室常务副主任李炳才，外交部副部长张业遂，全国人大常委会委员王怀远，司法部副部长范方平，农业部副部长牛盾，商务部副部长张志刚，中国科学院院长路甬祥等访匈。匈牙利外交部长寿莫吉·费兰茨、国防部长尤哈斯·费兰茨、财政部长韦雷什·亚诺什、信息和通讯部长科瓦奇·卡尔曼、司法部长拜特雷戴伊·尤热夫、教育部长毛焦尔·巴林特、执政党社会党主席希莱尔·伊什特万、前总理麦杰希·彼得、匈中关系事务政府专员胡斯蒂·安德拉什等访华。

两国经贸合作稳步发展。6月，中国工程与技术展览会在匈牙利举行。9月，中匈政府间经贸合作委员会第13次例会在布达佩斯召开。10月，匈牙利在深圳设立信息科技中心，匈牙利政府与上海世博会事务协调局签订了《关于匈牙利参加中国2010年上海世博会的谅解备忘录》。

两国在旅游、文教、军事等领域的交流与合作持续发展。中国人民解放军副总参谋长葛振峰上将、兰州军区司令员李乾元上将访匈。

两国地方间交往不断扩大。6月，北京市与布达佩斯市结为友好城市。截至2005年底，双方结好省州、城市已发展到11对。

# 冰　岛

## (Iceland)

2005年中华人民共和国与冰岛共和国关系继续发展，各领域的交流与合作不断取得新成果。

两国高层交往频繁，政治互信加深。5月16~22日，冰岛总统奥拉维尔·拉格纳·格里姆松对中国进行国事访问。国家主席胡锦涛、国务院总理温家宝、全国人大常委会副委员长王兆国分别与之会谈、会见，双方就双边关系、中冰合作、台湾问题等共同关心的问题交换意见。格里姆松总统重申，冰岛坚持一个中国政策，愿与中国进一步深化和拓展各领域合作。1月11~18日，冰岛议长哈尔多尔·布伦达尔率团访华，全国人大常委会委员长吴邦国、全国政协主席贾庆林、全国人大常委会副委员长王兆国分别会见。冰方访华的还有：冰岛环境部长西丽聚尔·安娜·索尔达多蒂尔，卫生和社会保障部长约恩·克里斯蒂安松，交通、旅游和电信部长斯图尔拉·博兹瓦尔松等。中方访问冰岛的有：河北省委书记、省人大常委会主任白克明（6月），北京市人大常委会主任于均波（6月），中国国际贸易促进委员会会长万季飞（11月）等。

9月30日和28日，吴邦国委员长和李肇星外长分别致电索韦格·彼得斯多蒂尔和盖尔·希尔马·哈尔德，祝贺其当选冰岛新任议长与外交和外贸部长。

中冰经贸关系稳定发展，贸易额快速增长。5月1日，中冰签署《中华人民共和国商务部与冰岛共和国外交部关于加强经济与贸易合作的谅解备忘录》，冰岛承认中国市场经济地位，双方决定启动建立中冰自贸区的可行性研究。两国在地热、渔业、交通、电信等领域的合作取得新进展。5月，中冰签署《关于合作开发利用咸阳地热资源协议书》。9月，中冰签订咸阳地热区域开发合作框架合同。11月，中冰签署《中国贸易促进委员会与冰岛贸易委员会和冰中贸易促进会合作谅解备忘录》。

两国在卫生、环保、文教等领域的合作不断扩大。4月，中冰签署《中华人民共和国卫生部与冰岛共和国卫生与社会保障部2006~2008年卫生人员培训及交换执行计划》。5月，签署《中华人民共和国国家环境保护总局与冰岛共和国环境部环境合作谅解备忘录》和《中国地震局和冰岛环境部地震研究合作谅解备忘录》。5月，上海大学同冰岛比夫罗斯特商学院签订合作协议。10月，冰岛阿库雷里大学在冰岛首开中文课程，中国向冰岛首次派出汉语教师。10月，《人民日报》记者组访冰，冰岛总统格里姆松接受采访。

# 印 度

## （India）

2005 年，中华人民共和国继续致力于同印度共和国发展睦邻友好和互利合作。中印关系得到全面提升，各个领域的友好交流和互利合作进一步发展。

高层接触频繁，相互信任加深，政治关系保持良好势头。1 月，中印首次战略对话在新德里举行，双方就国际地区形势和双边关系等重大问题交换意见，并达成广泛共识。4 月 9～12 日，国务院总理温家宝对印度进行正式访问，两国签署《中印联合声明》，宣布建立面向和平与繁荣的战略合作伙伴关系，标志两国关系进入战略合作的新阶段。双方将 2006 年确定为“中印友好年”，还签署了海关、金融、水利、民航、质检等领域 11 份合作文件。同月，国家主席胡锦涛在印度尼西亚出席亚非峰会期间会见印度总理曼莫汉·辛格。6 月，中国、印度、俄罗斯三国外长在海参崴举行非正式会晤。7 月，胡锦涛主席在出席上海合作组织阿斯塔纳峰会期间会见印度外长纳特瓦尔·辛格。同月，胡锦涛主席在英国出席“8＋5 对话会”期间，同印度总理曼·辛格简短交谈。9 月，胡锦涛主席在纽约出席联合国成立 60 周年首脑会议期间会见印度总理曼·辛格。10 月，温家宝总理在莫斯科出席上海合作组织成员国总理第四次会议期间会见印度外长纳·辛格。同月，中共中央政治局委员、书记处书记、中宣部部长刘云山访问印度。11 月，全国人大常委会副委员长王兆国访问印度，双方同意建立议会交流机制。12 月，温家宝总理在马来西亚出席东亚峰会期间会见印度总理曼·辛格。

中印边界问题谈判取得进展，边境地区继续保持和平与安宁。4 月，中印边界问题特别代表第五次会晤在新德里举行，两国政府签署《关于解决中印边界问题政治指导原则的协定》，标志着特别代表第一阶段工作顺利完成。9 月，双方特别代表在北京举行第六次会晤，开始了第二阶段即探讨边界问题解决框架的谈判。3 月，中印边界问题联合工作小组第 15 轮会谈以及外交和军事专家小组第 15 次会议在北京举行。4 月，两国政府签署《关于在中印边境实际控制线地区军事领域建立信任措施的实施办法的议定书》。

2004～2005 财年，中国成为印度第一大进口来源地和第三大出口市场。2005 年 4 月温家宝总理访问印度期间，两国签署《中印全面经贸合作五年规划》，同意就建立中印区域贸易安排的可行性进行研究，并制定

双边贸易额到2008年达到200亿美元或更高的目标。

军事交流与安全合作稳步发展。5月，中共中央军事委员会委员、中国人民解放军总参谋长梁光烈上将对印度进行正式友好访问。两国同意在军事领域加强交流与合作，继续为推动两国睦邻友好与互利合作发挥积极作用。9月，印度内政部长帕蒂尔访华，公安部与印度内政部签署两部合作备忘录。12月，中国海军舰艇编队对印度科钦港进行友好访问。两国海军在印度洋海域举行了代号为“中印友谊－2005”的海空联合搜救演习。

文化、体育、新闻等各领域交流与合作不断扩大。4月，两国决定分别在对方国家举办“文化月”活动。6月，包括印度媒体在内的南亚联合新闻团访华。同月，印度主流媒体记者团再度访华，并赴西藏采访。7月，中国国家体育总局局长、中国奥委会主席刘鹏访问印度，两国签署体育合作谅解备忘录和交流议定书。8月，印度国家人权委员会主席阿南博士访华。

在国际和地区事务中也保持良好协作。10月，上海合作组织接纳印度为观察员。11月，第13届南亚区域合作联盟峰会原则同意中国成为南盟观察员。12月，中国和印度共同参加首届东亚峰会。

## 纪念中印建交55周年

2005年4月1日是中国与印度建立外交关系55周年纪念日，两国为此共同举办了一系列活动。

3月14日，全国人大第三次会议在人民大会堂举行记者招待会，温家宝总理在回答记者提问时表示，希望中印建交55周年成为中印友好合作的新起点。3月31日，中国人民对外友好协会和印中友好协会在京举行中印建交55周年纪念招待会，同时举办纪念图片展。4月1日，国家主席胡锦涛、国务院总理温家宝、外交部部长李肇星分别同印度总统阿卜杜尔·卡拉姆、总理曼莫汉·辛格、外长纳特瓦尔·辛格就中印建交55周年互致贺电。双方表示，愿在双方共同倡导的和平共处五项原则基础上，进一步深化中印睦邻友好与互利合作。

# 印度尼西亚

## (Indonesia)

2005 年是中华人民共和国与印度尼西亚共和国建交 55 周年，两国建立了战略伙伴关系，双边关系迈上了新台阶。

两国高层交往频繁。1 月，国务院总理温家宝赴雅加达出席东盟地震与海啸灾后问题领导人特别会议并会见印尼总统苏希洛·班邦·尤多约诺。4 月，国家主席胡锦涛赴印尼出席亚非峰会和万隆会议 50 周年纪念活动，并对印尼进行国事访问。两国元首签署了关于建立中印尼战略伙伴关系的联合宣言。7 月，苏希洛总统来华进行国事访问。两国领导人一致同意制定行动计划，推进两国战略伙伴关系发展。双方还发表了联合声明。8 月，印尼副总统尤素夫·卡拉非正式访华，国家副主席曾庆红会见。11 月，中共中央政治局委员、广东省委书记张德江访问印尼，中共中央书记处书记、中央纪律检查委员会副书记何勇率中共高级代表团赴印尼出席“东盟国家政党在促进繁荣与民主方面的作用”国际会议。12 月，印尼国会议长阿贡访华，温家宝总理在吉隆坡出席东盟与中日韩等领导人会议期间与苏希洛总统举行会晤。

两国经贸合作成效显著。印尼经济统筹部长阿布里扎尔·巴克利 6 月访华；贸易部长冯慧兰 8 月来华举行经贸联委会第七次会议，10 月赴南宁出席第二届中国—东盟博览会；印尼财政部长尤素夫·安瓦尔、央行行长布哈努丁·阿布杜拉 10 月来华出席第七届 20 国集团财长和央行行长会议。两国确定了双边贸易额 2008 年达到 200 亿美元、2010 年达到 300 亿美元的目标，签署了《关于加强基础设施建设和自然资源开发领域合作谅解备忘录》，签订了新的双边货币互换协议。中国政府再向印尼政府提供 4 亿美元优惠信贷，使中方对印尼优惠信贷总额达到 8 亿美元。

两国在军工、科技、文教等领域合作势头良好。双方就建立防务磋商机制达成一致，签署了《关于开展军工技术领域研究与发展合作谅解备忘录》《海上合作谅解备忘录》《关于地震海啸科技合作安排》《关于卫生与植物卫生磋商合作的谅解备忘录》《关于汉语教学的合作协议》等文件。两国相互免除了持外交和公务护照人员签证，印尼政府向中国公民提供了落地签证待遇。双方还合作举办了建交 55 周年庆祝活动、郑和下西洋 600 周年纪念活动。

两国积极开展救灾和灾后重建工作。中国政府就 2004 年底印度洋地震海啸灾难向印尼政府提供 2 亿元人民币救灾专项援款，就尼亚斯岛地震

向印尼政府提供200万美元现汇和物资援助。双方就援建印尼地震监测台网进行了换文，签署了中国民间捐款援建海啸灾区恢复重建项目合作备忘录、两国红十字会关于为海啸灾民修建友谊村的合作备忘录等文件。

# 伊　朗

## (Iran)

中华人民共和国与伊朗伊斯兰共和国自1971年建交以来，双边关系稳步发展，高层交往日益增多，经贸合作不断扩大。伊朗已成为中国在西亚地区的重要贸易伙伴和工程承包市场之一。2005年，中国与伊朗在政治、经济、文化等领域的友好合作关系持续发展，两国政治关系稳固，双边经贸合作密切。

7月5日，国家主席胡锦涛在阿斯塔纳会见出席上海合作组织领导人峰会的伊朗第一副总统穆罕默德·礼萨·奥列夫。胡锦涛祝贺伊朗成为上海合作组织观察员国，表示欢迎并支持伊朗同上海合作组织建立和发展关系。双方同意加强两国各领域、各层次的友好交流与合作，并在联合国、上海合作组织等国际和地区组织中保持协调与配合。10月26日，国务院总理温家宝在莫斯科会见出席上海合作组织第四次总理会议的伊朗新任第一副总统帕尔维兹·达乌迪。温家宝表示，希望加强双边友好合作，妥善解决伊朗核问题。10月13～14日，伊朗外交部长马努切赫尔·穆塔基访华，国家副主席曾庆红会见，外交部长李肇星与其会谈。穆塔基表示伊朗新政府将继续深化与中国在各领域的友好合作关系，并愿在伊朗核问题上与中方保持沟通。

双方各领域交往密切，有力地促进了双边关系的发展。南京军区司令员朱文泉上将、中共中央对外联络部副部长马文普、劳动和社会保障部副部长步正发、国家环保总局副局长汪纪戎、重庆市政协副主席王孝询、西安市副市长信长星、中国伊斯兰教协会会长陈广元及山东省政府、对外交流协会、上海国际问题研究所、国际问题研究基金、中国记者代表团等访伊。伊朗劳工和社会事务部长纳赛尔·哈莱基、通讯与信息技术部长赛义德·阿赫马迪·莫塔迈迪、合作部长阿里·苏菲、新任通讯与信息技术部长穆罕默德·苏莱曼尼、主管经济事务副外长阿里·马吉迪、主管国际事务副外长古拉姆·阿里·霍什鲁、农业部副部长阿米尼巴瑞、设拉子市市长萨马德·拉贾、伊斯法罕市副市长阿卜迦西姆·古拉斯坦·内贾德及议会伊中友好小组、工业矿产部代表团等访华。这些访问增进了两国人民间的相互了解和友谊，拓宽了双边交流与合作的渠道。2005年，中伊双边贸易额继续保持快速增长势头，工程项目承包合作取得新的进展。中信国际合作公司中标伊朗阿巴斯电解铝厂项目，合同金额9亿美元。

两国文化交流与合作发展良好。1月，中国国家青年足球队访伊，参

加德黑兰国际足球邀请赛。4 月，伊朗宗教圣城库姆图书馆馆长马哈茂德·纳杰菲访华。9 月，中国驻伊朗大使馆举办纪念抗日战争暨世界反法西斯战争胜利 60 周年图片展。10 月，重庆市与设拉子市结为友好城市。11 月，国家广播电影电视总局代表团访伊。

# 伊拉克

(Iraq)

2005 年，中华人民共和国与伊拉克共和国的传统友好合作关系发展顺利。

中伊双边政治关系继续发展。4 月 7 日，国家主席胡锦涛和全国人大常委会委员长吴邦国分别致电伊总统贾拉勒·塔拉巴尼和议长哈希姆·哈桑尼，对其荣任新职表示祝贺。4 月 29 日，国务院总理温家宝致电伊过渡政府总理易卜拉欣·贾法里、外交部长李肇星致电伊拉克外长霍希亚尔·兹巴里，对他们担任政府职务表示祝贺。6 月 22 日，李肇星外长率团出席在布鲁塞尔召开的伊拉克问题国际会议，并在大会上发言阐述中方在伊问题上的三点主张，即第一，政治上要实现“伊人治伊”；第二，安全上要进行综合治理；第三，经济上要恢复“造血”机能。会议期间还会见了兹巴里外长。9 月 21 日，李肇星外长在纽约出席联合国大会期间会见伊拉克外长兹巴里，双方就共同关心的问题举行了会谈，李外长表示中方将根据伊拉克重建需要提供力所能及的援助。

9 月 1 日，国家主席胡锦涛致电伊拉克总统贾拉勒·塔拉巴尼，对 8 月 31 日发生在巴格达的踩踏事件造成大量人员伤亡表示震惊，代表中国政府和人民对伊政府和人民及死难者家属表示诚挚的慰问。

两国在其他领域保持交往。10 月 20 ~ 22 日，伊拉克市政和公共工程部长纳斯琳·布尔瓦里访华。10 月 20 ~ 28 日，伊拉克库尔德爱国联盟政治局工作委员会成员库斯莱特·阿里率团访华。

# 爱尔兰

## (Ireland)

自1979年6月建交以来，中华人民共和国与爱尔兰关系一直平稳发展。近年来，双方日益重视发展友好互利的合作关系。两国高层互访明显增多，在重点领域的务实合作不断推进并富有成果，在中欧关系及国际事务中的协调与配合良好。2005年，中国和爱尔兰关系继续深入发展。

两国高层往来进一步加强，政治互信加深。1月，埃亨总理率爱历史上规模最大的经贸代表团第二次正式访华。国家主席胡锦涛、全国人大常委会委员长吴邦国分别会见埃，国务院总理温家宝与埃会谈。双方就中爱关系和共同关心的问题交换了意见，就进一步拓宽和深化两国各领域合作提出建议并达成广泛共识。温总理和埃还共同出席了《中国从爱尔兰输入猪肉的检疫和兽医卫生条件议定书》《中华人民共和国商务部和爱尔兰企业、贸易和就业部关于软件领域合作的备忘录》《中国国家自然科学基金委员会与爱尔兰科学基金会合作协议》和《中国国际贸易促进委员会、中国国际商会与爱尔兰商会合作协议》等四项政府间协议的签字仪式。两国教育部签署了关于互认高等教育学历学位证书的联合声明，决定加快签署互认高等教育学历学位证书协议的有关准备工作。埃一行还访问了上海和香港特别行政区，并赴清华、复旦大学演讲。埃亨总理访华回国后，主持制定并于3月公布了爱政府2005年至2009年“亚洲战略”，继续将中国作为今后合作的重点，决定将加大中爱在投资、软件、教育、文化、环保、旅游、服务等方面的密切合作。

两国议会、政党间交往进一步活跃。4月，全国人大常委会副委员长何鲁丽率全国人大代表团访爱，分别会见爱众议长罗里·奥汉伦、副总理兼卫生部长玛丽·哈尼、统一党领袖恩达·肯尼和工党前领袖奎因，并赴利默里克市和香侬经济开发区参观访问。6月，爱议会众议长奥汉伦率爱议会代表团访华。全国人大常委会委员长吴邦国、全国政协主席贾庆林和全国人大常委会副委员长何鲁丽等分别会见了奥一行。1月，中共中央对外联络部副部长张志军率团访爱。

两国在国际和地区事务中的磋商加强。爱外长德莫特·埃亨任安南秘书长联合国改革问题特使期间，中爱通过特使、外长通话等方式就安理会改革等共同关心的问题广泛、深入地交换了意见。两国还加强了外交部间的磋商与协调。9月，爱外交部兼总理府国务部长诺埃尔·特里西访华，与中国外交部副部长张业遂举行了工作磋商。

两国在经贸、教育、科技、电子通讯、文化、农业、财政金融等重点领域的交流与合作成果显著，地方交往更加活跃。双边贸易额和相互投资继续快速增长。3月，爱遗产和地方政府事务部长迪克·罗奇来华参加爱国庆庆祝活动。5月，上海市与爱科克市正式结为友好城市，成为中爱间第一对友好城市。6月，爱尔兰财政部长布赖恩·科恩来华参加在天津举行的第六届亚欧财长会议，国务院副总理黄菊会见了科。

# 以色列

## (Israel)

中华人民共和国与以色列国自1992年建交以来，两国各领域合作发展迅速。以历届政府均重视发展对华关系。2005年，两国在政治、经贸、农业、文化、教育等领域的互利合作进一步加强。

6月19~21日，外交部长李肇星访以。以总统摩西·卡察夫、总理阿里埃勒·沙龙、议长鲁温·瑞夫林等分别会见了李外长，以副总理兼外交部长西尔万·沙洛姆与李外长举行会谈。双方对中以关系呈现的良好发展势头感到满意，就进一步推动双边各领域合作达成共识，并决定签署互免外交和公务签证协议。中方宣布将以列为中国公民出境旅游目的地国。11月13~16日，应以政府邀请，中国政府特使、外交部副部长吕新华出席以前总理拉宾遇刺十周年纪念活动。以副总理西蒙·佩雷斯予以会见，并代表以政府感谢中方派特使出席纪念活动。此外，国家宗教局局长叶小文、西藏自治区主席向巴平措、全国人大财经委主任委员傅志寰、国务院新闻办公室主任赵启正、中联部部长王家瑞、黑龙江省人大常委会主任宋法棠先后访以。

两国外交部之间的交流进一步加强。4月，以外交部总司长罗恩·普罗瑟来华进行两国外交部裁军磋商。9月，以青年外交官代表团访华。11月，两国外交部在华举行了第九轮司局级政治磋商。

两国经贸合作保持快速发展，双边贸易额增长显著。11月，商务部副部长魏建国访以，与以工贸部总司长拉安南·迪努尔签署了中以两国“加强经贸合作备忘录”等三项协议，以正式承认中国完全市场经济地位。双方均表示，上述经贸合作文件的签署显示了双方发展双边经贸合作的诚意和信心，将对双方合作起到促进作用。

两国政府及民间的文化交流丰富多彩。两国文化部门相互举办“电影周”和“文化周”，还成功在华联合举办了“世纪伟人——阿尔伯特·爱因斯坦生平展”等系列展览，对增进两国人民的相互了解，加深传统友谊起到积极作用。

# 意大利

# (Italy)

2005年，中华人民共和国与意大利共和国双边关系继续稳步发展。两国各领域的交流与合作不断深入，双方在联合国等国际组织中开展了良好的磋商与协调。

中意继续保持高层接触。5月，国务院总理温家宝会见来华出席“全球伙伴关系：中欧战略关系的未来”研讨会的意前总理、欧盟委员会前主席普罗迪。9月，全国人大常委会委员长吴邦国在出席第二届世界议长会议时，会见了意众议长卡西尼。

两国外交部保持了密切磋商与对话，并协调中意政府委员会开展工作，积极促进双方在各领域的交流与合作。3月，外交部长李肇星访意，与意总理贝卢斯科尼会见、与意副总理兼外长菲尼举行会谈并共同出席了中意政府委员会第一次联席会议闭幕式。4月，张业遂副外长过境罗马期间，会见了意副总理兼外长菲尼。5月，李肇星外长在出席亚欧外长会议期间会见意副外长博尼韦尔。10月，意副外长曼迪卡来华就联合国改革等问题与中方交换看法。

两国议会和政党交流活跃。1月，中联部部长王家瑞访意。意众议院意中合作委员会代表团、意议会“中国之友”协会议员团、意共产党人党全国书记迪利贝托、意重建共产党全国书记贝尔蒂诺蒂等先后访华。

意大利是中国在欧盟第五大贸易伙伴和第五大直接投资来源国。2005年，双边经贸往来进一步发展，两国经济合作领域不断拓宽，商品结构更趋多元化，贸易互补性更为明显。6月，意生产活动部副部长乌尔索访华，就经贸关系、纺织品贸易等问题与中方交换意见。9月，意生产活动部部长斯卡约拉出席第九届厦门投洽会，国务院副总理曾培炎、商务部长薄熙来予以会见。期间，商务部和意生产活动部签署了两部间《中小企业合作备忘录》。

中意在文化、教育、科技、体育等领域的交流与合作更为密切。意文化部部长布蒂廖内，教育、大学和科研部部长莫拉蒂等先后访华。两国政府签署了《互相承认高等教育学历学位协议》。“米兰中国周”、“西藏文化周”和“中国天津周”等大型文化活动相继在意举行。北京奥组委和都灵冬奥会保持了密切的交流与合作。

中意两军关系进一步发展。意国防参谋长迪·保拉上将、宪兵司令哥塔尔多中将、海军参谋长比拉齐中将、陆军参谋长弗拉蒂切里中将、国防部副部长齐库等先后访华。中国武警副司令员息中朝少将率武警反恐代表团访意。

# 牙买加

## (Jamaica)

中华人民共和国与牙买加于1972年11月21日正式建立外交关系以来，两国关系发展顺利，在政治、经济、文化等领域的交流合作不断发展，互信和友谊不断加深，在国际事务中相互支持与配合。

2005年，中牙关系发展势头良好，高层交往频繁。2月，应牙买加政府邀请，国家副主席曾庆红对牙进行正式访问，并出席在金斯敦举行的中国—加勒比经贸合作论坛首届部长级会议开幕式。访问期间，曾庆红副主席会见了牙总督霍华德·费利克斯·汉兰·库克，与总理珀西瓦尔·帕特森举行会谈，双方宣布建立“共同发展的友好伙伴关系”，签署了经济技术、文化、旅游等八个合作协议。6月，帕特森总理对中国进行正式访问，国家主席胡锦涛、全国人大常委会委员长吴邦国会见，温家宝总理会谈，双方签署了教育、经济技术合作等四个协议。6月，牙外交外贸部常秘道格拉斯·桑德斯访华。7月，牙外交外贸部长基思·奈特访华，外交部长李肇星会见，外交部副部长杨洁篪与奈特外长共同出席牙驻华使馆开馆仪式。同月，牙首任常驻驻华大使韦恩·麦库克向胡锦涛主席递交国书。8月，牙水利和住房部长唐纳德·布坎南访华。10月，牙反对党工党副领袖霍勒斯·郑访华，全国政协副主席罗豪才会见，中联部副部长马文普主持工作会谈。10月、11月，深圳市副市长陈应春、信息产业部副部长娄勤俭先后访牙。

中牙经贸等领域的关系发展较快。2005年2月，牙宣布承认中国完全市场经济地位，中国将牙列为中国公民旅游目的地国。牙是中国在英语加勒比国家中第一大贸易伙伴。中国政府援建的体育场项目已动工。

中牙在其他领域的交往也十分活跃。9月，牙《集锦报》和《观察家报》两名记者参加加勒比联合新闻团访华。11月，牙五位青年代表来华参加首届中拉青年节活动。

牙坚持一个中国政策，支持中国在台湾问题上的原则立场。3月15日，牙参、众议长表示，《反分裂国家法》是一部争取中国和平统一的法律，牙议会支持牙政府在一个中国政策的原则基础上发展对华关系。

# 日　本

## (Japan)

日本国是中华人民共和国的重要邻国，发展中日睦邻友好合作关系是中国对外政策的重要组成部分。两国邦交正常化以来，中国政府一贯重视发展对日关系。

2005年，中国领导人全面阐述中国政府致力于发展中日关系的政策主张。9月3日，国家主席胡锦涛在北京人民大会堂出席纪念中国人民抗日战争暨世界反法西斯战争胜利60周年大会时发表重要讲话指出，中国和日本都是亚洲和世界上有重要影响的国家。在中日两国2000多年的交往史上，中日友好是主流。近代日本军国主义发动的侵略战争不仅给中国人民带来了深重灾难，也使日本人民深受其害。中国政府一贯重视中日关系，始终坚持中日友好方针，并为中日友好做出了不懈努力。新中国成立后，中国政府和人民为改善中日关系、发展两国人民的传统友谊做了大量工作，同日本有见识的政治家和各界人士一起，推动实现了中日邦交正常化。多年来，中日关系不断发展，两国经贸合作不断扩大，人员交往日益密切，反映了两国人民谋求和平友好和共同发展的愿望。这是两国几代领导人及有识之士共同耕耘的结果，需要我们倍加珍惜、精心维护。

胡锦涛主席说，必须指出的是，长期以来，日本国内总有一些势力矢口否认日本发动侵略战争的性质和罪行，竭力美化军国主义战争，并为已经被历史钉在耻辱柱上的甲级战犯扬幡招魂。这些做法，不仅违背了日本政府在历史问题上的承诺，而且背离了中日关系的政治基础，严重伤害了中国和亚洲有关国家人民的感情。前事不忘，后事之师。中国强调牢记历史并不是要延续仇恨，而是要以史为鉴、面向未来。中国希望日本政府和领导人本着对历史、对人民、对未来高度负责的态度，从维护中日友好、维护亚洲地区稳定和发展的大局出发，以严肃慎重的态度处理好历史问题，把对那场侵略战争表示的道歉和反省落实到行动上。

胡锦涛主席强调，中国政府发展中日友好合作关系的方针没有改变。中国将严格遵守《中日联合声明》《中日和平友好条约》和《中日联合宣言》三个政治文件，坚持通过对话、平等协商，妥善处理中日之间的分歧，加强两国在广泛领域的交流合作，加强民间友好往来，增进相互了解，扩大共同利益，以实际行动致力于发展21世纪的中日友好合作关系，使中日关系健康稳定地向前发展，使中日两国人民世世代代友好下去。

2005年，两国继续保持各层次交流。

4月，国家主席胡锦涛与日本首相小泉纯一郎在亚非峰会期间举行会晤。4月13～20日，全国人大常委会副委员长路甬祥访问日本并出席各国议会联盟“东盟+中日韩三国小组会议”。11月14～18日，日本参议院副议长角田义一对中国进行正式友好访问，两国议会间交往继续深化。5月17～23日，国务院副总理吴仪赴日本出席爱知世博会中国馆日活动并顺访日本，与日方就当前中日关系交换了意见，并同日本工商界进行了广泛接触。5月7日，外交部长李肇星赴京都出席第七届亚欧外长会议。4月17～18日，日本外相町村信孝正式访华。双方启动中日战略对话，外交部副部长戴秉国与日本外务省事务次官谷内正太郎先后于5月、6月和10月在北京和东京举行三轮中日战略对话。8月23～26日，外交部副部长武大伟访日，与朝鲜半岛核问题六方会谈日方代表团团长佐佐江贤一郎就第四轮六方会谈举行磋商。5月和9月，中日先后在北京和东京举行中日东海问题第二轮和第三轮磋商。7月底，新一届中日友好21世纪委员会第三次会议在昆明举行。

经贸合作继续取得较大发展。2005年两国双边贸易额为1844.4亿美元，比上年增长9.9%；日本对华直接投资继续保持较高水平，2004年度（2004年4月初至2005年3月底）为4909亿日元（约合50亿美元），居日本对外投资第三位；日本继续对华提供日元贷款，但2005年度总额继续有所下降。

两国军事交流继续发展。3月24日，中国人民解放军副总参谋长熊光楷上将与日本防卫厅事务次官守屋武昌在北京举行中日第六次防务安全磋商，双方就国际和地区安全形势、国防政策、两国关系及中日防卫交流等问题深入交换了意见。

民间交往密切。两国人员往来密切，每天超过1万人次；双方已缔结友好城市228对，居对外友城数之首。

## 中日领导人在亚非峰会举行会晤

4月23日，胡锦涛主席出席亚非峰会期间会晤小泉首相，就当前中日关系深入交换意见。胡锦涛主席指出，中国政府一贯重视中日关系，始终坚持中日友好方针，一直强调中日两国人民要世世代代友好下去，并为此做出了不懈努力；尽管当前中日关系面临诸多困难，但中方发展中日友好合作关系的方针没有改变，希望中日两国坚持和平共处、世代友好、互利合作、共同发展；在当前形势下，两国领导人应该登高望远，本着对历史、对人民、对未来高度负责的态度，从维护中日友好、维护亚洲的稳定和发展大局出发，采取切实措施，尽快扭转目前中日关系面临的困难局面，推动中日关系健康稳定发展。胡锦涛主席并就发展中日关系发表五点主张：

第一，要严格遵守《中日联合声明》《中日和平友好条约》和《中日联合宣言》三个政治文件，以实际行动致力于发展面向二十一世纪的中日友好合作关系。

第二，要切实坚持以史为鉴，面向未来。日本军国主义发动的侵略战争给中国人民带来了深重灾难，也使日本人民深受其害。正确认识和对待历史，就是要把对那场侵略战争表示的反省落实到行动上，绝不再做伤害中国和亚洲有关国家人民感情的事。

第三，要正确处理台湾问题。台湾问题是中国的核心利益，涉及13亿中国人民的民族感情。日本政府多次表示坚持一个中国政策，不支持“台独”。希望日方以实际行动体现上述承诺。

第四，要坚持通过对话，平等协商，妥善处理中日之间的分歧，积极探讨解决分歧的办法，避免中日友好大局受到新的干扰和冲击。

第五，要进一步扩大双方在广泛领域的交流与合作，进一步加强民间友好交往，以增进相互了解，扩大共同利益，使中日关系健康稳定地向前发展。

小泉首相表示，发展日中友好非常重要，不仅有利于两国，而且对亚洲及国际社会都具有重要影响；中国的快速发展对日本不是威胁，而是机遇，这一认识已逐渐被更多的人接受；日方愿根据胡锦涛主席提出的五点主张精神积极推进日中友好合作关系；在历史和台湾问题上，日本政府将遵循日中三个政治文件确定的原则，这一立场没有任何变化。

## 日方就历史问题有关表态及做法

2005年，日方多次就历史问题做出表态。4月，小泉首相在亚非首脑会议期间发表演讲时表示：“过去我国通过殖民统治和侵略给许多国家的人民、特别是亚洲国家人民造成了巨大损失和痛苦，我国谦虚地对待这一历史事实，时刻将深刻反省和由衷歉意铭记于心；我国重申，今后将继续珍视同世界各国业已建立的信任关系，决心为世界和平与繁荣做出贡献。”

8月15日，小泉首相就历史问题发表“终战60周年纪念日”谈话：“我国曾通过殖民统治和侵略，给许多国家特别是亚洲各国人民造成了巨大损害和痛苦，我国愿虚心对待这一历史事实，再次表示深刻反省和由衷道歉之意，并谨向上次大战国内外所有牺牲者表示哀悼；我特别认为有必要与一衣带水的中韩两国为首的亚洲各国携起手来，共同维护和致力于本地区的和平与发展。”

但是，小泉首相在靖国神社问题上继续坚持错误立场，2005 年 10 月 17 日，小泉首相第五次参拜靖国神社。同日，外交部长李肇星紧急召见日本驻华大使阿南惟茂，宣读中华人民共和国外交部关于日本首相小泉纯一郎参拜靖国神社的声明，向日方提出强烈抗议；中国驻日本大使王毅在东京紧急约见日本外相町村信孝，提出严正交涉。

此外，针对日方在历史认识、教科书问题、钓鱼岛等问题上的错误言行，中方多次提出严正交涉，阐明严正立场。

# 约 旦
## (Jordan)

中华人民共和国与约旦哈希姆王国自 1977 年建交以来，双边关系不断发展。2005 年，双方各领域合作进展顺利。

高层往来推动了两国关系的发展。12 月，阿卜杜拉二世·本·侯赛因国王对中国进行工作访问。国家主席胡锦涛与其会谈。两国元首一致同意进一步加强双方在政治、经贸、多边等领域的互利合作，推动中约友好合作关系健康、深入发展。阿重申约坚定奉行一个中国政策。双方还就中约反恐合作、中东局势等共同关心的问题交换了看法。两国有关部门签署了三个合作文件。4 月，全国政协副主席陈奎元访约。约参议长宰伊德·里法伊、代众议长马杜姆·萨莱赫·阿巴迪分别会见。6 月，外交部长李肇星访约，会见阿卜杜拉二世国王、计划和国际合作大臣苏海尔·阿里，与外交大臣法鲁克·卡斯拉维会谈，双方主要就双边关系及共同关心的国际和地区问题交换意见。9 月，中国中东问题特使王世杰访约，会见约众议长阿卜杜·哈迪·马贾利。11 月，约首都安曼连续发生三起爆炸事件后，国家主席胡锦涛和外交部长李肇星分别致电阿卜杜拉二世国王和卡斯拉维外长表示慰问。

两国经贸合作继续发展。双边贸易额再创新高，中国保持约第三大贸易伙伴和第一大进口货源国地位。2 月，中国援约的马安工业区一期项目顺利竣工。海尔集团在约投资创办的海尔中东电器公司开业投产。9 月，有 88 家中国企业参加的第二届中国商品展在约成功举办。中约劳务合作稳步增长，中国在约劳务人员 1.2 万人。约投资委员会主席马恩·恩塞尔、约证券委员会主席巴沙姆·萨克特先后访华。

两国保持军事交往。约国防大学学员代表团和参谋长联席会议主席人力资源助理阿瓦德·马萨伊德少将先后访华。中国国防大学学员代表团访约。

双方青年、民间、妇女、体育等组织之间交往频繁。中国作协代表团、中国友协代表团访约。约阿里·本·纳耶夫亲王应邀访华，全国人大常委会副委员长成思危会见。约最高青年委员会秘书长萨利·哈姆丹博士率青年代表团访华。约巴斯玛公主来华出席纪念北京第四次世界妇女大会十周年活动。约奥林匹克委员会主席费萨尔亲王来华参加在广州举行的亚洲奥委会理事会会议，约民防总局局长阿瓦德·马萨伊德少将来华参加亚洲减灾大会。

# 哈萨克斯坦

## (Kazakhstan)

2005年7月，中华人民共和国与哈萨克斯坦共和国建立战略伙伴关系，标志着两国关系进入了新阶段，两国友好关系发展取得显著成果。两国保持密切高层接触。7月，国家主席胡锦涛对哈萨克斯坦进行国事访问，同纳扎尔巴耶夫总统举行会谈，并分别会见哈总理达尼阿尔·阿赫梅托夫、议会上院议长努尔泰·阿贝卡耶夫、议会下院议长乌拉尔·穆罕默德扎诺夫。双方决定将中哈关系提升为战略伙伴关系，并就进一步加强各领域务实合作达成重要共识。双方签署了《中华人民共和国和哈萨克斯坦共和国关于建立和发展战略伙伴关系的联合声明》《中华人民共和国政府和哈萨克斯坦共和国政府关于霍尔果斯国际边境合作中心活动管理的协定》《中华人民共和国国土资源部和哈萨克斯坦共和国能源和矿产资源部关于地质和矿产利用领域合作的协议》等文件。

10月，国务院总理温家宝在莫斯科出席上海合作组织成员国总理第四次会议期间与哈总理阿赫梅托夫举行双边会晤，就推动中哈经贸、能源、交通等领域合作坦诚交换意见。

7月，国务院副总理吴仪（兼中国和哈萨克斯坦合作委员会中方主席）应哈副总理阿赫梅特让·叶西莫夫（兼中国和哈萨克斯坦合作委员会哈方主席）的邀请对哈进行正式访问，同哈总统纳扎尔巴耶夫、总理阿赫梅托夫分别举行会见，并同叶西莫夫副总理共同主持中国和哈萨克斯坦合作委员会第二次会议。4月，哈副总理叶西莫夫应邀来华出席博鳌亚洲论坛年会，全国政协主席贾庆林会见。8月，国务院副总理吴仪会见应邀来华的哈副总理叶西莫夫一行，并共同出席了《中哈关于哈加入世界贸易组织的双边议定书》等文件签字仪式。

两国外长频繁会晤。2月，外交部长李肇星出席在哈首都阿斯塔纳举行的上海合作组织成员国外长会议期间与哈外长卡瑟姆若马尔特·托卡耶夫举行双边会晤。4月，李肇星外长出席在伊斯兰堡举行的“亚洲合作对话”第四次外长会议期间与哈外长托卡耶夫举行双边会晤。6月，李肇星外长出席在阿斯塔纳举行的上海组织成员国外长会议期间与哈外长托卡耶夫再次举行双边会晤。

两国在重大国际和地区问题上保持着密切沟通与协作，在联合国、上海合作组织等框架内相互支持，合作良好。哈萨克斯坦政府在台湾、西藏、打击“东突”势力等问题上一贯支持中国政府立场。3月，中国全国人民代表大会通过《反分裂国家法》后，哈外交部发表声明予以支持。中方也支持哈为保持国内稳定、发展民族经济所做的努力。

两国各部门以及地方之间的交往日趋活跃。国家发展和改革委员会副主任张国宝、交通部副部长冯正霖、科技部副部长刘燕华、海关总署副署长盛光祖、中国石油天然气公司总经理陈耕、国家开发银行副行长王益等分别率团访哈。哈文化信息体育部副部长叶尔梅克·阿曼沙耶夫、工业和贸易部副部长波拉特·斯马古洛夫、交通通讯部长马明、国家银行副行长比先加里·塔吉雅科夫等分别率团访华。哈副外长阿斯卡尔·沙基罗夫来华同外交部部长助理李辉就双边关系举行磋商。

两国军事、安全交流继续发展。5 月，中国国务委员兼公安部长周永康应哈政府邀请访哈，双方签署《中华人民共和国政府和哈萨克斯坦共和国政府关于共同打击犯罪的合作协议》。6 月，国务委员兼公安部长周永康出席在阿斯塔纳举行的上海合作组织成员国安全会议秘书会议。9 月，中央军委副主席、国务委员兼国防部长曹刚川上将应邀访哈。6 月，哈内务部长扎乌特别克·图里斯别科夫访华。8 月，哈国防部副部长阿拜·塔斯布拉托夫率团来华观摩中俄联合军事演习。

两国议会、政党、民间交往不断加强。7 月，应中共中央对外联络部邀请，哈“祖国”党代主席巴克特让·茹马古洛夫访华。9 月，新疆维吾尔自治区政协副主席达列力汗·马米汗率团出席在哈首都阿斯塔纳举行的第三届“世界哈萨克人大会”。10 月，应哈议会上院邀请，全国政协副主席白立忱访哈。11 月，全国政协外事委员会副主任武韬率中方观察员团赴哈观察总统选举。

两国能源、经贸、人文等领域合作进一步发展。哈是中国在独联体国家中的第二大贸易伙伴。10 月，中国石油天然气集团公司成功收购哈萨克斯坦石油公司（PK 公司）。12 月，中哈原油管道（阿塔苏至阿拉山口段）竣工。双方正积极筹建中哈霍尔果斯国际边境合作中心。上海市在阿拉木图成功举办“上海文化节”。

# 肯尼亚

## (Kenya)

中华人民共和国与肯尼亚共和国自1963年建交以来，两国关系持续深入发展，各领域的合作成果显著。中国政府重视发展中肯关系，积极推动两国间长期稳定、平等互利的新型伙伴关系不断向前发展。2005年，两国在双边和国际事务中加强协调与配合，友好合作关系取得新进展。

高层交往密切。8月15～19日，肯尼亚总统姆瓦伊·齐贝吉对中国进行国事访问，国家主席胡锦涛与其举行了会谈，全国人大常委会委员长吴邦国和国务院总理温家宝分别会见。双方就两国关系及共同关心的地区和国际问题充分交换了意见。胡主席表示，中国视肯为在东部非洲的重要合作伙伴，珍视中肯传统友谊，愿与肯保持高层交往势头，扩大务实合作，促进共同发展，并在重大国际和地区问题上加强磋商与协调。齐贝吉总统表示，中国一直是肯不可或缺的重要伙伴，双方在众多问题上有着共识与合作。肯尼亚感谢中国给予肯长期无私帮助，将坚定支持一个中国政策，推动两国关系不断向前发展。访问期间，双方签署了《中华人民共和国政府与肯尼亚共和国政府经济技术合作协定》《中华人民共和国政府和肯尼亚共和国政府关于中国向肯尼亚提供优惠贷款的框架协议》《中华人民共和国政府和肯尼亚共和国政府航班协定》《中华人民共和国质量监督检验检疫总局和肯尼亚标准局合作协议》和《中华人民共和国国家广播电影电视总局和肯尼亚共和国新闻和通讯部关于广播合作的换函》等五份文件。访问结束后，双方发表了《中肯联合公报》。

2月20～23日，中国国务院副总理曾培炎访问肯尼亚并出席联合国环境规划署理事会第23届会议暨全球部长级环境论坛开幕式。访问期间，曾副总理会见了肯总统齐贝吉，与肯副总统阿沃里举行了会谈。肯方感谢中国长期以来向肯提供的援助，表示肯重视发展对华关系，愿学习中国发展经验，拓展双方在旅游、基础设施建设等领域的合作，加强在非洲和国际事务中的磋商与合作。曾副总理赞赏肯坚持一个中国政策，在人权等问题上支持中国，表示愿与肯方一道，致力于发展两国新型伙伴关系。双方签署了《中华人民共和国政府与肯尼亚共和国政府经济技术合作协定》《中华人民共和国国家发展与改革委员会与肯尼亚共和国政府能源部关于加强石油天然气领域内合作的谅解备忘录》和《中华人民共和国国家发展与改革委员会与肯尼亚共和国政府计划和发展部关于开展经济技术合作的谅解备忘录》。

此外，西藏自治区主席向巴平措、全国妇联副主席黄晴宜、上海市副书记刘云耕、广东省副省长许德立、安徽省副省长文海英、湖北省副省长刘友凡、福建省副省长叶双瑜等先后访肯。肯外交部长奇劳·阿里·姆瓦奎雷、财政部长戴维·穆维拉里阿、贸易和工业部长基图伊等分别访华。

两国相互支持加强。肯支持中国全国人大通过《反分裂国家法》。中国就肯遭受印度洋海啸袭击向其提供了 10 万美元赈灾款和价值 285 万人民币的赈灾物资。中肯在重大国际问题上保持密切磋商与合作。

两国在经贸、文化、新闻、航空、人力资源开发等其他领域也开展了形式多样的交流与合作。两国企业积极探讨在通讯、电力等基础设施领域的合作并取得进展。中国在肯举办了纪念郑和下西洋 600 周年文化节、食品节等活动。内罗毕孔子学院建成并开学。中国即将在肯首都内罗毕设立调频电台并向肯赠送了价值 120 万元人民币的电视设备。肯尼亚航空公司开通了内罗毕至广州的直航。肯教育、科技、卫生等部门官员参加了中国政府举办的各类培训班。

# 科威特

## (Kuwait)

科威特国是最早与中华人民共和国建交的海湾阿拉伯国家。自1971年建交以来，两国关系发展顺利。2005年，中科友好合作关系继续稳步发展。

中科政治交往不断，双边合作继续深化。9月，全国人大常委会委员长吴邦国在纽约出席第二届世界议长大会期间会见了科国民议会议长贾西姆·穆罕默德·胡拉菲，双方主要就进一步发展双边关系和加强两国议会合作等问题交换了意见。11月，全国人大外事委员会主任姜恩柱访科，分别会见了科副首相兼内阁和议会事务国务大臣穆罕默德·达伊夫拉·沙拉拉、国民议会议长胡拉菲和外交部次官哈利德·苏莱曼·贾拉拉，并与科国民议会外事委员会主席、科中友好委员会主席穆罕默德·贾西姆·萨格尔举行会谈。12月，科能源大臣艾哈迈德·法赫德·艾哈迈德·萨巴赫访华，曾培炎副总理和国家发展和改革委员会主任马凯分别予以会见，双方就进一步加强两国能源合作交换了意见。同月，科首相萨巴赫·艾哈迈德·贾比尔·萨巴赫致电温家宝总理，对发生在黑龙江省的矿难表示慰问。

2005年，中科经贸合作发展良好，双边贸易继续保持增长势头。

11月，中国人民对外友好协会会长陈昊苏访科。12月，广东省常务副省长钟阳胜访科，分别会见了科首相萨巴赫和能源大臣法赫德。

# 吉尔吉斯斯坦

## （Kyrgyzstan）

2005 年，中华人民共和国与吉尔吉斯共和国传统友好关系继续发展，各领域合作不断扩大。吉政府在台湾、西藏、打击“东突”势力等问题上坚定支持中国政府立场。2005 年吉新政权执政后，重申在上述问题上的立场不会改变。

高层往来频繁促进了两国关系的发展。5 月，吉代外长奥通巴耶娃访华，表示将继续奉行对华友好政策，进一步加强两国各领域互利合作。7 月，国家主席胡锦涛出席上海合作组织阿斯塔纳峰会期间同吉代总统巴基耶夫举行双边会晤，就发展双边关系达成重要共识。7 月 12 日，胡锦涛主席致电祝贺巴基耶夫当选吉总统。8 月 14 日，胡锦涛主席特使、全国人大常委会副委员长路甬祥出席吉总统就职典礼。10 月 27 日，温家宝总理在出席上海合作组织莫斯科总理会议期间同吉总理库洛夫举行双边会晤，就中吉经贸合作等问题交换意见。12 月 20～24 日，吉外长杰克申库洛夫正式访华。全国政协主席贾庆林会见杰一行。李肇星外长同杰举行会谈，就双边关系及共同关心的国际和地区问题深入交换意见，并签署了两国外交部 2006 年合作计划。

双方部门及地方间合作继续发展。吉国民卫队司令库尔曼诺夫上校访华、奥什州州长阿尔特科夫访问新疆喀什地区。

双边贸易额再创新高，两国交通、通讯、投资等领域合作取得新进展。

# 老　挝
## (Laos)

2005 年，中华人民共和国与老挝人民民主共和国长期稳定、睦邻友好、彼此信赖的全面合作关系继续稳步发展。

两国高层互访频繁。12 月，全国政协副主席王忠禹应邀访老，老挝国家副主席朱马里·赛雅颂、建国阵线中央主席西沙瓦·乔本潘分别会见。同月，老挝国会主席沙曼·维亚吉应邀访华，全国人大常委会委员长吴邦国、国务院总理温家宝分别会见。7 月，老挝政府总理本扬·沃拉吉应邀出席在昆明举行的大湄公河次区域经济合作（GMS）第二次领导人会议，温家宝总理会见。10 月，朱马里副主席出席在南宁举行的第二届中国—东盟博览会，国家副主席曾庆红会见。在上述高层互访中，双方领导人就进一步密切中老双边关系、加强两国有关部门间交往、推进经贸合作等问题深入交换了意见，达成广泛共识。5 月，老挝副总理通伦·西苏里出席在成都举办的第六届中国西部国际博览会。11 月，老挝副总理阿桑·劳里出席在昆明举行的中国国际旅游交易会。7 月，外交部长李肇星应邀正式访问老挝并出席在万象举行的东盟与中日韩（10 + 3）外长会。同月，老挝副总理兼外长、老挝人民革命党中央对外联络部部长宋沙瓦·凌沙瓦应邀访华。

中老经贸关系稳步发展，双边贸易保持平稳增长。中国对老挝的投资继续增加，工程承包占老挝市场 1/3 的份额。中国政府继续向老挝政府提供力所能及的经济技术援助。南梦三号水电站项目完工，万象钾盐矿、昆明—曼谷公路老挝段中方援建 1/3 路段、赛德二号水电站等合作项目进展顺利。中国云南—老挝北部合作工作组第二次会议于 11 月在昆明举行，两国边境地区经贸往来进一步密切。

中老在农业、文化、教育、旅游、青年交流等领域合作取得新进展。两国教育部签署 2006 ~ 2010 年教育合作计划。中国旅游部门于 9 月启动组团赴老挝旅游业务。中国继续向老挝派遣青年志愿者。

老挝政府始终坚持一个中国政策，支持中国和平统一事业。

# 拉脱维亚

## (Latvia)

2005 年，中华人民共和国与拉脱维亚共和国关系稳步发展，各领域友好合作进一步深化。

双边政治关系良好。5 月，拉脱维亚外交部长阿尔迪斯·帕布利克斯访华，国务委员唐家璇和外交部长李肇星分别与帕布利克斯会见、会谈。8 月，外交部长李肇星访拉，分别与拉脱维亚总统瓦伊拉·维凯－弗赖贝加、总理阿伊戈尔斯·卡尔维季斯和外交部长帕布利克斯就双边关系和国际问题深入交换意见。拉脱维亚交通部长、财政部长、福利部长、环境部长、经济部长等先后访华，中国交通部等部门领导访拉。此外，拉脱维亚议会经济、农业、环境及地区发展事务委员会代表团、拉中议员友好小组代表团分别访华。上述互访有力地增强了双方政治互信，推动了双边关系的发展。

两国经贸合作发展势头积极。8 月，商务部副部长于广洲率团访拉并出席中拉经贸合作委员会第五次例会。

双方文化、教育等领域交流进一步深化。汉语教学规模迅速扩大，孔子文化中心在拉脱维亚成立。中国电影周、中拉文化历史文献展在拉脱维亚成功举办，引起拉脱维亚民众极大兴趣。

# 黎巴嫩

## (Lebanon)

中华人民共和国与黎巴嫩共和国1971年建交后，双边关系不断发展。2005年，两国各领域合作有所加强。

2月，国务院总理温家宝致电黎总理奥马尔·卡拉米，对黎前总理哈里里遇难表示哀悼。6月，国务院副总理曾培炎在出席南方首脑会议时会见黎总统埃米勒·拉胡德。同月，外交部长李肇星对黎进行正式访问，拜会黎总统拉胡德、总理纳吉布·米卡提、议长纳比·贝里，会见了黎"未来阵线"领导人萨阿德·丁·哈里里，与黎外交及侨民事务部部长马哈茂德·哈穆德举行会谈，就双边关系及共同关心的地区和国际问题交换意见，与黎巴嫩重建委员会主席法德勒·阿里·沙勒克签署了两国经济技术合作协定。9月，李外长在出席第60届联大会议期间应约会见出席援助黎巴嫩国际会议预备会的黎总理福阿德·西尼乌拉，双方就双边关系和黎巴嫩局势交换意见。年内，中方访黎的还有外交部部长助理吕国增。

两国经贸合作续有发展。中国保持了黎第三大进口货源国地位。中国企业承包的黎阿西河水坝及的黎波里港扩建工程先后开工。

两国军队保持友好往来。9月，黎军队参谋部作战局局长弗朗西斯·哈吉准将率黎军队第一个军官休假团访华，解放军副总参谋长张黎上将予以会见。中方启动与黎协商2006年扫雷援助具体事宜。

双方在旅游、文化、新闻等领域开展了交流与合作。两国签署《中华人民共和国政府与黎巴嫩共和国政府旅游合作协定》。中国友协代表团访黎，与黎中国友好联合会共同举办首届中国黎巴嫩关系研讨会。中国多批专家、学者赴黎参加学术会议，黎多位学者、媒体人士访华。

# 莱索托

## (Lesotho)

2005 年，中华人民共和国与莱索托王国的关系发展顺利，两国高层互访增加，各领域、各层次的交流与合作富有成果。

3 月，莱索托首相帕卡利塔·莫西西利致函国务院总理温家宝，祝贺并表示支持中国全国人大通过《反分裂国家法》。11 月 30 日至 12 月 6 日，莱索托王国首相莫西西利对中国进行正式访问。这是莫西西利就任首相以来第二次访华。国家主席胡锦涛、全国人大常委会委员长吴邦国分别会见，温家宝总理主持会谈。中方表示，中国政府珍视中莱友谊，赞赏莱方一贯坚持一个中国立场，愿与莱方共同努力，建立面向未来、长期稳定、平等互利的友好合作关系。莫西西利首相感谢中方给予莱方的政治支持和经济上的无私援助，重申莱政府将继续坚定奉行一个中国政策，支持中国和平统一大业。1 月 14 ~ 15 日，外交部长李肇星访问莱索托，分别会见国王莱齐耶三世、首相莫西西利、教育大臣莫拉比·柴夸，与外交大臣莫尼亚内·莫莱莱基举行会谈。双方就两国关系和共同关心的问题交换了意见。访问期间，双方签署了《中华人民共和国政府和莱索托王国政府经济技术合作协定》。

两国其他重要互访还有：中国外交部副部长吕新华、国家体育总局副局长段世杰、福建省副省长王美香等访莱；莱国防军司令图索·莫塔尼亚内中将、财政大臣蒂莫西·塔哈内、通讯大臣托马斯·塔巴内先后访华。

两国在经贸、旅游等领域的友好合作继续取得新成果。从 2005 年 1 月 1 日起，中国政府给予莱部分输华商品免关税待遇。11 月，中国援建的莱国家图书馆兼档案馆项目竣工并移交莱方，中方宣布莱为中国公民出境旅游目的地国。

## 利比里亚

## (Liberia)

中华人民共和国与利比里亚共和国自2003年10月恢复外交关系以来，双边关系发展顺利。中国政府支持利比里亚维护和平、重建经济的努力。2005年，两国友好合作关系继续得到巩固和加强。利比里亚政府重申继续坚持一个中国立场。

11月24日，国家主席胡锦涛致电祝贺埃伦·约翰逊—瑟利夫女士当选利比里亚共和国新一届总统。

3月16日，利比里亚全国过渡政府发表声明，支持中国全国人大颁布《反分裂国家法》。8月11日，利比里亚全国过渡议会通过了利比里亚坚定奉行一个中国政策的决议。

3月27日至4月3日，利比里亚国防部长丹尼尔·恰对中国进行正式访问。中央军委副主席、国务委员兼国防部长曹刚川上将与之会谈，国务委员唐家璇会见。

3月9日，利比里亚新任驻华大使内赫·里塔·桑盖·杜库利·托尔伯特向胡锦涛主席递交国书。

两国经贸合作发展势头良好，合作项目进展顺利。7月14日，中国驻利比里亚大使林松添与利比里亚外交部长托马斯·亚雅·尼梅利分别代表各自政府签署了《中华人民共和国政府和利比里亚共和国政府经济技术合作协定》。

# 利比亚
## (Libya)

中华人民共和国与大阿拉伯利比亚人民社会主义民众国自 1978 年建交以来，两国关系稳步发展。2005 年，两国在各领域的友好合作进一步深化。

7 月，外交部领导成员乔宗淮作为中国政府特使，以观察员身份出席在利比亚锡尔特举行的非洲联盟第五届首脑会议。9 月，利比亚财政和技术监督机构主席穆罕默德·阿卜杜拉·贝图马勒博士率团访华，全国政协副主席王忠禹会见，国家审计署审计长李金华与贝图马勒举行会谈，双方签署了《中利最高审计机关合作备忘录》。

利比亚继续坚持一个中国的立场。在第 58 届世界卫生组织大会及第 60 届联合国大会有关台湾问题上，利比亚继续给予中国坚定支持。

中利经贸合作关系发展迅速，双边贸易额大幅度增长。10 月，中国石油天然气勘探开发公司中标利比亚一海上石油区块，实现了中利在石油区块合作上零的突破，12 月，双方正式签署了勘探开发合同。2 月，中利两国就在华培训利比亚经济官员等事签署协议。

# 列支敦士登

## （Liechtenstein）

2005年，中华人民共和国与列支敦士登公国的关系平稳发展。列重视并愿意进一步发展两国关系。8月，国家主席胡锦涛致电列王储阿洛伊斯，祝贺列国庆，阿复函感谢。双方在国际事务中保持沟通与协商。5月，中国外交部与列外交局在列进行了司级磋商。

两国在文化等领域的交流与合作继有发展。为纪念中列建交55周年，中列两国于5月联合发行邮票，列支敦士登文化局局长布希尔率团赴浙江省诸暨市出席了中方首发式。

# 立陶宛

## (Lithuania)

2005 年，中华人民共和国与立陶宛共和国的友好合作关系稳步发展，各领域交往与合作进一步加深。

两国政治关系良好。5 月，立陶宛外交部副国务秘书达柳斯·契库利斯访华，外交部长李肇星和副部长张业遂分别与契库利斯举行会见、会谈。8 月，外交部长李肇星访立，分别与立陶宛总统瓦尔达斯·阿达姆库斯、总理阿尔吉尔达斯·米科拉斯·布拉藻斯卡斯和外交部长安塔纳斯·瓦利奥尼斯就双边关系及共同关心的国际和地区问题交换了看法，取得积极成果。10 月，立陶宛议会第一副议长、立中议员友好小组主席契斯洛瓦斯·尤尔舍纳斯率议会代表团访华，进一步加强了两国议会间的交流与合作。此外，立陶宛社会保障和劳动部部长访华，中国最高人民检察院、交通部、铁道部、审计署领导先后访立。上述互访有力地推动了双边关系的发展。

两国在经贸、人文和友城等领域合作势头良好。双边经贸额连年攀升。11 月，中立经贸合作委员会第八次例会在立召开。7 月，广州市代表团访问立首都维尔纽斯，双方正在积极筹备建立友城关系。

## 卢森堡

## (Luxembourg)

2005年，中华人民共和国与卢森堡大公国的关系保持良好发展势头。

双方在政治、外交领域的交往较为频繁。3月17日，外交部长李肇星访卢，会见卢首相容克，与卢副首相兼外交和移民大臣阿瑟伯恩举行会谈。9月21～25日，卢议长维勒一行访华，全国人大常委会委员长吴邦国、全国政协主席贾庆林、全国人大常委会副委员长顾秀莲分别会见。11月7日，卢外交部秘书长桑特来华与外交部副部长张业遂举行磋商。上述访问加深了两国间相互了解和信任，推动双边关系不断向前发展。

两国经贸合作领域进一步扩大，双边贸易额持续高速增长。两国在金融、保险、钢铁、航空、文化等领域的合作也续有发展。

# 马其顿
## (Macedonia)

2005 年，中华人民共和国与马其顿共和国关系发展顺利，各领域合作富有成果。

双方保持高层接触，政治互信不断加强。国家主席胡锦涛在出席联合国成立 60 周年首脑会议期间会见马其顿总统布兰科·茨尔文科夫斯基。外交部长李肇星、全国人大外事委员会副主任委员杨国梁先后访马。

马政府坚持奉行一个中国政策。3 月，中国全国人大通过《反分裂国家法》后，马外交部发表声明予以支持。5 月，在世界卫生组织总务委员会讨论涉台问题时，马方代表发言支持中方立场。

两国外交部合作良好。6 月，外交部副部长张业遂赴马进行两国外交部副外长级磋商。

两国在新闻、卫生、政党、地方交往等各领域的互利合作深入展开。卫生部副部长陈啸宏、南昌市市长李豆罗、四川省人大常委会副主任徐世群等先后访马。马其顿新闻署署长韦莱·米塔诺斯基访华，双方签署了《中国中央电视台与马其顿国家广播电视公司电视合作协议》和《中国新华通讯社和马其顿新闻社新闻交换与合作协定》。马其顿内部革命组织民族统一民主党主席尼科拉·格鲁埃夫斯基访华。

# 马达加斯加

## （Madagascar）

中华人民共和国与马达加斯加共和国自1972年建交以来，两国关系发展顺利。中国重视开展与马在各领域的友好合作。马坚持一个中国立场，在重大国际问题上与中国密切配合。2005年，两国间互信互利的友好合作关系进一步发展。

保持高层互访。11月21～23日，国务院副总理黄菊对马达加斯加进行正式访问。访问期间，黄菊副总理会见了马总统马克·拉瓦卢马纳纳、参议长拉库图马哈鲁·拉杰米松和国民议会议长让·拉依尼里库，与总理雅克·西拉举行会谈。双方就加强两国在政治、经贸、投资、能源、矿产、旅游等领域的合作深入交换了意见，达成广泛共识，并签署了《中华人民共和国政府和马达加斯加共和国政府经济技术合作协定》《中华人民共和国政府和马达加斯加共和国政府促进和相互保护投资协定》《中华人民共和国政府和马达加斯加共和国政府关于成立经济贸易混合委员会的协定》和“关于国际会议中心项目附属工程换文”。黄菊副总理和西拉总理还共同出席了中马经贸合作研讨会开幕式。

1月10～12日，外交部长李肇星对马达加斯加进行正式访问。李肇星会见了拉瓦卢马纳纳总统和西拉总理，与马外长马塞尔·兰杰瓦举行会谈。双方签署了《中华人民共和国政府和马达加斯加共和国政府经济技术合作协定》和“关于中国援建马达加斯加国际会议中心项目的换文”。此外，上海市人大常委会副主任周慕尧、国家体育总局副局长段世杰、安徽省副省长文海英、外交部部长助理吕国增、国防部外事办公室副主任丁进攻等相继访马。马国民议会议长拉依尼里库、国防部长佩特拉·贝哈贾纳少将、卫生和计划生育部长让·路易·罗班松、我爱马达加斯加党主席拉祖利米哈贾·索罗福南特奈纳等分别访华，国民教育和科研部长阿贾·尼里纳·拉扎芬贾图武来京出席了国际全民教育高层会议。

互利合作不断拓展。中国继续向马提供力所能及的经济援助，并在人力资源培训、旅游、医药等领域进一步加强与马方合作。中国宣布马成为中国公民自费出境旅游目的地国。中国海外工程公司成功收购马欧法法制药厂。马各级官员踊跃来华参加各类培训班和研讨会。

民间交往密切。甘肃省副省长李膺、苏州市委书记王荣先后访马并分别代表甘肃省与苏州市与塔马塔夫省和塔那那利佛市签署建立友好省（市）的协议，李膺并代表中国卫生部和甘肃省出席了中国医疗队赴马30周年纪念活动。

# 马来西亚

## (Malaysia)

2005 年，中国与马来西亚的友好关系和战略性合作继续保持良好发展势头。

两国高层往来密切。3 月，马来西亚最高元首西拉杰丁来华进行国事访问。4 月，马总理巴达维来华出席博鳌亚洲论坛年会。5 月，全国人大常委会委员长吴邦国对马进行正式友好访问。9 月，马副总理兼国防部长纳吉布访华，国务院总理温家宝和中央军委副主席、国防部长曹刚川上将分别会见，国务院副总理黄菊与其举行会谈。12 月，温家宝总理赴吉隆坡出席东盟与中日韩等领导人会议并对马来西亚进行正式访问，两国领导人对双边合作的具体问题进行了深入探讨，就东亚合作等地区问题交换意见，双方发表联合公报，一致同意继续推进两国战略性合作。

两国经贸合作成效显著。中国是马第四大贸易伙伴，马是中国第八大贸易伙伴。双方同意就建立紧密经济伙伴关系进行可行性研究。两国在货币汇率政策方面保持良好的沟通和协调。

两国在军事、文教卫等领域的合作不断取得新发展。9 月，双方签署了《防务合作谅解备忘录》，同意尽早启动防务安全磋商机制。双方共同举办郑和下西洋 600 周年纪念活动。12 月，双方签署了《教育合作谅解备忘录》和《卫生合作谅解备忘录》。

# 马尔代夫
## (Maldives)

中华人民共和国与马尔代夫共和国是传统友好近邻。2005年，中马双边关系继续稳步发展。

频繁互访巩固了双边关系的政治基础。4月1~3日，外交部长李肇星访马，会见马总统穆蒙·阿卜杜勒·加尧姆，与代理外长阿米德·阿卜杜拉举行会谈，双方就进一步巩固传统友好、加强互利合作、帮助马应对海啸灾害等达成广泛共识。6月25~27日，外交部副部长武大伟访马，与马副外长侯赛因·希哈博共同主持中马第三轮外交磋商。9月24~25日，商务部副部长于广洲率中国政府经贸代表团访马，签署中方向马提供无偿援助的经济技术合作协定、给予马部分产品零关税待遇的换文以及援马建设国家博物馆项目的设计合同。7月9~15日，马旅游部长穆斯塔法·卢图菲访华，进一步促进了两国旅游合作和人员往来。此外，中国多名地方政府负责人访马，马政府官员亦纷纷来华访问或出席国际会议。

中国政府在力所能及的范围内帮助马应对2004年12月发生的印度洋海啸，先后向马提供紧急物资和现汇援助，宣布帮助马建设民用住宅项目，并派出考察慰问团实地了解救灾需要，充分体现了两国真诚互助、患难与共的友好感情。

# 马 里

## (Mali)

马里共和国是中华人民共和国传统友好国家。建交以来，两国高层交往频繁，双边关系始终健康、稳步发展。中国政府一贯重视中马传统友谊和友好合作关系。2005年，双方在政治、经贸、文教、卫生等领域的合作进一步巩固和加强。

4月25～27日，中国国家人口和计划生育委员会主任张维庆出席在马里举行的人口与发展南南合作伙伴组织执委会第十届会议，分别会见了马里总理奥斯曼·优素菲·马伊加和议长易卜拉欣·布巴卡尔·凯塔。

8月10～17日，马里国防和老战士部部长马马杜·克拉奇·西苏马访华。中央军委副主席、国务委员兼国防部长曹刚川上将与西苏马部长举行会谈，全国人大常委会副委员长顾秀莲会见。

8月23日至9月2日，马里总统夫人洛博·特拉奥雷·杜尔访华并出席第四次世界妇女大会十周年纪念大会。马里妇女、儿童和家庭促进部长姆博吉·塞内随访。全国人大常委会副委员长顾秀莲会见。

11月26日至12月3日，马里国民教育部秘书长巴尔泰勒米·多戈来华出席中非教育部长论坛及联合国教科文组织在京召开的第五届全民教育高层会议。

3月15日，马里外交和国际合作部长莫克塔尔·瓦内向中国驻马里大使魏文华表示，马里政府支持中国全国人大颁布《反分裂国家法》。

7月29日，中国驻马里大使魏文华与马里外交和国际合作部长莫克塔尔·瓦内分别代表各自政府签署了《中华人民共和国政府和马里共和国政府经济技术合作协定》。

# 马耳他
## (Malta)

2005年，中华人民共和国与马耳他共和国传统友好关系发展顺利，两国在政治、经济、文化等领域的友好合作关系进一步得到巩固。

双方高层互访不断。中共中央政治局常委、中央纪委书记吴官正，中共中央政治局委员、国务院副总理回良玉，全国政协副主席王忠禹分别于9月、8月和6月访马，并与马耳他总统爱德华·芬内克·阿达米、总理劳伦斯·冈奇、副总理兼司法内政部长托尼奥·博奇、外交部长迈克尔·弗南多等马耳他政府领导人以及反对党工党领袖阿尔弗雷德·桑特会见或会谈。双方就如何进一步发展中马、中欧关系和共同关心的国际和地区问题交换了看法。王忠禹副主席访马时，代表中方向马方提供300万元人民币无偿援助。10月，马国民党副领袖、政府副总理博奇访华，中共中央政治局常委、中央纪委书记吴官正，中央政治局委员、国务院副总理回良玉分别会见。博访华时表示，发展对华关系是马外交的优先方向，马将在欧盟内积极推动欧中关系稳定、健康发展。3月，马议会外事及欧洲事务委员会主席贾森·阿左帕迪率团访华，中共中央政治局常委、全国政协主席贾庆林会见了阿一行。两国外交部在共同关心的国际问题上保持着良好和密切的沟通与合作。

两国在贸易、投资、经援、工程承包和劳务等领域合作良好，有关经贸项目如中海集团在马注册成立的船运代理公司、重庆国际经济技术合作公司在马投资创办的重庆莱悉服装厂产生了较好的经济和社会效益。

两国在文化、科技、教育、军事、旅游等领域的交往与合作富有成果。4月，马旅游和文化部长迪麦克率团访华，双方签订了《中华人民共和国政府与马耳他共和国政府2005～2008年文化交流执行计划》和《中华人民共和国政府与马耳他共和国政府2005～2008年教育合作协议》。马耳他中国文化中心开放以来，成功举办了一系列活动，进一步巩固了中马两国和两国人民的友谊，得到马各界人士的好评。据不完全统计，截至2005年底，在马就读各类学校的中国留学生约1200人。

# 毛里塔尼亚

(Mauritania)

中华人民共和国与毛里塔尼亚伊斯兰共和国传统友好，两国关系基础牢固。自1965年建交以来，双边关系持续稳定发展。

2005年是两国建交40周年。7月，国家主席胡锦涛与毛里塔尼亚总统马维亚·乌尔德·西德·艾哈迈德·塔亚，国务院总理温家宝与毛里塔尼亚总理萨吉尔·乌尔德·穆巴拉克，外交部长李肇星与毛里塔尼亚外交与合作部长穆罕默德·瓦尔·乌尔德·贝拉勒就此互致贺电。两国驻对方使馆分别举行纪念活动。

2005年，两国继续保持友好交往。7月，外交部领导成员乔宗淮率团访问毛里塔尼亚，进行两国外交部间第五轮政治磋商。其间，会见毛里塔尼亚总统塔亚，与毛里塔尼亚外交与合作部长贝拉勒举行了会谈。双方就双边关系和共同关心的国际和地区问题深入交换了意见。同月，中国共产党陕西省委常委马中平率中共友好代表团访问毛里塔尼亚，同毛里塔尼亚执政的民主社会共和党总书记布拉赫·乌尔德·莫盖亚举行了会谈。

两国经贸合作继续发展，合作项目进展顺利。6月，毛里塔尼亚经济事务发展部部长西迪·乌尔德·迪迪和运输装备部长穆斯塔法·乌尔德·阿卜杜拉应中国冶金建设集团公司邀请访华，双方签订了毛塔首都努瓦克肖特新国际机场项目的工程总承包和商务总合同。7月，交通部副部长翁孟勇访问毛里塔尼亚，与毛里塔尼亚装备运输部长阿卜杜拉就中国援建的毛塔友谊港清淤和扩建工程进行了探讨。

# 毛里求斯
## (Mauritius)

中华人民共和国与毛里求斯共和国自1972年建交以来，两国关系稳步发展。中国重视与毛里求斯的传统友谊。毛历届政府坚持一个中国政策。2005年，中毛关系进一步向前发展。

两国高层互访频繁。1月23~29日，毛里求斯总理贝朗热正式访华，国家主席胡锦涛、全国人大常委会委员长吴邦国分别会见，国务院总理温家宝主持会谈。中方领导人表示，中毛有着传统友谊，近年两国保持高层交往，经贸合作更趋多样化并取得新进展，在国际事务中相互协调与配合。贝朗热总理感谢中国多年来给予毛的援助，表示毛将坚定奉行一个中国政策，愿进一步扩大与中方经贸合作，推动两国关系向前发展。双方签署了《中华人民共和国政府与毛里求斯共和国政府经济技术合作协定》和《中华人民共和国政府与毛里求斯共和国政府关于双边劳务合作的协定》。2月26~28日，国务院副总理曾培炎在毛里求斯作技术性停留。其间，曾副总理会见了毛总理贝朗热。

1月12~14日，外交部长李肇星对毛里求斯进行正式访问并作为胡锦涛主席特使出席在毛举行的小岛屿国家可持续发展国际会议。李肇星会见了毛代总统阿卜杜·拉乌夫·班敦、总理保罗·雷蒙·贝朗热，与毛外交和地区合作部长贾亚·克里希纳·库塔里举行会谈，双方签署了《中华人民共和国政府和毛里求斯共和国政府经济技术合作协定》和《中华人民共和国外交部和毛里求斯共和国外交和地区合作部关于建立政治磋商机制的协议》。

此外，海南省省长卫留成、全国人大华侨委员会副主任委员张帼英、国务院侨办副主任李海峰、外交部部长助理吕国增等分别访毛；毛里求斯旅游与休闲部长阿尼尔·库马尔辛格·加扬，妇女权利、儿童发展、家庭福利和消费者保护部长因德拉妮·西本等访华。

两国经贸、文化合作和民间交往取得新成果。中国独资的毛里求斯天利纺纱有限公司二期工程完工并已试投产。广东省梅县与毛里求斯鸠比市结为友好城市。广西武术队访毛，毛里求斯作家协会代表团访华。

# 墨西哥

# (Mexico)

中华人民共和国与墨西哥合众国自1972年建交以来，双边关系发展顺利，富有成果。2005年，双方高层交往频繁，政治互信不断增强，战略伙伴关系得到进一步充实。

9月11～13日，国家主席胡锦涛对墨西哥进行国事访问，同比森特·福克斯·克萨达总统举行大、小范围会谈。两国领导人就深化中墨战略伙伴关系，促进两国经贸、文化合作，加强在联合国等国际机构中的配合深入交换了意见，达成广泛共识。胡主席还会见了参议长恩里克·杰克逊·拉米雷斯、最高法院院长马里亚诺·阿苏埃拉·古伊特龙，并在墨参议院发表了题为《加强互利合作，促进共同发展》的演讲。访问期间，双方签署了涉及避免双重征税、文化、检疫、扶贫与社会发展、矿业等领域七项合作协议。

7月7日，胡锦涛主席在出席英国鹰谷“8+5对话会”期间与福克斯总统进行了会晤。

1月23～26日，国家副主席曾庆红对墨进行正式访问。两国有关部门签署了司法、海运、旅游、检疫及银行等领域11项合作文件。5月9～12日，全国政协主席贾庆林对墨进行正式友好访问。

中共中央对外联络部副部长蔡武，中共中央纪律检查委员会常委、中共中央组织部常务副部长赵洪祝，甘肃省省长陆浩，河南省省长李成玉，全国政协副主席、中国工程院院长徐匡迪，国家质检总局局长李长江，国务院扶贫办主任刘坚，广东省省长黄华华等访墨。墨副外长帕特里西娅·奥拉门蒂·托雷斯、劳动和社会保障部长卡洛斯·阿瓦斯卡尔·卡兰萨、国家移民局局长马格达莱娜·卡拉尔·奎瓦斯、社会发展部长何塞菲娜·巴斯克斯·莫塔、农业部长哈维尔·乌萨维亚加·阿罗约、墨参议院亚太关系委员会主席杜尔塞·玛利亚·绍里·里安乔、参议院竞争力委员会主席西尔维娅·埃尔南德斯·恩里克斯等访华。

两国贸易较快增长。墨西哥是中国在拉美的第二大贸易伙伴，对墨出口位居中国对拉美各国出口之首。中国商务部和墨西哥经济部高层工作组反倾销和市场经济问题小组、投资与贸易促进小组会议分别于4月和6月在北京和墨西哥城举行。11月，商务部长薄熙来在韩国釜山第17届APEC部长级会议期间会见了墨经济部长塞尔希奥·加西亚·德阿尔瓦。双方就扩大双边贸易和相互投资、中国市场经济地位、墨对中国部分产品反

倾销等问题交换了看法。两国政府签署的《关于卫生与植物卫生措施合作的谅解备忘录》《植物检疫合作协定》《关于中国苹果输墨植物检疫要求的议定书》《关于墨西哥鳄梨输华植物检疫要求的议定书》《中国梨输墨和墨西哥葡萄输华植物检疫要求的议定书》有利于进一步加强双边贸易往来和农业合作。

两国文化、旅游等领域交往与合作取得新进展。中国国家旅游局与墨旅游部签署了《关于中国旅游团队赴墨西哥旅游实施方案的谅解备忘录》，两国政府签署了《中国在墨西哥城建立中国文化中心的谅解备忘录》。

中墨在多边领域继续开展良好合作。双方就联合国改革、人权、反恐等热点问题保持密切磋商。7月，李肇星外长应约与墨西哥外长路易斯·埃内斯托·德尔贝斯·包蒂斯塔通电话；9月，李肇星外长在第60届联合国大会期间会见德尔贝斯外长，就联合国安理会改革问题进行协调。在台湾问题上，墨政府坚持一个中国原则，并在第60届联合国大会、第58届世界卫生组织大会涉台问题上，给予中方坚定支持。

# 密克罗尼西亚联邦

## (Micronesia, F.S.)

2005年，中华人民共和国与密克罗尼西亚联邦的关系继续发展。

两国高层保持接触，各层次交往日益密切。1月，外交部长李肇星在毛里求斯出席小岛屿发展中国家可持续发展国际会议期间会见密总统乌鲁塞马尔、外长阿内法尔。8月，密新任驻华大使（非常驻）米达向胡锦涛主席递交国书，密副外长罗伯特访华。10月，密议长克里斯琴访华。外交部副部长周文重、杨洁篪分别于2月和12月访密。

两国在经贸、渔业等领域的合作富有成效。中国援建的金枪鱼委员会总部办公楼年底竣工。浙江省渔业代表团访密，双方就加强渔业领域合作交换意见。

密领导人多次重申坚持一个中国原则，不与台湾发生官方往来，并在国际和地区组织涉台问题上支持中方立场。

# 摩尔多瓦

## (Moldova)

中华人民共和国与摩尔多瓦共和国自1992年1月建交以来，双边关系健康稳定发展。2005年，两国关系进一步深化，各领域合作不断扩大。

两国领导人保持友好交往。4月，国家主席胡锦涛致电祝贺摩尔多瓦共产党人党主席弗拉迪米尔·沃罗宁蝉联摩尔多瓦总统。6月，中共中央政治局委员、北京市委书记刘淇访摩，分别与摩尔多瓦总统弗拉迪米尔·沃罗宁、总理瓦西里·塔尔列夫、议长马里安·卢普举行会见、会谈。

中摩在双边和国际事务中相互支持，两国外交部就双边关系及共同关心的问题保持磋商。摩尔多瓦多次在双边和多边场合表示，支持中国政府在台湾、西藏等问题上的立场。3月，摩尔多瓦外交部就中国全国人民代表大会通过《反分裂国家法》发表声明，支持中方立场。9月，外交部部长助理李辉赴摩尔多瓦举行两国外交部磋商。

两国经贸、文化等领域合作逐步扩大。双边经贸合作不断深化，贸易额大幅增长。3月，华为公司中标摩尔多瓦电信CDMA450项目。11月25~27日，“摩尔多瓦葡萄酒节”在北京举办，摩尔多瓦农业和食品工业部长阿纳托里·格罗登科来华参加葡萄酒节活动。中共中央政治局委员、北京市委书记刘淇与格罗登科举行会见。11月，摩尔多瓦国防部长瓦列留·普列什卡访华，中央军委副主席、国务委员兼国防部长曹刚川上将，全国政协副主席李蒙分别与普列什卡会谈、会见。

# 摩纳哥

# （Monaco）

2005 年是中华人民共和国与摩纳哥公国建交十周年，两国关系发展较快，在国际事务中进行了良好合作。

1 月，摩纳哥王储阿尔贝出席中国驻摩纳哥总领馆举行的中摩建交十周年晚宴。4 月，摩纳哥国家元首兰尼埃三世亲王去世，国家主席胡锦涛向阿尔贝王储致唁电。6 月，胡锦涛主席向即将登基的摩纳哥摄政王储阿尔贝、国务院总理温家宝向摩纳哥新任国务大臣让－保罗·普鲁斯特、外交部长李肇星向摩纳哥新任对外关系部代表兰尼埃·安贝尔蒂分别致口信祝贺。7 月，胡锦涛主席向新登基的摩纳哥国家元首阿尔贝二世亲王致电祝贺。

两国经贸、文化等各领域的交流与合作持续发展。6 月，摩纳哥少儿合唱团访华演出。10 月，广东省杂技团赴摩纳哥参加蒙特卡罗明星汇演。

# 蒙　古

## (Mongolia)

蒙古国是与中华人民共和国陆地边界线最长的国家。2003年，中蒙建立睦邻互信伙伴关系。2005年，中蒙各领域友好合作关系稳步发展。

双方保持了高层会晤势头。5月24～26日，国务院副总理吴仪访蒙，两国有关政府部门和企业签署了涉及经贸、质检、旅游、体育、卫生、通讯等领域的18个合作文件。6月24～25日，全国人大常委会副委员长乌云其木格作为国家主席胡锦涛的特使出席蒙古总统那木巴尔·恩赫巴亚尔的就职仪式。7月6日，国家主席胡锦涛在阿斯塔纳出席上海合作组织峰会期间会见蒙古总统恩赫巴亚尔。10月26日，国务院总理温家宝在莫斯科出席上海合作组织总理会议期间会见蒙古总理查黑亚·额勒贝格道尔吉。

11月27日至12月3日，蒙古总统恩赫巴亚尔对中国进行国事访问，国家主席胡锦涛与其举行会谈。胡锦涛主席表示，中方愿与蒙方一道，加强两国高层及各层次的对话与交流，不断增进理解和信任；坚持以资源开发和基础设施建设为重点，拓展双边互利合作；扩大两国在人文等领域的交流与合作；保持两国在国际和地区事务中的协调与配合，共同促进本地区的和平与发展。恩赫巴亚尔表示，愿与中方继续保持高层交往，进一步加强两国在政治、安全、经贸、旅游等领域的交流与合作。全国人大常委会委员长吴邦国、国务院总理温家宝、全国政协主席贾庆林分别会见了恩赫巴亚尔。访问期间，双方发表联合声明，签署了《关于中蒙边界第二次联合检查的议定书》《中蒙经济技术合作协定》等10个文件。

两国经贸合作不断扩大，中国保持蒙古最大的贸易伙伴和投资国地位。

两国在文教、科技等其他领域的友好合作关系进一步深化。4月18～25日，双方共同在中国举办了蒙古文化周活动。

# 摩洛哥

## (Morocco)

中华人民共和国与摩洛哥王国于1958年建交，两国关系长期友好。2005年，中国与摩洛哥的友好合作关系继续保持良好的发展势头，各领域合作不断扩大和深化。

两国高层互访频繁，政治互信进一步增强。9月，全国人大常委会委员长吴邦国对摩洛哥进行正式访问。其间，吴委员长分别会见了摩洛哥国王穆罕默德六世、首相德里斯·杰图、参议长穆斯塔法·奥卡沙，与众议长拉迪举行了会谈。双方就进一步发展两国关系和加强议会交流深入交换了意见，达成了广泛共识。两国有关部门还签署了《中华人民共和国和摩洛哥王国政府经济技术合作协定》《中华人民共和国和摩洛哥王国政府关于纺织管理和技术人员培训的换文》《中国中化集团公司2007～2011年独家进口代理摩洛哥磷酸盐协议》《中国中化集团公司与摩洛哥磷酸盐办公室集团投资意向书》等协议。4月，国务院副总理回良玉访问摩洛哥。访问期间，双方举行了中国为摩洛哥援建三个游泳馆的交接仪式。

此外，国家审计署署长李金华、商务部副部长于广洲、环保总局副局长潘岳、中联部部长助理陈凤翔、国家文物局局长单霁翔等先后访问摩洛哥。摩洛哥农村发展国务秘书访华。

两国经贸合作进展顺利，双边贸易额继续保持快速增长势头。两国在文化、新闻等领域的交流与合作进一步密切。南京小红花艺术团、中国青年民族艺术团赴摩洛哥访问演出。摩洛哥画家、民间艺术家来华参加中国文联双年展及南宁民歌艺术节。摩洛哥三名主要媒体记者访华，中国国际广播电台代表团访问摩洛哥。8月，摩洛哥通讯社在北京设立分社并派出首任记者。

# 莫桑比克

## (Mozambique)

2005年是中华人民共和国与莫桑比克共和国建交30周年。莫桑比克新一届政府重申对华友好政策，双方在各层次的交往密切，互利合作稳步发展。

双方领导人多次交往。6月25日，国家主席胡锦涛和外交部长李肇星与莫桑比克总统阿曼多·埃米利奥·格布扎和外交与合作部部长阿尔辛达·阿布雷乌互致贺电，庆祝中莫建交30周年。9月14日，胡锦涛主席在纽约出席联合国成立60周年首脑会议期间会见莫桑比克总统格布扎。胡主席赞赏莫政府坚持一个中国立场，表示中方愿与莫方共同努力，推动中莫友好合作关系不断迈上新的台阶。格布扎总统感谢中国长期以来向莫提供的大量无私援助，重申莫新一届政府坚定奉行一个中国政策，致力于进一步加强莫中传统友好关系。8月29日至9月1日，莫桑比克总理路易莎·迪奥戈来华参加纪念联合国第四次世界妇女大会十周年会议，温家宝总理会见。温总理高度评价中莫传统友谊，表示中国政府愿与莫政府共同努力，进一步加强两国在各个领域的友好合作。迪奥戈总理表示莫政府高度重视对华关系，并表达了进一步加强两国友好合作的愿望。

此外，中共中央政治局委员、中共湖北省委书记俞正声，外交部部长助理吕国增，最高人民检察院副检察长叶青纯，中国人民对外友好协会副会长王运泽等访莫。莫国防部长托比亚斯·戴、妇女及社会行动部长维吉利亚·马塔贝莱、交通和通讯部长安东尼奥·穆关贝、教育和文化部长艾雷斯·阿里、卫生部长保罗·加里多、最高法院院长马里奥·曼加泽、劳工部副部长苏亚雷斯·纳卡等访华或来华出席国际会议。

两国在经贸、文化等领域的合作续有发展。2005年1月1日起，中国政府决定给予莫桑比克部分输华商品免关税待遇。6月，莫国家歌舞团来华进行访问演出。8月，中国旗帜歌舞团访莫。

# 缅　甸

## (Myanmar)

中华人民共和国与缅甸联邦友好关系源远流长，两国人民之间有着传统的“胞波”（兄弟）情谊。中国致力于与缅甸发展长期稳定的睦邻友好合作关系，支持缅为保持国家稳定、促进民族和解、发展经济所做的努力。2005年是中缅建交55周年，两国关系继续稳步发展。

两国保持高层密切接触。4月，国家主席胡锦涛与缅甸和平与发展委员会主席丹瑞大将在雅加达亚非峰会期间举行会晤。缅甸总理梭温出席大湄公河次区域（GMS）第二次领导人会议（7月）、第二届中国—东盟博览会（10月），与国务院总理温家宝、国家副主席曾庆红分别会晤。11月，中共中央政治局委员、全国人大常委会副委员长王兆国访问缅甸，缅甸丹瑞主席会见。12月，梭温总理出席在吉隆坡举行的东盟与中日韩（10+3）领导人会议和东亚峰会，与温家宝总理举行会晤。年内，外交部长李肇星和缅甸外交部长吴年温互访并在多边场合多次会晤，双方就积极落实两国领导人关于双边合作达成的重要共识，推动两国关系和两国外交部的交往与合作达成一致意见。

两国经贸合作持续发展，双边贸易不断增长。6月，在仰光召开了中缅经贸和技术合作联合委员会首次会议。中国是缅甸第三大贸易伙伴。缅甸是中国在东南亚地区的重要工程承包市场，截至2005年，累计签订承包工程合同额近39亿美元，完成营业额近22.4亿美元。印度洋地震和海啸发生后，中国政府、国防部向缅甸政府、国防部提供30万美元援助，用于救助缅甸受灾地区。

两国其他领域的友好交流与互利合作不断深化。缅甸工业、林业、商务、能源、财政等部部长分别访华。中国水利、公安、发改委、云南省等省部级代表团访问缅甸。

缅甸奉行一个中国政策，支持中国和平统一大业。3月，缅甸外交部发表声明支持中国全国人大通过《反分裂国家法》。

# 纳米比亚

# (Namibia)

2005年，中华人民共和国与纳米比亚共和国友好合作关系得到进一步巩固和发展，在政治、经贸、文教等领域的合作取得新成果。

两国保持高层互访，政治互信日益加强。12月16~20日，纳米比亚总统希菲凯普涅·波汉巴首次对中国进行国事访问。国家主席胡锦涛与波汉巴举行会谈，全国人大常委会委员长吴邦国和国务院总理温家宝分别会见。中国领导人高度评价中纳关系，赞赏纳为可信赖的朋友和重要合作伙伴。胡锦涛主席就进一步发展两国关系提出四点建议。第一，保持两国高层、议会、政党及各层次、各部门的友好往来，巩固和发展两国良好的政治关系。第二，发挥互补优势，扩大合作领域和贸易规模，提高两国经贸合作水平。第三，加强两国在旅游、司法、人力资源开发等领域的合作。第四，加强两国在国际和地区事务中的磋商与协调，共同维护发展中国家的权益。波汉巴完全赞同胡主席上述建议，感谢中方在纳争取独立斗争和国家建设中提供的各种援助，重申纳奉行一个中国政策，并希望更多的中国企业赴纳投资，扩大两国在矿业、渔业、农业和基础设施等领域的合作。访问期间，双方签署《中华人民共和国和纳米比亚共和国引渡条约》和《中华人民共和国政府和纳米比亚共和国政府经济技术合作协定》。中方宣布纳为中国公民出境旅游目的地国。双方还举行了两国经贸混委会首次会议。

11月16~18日，中共中央政治局常委李长春率中共代表团访纳，会见纳总统波汉巴和西南非洲人民组织党主席萨姆·努乔马，并与人组党总书记恩加里库图克·奇里安吉举行会谈。其间，双方签署《中华人民共和国政府和纳米比亚共和国政府关于相互促进和保护投资协定》。

此外，外交部副部长吕新华、财政部副部长廖晓军分别访纳。纳司法部长兼总检察长彭杜克妮·伊武拉—伊塔纳，贸易与工业部长伊曼纽尔·恩加奇泽科，工程、运输和通讯部长乔尔·卡潘达和国民议会外交、防务和安全委员代表团先后访华。

两国经贸合作扩展到电讯领域。双方在人力资源培训领域的合作规模扩大，年内共有31名纳政府官员和技术人员来华参加各类培训。

# 尼泊尔

## (Nepal)

中华人民共和国致力于在和平共处五项原则基础上与尼泊尔王国发展世代友好的睦邻伙伴关系。2005 年是中尼建交 50 周年，两国关系迈上新的台阶。

双边高层接触频繁。4 月 22 日，国家主席胡锦涛在雅加达亚非峰会期间会见了尼泊尔国王贾南德拉·比尔·比克拉姆·沙阿·德瓦。4 月 23 ~ 26 日，应博鳌亚洲论坛秘书处的邀请，尼国王贾南德拉来华出席论坛 2005 年年会，全国政协主席贾庆林会见尼国王。

其他重要双边交往有：3 月底，外交部长李肇星访问尼泊尔，拜会了尼国王贾南德拉，并出席中方援建的马亨德拉国王自然保护基金会办公大楼项目考察换文签字仪式。7 月，尼外交部秘书阿查里雅来华举行第六轮中尼外交磋商。8 月，尼外交大臣潘迪访华，国家主席胡锦涛会见，潘迪转交了尼国王贾南德拉的亲笔信。潘迪与外交部长李肇星举行会谈，共同签署经贸、中尼关于边民过牧协议的换文、关于尼泊尔借道中国西藏公路进行货物运输的议定书和简化签证手续等合作文件。8 月，尼财政大臣拉纳来华举行中尼经贸联委会第九次会议。尼妇女、儿童和社会福利大臣斯瑞斯塔来华参加纪念联合国第四次世界妇女大会十周年会议。9 月，外交部长李肇星在出席第 60 届联大期间会见尼外交大臣潘迪。10 月，尼军队参谋长塔帕上将和尼总行政大臣塔卡里分别访华。11 月，尼文化、旅游和民航部长巴拉卡亚出席在广东举办的亚洲文化部长论坛和第七届亚洲艺术节。

举行系列活动庆祝建交 50 周年。8 月 1 日，国家主席胡锦涛、外交部长李肇星与尼泊尔国王贾南德拉、外交大臣潘迪互致建交贺电。中国人民对外友好协会、中国驻尼使馆分别举行庆贺建交 50 周年招待会。中方出版《中尼双边关系重要文献汇编》，举办“中尼友好”图片展。中国驻尼使馆举办第二届“中国节”。10 月，中尼联合登山队成功登顶中尼边境的无名山峰，并命名为“中尼友谊峰”。

中国西藏自治区与尼传统友谊得到加强。5 月，拉萨至加德满都开通客运直通车。11 月，西藏自治区主席向巴平措率团访问尼泊尔。中国佛教、妇女及青年代表团先后访尼，尼记者团访藏，第十届藏尼经贸洽谈会在藏举行。

两国在国际事务中及各自关心的问题上互相支持，一如既往地开展富

有成效的合作。尼泊尔在西藏、台湾等问题上继续予中方坚定支持。尼政府关闭所谓达赖驻加德满都办事处，发表声明支持中国制定《反分裂国家法》。尼支持南亚区域合作联盟原则同意给予中国观察员地位。中方继续支持尼人民为实现政治和解、社会稳定和经济发展所做的努力。

# 荷 兰

## (Netherlands)

2005 年，中华人民共和国与荷兰王国关系平稳发展，各领域合作富有成果。

双方高层交往频繁。中共中央政治局委员、中央军委副主席、国务委员兼国防部长曹刚川上将，全国政协副主席王忠禹，全国人大常委会副委员长成思危，全国人大常委会副委员长、中国科学院院长路甬祥，国家税务总局局长谢旭人访荷。荷兰王储亚历山大，副首相兼财政大臣扎尔姆，外交大臣博特，外贸大臣范赫尼普，卫生大臣霍赫福斯特，教育、文化、科学大臣范德胡芬，农业大臣魏尔曼，交通和运输大臣佩斯，文化国务秘书范德兰访华。这些访问进一步增进了两国间的政治互信，深化和拓展了双方在各领域的友好合作，为中荷关系继续向前发展增添了新的动力。

中荷贸易继续保持快速增长势头。荷连续第三年成为中国在欧盟的第二大贸易伙伴。

双方在国际事务中保持了沟通与协调，在教育、文化、农业、水利、司法、科技等领域的合作成果显著。5 月，两国政府签订相互承认高等教育学位证书及入学的协议。10 月，荷成功举办“阿姆斯特丹中国节”。

# 新西兰

# (New Zealand)

中华人民共和国与新西兰自1972年12月建交以来，两国关系稳步发展。中国政府重视与新西兰的关系，愿在相互尊重、平等互利的基础上进一步深化中新全面合作关系，共同促进亚太地区的和平与繁荣。2005年，中新关系继续保持良好发展势头。

双方高层互访与接触频繁，有力推动了中新全面合作关系的发展。2005年5月，全国人大常委会委员长吴邦国对新进行正式友好访问，新总理克拉克访华。12月，国务院总理温家宝在马来西亚出席首届东盟峰会期间与新总理克拉克举行双边会晤。

其他重要双边交往有：2月，新外交贸易部长戈夫访华。4月，共青团中央书记处第一书记周强率中国青年代表团访新。8月，中共中央宣传部副部长、国家广播电影电视总局局长王太华访新。11月，外交部长李肇星和商务部长薄熙来在出席亚太经合组织部长级会议期间分别会见新外长彼得斯、贸易部长戈夫、贸易谈判部长萨顿。12月，中新第16次外交部官员政治磋商在新举行。

经贸合作不断扩大和深化。中国是新第四大贸易伙伴、出口市场和第二大进口来源地。4月和6月，中新经贸联委会第25次会议和《中新贸易与经济合作框架》下的中新部长级委员会第一次会议分别在京举行。截至2005年底，中新举行了五轮双边自由贸易协定谈判。

两军继续保持密切交往。4月，中国海军副司令王玉成中将访新。5月，新国防军副司令班姆菲尔德访华。6月，新西兰舰艇编队访问上海。9月，中国人民解放军副总参谋长吴胜利海军中将访新。

两国在文化、教育、旅游和司法等领域的交流与合作进展顺利。3月，中新教育交流联合工作组第四次磋商会议在新举行。4月，双方在北京草签《中新刑事司法协助条约》。8月，双方在新签署《中新两国广播电影电视合作安排》。新是中国公民出国留学第五大目的国，中国是新最大的留学生来源国，截至2005年底，在新学习的中国学生人数约为3万人。中国是新西兰第五大旅游客源国。

新西兰政府重视发展对华关系，多次重申坚持一个中国政策，反对“台独”。

# 尼日尔

## (Niger)

中华人民共和国与尼日尔共和国自1996年复交以来，两国友好合作关系得到快速、全面发展。中国政府重视发展与尼日尔的友好关系，愿不断加深和扩大双方在各领域的合作。2005年，两国关系继续稳步发展。

4月，尼日尔外交部照会中国驻尼使馆，支持中国制定《反分裂国家法》。6月，外交部长李肇星的代表孙昆山大使访问尼日尔，分别会见了尼日尔总统马马杜·坦贾和代外长、国防部长哈桑·苏莱。尼日尔领导人高度评价双边关系，表示尼政府一如既往将同中国的关系置于其对外关系的优先地位。

两国经贸及其他领域的友好合作进一步加强。双边贸易增长迅速，能源等领域的互利合作取得积极进展。6月，尼日尔青年、体育和法语国家运动会部长阿卜杜勒·拉曼·塞义杜来华采购体育用品等物资，国家体育总局局长刘鹏会见。12月，尼日尔矿业和能源部长穆罕默德·阿卜杜拉希来华进行商务考察。此外，中国援建的尼日尔津德尔市供水工程项目竣工仪式于6月举行，尼日尔总统坦贾等出席。

12月28日，尼日尔新任驻华大使布巴卡尔·阿达穆向中国国家主席胡锦涛递交国书。

# 尼日利亚

## (Nigeria)

中华人民共和国与尼日利亚联邦共和国自1971年建交以来，双边关系发展顺利。两国在国际和地区事务中密切沟通和协调。2005年，两国保持高层交往势头，政治互信不断加深，在各领域的友好合作成效显著。

4月，应国家主席胡锦涛邀请，尼日利亚总统奥卢塞贡·奥巴桑乔以尼日利亚国家元首和非洲联盟轮值主席双重身份访华。胡锦涛主席与其会谈，全国人大常委会委员长吴邦国、国务院总理温家宝分别会见。胡锦涛主席对尼日利亚一贯坚持一个中国原则表示赞赏，感谢尼日利亚支持中国制定《反分裂国家法》，并就巩固和深化中尼友好合作关系提出了加强政治互信、扩大双边贸易规模、加强双方在油气开发等重点领域合作、推动双向投资以及加强国际合作等五点建议。奥巴桑乔总统重申尼日利亚坚定奉行一个中国政策，支持中国统一大业的立场，并对胡主席的建议表示完全赞同。双方同意继续加强两国在政治、经贸、教育等诸多领域合作，并推动中非新型战略伙伴关系不断取得新成果。两国领导人还就共同关心的国际和地区问题交换了看法，达成广泛共识。双方发表了《中华人民共和国与尼日利亚联邦共和国联合公报》，一致同意在南南合作框架内建立政治上互信、经济上互利、在国际事务中互助的中尼战略伙伴关系，还签署了《中华人民共和国政府与尼日利亚联邦共和国政府经济技术合作协定》等合作文件。

其他重要交往还有：3月，尼日利亚外长奥卢耶米·阿德尼吉访华，黄菊副总理予以会见，李肇星外长与之会谈，并共同主持两国外交部间政治磋商。5月，中国全国政协副主席王忠禹访问尼日利亚并与奥巴桑乔总统、纳马尼参议长和曼图副参议长分别会见和会谈。7月，尼日利亚总统国家安全顾问阿利余·穆罕默德·古绍访华。

3月，尼驻华使馆照会中国外交部非洲司，表示尼支持中国制定《反分裂国家法》。

中尼经贸合作继续快速增长，双方在农业、基础设施建设、电信、高科技、能源等领域的合作不断加强。3月，中国人民银行行长周小川率团访问尼日利亚。7月，中国证监会与尼日利亚证券交易所在北京签署《证券期货监管合作谅解备忘录》。中国正在尼实施的农村电话网一期、奥贡州和翁多州燃机电站、埃努古州供水、约贝州公路等项目进展顺利。中尼卫星合作项目进入实施阶段。

中尼在其他领域的交流与合作不断加强。11月，尼中友协代表团访华。

# 挪　威

# (Norway)

2005 年，中华人民共和国与挪威王国关系继续发展。

两国高层保持接触。4 月 19 ~ 22 日，国务院副总理回良玉对挪威进行正式友好访问，会见了挪威首相邦德维克，并与挪威农业和食品大臣斯蓬海姆举行会谈。2004 年 12 月 30 日，国务院总理温家宝就印度洋海啸造成挪人员伤亡和失踪事向挪首相邦德维克致慰问电。2005 年 10 月 11 日和 17 日，挪新一届议会和政府先后成立，全国人大常委会委员长吴邦国、国务院总理温家宝、外交部长李肇星分别致电挪威新任议长亚格兰、挪威首相斯托尔滕贝格、新任外交大臣斯特勒表示祝贺。

中挪人员往来频繁。全国政协副主席李贵鲜，全国政协副主席、中华全国供销合作总社理事会主任白立忱，湖北省省长罗清泉，山西省政协主席刘泽民及广东省副省长钟阳胜等分别率团访挪。挪石油能源大臣图尔希德·魏德维、儿童家庭事务部大臣莱拉·道维、卫生与保健服务大臣安斯加尔·加布里埃尔森、渔业和海洋事务大臣卢德维格森、环境大臣克努特·哈雷德、挪威审计公署审计长加尼·埃登姆及挪威中央银行行长斯韦恩·盖德莱姆等先后访华。两国外交部继续保持磋商和协调。2 月 20 ~ 23 日，挪威外交部秘书长林德斯特姆访华。3 月 27 日至 4 月 1 日，挪威外交大臣扬·彼得森正式访华。

中挪经贸合作进展顺利，在环保、能源、造船、航运、渔业等领域合作不断深化。中国继续保持作为挪威在亚洲最大贸易伙伴的地位，中方对挪出口保持快速增长势头，出口结构进一步改善。两国双向投资进一步扩大，海员劳务合作快速发展。5 月 25 ~ 27 日，商务部副部长张志刚赴挪出席中国与挪威经贸、工业和技术合作联合委员会第 16 次会议并会见挪威贸工大臣布伦德。

中挪文化交流形式多样。中国在挪威举办的“汉景帝阳陵文物展”广受好评。中国少年足球队参加“挪威杯”足球赛并取得冠军。贵州侗族四人演出组赴挪参加 2005 年世界音乐节。《人民日报》记者组访挪。挪威“北欧黑人剧团”来华参加“相约北京”联欢活动，中挪艺术家在人民大会堂联合演出音乐剧《生命》。

中挪民间交往活跃，挪威来华人员达 3 万人次，旅游目的地国家协议签署后，中方赴挪旅游人数明显增加。

# 阿　曼

## (Oman)

中华人民共和国始终坚持在和平共处五项原则基础上保持和发展与阿曼苏丹国的友好合作关系。两国自1978年建交以来，双边关系发展顺利，在政治、经贸、能源等领域的合作不断深化。2005年，中阿友好合作关系进一步发展。

两国高层互访频繁。6月，国务院副总理曾培炎访阿，会见了阿内阁事务副首相法赫德·本·马哈茂德·阿勒赛义德，双方签署了能源、通讯等领域的合作协议。9月，阿内阁事务副首相法赫德·本·马哈茂德·阿勒赛义德访华，国务院总理温家宝、副总理曾培炎会见了法赫德，国家副主席曾庆红与法赫德举行了会谈，双方就双边关系及共同关心的国际和地区问题交换了意见。8月，阿外交事务主管大臣尤素福·本·阿拉维·本·阿卜杜拉非正式访华，会见了外交部长李肇星，双方就双边关系及联合国改革等问题交换了看法。

两国在教育和民间交往日益增多。11月，阿曼教育大臣叶海亚·本·苏欧德·苏莱米来华出席联合国教科文组织第五届全民教育高层会议，北京大学校长许智宏访阿。12月，中国人民对外友好协会会长陈昊苏访阿，促进了两国人民间的友好交往与合作。

# 巴基斯坦

# (Pakistan)

中华人民共和国与巴基斯坦伊斯兰共和国是亲密友好邻邦。建交以来，两国始终恪守和平共处五项原则，相互信任，相互支持，开展了全方位合作，形成了全天候友谊。2005 年，中巴在全面合作伙伴关系的基础上建立了战略合作伙伴关系，两国关系水平进一步提升。

两国领导人频繁互访和接触，政治互信进一步加深。国家主席胡锦涛 4 月出席雅加达亚非峰会时会见了巴总统穆沙拉夫，7 月出席阿斯塔纳上海合作组织峰会时会见了巴总理阿齐兹，9 月出席纽约联大峰会期间再次会见穆沙拉夫。4 月，温家宝总理对巴进行正式访问，双方签署了中巴睦邻友好合作条约，宣布建立更加紧密的战略合作伙伴关系。此外，双方还签署了打击三股势力合作协定和海关、质检、交通、电信、文化、教育等领域共 22 个合作文件，各领域合作更趋密切。访巴期间，温总理还出席第四届亚洲合作对话（ACD）外长会并做主旨发言，与巴总理阿齐兹共同会见两国青年代表，并出席中巴友谊中心奠基仪式。

两国外交部保持密切交流。外交部长李肇星在出席伊斯兰堡 ACD 外长会和联大期间会见巴外长卡苏里，并就联合国改革、巴震灾后重建等问题通电话。3 月，中巴第二次反恐磋商在京举行。6 月，外交部副部长武大伟赴巴举行中巴首轮战略对话暨年度外交磋商。双方在联合国改革等重大国际问题上保持了密切沟通和合作。

中巴经贸合作不断深化。双边贸易额继续增长，瓜达尔港、山达克铜金矿等一批重点中巴合作项目进展顺利。温总理访巴期间，双方宣布启动自贸区谈判，并签署自贸区“早期收获”协议。第 12 届中巴经贸科技合作联委会在巴举行，双方就双边贸易、投资、经济技术合作等问题交换了意见。8 月和 12 月，中巴双方在华举行了两轮自贸区谈判，合作进展顺利。

中巴两军继续保持友好合作与往来。9 月，巴参联会主席艾山上将率团访华。11 月，中国海军舰艇编队访巴，并与巴海军首次在阿拉伯海举行以联合搜救为主要内容的非传统安全领域演习。

两国各领域交流与合作进展顺利。中巴科技论坛成功举行。孔子学院在巴成立，中方已向巴派遣教师协助汉语教学。

中巴两国在地区和国际事务中继续保持密切协作。巴在台湾、西藏、人权、打击“东突”恐怖势力等问题上坚定支持中方立场。3 月，中国全

国人大通过《反分裂国家法》，巴外交部发言人即发表谈话，表示巴坚定支持一个中国政策，赞赏并完全支持中国实现国家统一，包括通过《反分裂国家法》在内的所有努力。

10月8日，巴北部地区发生强烈地震，造成重大人员伤亡和财产损失。中国领导人即致电巴领导人表示慰问。中方积极参与巴灾后救援和重建工作，先后派出救援队和医疗队，提供2050万美元无偿援助。11月，商务部部长助理陈健和外交部副部长武大伟先后率中国政府代表团访巴，考察巴灾情和出席巴灾后重建国际会议。中国政府宣布提供3亿美元优惠出口买方信贷，帮助重建巴拉考特重灾区、修复喀喇昆仑公路和为巴修建地震台网等。震灾发生后，中国国防部、红十字会、妇联、中国人民对外友好协会等机构及许多公司和个人也分别向巴提供援助。

## 巴勒斯坦

## (Palestine)

中华人民共和国是最早支持巴勒斯坦解放组织和巴勒斯坦国的国家之一。1988 年 11 月，两国建交以来，关系发展顺利。2005 年，中国与巴勒斯坦友好合作关系进一步发展。

两国保持密切的政治交往。5 月 17 ~ 19 日，巴勒斯坦民族权力机构主席马哈茂德·阿巴斯对中国进行国事访问。国家主席胡锦涛与阿巴斯举行会谈，国务院总理温家宝和国务委员唐家璇分别会见。双方主要就双边关系和中东问题交换了看法。双方均表示愿进一步加强合作。阿巴斯感谢中方对巴勒斯坦的长期支持，建议成立两国经贸合作混委会机制，希望中方参与巴勒斯坦的重建。胡主席积极回应了阿巴斯的建议并赞赏巴方的和平努力，重申将继续在力所能及的范围内向巴勒斯坦提供帮助。双方还签署了《中华人民共和国政府和巴勒斯坦国政府经济、贸易和技术合作协定》《中华人民共和国政府和巴勒斯坦国政府经济技术合作协定》等文件。6 月 20 日，外交部长李肇星访问巴勒斯坦，分别拜会了巴民族权力机构主席阿巴斯和总理艾哈迈德·库赖，与外交事务部长纳赛尔·基德瓦博士会谈。双方主要就双边关系和共同关心的地区问题交换看法。9 月 1 ~ 3 日，中共中央对外联络部部长王家瑞访问巴勒斯坦。12 月 17 日，外交部领导成员乔宗淮访问巴勒斯坦。中国中东问题特使王世杰于 3 月和 9 月两度访问巴勒斯坦，与巴方就以巴局势、中东和平进程等问题深入交换了意见。

两国在教育、经贸等其他领域的交往也日益增多。3 月底，巴勒斯坦教育和高等教育部长阿布·胡姆斯访华。5 月，随阿巴斯访华的巴勒斯坦国民经济部长马赞·桑格拉特与商务部长薄熙来举行会谈。

两国双边贸易开始起步，势头良好。中国在力所能及的范围内继续向巴勒斯坦提供一定的经济援助。

# 巴布亚新几内亚

## (Papua New Guinea)

2005 年，中华人民共和国与巴布亚新几内亚独立国的友好合作关系得到进一步巩固和发展。

双方各层面交往频繁，政治互信不断加深。4 月，中国国家主席胡锦涛在印尼出席亚非峰会和万隆会议 50 周年纪念活动期间会见巴新总理索马雷。7 月，巴新外长纳马柳访华。9 月，全国人大常委会副委员长许嘉璐访问巴新并参加巴新独立 30 周年庆祝活动。10 月，杨洁篪副部长出席在巴新举行的第 17 届太平洋岛国论坛会后对话会并会见巴新领导人。巴新文化旅游部长巴苏阿、石油与能源部长阿韦和矿业部长阿科泰伊等也分别访华。双方于 7 月举行两国外交部第十次高级官员磋商。

政党、军队、民间交往日益增多。5 月，中共中央对外联络部部长王家瑞率中国共产党代表团访问巴新。8 月，巴新主要执政党国民联盟党副领袖波利率团访华。9 月，巴新国防部长古巴戈访华。

经贸合作呈现良好发展势头。中国冶金集团公司与巴新方签署协议，投资 6.5 亿美元开发拉姆镍矿项目。巴新正式承认中国完全市场经济地位。双方在文化、卫生、农业和渔业等领域合作不断扩大。

两国加强了在国际和地区组织中的协调与沟通。中国继续在联合国等多边场合支持巴新政府推进“布干维尔和平进程”的努力。巴新政府多次重申坚持一个中国政策，并在太平洋岛国论坛、南太旅游组织等地区涉台问题上支持中国立场。

# 秘 鲁

## (Peru)

中华人民共和国与秘鲁共和国自 1971 年建交以来，两国关系发展顺利。秘政府坚持一个中国政策。2005 年，中秘关系取得较大发展。

两国高层交往频繁，政治互信增强。1 月 26～28 日，国家副主席曾庆红访秘，秘总统亚历杭德罗·托莱多·曼里克会见，副总统戴维·魏斯曼·拉文斯蒂主持会谈。双方宣布中秘建立全面合作伙伴关系，中方宣布把秘鲁列为中国公民出境旅游目的地国，秘方重申承认中国市场经济地位。双方签署了涉及刑事司法协助、植物检疫、旅游、投资、油气勘探开发等领域的八项合作协议。6 月 1～6 日，秘总统托莱多对中国进行国事访问。胡锦涛主席与托莱多总统举行会谈，吴邦国委员长和温家宝总理分别会见。两国领导人就加强中秘互利合作达成重要共识，表示愿意进一步充实两国全面合作伙伴关系内涵，推动中秘关系持续深入发展。双方签署了涉及交通、传统医学、教育、旅游、知识产权等领域的七个合作文件。9 月，李肇星外长在第 60 届联大期间会见秘鲁外长奥斯卡·毛尔图亚·德罗马尼亚，双方就双边关系和联合国改革等问题交换了意见。

双方主要互访还有：全国人大常委会副委员长成思危、信息产业部部长王旭东、海关总署署长牟新生、中国侨联主席林兆枢等访秘。秘副外长阿曼多·莱卡罗斯·德科西奥访华，与中方共同主持召开两国外交部间第六次政治磋商和双边经贸混委会第四次会议；此外，秘国防部长罗伯托·恰夫拉、人民行动党领导人巴伦廷·帕尼亚瓜等分别访华。

两国在国际和地区事务中保持协调与配合。中国支持秘竞选安理会 2006/2007 年度非常任理事国。

两国经贸关系发展迅速，中国已成为秘第二大贸易伙伴和出口市场，秘是中国在拉美地区的重要贸易伙伴和主要投资对象国之一。

# 菲律宾

## (Philippines)

2005年是中华人民共和国与菲律宾共和国建交30周年，两国建立了战略性合作关系，双边关系得到进一步拓展和深化。

两国高层交往频繁。4月，国家主席胡锦涛对菲律宾进行国事访问，两国元首一致同意建立致力于和平与发展的中菲战略性合作关系，高度评价南海共同开发取得的突破性进展，欢迎中国、菲律宾、越南三国石油公司签订《南中国海协议区三方联合海洋地震工作协议》。胡锦涛主席和国务院总理温家宝分别于9月在纽约出席联合国成立60周年首脑会议和12月在吉隆坡出席东盟与中日韩等领导人会议期间与阿罗约总统举行了会晤。中国全国人大常委会副委员长韩启德，全国政协副主席罗豪才，中共中央政治局委员、广东省委书记张德江，全国政协副主席王忠禹等分别访菲。菲贸工部长普里斯马、环境和自然资源部长迪范瑟、外交部长罗慕洛、众议院外事委员会主席丘恩戈等访华。

两国贸易持续快速增长，农业、基础设施、资源开发等重点领域合作进一步深化。双方确定了2010年贸易额达到300亿美元的目标。中国政府再次向菲律宾政府提供5亿美元优惠信贷，用于支持菲铁路建设，使中方对菲优惠信贷总额增至9亿美元。

两国军事合作取得新进展。中国人民解放军副总参谋长熊光楷上将5月访菲，正式启动两国防务与安全磋商机制。7月，总后勤部副部长王谦中将对菲进行工作访问。

双方成功举办了百名青年互访等建交30周年庆祝活动。中国政府决定在菲北部拉瓦格市增设领事馆。

# 波　兰

## (Poland)

2005 年，中华人民共和国与波兰共和国的友好合作伙伴关系继续健康平稳发展，双方各领域交流与合作不断深化。

两国领导人保持接触，政府、议会各部门间往来密切，政治互信增强。9～10 月间，波兰分别举行了议会和总统大选，中国国家领导人分别向波兰新任国家领导人致电祝贺。3 月，外交部副部长张业遂赴波，与波兰副外长博古斯瓦夫·扎莱斯基举行两国副外长级磋商，并与副外长彼得·希维塔尔斯基及国家安全局副局长塔德乌什·巴瓦霍维奇举行安全与军控磋商。7 月，全国人大外事委员会主任委员姜恩柱访波。中国人民银行、审计署、国务院台湾事务办公室、国务院研究室、国土资源部、海关总署、国家行政学院、团中央等部门先后派团访问波兰。波兰财政部、科技部、卫生部、国家情报局以及波兰议会波中议员友好小组、参议院外事委员会、波兰自卫党欧洲议员等代表团分别访华。

经贸合作快速发展。两国企业界通过考察访问、商务洽谈和推介展会等加深了相互了解，对对方市场的热情升温，相互投资增加。

文化交流异彩纷呈，地方交往日趋活跃。中央戏剧学院表演系、重庆沙坪坝儿童艺术团、四川甘孜州藏剧团、河南少林武术团等艺术团体在波兰的精彩表演，以及中国电影回顾展、庆祝中欧建交 30 周年图片展、中国抗战胜利 60 周年展、西藏自治区成立 40 周年图片展等大型展览，在波兰引起热烈反响，赢得社会各界广泛赞誉。波兰 20 年来首次在华举办“波兰文化日”大型官方交流活动，华沙国家话剧院、波兹南大学合唱团等访华演出，受到中国观众欢迎。2005 年，中国宁波市与波兰比得哥什市建立了友城关系。截至 2005 年底，两国共有 21 对省、市建立或恢复了友好合作关系。

# 葡萄牙

## (Portugal)

2005年，中华人民共和国与葡萄牙共和国双边关系发展取得重要进展。双方建立全面战略伙伴关系，各领域交流与合作成果丰硕。

双方高层互访和会晤频繁。1月11～17日，葡总统桑帕约对中国进行国事访问。期间，国家主席胡锦涛同桑举行了会谈，全国人大常委会委员长吴邦国、国务院总理温家宝分别会见。中方高度评价中葡关系，表示愿与葡方共同努力，深化双方在政治、经济、文化、教育、科技、旅游等领域的交流与合作。桑表示葡方从战略高度看待两国关系，愿为葡中关系进一步发展做出更大努力。双方发表了建交以来首份联合公报，并签署了一系列双边合作文件。

12月9～10日，国务院总理温家宝对葡萄牙进行正式访问，会见了桑帕约总统、伽马议长，并同索克拉特斯总理举行会谈。两国总理共同签署《中葡两国政府关于加强双边关系的联合声明》，宣布建立全面战略伙伴关系。温总理积极评价中葡关系，表示中方愿同葡方一道，以建立中葡全面战略伙伴关系为契机，进一步扩大和深化双方在各领域的交流与合作，推动中葡关系持续、稳定、健康向前发展，以造福两国人民。索强调，发展对华关系是葡政府发展对外关系的重中之重，重申葡政府坚持一个中国原则，并希进一步扩大两国经贸合作。双方签署了经贸、司法、教育、卫生等领域的一系列重要合作文件。两国总理还共同出席了中葡企业家研讨会和语言教育双向合作座谈会。

双方议会、司法等领域的交往保持良好势头。10月，全国政协副主席周铁农率团对葡进行友好访问。期间，周分别会见了葡议长伽马、副议长达席尔瓦和议会外委会主席阿尔瑙特。9月，中国红十字总会会长彭珮云对葡红十字会进行友好访问。葡最高行政法院院长塞拉率团来华参加第22届世界法律大会。12月，双方在温总理访葡期间签署《刑事司法协助协定》。

两国经贸合作稳步发展。双边贸易额大幅增加。双方合作领域进一步扩大，葡不断加大其模具、软木等优势产品对华出口的力度；中国一批有实力的企业也加大了对葡投资。

中葡军事、科技、教育、卫生、地方交流与合作日益密切。11月，葡空军参谋长马丁斯空军上将访华。9月，葡科技及高等教育部长伽戈来华参加2005年国际风险管理理事会；中国教育部副部长章新胜率团访葡。11月，葡萄牙卫生部部长坎波斯率团访华。12月，双方在温总理访葡期间举行了在葡米尼奥大学设立孔子学院的授牌仪式。葡在上海开设总领馆。

# 卡塔尔

## (Qatar)

中华人民共和国始终坚持在和平共处五项原则基础上保持和发展与卡塔尔国的友好合作关系。两国自 1988 年建交以来，双边关系平稳发展，在政治、经贸、民航等领域的合作不断深化。2005 年，中卡友好合作关系平稳发展。

6 月，国务院副总理曾培炎出席在多哈举办的“77 国集团 + 中国”第二届南方首脑会议，转交了国家主席胡锦涛致卡埃米尔哈马德·本·哈利法·阿勒萨尼的信函，并在会上发表了题为“加强南南合作　促进共同繁荣”的讲话，宣布中方向“南方发展与人道主义援助基金”捐款 200 万美元。

在国际事务中，中卡相互支持与配合，中国支持卡竞选 2006～2007 年度安理会非常任理事国；卡在台湾、人权等事务中继续支持中国。

中卡经贸关系发展迅速，在承包工程和劳务领域的合作不断扩大。

两国在民间、航空和文化、体育领域的合作富有成效。3 月，外交部前大使杨福昌等出席了在卡举办的第五届“民主与自由贸易论坛”；6 月，国家体育总局党组书记李志坚访卡；9 月，中卡民航当局就扩大两国航空运输安排达成协议；11 月，“中国文化周暨新疆文化节”在卡成功举办。12 月，全国对外友协会长陈昊苏访卡，会见了卡市政农业大臣苏尔坦·本·哈桑·达比特·杜塞里。

# 大韩民国
## (ROK)

中华人民共和国与大韩民国自1992年8月建交以来，两国关系发展迅速。2003年，两国宣布建立全面合作伙伴关系。2005年，中韩各领域交流与合作继续深化发展。

双方保持高层互访和会晤。11月16～19日，应韩国总统卢武铉邀请，国家主席胡锦涛对韩国进行国事访问并出席在釜山举行的亚太经济合作组织第13次领导人非正式会议。访问期间，胡锦涛与卢武铉会谈，并会见了韩国国会议长金元基、总理李海瓒。双方就进一步深化中韩全面合作伙伴关系和共同关心的地区、国际问题坦诚深入地交换了意见，达成广泛共识。双方发表了《中韩经贸合作中长期发展规划联合研究报告》，确定了2012年双边贸易额达到2000亿美元的目标，将2007年即中韩建交15周年定为中韩交流年。韩方宣布承认中国的完全市场经济地位。双方发表了《中韩联合公报》。两国有关部门还签署了《关于扩大贸易救济领域合作的备忘录》《关于促进两国贸易投资发展的备忘录》和《东北虎合作繁殖协议》等文件。

6月21～23日，应国务院总理温家宝邀请，韩国总理李海瓒对中国进行正式访问，国家主席胡锦涛、全国人大常委会委员长吴邦国分别会见，温家宝与其举行会谈。

1月5日，国务院总理温家宝在雅加达出席东盟地震和海啸灾后问题领导人特别会议期间会见韩国总理李海瓒。5月8日，国家主席胡锦涛在莫斯科出席俄罗斯纪念卫国战争胜利60周年庆典期间会见韩国总统卢武铉。5月23～26日，应李海瓒总理邀请，国务委员华建敏访问韩国并出席在首尔举行的第六届政府改革全球论坛，分别会见了李海瓒和韩国副总理兼财政经济部长官韩德洙。9月7日，全国人大常委会委员长吴邦国在纽约出席第二届世界议长大会期间会见韩国国会议长金元基。12月12日，温家宝总理在吉隆坡出席第九次东盟与中日韩等领导人会议期间会见卢武铉总统。

两国外交部间继续保持密切沟通与协调。8月11～13日，韩国外交通商部长官潘基文对中国进行工作访问。国务委员唐家璇会见，外交部长李肇星与他举行会谈。双方就六方会谈等共同关心的问题深入交换了意见。

两国经贸关系日益密切。中国是韩国最大贸易伙伴、最大出口市场和最大海外投资对象国。韩国是中国第三大贸易伙伴国和第四大外商直接投资来源地。

两国在地区和国际事务中的合作进一步加强。双方在推进朝鲜半岛核问题六方会谈进程中保持了密切沟通与协调，在区域合作和联合国等国际事务中开展了良好合作。

双方人员往来不断扩大。2005 年，两国人员往来超过 400 万人次。中国是韩国国民最大海外旅行目的地国，韩国成为中国最大入境客源国。截至 2005 年底，韩国在华留学生近 4.4 万人，中国在韩国留学生近万人，均居双方国家外国留学生人数之首。双方 86 对省市缔结了友好关系。

## 罗马尼亚

## (Romania)

2005年，中华人民共和国与罗马尼亚的关系发展顺利。双方在各领域的交往活跃，合作良好。

两国政治互信进一步增强，双方在各领域的交往与合作富有成果。5月9日，国家主席胡锦涛在莫斯科出席俄罗斯纪念卫国战争胜利60周年庆典期间与罗马尼亚总统特拉扬·伯塞斯库举行双边会晤。全国人大常委会副委员长何鲁丽，中共中央政治局委员、北京市委书记刘淇，全国政协副主席周铁农，教育部副部长吴启迪，卫生部副部长黄洁夫等访罗。全国人大常委会副委员长兼秘书长盛华仁在纽约联合国总部会见了罗马尼亚参议院副议长特奥多尔·维奥雷尔·梅列什卡努。罗马尼亚外交部长米哈伊·勒兹万·温古雷亚努、内务部长瓦西里·布拉加、通讯和信息技术部长索尔特·纳吉、罗军总参谋长尤金·伯德兰上将、外交部国务秘书特奥多尔·巴孔斯基、外交部国务秘书瓦伦丁·纳乌梅斯库等访华。

中罗经贸合作不断发展，贸易额继续增长。

双方签署了《中华人民共和国公安部和罗马尼亚内务部关于预防和打击贩运和滥用麻醉药品、精神药物和化学品前体的合作协议》《中华人民共和国外交部和罗马尼亚外交部关于外交档案领域的合作协议》。此外，北京市与布加勒斯特市签署了建立友好城市协议。

# 俄罗斯

## (Russia)

2005 年，中华人民共和国与俄罗斯联邦关系继续保持良好发展势头，两国关系全面深入向前发展。

两国高层交往密切，政治互信加深。国家主席胡锦涛两次访俄，与俄总统普京四度会晤，双方还多次通热线电话、互致函电，就双边关系和重大国际和地区问题交换意见。双方签署并发表《中华人民共和国和俄罗斯联邦关于21世纪国际秩序的联合声明》，阐述了双方对重大国际问题的共同立场。两国元首共同宣布，将相互举办“国家年”活动。俄国家杜马主席格雷兹洛夫和俄联邦委员会主席米罗诺夫分别访华，与全国人大常委会委员长吴邦国举行会谈，启动两国立法机构定期合作机制。俄总理弗拉德科夫访华，国务院总理温家宝在北京同他共同主持中俄总理第十次定期会晤，就《<中俄睦邻友好合作条约>实施纲要》的落实情况交换意见，就下一步经贸、能源、投资等各领域合作达成新的共识。此前，副总理吴仪与俄副总理茹科夫在三亚举行了中俄总理定期会晤委员会第九次会议，国务委员陈至立与俄副总理茹科夫在北京举行中俄教文卫体合作委员会第六次会议。副总理曾培炎访俄并出席中俄第二次投资促进会议开幕式。俄第一副总理、“国家年”俄方组委会主席梅德维杰夫访华，与“国家年”中方组委会领导举行磋商，就“国家年”活动的原则及“俄罗斯年”的主要活动达成一致。成功举行两轮中俄战略安全磋商，就一系列双边及国际问题深入交换意见，达成广泛共识。外交部长李肇星与俄外长拉夫罗夫七次见面，多次通话并互致函电。

两国彻底解决历史遗留的边界问题。6 月 2 日，两国外长在俄符拉迪沃斯托克市互换《中华人民共和国和俄罗斯联邦关于中俄国界东段补充协定》的批准书。这标志着上述协定正式生效，中俄长达 4300 多公里的边界线走向以法律形式全部确定下来。这对中俄两国发展长期睦邻友好和互利合作、维护地区和世界的和平与稳定具有重要意义。

在涉及对方国家主权和领土完整等重大问题上继续相互支持。3 月 14 日，中国全国人大通过《反分裂国家法》后，俄外交部当天正式发表声明表示支持。3 月 18 日，普京在俄欧领导人会晤时表示，中国有权维护国家主权和领土完整，实现国家统一。俄支持中国的和平统一事业。7 月 3 日，俄方在中俄元首会晤“联合公报”中再次全面重申在台湾问题上的原则立场。中方支持俄在车臣问题上的立场。

成功举行首次联合军演。8月，中俄举行“和平使命—2005”联合军事演习，这是中俄首次联合军事演习。双方围绕打击“三股势力”，共同应对各种危机进行了实战演练。中俄联合军演进一步加强了两军合作，提升了两国战略协作的水平。

双边经贸等具体领域合作取得重大进展。双边贸易额连续六年增长。2005年达291亿美元，同比增长37.1%。目前，俄是中国第八大贸易伙伴，中国是俄第五大贸易伙伴。投资合作取得实质性成果。第二届投资促进会议6月在俄圣彼得堡市举行，共签署了七个投资协议，总金额达15亿美元。

在国际事务中密切沟通与配合。在联合国改革、中亚、朝（鲜）核、伊（朗）核等重大国际和地区问题上开展了富有成效的合作。共同推动上海合作组织发展。在阿斯塔纳峰会期间，吸收伊朗、巴基斯坦、印度为组织观察员。在上海合作组织第四次总理会议期间，签署了《救灾互助协定》《银行间合作协议》等多个文件。中俄在国际事务中的协作成为维护世界及地区和平、安全与稳定的重要因素。

民间交往与地方合作活跃。成功召开中俄友好、和平与发展委员会第六次全会。胡锦涛主席访俄期间，在新西伯利亚与西伯利亚联邦区地方领导人举行会谈；俄联邦委员会主席米罗诺夫访华期间，出席中俄地区经贸合作论坛，推动了两国地方合作。

## 胡锦涛主席对俄罗斯进行国事访问

应俄罗斯联邦总统普京的邀请，国家主席胡锦涛于6月30日至7月3日对俄罗斯进行国事访问。访问期间，胡锦涛主席与普京总统举行了会谈，签署了《中华人民共和国与俄罗斯联邦关于21世纪国际秩序的联合声明》，发表了《中俄联合公报》，双方签署了《国家电网公司与俄统一电力公司长期合作协议》等八个双边合作文件。两国元首共同宣布，2006年在中国举办“俄罗斯年”，2007年在俄罗斯举办“中国年”。胡主席还分别会见了俄总理弗拉德科夫、联邦委员会主席米罗诺夫和国家杜马主席格雷兹洛夫。胡主席还访问了新西伯利亚市并与西伯利亚联邦区地方领导人举行座谈。

两国元首高度评价自上次会晤以来中俄各领域合作取得的积极进展和重要成果。

胡主席表示，中俄关系近一年来取得了新进展，中方对此表示满意。为迎接中俄战略协作伙伴关系建立十周年，中方建议两国在政治领域要进一步加强战略协作，扩大军事交流合作，积极搞好首次中俄联合军事演习，落实好互办“国家年”的工作。在经贸领域要加强能源合作，落实好已达成的各项协议，扩大电力合作；进一步加强投资合作，加紧商签投资保护协定，为双方投资合作提供更好的法律保障；优化贸易结构，拓宽合作渠道，提高合作水平，扩大高技术和机电产品贸易；大力推进地方合作，发挥各自优势，在资金、资源、人才和交通方面创造良好条件，培育中俄经济合作新的增长点。

普京表示，俄中双方共同努力解决了所有历史遗留问题，为两国关系长远健康发展奠定了坚实基础。普京积极评价一年来俄中在政治、经贸、投资、科技、军事等领域的合作以及双方在国际事务中的协调配合，重申俄方将继续推动两国友好互利合作不断取得新成果。

两国元首就联合国改革、中亚、上海合作组织、伊朗核问题等国际和地区问题交换意见，达成广泛共识。

## 卢旺达

## (Rwanda)

中华人民共和国与卢旺达共和国1971年11月建交，两国关系保持健康、稳定发展。2005年，中卢友好合作关系继续稳步发展。

两国政府、政党和议会间积极开展友好交往。4月23日，外交部长李肇星在雅加达出席亚非首脑会议期间会见了卢旺达外交与合作部长夏尔·穆里甘德，穆里甘德表示卢旺达支持中国全国人大通过《反分裂国家法》。5月，卢旺达爱国阵线总书记弗朗索瓦·恩加兰贝访华。中共中央政治局常委罗干、中联部部长王家瑞分别会见。11月，卢旺达总统特使、参议院外交、合作和安全委员会主席瓦朗斯·穆尼亚巴吉沙来华出席由《人民日报》社和全球化合作基金会联合主办的第三届全球化论坛。同月，卢旺达教育、科学、技术及科研部负责高等教育的国务秘书穆贾瓦马里亚·让娜·达尔克女士来华出席中非教育部长论坛及联合国教科文组织第五届全民教育高层会议，教育部副部长章新胜会见，双方签署了《中华人民共和国教育部与卢旺达教育、科学、技术及科研部合作协议》等文件。

中卢经贸合作取得新的进展，双边贸易稳定增长。中国援建的纺织厂、基尼尼亚公路、体育场维修等项目相继竣工。9月，卢旺达投资和出口促进局在深圳高新技术产业园区设立经济技术代表处。

3月25日，卢旺达新任驻华大使本·马蒂亚斯·鲁甘加齐向胡锦涛主席递交国书。

# 圣卢西亚

# (Saint Lucia)

中华人民共和国与圣卢西亚自1997年建交以来，两国关系稳步发展，双边和多边领域合作良好。中国政府重视发展与圣卢西亚的友好合作关系。圣卢西亚奉行一个中国政策，支持中国在台湾问题上的原则立场。

2005年，两国关系继续稳定发展，交往领域不断拓宽，相互了解、信任不断加深。3月24日，圣外交、国际贸易和民航部长彼得勒斯·康普顿代表圣政府公开发表声明，对中国全国人大通过《反分裂国家法》予以支持。5月，应中国人民对外友好协会邀请，圣卢西亚—中国友好协会代表团访华。6月，圣参议长希尔福特·德特维尔和众议长约瑟夫·贝登·阿莱茵率议会代表团访华，全国人大常委会委员长吴邦国和副委员长成思危分别会见。8月，康普顿外长访华，国家副主席曾庆红会见，外交部长李肇星与康举行会谈，两国签署了经济技术合作协定。12月，建设部长汪光焘访圣。

中圣经贸合作进展顺利。圣承认中国完全市场经济地位，中圣签署中国将圣列为中国公民旅游目的地国的谅解备忘录。

双方在卫生、新闻等领域的交流也续有进展。5月，圣卫生部长达米亚恩·格里夫斯访华。9月，圣政府新闻署信息助理约翰·伊曼纽尔和《一个加勒比》报社社长丹尼斯·辛克莱尔·达布里奥参加加勒比国家联合新闻团访华。11月，七位圣青年代表来华参加首届中拉青年节活动。

## 萨摩亚

(Samoa)

2005 年是中华人民共和国与萨摩亚独立国建交 30 周年，两国友好合作关系进一步巩固和发展。

双方高层交往不断。5 月，萨摩亚总理图伊拉埃帕正式访华，宣布承认中国市场经济地位，与中方发表《中萨联合声明》，为双边关系发展确定了指导原则。11 月，中国—大洋洲友好协会会长彭珮云访萨并参加中萨建交 30 周年庆祝活动。萨税收海关部长图乌乌、教育体育文化部长菲娅梅、通讯部长帕卢萨卢埃分别访华，自然资源兼环境与气象部长阿维奥、工商旅游部长基尔来华出席国际会议。

中萨经贸合作进展顺利。中方援建的游泳馆项目工程于年底竣工。中国华为公司与萨签署协议，参与萨电信系统改造工程。

两国在文化领域交流增多。3 月，中国中央电视台 9 频道节目在萨正式落地。5 月，萨教育体育文化部长菲娅梅率文化艺术团访华演出；11 月，广东友好艺术团访萨演出。

萨政府坚持一个中国政策，不与台湾发生任何形式的官方往来，并在国际和地区组织涉台问题上支持中方正义立场。

# 圣马力诺

## (San Marino)

2005年，中华人民共和国与圣马力诺共和国的关系发展良好。

5月，圣非常驻驻华大使扎费拉尼访华。同月，外交部欧洲司负责人在罗马会见圣非常驻驻华大使扎费拉尼，就双边关系及联合国改革等问题交换了意见。7月，中国与圣马力诺就圣在香港委派名誉领事事以互换照会的形式达成协议。

中国与圣马力诺两国领导人在国庆时互致贺电。

# 沙特阿拉伯

## (Saudi Arabia)

中华人民共和国政府高度重视发展同沙特阿拉伯王国的友好合作关系，并致力于在互惠互利、互不干涉内政基础上与沙方共同努力，推动两国友好关系持续、稳定发展。自1990年建交以来，两国在政治、经贸、能源等各领域的合作不断深化。2005年，中沙友好合作关系发展顺利。

两国政治交往势头良好。8月1日，国家主席胡锦涛就沙国王法赫德·本·阿卜杜勒-阿齐兹·阿勒沙特逝世、王储阿卜杜拉·本·阿卜杜勒-阿齐兹·阿勒沙特继承王位向阿卜杜拉致唁电和贺电，胡锦涛主席特使、国务院副总理回良玉赴沙出席法赫德国王葬礼，国务院副总理黄菊前往沙驻华使馆吊唁。

两国议会交流继续加强。7月，全国人大外事委员会主任委员姜恩柱访沙，分别与沙国王阿卜杜拉、协商会议主席萨利赫·阿卜杜拉·哈米德、协商会议外事委员会主席班达尔·埃班就加强两国议会交流与合作交换意见。

两国经贸和能源合作发展迅速，大型合作项目取得进展。中、沙、美三方合资的福建炼化一体化项目于7月正式开工，沙石油和矿产资源大臣阿里·本·易卜拉欣·纳伊米赴福建出席开工仪式。11月，国家发展和改革委员会副主任张国宝赴沙出席国际能源论坛秘书处落成典礼，并与沙石油和矿产资源大臣纳伊米就加强两国能源合作深入交换意见。

中沙卫生、农业、文化等领域的合作顺利进行。8月，沙卫生大臣哈迈德·马尼阿访华，与卫生部长高强就加强两国卫生合作进行探讨。9月，沙农业大臣法赫德·拜勒古尼姆访华，与农业部长杜青林签署了《中沙农业合作协定》。11月，文化部副部长赵维绥率团出席了在沙举行的海湾地区“中国文化周”开幕式，这是中国首次在沙举办较大规模的文化活动，对增强沙人民对中国的了解、促进中沙文化交流起到了积极作用。

# 塞内加尔

## (Senegal)

2005 年是中华人民共和国和塞内加尔共和国关系史上具有重要意义的一年。10 月 25 日，中塞经过友好协商，恢复外交关系，结束了两国近 10 年关系不正常状态，双边关系翻开新的一页。

10 月 25 日，中国外交部长李肇星与塞内加尔外交国务部长谢赫·蒂迪亚内·加迪奥分别代表各自政府在北京签署《中华人民共和国和塞内加尔共和国关于恢复外交关系的联合公报》。公报内容为：根据两国人民的利益和愿望，中华人民共和国和塞内加尔共和国自 2005 年 10 月 25 日起恢复大使级外交关系。中华人民共和国和塞内加尔共和国同意恢复互派大使，并在对等的基础上为对方大使馆的工作提供方便。中华人民共和国政府支持塞内加尔共和国政府为维护国家主权和发展经济所做的努力。塞内加尔共和国政府承认世界上只有一个中国，中华人民共和国政府是代表全中国的唯一合法政府，台湾是中国领土不可分割的一部分。中华人民共和国政府对塞内加尔共和国政府的这一立场表示赞赏。

10 月 25 ~ 29 日，塞内加尔外交国务部长加迪奥对中国进行正式访问。国务院总理温家宝、国务委员唐家璇分别会见，李肇星外长举行会谈。中方对两国实现复交表示祝贺，相信在双方共同努力下，两国友好合作关系将会得到全面发展。加迪奥表示，塞内加尔与中国复交符合两国根本利益，是塞内加尔的战略选择，希望双方今后加强在政治、经贸、文化等各个领域的合作，以造福于两国人民。

11 月 24 日，以王同庆为临时代办的中国驻塞内加尔使馆建馆人员抵达塞内加尔首都达喀尔。28 日，王同庆临时代办向塞内加尔外交国务部长加迪奥递交了临时代办介绍书。

11 月 26 日至 12 月 3 日，塞内加尔教育部长穆斯塔法·苏朗来华出席中非教育部长论坛及联合国教科文组织在京召开的第五届全民教育高层会议。

# 塞尔维亚和黑山

## (Serbia and Montenegro)

2005 年，中华人民共和国与塞尔维亚和黑山的传统友好合作关系继续平稳发展。

两国高层接触不断，政治互信加深。1 月，塞黑议长佐兰·沙米访华。2 月，塞黑塞尔维亚共和国总统鲍里斯·塔迪奇访华。中共中央政治局委员、北京市市委书记刘淇，外交部长李肇星先后访问塞黑。塞黑外交部长武克·德拉什科维奇访华。

塞黑政府坚持奉行一个中国政策。3 月，中国全国人大通过《反分裂国家法》后，塞黑外交部发表声明予以支持。

两国外交部保持密切合作，交流领域不断拓宽。6 月，外交部副部长张业遂赴塞黑进行两国外交部副外长级磋商。两国外交部先后举行了政治、领事、安全、条约清理等司局级磋商。

两国经贸合作继续发展。9 月，商务部副部长张志刚访问塞黑并主持召开两国政府间经贸混委会第六次例会；塞黑黑山共和国副总理布拉尼米尔·格沃兹戴诺维奇应邀出席在沈阳举办的 2005 年中欧经贸工作会议。

两国文化、教育、军事、新闻、民间等领域合作良好。教育部副部长吴启迪、国家民委副主任周明甫、文化部副部长赵维绥、中国人民对外友好协会副会长刘志明访问塞黑。塞黑部长会议新闻局局长斯洛博丹·奥尔利奇、塞黑人权和少数民族权利部部长拉西姆·利亚伊奇、塞黑国防部副部长武卡欣·马拉什访华。

# 塞舌尔

(Seychelles)

中华人民共和国与塞舌尔共和国 1976 年建交以来，两国关系发展顺利。中国奉行大小国家一律平等原则，支持塞发展经济的努力。塞坚持一个中国立场。2005 年，中塞继续努力发展两国间真诚、平等、信任的友好合作关系。

1 月 8～10 日，外交部长李肇星对塞舌尔进行正式访问，会见了塞总统詹姆斯·阿里克斯·米歇尔和副总统约瑟夫·贝尔蒙，与塞外长热雷米·博纳拉姆举行会谈。双方签署了《中华人民共和国政府和塞舌尔共和国政府经济技术合作协定》《政府优惠贷款塞舌尔莱蒙斯住房（一期）项目追加贷款协议》和“关于拉扎尔湾小学及幼儿园项目立项的换文”。此外，外交部部长助理吕国增、中华全国妇女联合会副主席黄晴宜、安徽省副省长文海英等先后访塞；中国青年代表团应邀参加首届塞舌尔青年联欢节，中国杂技团应邀参加塞舌尔第 20 届克里奥尔节；塞舌尔卫生与社会事务部长文森特·梅里顿、塞舌尔民主党总书记尼古拉·加布里埃尔等先后访华。

印度洋海啸发生后，中国共向塞舌尔捐款 21 万美元。

# 塞拉利昂

## (Sierra Leone)

塞拉利昂共和国是中华人民共和国传统友好国家。建交以来，两国关系一直发展顺利。中国政府一贯重视发展与塞拉利昂的传统友谊和友好合作关系。2005年，两国交往频繁，各领域合作继续深化。

10月16~17日，外交部部长助理吕国增对塞拉利昂进行工作访问，会见了塞拉利昂总统艾哈迈德·泰詹·卡巴，与塞外交和国际合作部长莫莫杜·科罗马举行会谈。塞拉利昂领导人高度评价两国关系，感谢中方长期以来对塞提供的援助，表示塞政府将继续坚持一个中国立场。双方签署了《中华人民共和国政府和塞拉利昂共和国政府经济技术合作协定》。

塞拉利昂多位部长来华访问。3月，塞财政部长约瑟夫·道达访华，与中国国家税务总局草签了《中华人民共和国政府和塞拉利昂共和国政府关于对所得税避免双重征税和防止偷漏税的协定》。4月，塞总统和公共事务部长谢库·莫莫杜·塞塞访华。7月，塞新闻广播部长瑟普提莫斯·凯凯访华。9月，塞贸易工业部长卡迪·塞塞来华出席“第九届中国厦门国际投资贸易洽谈会”。10月，塞劳工劳资关系和社会保障部长阿尔法·廷博访华。

5月24日，塞拉利昂外长科罗马致信李肇星外长，表示塞拉利昂政府支持中国全国人大颁布《反分裂国家法》。

3月25日，塞拉利昂新任驻华大使萨·埃玛科·约翰尼向胡锦涛主席递交国书。

7月26日，中国驻塞拉利昂大使程文举和塞拉利昂外长科罗马分别代表各自政府签署了《中华人民共和国政府和塞拉利昂共和国政府经济技术合作协定》。

# 新加坡

## (Singapore)

2005 年，中华人民共和国与新加坡共和国关系取得良好发展。

两国高层交往频繁。全国人大常委会委员长吴邦国、国务院副总理吴仪先后访问新加坡，新加坡外交部长杨荣文、总理李显龙分别访华。两国成功召开“中国—新加坡双边合作联合委员会”第二次会议。两国领导人一致同意继续本着相互尊重、平等互利的原则，推动中国与新加坡友好互利合作关系再上一个新台阶。新加坡领导人多次重申坚持一个中国政策，反对“台独”的立场。

两国经贸、投资合作继续保持快速增长。新加坡已成为中国第七大贸易伙伴和第八大外资来源地。中国是新加坡第四大贸易伙伴。

双方在高科技、人才培养、文化等领域的合作与交流进一步扩大。6 月，中国—新加坡科技合作联委会第八次会议在新召开。9 月，两国政府签署《关于在双边合作联委会框架下建立中新 21 世纪人力资源伙伴关系的谅解备忘录》，两国外交部续签《关于中国中、高级官员赴新加坡学习培训项目的框架协议》。11 月，中国文化部与新加坡新闻、通讯及艺术部签署《文化交流与合作谅解备忘录 2006 ~ 2008 年度执行计划》。

## 斯洛伐克
## (Slovakia)

2005 年，中华人民共和国与斯洛伐克共和国的关系继续顺利发展。

两国领导人保持接触，相互了解与信任不断增强。12 月 7～8 日，温家宝总理对斯洛伐克进行正式访问。这是斯洛伐克独立后中国总理首次往访。温总理与总统伊万·加什帕罗维奇、国民议会议长帕沃尔·赫鲁肖夫斯基和总理米库拉什·祖林达举行了会见和会谈。两国领导人就双边关系和共同关心的其他问题深入交换了看法并达成广泛共识。双方还签署了《中华人民共和国政府与捷克和斯洛伐克联邦共和国政府关于促进和相互保护投资协定》的附加议定书；《中华人民共和国信息产业部与斯洛伐克共和国交通和邮电信息部通讯领域合作协议》。

两国各领域合作不断深化。外交部副部长张业遂、中央电视台台长赵化勇、国家质量监督检验检疫总局副局长李传卿、沈阳军区政委姜福堂上将等访问斯洛伐克。斯洛伐克总检察长多布罗斯拉夫·特尔恩卡、交通邮电部长帕沃尔·普罗科波维奇等访华。副总理兼财政部长伊万·米克洛什出席了在天津举行的亚欧财长会议。

中国在斯洛伐克举办了“上海风情图片展”。斯洛伐克在华举办了“儿童书籍插图展”和电影周活动。

两国经贸关系有较大发展，双边贸易额比上年增长一倍。

# 斯洛文尼亚

(Slovenia)

2005年，中华人民共和国与斯洛文尼亚共和国友好合作关系顺利发展，各领域务实合作日益扩大。

两国政治交往密切。全国政协副主席、中国社会科学院院长陈奎元访斯。外交部长李肇星在出席伊拉克问题国际会议和第60届联大会议期间同斯洛文尼亚外长迪米特里伊·鲁佩尔会晤。外交部副部长张业遂赴斯进行两国外交部副外长级磋商。斯洛文尼亚总统外事顾问伊沃·瓦伊格尔访华。

两国经贸关系发展良好，双边经贸额持续增长。商务部副部长张志刚访斯。斯洛文尼亚财政部长安德雷伊·巴尤克来华出席第六届亚欧财政部长会议。

两国在科技、广电、政党等各领域的交流与合作深入发展。科技部副部长李学勇访斯。斯洛文尼亚国家电视台台长阿莱克斯·什塔库尔，斯民族党主席、斯中友好议员小组主席兹马科·耶林契奇分别访华。

两国地方交往增多。上海市市长代表、中共上海市委常委姜斯宪访斯。卢布尔雅那市市长达尼察·西姆希奇访华。

# 索马里

## （Somalia）

中华人民共和国与索马里联邦共和国1960年建交。两国关系发展顺利。1990年底索爆发内战以来，中国政府一直密切关注索局势发展，并向索提供人道主义援助。中国作为联合国安理会索马里问题协调员，为推动索和平进程发挥了建设性作用。2004年8月以来，索第14次和会产生索过渡联邦议会、总统和政府，中国对此表示支持。2005年，中国政府继续支持索过渡联邦政府推进索和平进程。

两国政治交往密切，在双边关系及重大国际问题上保持磋商与合作。2月，陪同曾培炎副总理访问肯尼亚的外交部部长助理吕国增在内罗毕会见索过渡政府总统优素福、总理格迪，就中索关系、索战后重建等问题交换看法。4月，李肇星外长在印度尼西亚参加亚非峰会时会见索外长伊斯梅尔，就发展中索关系、扩大双边合作达成共识。5月访问肯尼亚的全国人大外委会副主任委员吉佩定会见索总统、总理和外长，就联合国安理会改革等问题交换意见。索过渡联邦政府支持中国全国人大通过《反分裂国家法》。

中国政府支持索马里过渡联邦政府为推动和平进程、开展战后重建所做的努力，多次向索提供各类援助。索遭受海啸袭击后，中国政府提供了10万美元现汇援助和800万元人民币物资援助，中国红十字会和中华慈善总会分别向索捐款10万美元和25万美元。

# 南 非

## (South Africa)

中华人民共和国与南非共和国自1998年1月1日建交以来，双边关系发展顺利。2004年，中南建立战略伙伴关系，两国关系进入新的发展阶段。2005年，中南战略伙伴关系稳步发展。

高层交往频繁，政治互信进一步增强。4月、7月和9月，国家主席胡锦涛与南非总统姆贝基分别在雅加达亚非峰会、苏格兰鹰谷八国集团与发展中国家对话会及纽约联合国成立60周年首脑会议期间会面，双方高度评价中南战略伙伴关系取得的新进展，并就进一步推动两国关系发展达成重要共识。

9月，全国人大常委会委员长吴邦国在纽约出席第二届世界议长大会期间，会见南非国民议会议长芭莱卡·姆贝特及南非全国省级事务委员会主席姆宁瓦·马赫兰古。双方均表示希望进一步加强交流与合作，共同推进两国战略伙伴关系的全面发展。同月，马赫兰古主席访华，吴邦国委员长、贾庆林主席分别会见。

11月19～21日，中共中央政治局常委李长春率中共代表团访问南非，分别会见南非总统、非洲人国民大会（非国大）领袖姆贝基、非国大总书记卡莱马·莫特兰蒂和南非共产党总书记布莱德·恩齐曼迪等，表示中国共产党愿与非国大共同努力，不断扩大和深化两国在各个领域的实质性合作，努力充实两国战略伙伴关系。姆贝基说，非国大愿将与中国共产党的传统友谊升华为两国在各个领域的全面合作，发展两国间平等互利、共同发展的战略伙伴关系。

双方其他副部级以上团组互访增加。中方去访主要有：农业部长杜青林、水利部副部长翟浩辉、卫生部副部长王陇德、外交部部长助理沈国放、吕国增及陕西省省长陈德铭、安徽省副省长任海深等。南非主要来访有：财政部长特雷弗·曼纽尔、科技部长莫西布迪·曼盖纳、卫生部长曼托·姆西曼、教育部长娜莱迪·潘多尔、外交部副部长阿齐兹·帕哈德、国防部副部长姆卢莱基·乔治、矿产和能源事务部副部长露露·克辛瓜纳等。

此外，6月，中南国家双边委员会下设的防务分委会第二次会议在北京召开。7月，两国外交部首次外交政策磋商在比勒陀利亚举行。4月，南非最大反对党民主联盟领袖托尼·利昂首次访华。11月，南非传统领袖祖鲁王访华。

经贸合作稳步发展。2005年，双边贸易额再创新高，并基本保持贸

易平衡。南非连续11年成为中国在非洲的第一大贸易伙伴；两国企业合作进一步扩大：中国国际信托投资公司承包改造南非钢铁公司焦炉工程项目进展顺利；南非米勒酿酒公司与华润集团合作，收购安徽阜阳啤酒厂。

教育、科技、文化、卫生等领域合作富有成效：南非斯泰伦布什大学中国研究中心汉语教学项目进展顺利，学生已达150人；中方协助南非建立远程医疗系统项目完成论证和筹建工作，第一套系统在南非国家信息技术署建成；中南第三次科技联委会在北京召开；中国水利部与南非水利和农业部签署《中华人民共和国政府与南非共和国政府在水资源领域合作的谅解备忘录》。

# 西班牙

# (Spain)

2005 年，中华人民共和国与西班牙王国关系取得长足发展，两国建立了全面战略伙伴关系，双方合作呈现全方位、宽领域、多层次的良好发展势头。

双方高层互访和接触频繁。11 月 13～15 日，国家主席胡锦涛对西进行了国事访问。访问期间，胡主席会见了国王及众、参两院议长等西方主要领导人，与萨帕特罗首相举行了工作会谈，并出席首届“中西工商峰会”开幕式。双方就双边关系和共同关心的国际及地区问题广泛、深入地交换了意见，达成广泛共识。中西发表了建交以来首份联合公报，宣布建立全面战略伙伴关系。双方还签署了一系列有关司法、经贸、科技等领域的双边重要合作文件。此次访问取得圆满成功，加深了相互了解和信任，促进各领域的合作与交流，全面提升了中西两国关系。

7 月 21～23 日，西班牙首相萨帕特罗对中国进行正式访问。国务院总理温家宝与萨帕特罗首相举行了会谈，胡锦涛主席、全国人大常委会委员长吴邦国和全国政协主席贾庆林分别予以会见。双方积极评价双边关系，表示将为提高两国各领域的合作水平而继续努力。访问期间，萨帕特罗首相还出席了庆祝中西论坛成立两周年招待会和中国—西班牙企业家午餐会及中西可再生能源研讨会开幕式。

4 月 19～25 日，西班牙参议长罗霍访华。全国人大常委会委员长吴邦国和全国政协主席贾庆林予以会见。双方就加强双边关系以及两国议会交往交换了意见。

此外，中央军委委员、空军司令员乔清晨上将，交通部副部长翁孟勇等应邀访西。西班牙工业、贸易和旅游大臣蒙蒂利亚，发展大臣阿尔瓦雷斯，马德里自治区主席阿吉雷等应邀访华。

两国外交部间交流与磋商日趋活跃，在联合国改革问题进行了良好的合作。外交部长李肇星在亚欧外长会议和联大会议期间两次与西外交大臣莫拉蒂诺斯举行会晤，就双边关系和联合国改革交换了意见。4 月 1 日，西班牙外交部外交政策总司长德斯卡利亚尔来华磋商。

双方经贸合作富有成果，贸易增长势头强劲。西班牙企业看好中国市场的巨大潜力，对华投资增长明显加快。2005 年，西班牙电信公司投资 4 亿欧元购买中国网通 5% 的股份，成为西对华最大的一笔投资。

中西在科技、教育、文化等领域的交流与合作更加丰富。胡主席访西

期间，分别举办了“中西首届技术创新与高新技术成果展暨研讨会”、“中西大学校长论坛”和“多彩中华民族服饰展演”，受到西班牙民众热烈欢迎。

双方在司法领域的合作取得突破性进展。中西签订《中华人民共和国和西班牙王国引渡条约》《中华人民共和国和西班牙王国关于移管被判刑人的条约》和《中西两国关于刑事司法协议的条约》，在欧盟国家中具有示范作用。

# 斯里兰卡

## (Sri Lanka)

中华人民共和国与斯里兰卡民主社会主义共和国是友好邻邦。中国政府重视在和平共处五项原则基础上，不断巩固和发展与斯里兰卡的传统友好合作关系。2005 年，中斯关系继续全面、深入发展。

高层互访促进中斯政治关系全面提升。4 月 8~9 日，国务院总理温家宝访斯，与钱德里卡·班达拉奈克·库马拉通加总统举行会谈，并会见议会反对党领袖拉尼尔·维克拉马辛哈，就进一步巩固中斯传统友好、加强互利合作、帮助斯海啸灾后重建等与斯领导人达成广泛共识。两国政府发表联合公报，宣布建立和发展真诚互助、世代友好的全面合作伙伴关系，标志中斯关系进入新的发展阶段。8 月 28 日至 9 月 2 日，斯总统库马拉通加对中国进行国事访问并出席纪念联合国第四次世界妇女大会十周年会议。库马拉通加总统与国家主席胡锦涛举行会谈，会见了全国人大常委会委员长吴邦国和国务院总理温家宝等。高层接触进一步推动了双边关系的发展并敦促大型合作项目取得进展。

其他层次互访频繁。6 月 23~25 日，外交部副部长武大伟赴斯与斯外秘 H.M.G.S. 帕里哈卡拉举行第五轮外交磋商。9 月 13~15 日，中共中央委员、青海省委书记赵乐际率中共代表团访斯，与斯方就进一步发展两国、两党友好合作达成广泛共识。此外，中国佛教及地方政府、政协代表团也相继赴斯考察访问，斯地方政府领导人及内阁部长等亦先后成功访华，加深了相互了解。

两国经贸合作进展顺利，双边贸易额增长迅速，两国政府签署进一步深化双边经贸合作关系的协议。中国在援斯大型项目方面，双方签署斯国家艺术剧院设计合同并举行奠基仪式；中方提供优惠贷款实施的斯农村电网项目实现部分网点接通；渔业码头修复工程和“中斯友谊村”项目先后举行开工仪式，进展顺利。中国政府继续在力所能及的范围内向斯提供援助。为帮助斯应对海啸灾害，中国政府向斯提供紧急物资和现汇援助，免除斯政府部分到期债务，并派出国家卫生救援队协助救灾及考察慰问团实地了解救灾需要。温家宝总理访斯期间亲赴灾区慰问灾民，宣布向斯提供无偿援助和优惠出口买方信贷，帮助斯修复受损渔业码头。库马拉通加总统访华期间，中方再次向斯提供无偿援助。

双方继续在重大问题上相互支持。斯政府声明支持中国制定《反分裂国家法》，在国际组织涉台斗争上，一如继往明确支持中方立场。斯支持

南亚区域合作联盟原则同意给予中国观察员地位。中方继续支持斯推进和平进程、实现民族和解。8月，拉克什曼·卡迪加马外长遇刺身亡，中方立即向斯方表示慰问并强烈谴责这一恐怖暗杀行径。

其他领域的交流与合作进一步深化。4月，中国海南省与斯南方省建立友好省际关系；6月，斯航空公司开通两国首都间直航；10月，斯驻上海领事馆正式宣布成立。双方还分别就农业、文化、旅游领域合作以及在斯设立孔子学院签署协议或谅解备忘录。

# 苏 丹

## (Sudan)

苏丹共和国是中华人民共和国传统友好国家。自 1959 年建交以来，两国始终平等相待，真诚合作。2005 年，中苏友好合作关系继续深入发展，各领域、各层次友好交往不断。

两国高层保持接触。4 月，在雅加达亚非峰会期间，国家主席胡锦涛与苏丹总统奥马尔·哈桑·艾哈迈德·巴希尔进行了会晤，双方就进一步巩固和扩大两国友好互利合作达成共识。7 月，国家主席胡锦涛、国家副主席曾庆红分别致电苏丹总统巴希尔、第一副总统约翰·加朗和副总统阿里·奥斯曼·穆罕默德·塔哈，祝贺其当选。10 月，苏丹总统巴希尔致电胡锦涛主席，祝贺“神舟”六号载人飞船发射成功。8 月，国家副主席曾庆红致电苏丹副总统塔哈，对苏丹第一副总统加朗遇难表示哀悼。2 月和 3 月，外交部长李肇星同苏丹外长穆斯塔法·奥斯曼·伊斯梅尔就达尔富尔问题四次通话。5 月，苏丹外长伊斯梅尔访华，国务院总理温家宝会见，李肇星外长与其举行会谈。1 月和 2 月，外交部部长助理吕国增先后作为中国政府特使出席苏丹《全面和平协议》签字仪式和就达尔富尔问题访问苏丹。在台湾和人权问题上，苏丹继续给予中国坚定支持。

两国政党交往增多。11 月，中共中央政治局常委李长春率中国共产党代表团访问苏丹，会见了苏丹总统巴希尔和副总统塔哈，与全国大会党副主席纳菲阿·阿里·纳菲阿举行了会谈。双方就进一步发展中苏两国、两党关系和地区热点问题深入交换了看法。3 月，“苏丹人民解放运动”副主席基尔访华。

两国经贸合作关系稳步发展，能源合作进展顺利。7 月，商务部副部长魏建国访问苏丹，与苏方主持召开了中苏两国第七届混委会，双方签署了《会议纪要》。8 月，中国石油天然气集团公司与苏丹政府签署了红海区第 15 区块石油产品分成协议并拥有 35％的股份。两国贸易额连年攀升，苏丹是中国在非洲的第三大贸易伙伴，中国成为苏丹最重要的贸易伙伴。

两国军事交往密切。10 月，中央军委副主席徐才厚上将访苏。7 月和 11 月，苏丹武装部队总参谋长阿巴斯·阿拉比·阿卜杜拉上将和副总参谋长穆罕默德·伊斯梅尔中将先后访华。

两国其他领域交流也不断增多。11 月，苏丹新任高等教育和科研部长彼得·纽特·库克来华参加在北京举行的中非教育部长论坛会议。同月，苏丹世界人民友好理事会副秘书长法鲁克·巴沙里访华。

# 苏里南

## (Suriname)

中华人民共和国与苏里南共和国自1976年建立外交关系以来，双边关系发展平稳，两国在政治、经济等方面的交流与合作不断发展。两国在国际事务中有着良好的合作。

2005年，中苏关系继续向前发展。中国国家副主席曾庆红在牙买加会见了出席中国—加勒比经贸合作论坛首届部长级会议的苏里南副总统尤勒斯·阿杜加。苏政府坚持一个中国原则。苏承认中国完全市场经济地位，中国宣布苏里南为中国公民出国旅游目的地国。

# 瑞典

## (Sweden)

2005年是中华人民共和国与瑞典王国建交55周年，中瑞关系取得新进展。

两国高层交往频繁，政治互信增强。2004年12月30日，国务院总理温家宝就印度洋海啸造成瑞典人员伤亡和失踪事向瑞典首相约兰·佩尔松致慰问电。2005年9月，胡锦涛主席在美国纽约出席联合国成立60周年首脑会议期间会见会议主席、瑞典首相佩尔松，就双边关系及联合国改革等问题交换意见。9月下旬，中共中央政治局常委、中纪委书记吴官正访瑞，瑞典首相佩尔松、副首相博塞·林霍尔姆和第一副议长佩尔·韦斯特贝里分别会见，双方积极评价双边关系的发展，表示愿进一步加强各领域交流与合作。中方访瑞的还有：全国政协副主席、中华全国供销合作总社理事会主任白立忱，广西壮族自治区党委书记、人大常委会主任曹伯纯，湖北省省长罗清泉，浙江省省长吕祖善，河南省政协主席范钦臣，重庆市市长王鸿举，中国保监会主席吴定富，国有重点银行业金融机构监事会主席王为强，全国社会保障基金理事会理事长项怀诚，国务院三峡办主任蒲海清等。9月中旬至10月中旬，瑞王储维多利亚公主非正式访华。瑞方访华的还有：瑞工贸大臣托马斯·厄斯特罗斯，基础设施大臣乌尔丽卡·梅辛，卫生与老年护理大臣于尔娃·约翰松，财政大臣佩尔·努德，可持续发展大臣莫娜·萨林，最高法院院长、首席大法官布·斯文松等。

两国立法机构间的交流与合作取得新进展。2月下旬，瑞典议会第一副议长韦斯特贝里访华，吴邦国委员长和许嘉璐副委员长分别会见。瑞议会民法委员会、工业与贸易委员会、人民党主席雷荣堡等代表团也于年内访华，文化委员会主席莱纳特·科尔马茨率议员考察团访藏。全国人大常委会副委员长、中科院院长路甬祥，全国人大环境与资源保护委员会等代表团访瑞。11月30日，瑞典议会成立“瑞典—中国议会协会”，全国人大外事委员会主任委员姜恩柱发贺信。

两国外交部间保持密切沟通与协调。3月，瑞典青年外交官培训班访华并同外交部有关部门进行座谈。5月，李肇星外长在日本京都出席第七届亚欧外长会议期间同瑞典外交大臣莱拉·弗赖瓦尔兹会见。6月，瑞典外交部国务秘书汉斯·达尔格林来华同张业遂副外长举行政治磋商。9月，李肇星外长在纽约会见第60届联大主席、瑞典驻美国大使扬·埃里亚松。

中瑞经贸合作发展顺利，双边贸易额保持高速增长势头，中瑞继续互

为在北欧和亚洲最大的投资伙伴。瑞典各大企业在华业务不断拓展。9月，温家宝总理会见访华的瑞瓦伦堡财团名誉主席彼得·瓦伦堡博士一行。10月，首届“中国—北欧贸易与投资展览会”及“中瑞投资贸易研讨会”在瑞成功举行。11月，瑞斯安银行上海分行举行开业典礼。

两国在文化、教育、科技、军事等领域的合作进一步深化，成果丰硕。2月，“北欧斯德哥尔摩孔子学院”正式成立，这是欧洲第一家孔子学院。9～12月，中瑞在故宫成功举办“瑞典藏中国陶瓷展”。10月，“哥德堡”号仿古船在哥德堡港举行首航中国起航仪式。3月，中央军委委员、空军司令员乔清晨上将访瑞，这是中国空军司令员首次访瑞。

9月，安徽省与西哥特兰省结成友好省关系。

# 瑞士

## (Switzerland)

2005年，中华人民共和国与瑞士联邦关系发展良好，政治、经贸、文化、旅游和人员培训等领域的交流与合作进一步加强。

两国政治关系平稳发展。1月，国务院副总理黄菊赴瑞出席达沃斯世界经济论坛2005年年会，并与瑞联邦主席兼军事、民防和体育部长施密德和联邦委员兼经济部长戴斯举行双边会晤。7月，瑞士联邦委员兼经济部长戴斯来华参加世贸组织小型部长会议并访华，国务院副总理曾培炎会见。双方在国际事务中继续保持沟通。7月，李肇星外长与瑞外长卡尔米—雷伊通电话，就双边关系和国际问题交换看法。两国外交部间进行了政治、人权和金融等领域的磋商与对话。

双方经贸关系保持较快发展势头。5月，曾培炎副总理会见来访的ABB集团董事长杜曼。8月，吴邦国委员长会见访华的雀巢公司董事长兼首席执行官包必达。9月，曾培炎副总理会见出席2005年中国企业高峰会的世界经济论坛主席施瓦布。

中瑞在人员培训、军事、卫生、文化和议会交往等领域的合作进一步加强。3月，中瑞合作管理培训项目四川子项目正式启动。3月和11月，瑞外交部发展与合作总司长福斯特应中国高级人事管理官员培训中心邀请两次访华。3月，中央军委委员、空军司令乔清晨上将过境瑞士，与瑞军司令凯卡斯中将举行会晤。5月，卫生部长高强与瑞士联邦委员兼内政部长库什潘在日内瓦签署《中瑞卫生领域合作谅解备忘录》。8月，中国外交部和瑞士驻华使馆就瑞在广州设立总领事馆事达成协议。10月，该馆正式开馆。8月，中国首次作为主宾国参加瑞士日内瓦节，国务院新闻办公室副主任李冰率团出席。活动期间举办了中国世界遗产等大型图片展和几十场中国传统文艺节目及手工艺表演。10月，瑞联邦议会瑞中小组主席高乐率团访华。11月，文化部部长孙家正率中国政府文化代表团访瑞。

# 叙利亚

## (Syria)

中华人民共和国与阿拉伯叙利亚共和国1956年建交，两国各领域合作不断加强。

2005年，两国政治交往不断。巴沙尔·阿萨德总统三次致信国家主席胡锦涛，胡主席也复信巴沙尔总统，就地区问题交换看法。6月，外交部长李肇星访问叙利亚。其间，叙总统巴沙尔和总理穆罕默德·纳吉·奥特里分别会见李外长。外长法鲁克·沙雷与李外长举行了会谈。双方主要就双边关系及共同关心的地区和国际问题交换了意见，并签署了经济技术合作协定。李外长还多次与沙雷外长通电话，并于10月31日安理会外长会议之前会见沙雷外长，就中东地区形势交换看法。年内，中方访叙的还有：外交部部长助理吕国增、中共中央对外联络部部长助理陈凤翔、北京军区政委符廷贵中将、解放军总政治部副主任孙忠同中将等。叙方访华的有：全国进步阵线中央委员、阿拉伯社会主义者运动总书记穆罕默德·艾哈迈德，国防部长哈桑·图尔克马尼中将，外交部副部长法鲁克·塔哈等。上述交往有力推动了中叙两国间各领域友好合作关系的进一步发展。

两国经贸合作稳步发展，贸易额明显增长。11月，中方为叙利亚培训了60名经济管理和国际合作管理官员。两国石油领域合作稳步发展，双方草签了石油战略合作意向书，以及中方承建叙利亚德尔祖尔炼油厂的谅解备忘录。叙方还组团参加了在中国举办的“中阿合作论坛首届企业家大会”和“中国投资贸易洽谈会”等。

两国文化交流更加广泛，中方参加了叙利亚“丝绸之路”文化艺术节和第14届大马士革国际电影节，并在叙利亚举办了“中国民俗风光展”等。双方旅游领域合作加强，6月，叙利亚成为中国公民出境旅游目的地国。

# 塔吉克斯坦

(Tajikistan)

2005年，中华人民共和国与塔吉克斯坦共和国的睦邻友好与互利合作关系继续稳步发展。

两国高层交往频繁，各领域合作不断扩大。4月和7月，国家主席胡锦涛出席亚非首脑会议和上海合作组织峰会期间与塔总统拉赫莫诺夫两次举行双边会晤，就双边关系、中亚地区形势、上海合作组织发展等问题交换意见。11月，全国人大常委会委员长吴邦国在西安会见了出席“欧亚经济论坛”的塔总理阿基洛夫，就双边关系、议会交往等问题交换意见。7月，国务院副总理吴仪访塔，与塔总统拉赫莫诺夫、总理阿基洛夫会见、会谈，就双边经贸合作等问题交换意见。12月，塔新任驻华大使阿利莫夫向胡锦涛主席递交国书。

两国党际、军际和各部门的友好交往进一步扩大。2月，商务部副部长张志刚率中国政府经贸代表团访塔。6月，中共中央书记处书记、中纪委副书记何勇率中国共产党代表团访塔。9月，中央军委副主席、国务委员兼国防部长曹刚川上将访塔。10月，塔国防部第一副部长阿德哈莫夫少将访华。12月，国家开发银行副行长王益访塔。

两国经贸合作取得新进展。2005年，双边贸易额1.579亿美元，同比增长129.1%。利用中国政府援款实施的塔沙尔—沙尔隧道建设等项目进展顺利。

# 坦桑尼亚

## (Tanzania)

中华人民共和国与坦桑尼亚联合共和国1964年建交以来，两国在政治、经贸、军事、文教、卫生等领域和国际事务中进行了真诚有效的合作，双边关系全面发展。2005年，中坦桑关系保持稳步发展势头，经贸合作取得新成果。

高层互访密切。11月22～23日，中共中央政治局常委李长春率中国共产党代表团访问坦桑尼亚。访问期间，李长春会见了坦桑总统、革命党主席本杰明·威廉·姆卡帕，与革命党总书记菲利普·加菲特·曼古拉举行了会谈。坦方领导人对两党、两国关系发展及两国在国际事务中的合作表示满意，高度赞赏中国在安理会等国际机构中所发挥的作用，重申将继续坚持一个中国政策。李长春表示中坦友谊是由两国老一辈领导人亲自缔造、经过两国几代领导人共同培育而成的。近年来，两国在各个领域的合作卓有成效，发展双边友好关系前景广阔。双方签署了《中华人民共和国政府和坦桑尼亚联合共和国政府经济技术合作协定》以及《中华人民共和国政府和坦桑尼亚联合共和国桑给巴尔革命政府经济技术合作协定》。

4月13～15日，中央军委副主席、国务委员兼国防部长曹刚川上将访问坦桑，会见了坦桑总统姆卡帕，与坦桑国防与国民服务部长菲雷蒙·萨伦基教授举行了会谈。此外，中国新闻出版署、国际广播电台等部门代表团先后访坦。坦桑尼亚水利和畜牧发展部长爱德华·洛瓦萨、教育与文化部长乔塞夫·蒙盖伊、工程部长约翰·马古夫里、国防军司令乔治·马尔瓦·瓦依塔拉上将等分别访华。

两国政治磋商与合作进一步加强。双方在联合国和安理会改革问题上坦诚交换意见。坦桑坚定奉行一个中国政策，支持中国全国人大通过《反分裂国家法》，并在国际组织职位竞选等问题上继续与中方密切配合。

经贸合作成果显著。双方合作建设的坦桑尼亚国家体育场项目开工，查林兹供水项目技术合作、坦桑铁路第12期技术合作等进展顺利。

# 泰　国

## (Thailand)

2005年是中华人民共和国与泰王国建交30周年，两国传统友谊与战略性合作进一步深入发展。

两国高层交往频繁。7月，泰国总理塔信来华进行正式访问并赴昆明出席大湄公河次区域经济合作第二次领导人会议，两国政府一致同意制定中泰战略性合作行动计划，对未来五年双边关系发展作出全面规划和部署。国家主席胡锦涛、国务院总理温家宝分别于4月在雅加达出席亚非峰会和12月在吉隆坡出席东盟与中日韩等领导人会议期间与塔信总理举行会晤。

国务院副总理吴仪，全国人大常委会副委员长王兆国，全国人大常委会副委员长、全国妇联主席顾秀莲，中共中央政治局委员、书记处书记、中宣部部长刘云山，中共中央政治局委员、广东省委书记张德江，全国政协副主席王忠禹先后访泰。泰国公主诗琳通、副总理颂奇、外长甘达提、国会主席兼下议长颇钦、王姐甘拉娅妮、副总理奇猜、上议长素春、副总理素拉杰等先后访华。此外，塔信总理11月赴深圳出席博鳌亚洲论坛CEO峰会，诗琳通公主分别于7月和11月来华出席世界汉语大会和联合国科教文第五届全民教育高层会议。

两国经贸和能源合作成效显著。双方成功召开贸易、投资和经济合作联委会第二次会议，确定了2010年双边贸易额达到500亿美元、2005年至2010年双向投资达到65亿美元等目标。双方签署了《关于联合研发生物质能技术的谅解备忘录》。

双方在军事、文化、旅游、卫生、环保等领域的合作进一步深化。两国国防部举行第四次年度国防安全磋商和首次共同军事训练；中国海军舰艇编队访泰，与泰国海军举行非传统安全领域海上联合搜救演习。双方召开了卫生联委会第七次会议，签署了《环境保护合作谅解备忘录》。两国联合举办了“中国春节文化周”、第三届“中泰一家亲”音乐会、历任大使互访和百名青年互访等建交30周年庆祝活动。两国还在国际和地区事务中，特别是在联合国改革及区域合作等方面进行了密切的沟通与协调。

# 东帝汶

## (Timor – Leste)

2005年，中华人民共和国与东帝汶民主共和国的关系取得新的进展。

11月，东帝汶总统夏纳纳来京出席2005年全球工商领导人论坛，国家副主席曾庆红会见。3月，东帝汶发展和环境部长西门内斯访澳门并出席“中国与葡语国家经贸合作论坛”常务秘书处第二次会议；8月，司法部长萨尔门托访华，国务委员兼公安部长周永康、最高法院院长肖扬、最高人民检察院检察长贾春旺分别会见，司法部长吴爱英与其举行会谈；10月，东帝汶首任驻华大使布兰科向胡锦涛主席递交国书。

两国在经贸、卫生等领域的合作进一步扩大。两国政府签署了《经济技术合作协定》。中方驻东帝汶医疗队继续在当地提供医疗服务。

中国积极参与联合国在东帝汶的工作，继续向东帝汶派出民事警察和官员。

# 多哥

## (Togo)

中华人民共和国重视发展同多哥共和国长期稳定、平等互利的友好合作关系。自 1972 年建交以来，两国关系发展顺利。双方高层交往不断，各领域合作成果显著。多哥政府坚持一个中国立场，坚定支持中国全国人民代表大会通过《反分裂国家法》。

2005 年，两国关系继续稳定发展。5 月，国家主席胡锦涛致电福雷·纳辛贝，祝贺其当选多哥总统。同月，福雷复函胡主席表示感谢。6 月，国务院副总理曾培炎在卡塔尔出席第二届南方首脑会议期间，与福雷总统会见。福雷重申多哥继续奉行一个中国政策，进一步巩固和加强多中友好合作关系。10 月，多哥执政党人民联盟党总书记德拉马尼率团访华，全国人大常委会副委员长顾秀莲和中共中央对外联络部部长王家瑞分别会见，中共中央对外联络部副部长马文普与代表团会谈。11 月，多哥国防部长帕查·纳辛贝访华，全国人大常委会副委员长许嘉璐会见，中央军委副主席、国务委员兼国防部长曹刚川上将与之会谈。此外，中国政府特使孙昆山大使于 3 月赴多哥出席前总统埃亚德马葬礼，外交部部长助理李金章于 8 月访问多哥。

两国经贸合作进一步发展。中国援建的洛美医院项目于 10 月启动。

# 汤　加

## (Tonga)

2005年，中华人民共和国与汤加王国的关系发展顺利。

两国高层交往势头良好，5月，汤加王储图普托阿和外交大臣图普访华并出席汤加驻华使馆开馆仪式。8月，汤加王后玛塔阿霍来京出席第四次世界妇女大会十周年纪念大会。10月，汤加公主皮洛莱乌访华。汤加副首相、财政大臣、工程大臣、教育大臣和林业大臣分别访华或来华出席国际会议。中国全国人大代表团、广电总局代表团先后访汤。10月，外交部副部长杨洁篪在巴布亚新几内亚出席第17届太平洋岛国论坛会后对话会期间会见了汤加首相乌卢卡拉拉王子。

汤加于5月正式在华设立使馆，汤加首任驻华大使图伊塔8月向国家主席胡锦涛递交国书。

中汤经贸合作得到进一步深化，双方在文教、旅游、卫生等领域的交流与合作也取得积极成果，在国际和地区事务中保持了良好的沟通与协调。

汤加政府重申坚持一个中国政策，在国际和地区组织涉台问题上支持中方的正义立场。

# 特立尼达和多巴哥

(Trinidad and Tobago)

中华人民共和国与特立尼达和多巴哥共和国自 1974 年建交以来，两国关系取得了长足发展。中国政府愿与特多共同构筑互利发展的友好合作关系。特多坚持一个中国政策，支持中国在台湾问题上的原则立场。2005 年，双方相互理解与信任不断加强，各领域互利合作稳步开展。

1 月，国家副主席曾庆红访问特多，双方建立“互利发展的友好合作关系”。11 月，全国人大常委会副秘书长王云龙访特。特多外交部国际贸易和经济关系司司长、多边司主管官员、国防军军官、《特立尼达卫报》经济版编辑、青年代表等分别参加中方主办的高级外交官访华团。

经贸合作取得新进展，双边贸易额攀升。1 月，特多承认中国完全市场经济地位。2 月，中国将特多列为中国公民旅游目的地国。3 月，中国贸易代表团出席特多年度贸易和投资大会。双方签署有关中国机械设备进出口总公司承包特多电解铝厂项目的技术合同。

# 突尼斯

## (Tunisia)

中华人民共和国与突尼斯共和国自1964年建交以来，两国关系平稳发展。2005年，中突政治往来密切，经贸等领域合作续有发展。

11月，国务院副总理黄菊率团出席在突尼斯召开的信息社会世界峰会第二阶段会议。其间，黄菊副总理礼节性会见了突总统宰因·阿比丁·本·阿里和联合国秘书长科菲·安南等。同月，中国共产党湖南省委常委、政法委书记李江率中共代表团出席了突执政党宪政民主联盟（简称“宪盟”）举办的“国家21世纪的作用”国际研讨会，会见了突宪盟新任总书记哈迪·穆赫尼。9月，突总统特使、司法和人权部长贝希尔·特卡里访华，向黄菊副总理转达了本·阿里总统致胡锦涛主席的口信。

中突经贸合作稳步发展，双边贸易额持续增加。3月和4月，突旅游部长蒂加尼·哈达德和通讯技术部长蒙塔萨尔·瓦伊利分别访华。5月，商务部副部长于广洲访突，与突方共同主持召开中突第七届经贸混委会会议，就进一步发展两国在贸易、互利投资、人员培训和经济技术援助等领域的合作交换了看法。中国石油天然气集团公司与突尼斯、科威特三方合作勘探开发突石油进展顺利。

中突在军事、旅游、文教、农业、新闻等领域的交流与合作进展顺利，富有成果。中央军委委员、第二炮兵司令员靖志远上将，文化部副部长赵维绥，全国人大教科文卫委员会副主任委员邢世忠等约20个团组访突。突农业国务秘书、非洲通讯社社长、投资促进署署长和中高级军官访华或参加各类研修班。中国民族艺术团和突艺术团实现互访。

# 土耳其

## (Turkey)

中华人民共和国与土耳其共和国自 1971 年建交以来，双边友好合作关系发展顺利。2005 年，中国与土耳其在政治、经济、文化、军事等领域的友好合作关系稳步发展。

双边政治关系保持良好发展势头，各层次、各领域友好交往与合作日益密切。1 月 5 日，国家主席胡锦涛接受土耳其新任驻华大使奥克塔伊·厄聚耶递交国书。5 月 14～18 日，中共中央政治局委员、中央书记处书记、国务委员兼公安部长周永康访土，分别与土总理雷杰普·塔伊普·埃尔多安、内政部长阿卜杜卡迪尔·阿克苏会见、会谈。周永康积极评价中土关系，赞赏土政府坚持一个中国政策及不允许“东突”势力利用其领土从事分裂中国活动的立场，希望加强两国在打击恐怖活动和跨国有组织犯罪等领域的合作。中共中央书记处书记、中央军委副主席徐才厚上将、国务委员陈至立、中央军委委员、总参谋长梁光烈上将分别访土。土耳其副总理兼外交部长阿卜杜拉·居尔、副总理兼国务部长迈赫迈特·阿里·沙辛、妇女和家庭事务国务部长尼迈特·丘拜居先后访华。年内实现互访的中方有：财政部部长金人庆、教育部副部长赵沁平、外交部部长助理吕国增、中华全国总工会副主席张俊九及国家质量检验检疫总局、对外友好协会、外交学会、国际战略研究所、中国人民解放军陆军院校校长代表团等先后访土；土耳其方有：宪兵司令费弗齐·图尔凯利上将、空军司令易卜拉辛·富特纳上将、劳动和社会保障部次长恩尼斯·耶泰尔、公共工程与住房部副部长萨布里·厄兹坎·埃尔巴坎及土大国民议会外事委员会、土中友好协会、警察总局、综合军事学院、正义与发展党、工人党代表团等相继访华。

中土贸易额快速增长，经贸合作富有成果。10 月，中国铁道建筑总公司、中国机械进出口集团总公司与土耳其成吉斯建筑公司、伊茨塔斯建筑公司组成的联合体中标安卡拉至伊斯坦布尔高速铁路二期工程项目，总价值约 12.7 亿美元。此外，两国相互投资也呈现明显增长势头。

中土文化旅游关系持续发展。3 月，土耳其中国文化教育旅游贸易中心股份公司在布尔萨市举办“中国文化之夜”大型中国文化推介活动。4 月，江苏省、四川省等省市的艺术团分别访土。7 月，土耳其媒体代表团访华。8 月，中国体育代表团赴土参加在伊兹密尔举行的第 23 届世界大学生运动会。9 月，中国记者代表团访土。11 月，土文化旅游部长阿蒂

拉·科契访华，与国家旅游局局长邵琪伟共同主持召开中土旅游联委会第三次会议；新华社副社长何平访土。

此外，两国友好省市交往进一步加强，双方往访团组近20个。

# 土库曼斯坦

(Turkmenistan)

2005 年，中华人民共和国与土库曼斯坦友好合作关系继续巩固和发展。

5 月，国家主席胡锦涛在莫斯科出席庆祝反法西斯战争胜利 60 周年庆典期间，与土总统萨帕尔穆拉特·尼亚佐夫举行会见。双方就双边关系及地区和国际问题深入交换意见，达成广泛共识。6 月，中共中央书记处书记、中纪委副书记何勇率中国共产党代表团应土民主党邀请访土。其间，尼亚佐夫总统和奥维韦格利德·阿塔耶夫议长分别会见了何勇书记一行。12 月，土副总理阿塔穆拉特·别尔德耶夫访华。国务委员唐家璇、外交部长李肇星和国家发展和改革委员会及商务部领导分别与别尔德耶夫举行会见、会谈。

两国在联合国等多边组织中相互支持，合作良好。土政府在台湾、西藏、打击“东突”势力等问题上坚定支持中国政府立场。3 月，中国全国人大通过《反分裂国家法》后，土外交部发表声明表示支持。中方也支持土方为维护国家独立、主权和领土完整所做的努力。

2005 年，中土双边经贸合作稳步发展，双边贸易额增长迅速。

# 乌干达

## (Uganda)

中华人民共和国与乌干达共和国于1962年建交以来，两国关系持续深入发展，各领域合作日趋多样化。中国政府重视加强中乌友好合作，赞赏乌奉行一个中国政策，支持乌维护国家稳定和发展国民经济的努力。2005年，中乌继续携手推进两国友好合作关系，在双边和国际事务中保持密切磋商与配合。

两国政府部门间交往密切。2月27～28日，中国财政部副部长廖晓军访问乌干达，同乌财政部长厄兹拉·苏鲁马签署了《中华人民共和国政府和乌干达共和国政府经济技术合作协定》。5月25～27日，李肇星外长代表、全国人大外事委员会副主任委员吉佩定访问乌干达，分别会见了乌总统约韦里·卡古塔·穆塞韦尼、代外长奥瑞耶姆·亨利·奥凯洛。8月1～2日，中国外交部副部长吕新华访乌，会见了乌总理阿波罗·罗宾·恩西班比，与乌外长萨姆·库泰萨举行了会谈。乌方访华的有农牧渔业部长简纳特·穆克瓦亚、地方政府部国务部长理查德·恩杜胡拉、旅游、贸易和工业部国务部长乔维诺·阿卡基等。

两国在政党、议会、军事等领域的交流与合作得到加强。年内，中联部部长助理谭家林等访乌。乌干达议会副议长丽贝卡·阿丽特娃拉·卡达加访华，吴邦国委员长、顾秀莲副委员长分别会见。乌国防部长阿玛玛·姆巴巴齐访华。

# 乌克兰
# （Ukraine）

中华人民共和国与乌克兰自1992年1月建交以来，两国关系健康稳定发展。2005年，中乌各领域交流与合作继续深化。

两国高层保持友好交往。1月20日，国家主席胡锦涛致电祝贺维克多·安德烈耶维奇·尤先科当选乌克兰总统。1月23日，胡锦涛主席特使、全国人大常委会副委员长、中国科学院院长路甬祥赴基辅出席尤先科总统就职仪式，并转达了胡锦涛主席致尤先科总统的口信。尤先科总统感谢胡锦涛主席派特使出席就职仪式，表示乌方高度评价中国对乌克兰独立、主权和领土完整给予的一贯支持，将继续坚持一个中国政策，积极致力于加强同中国在各领域的友好合作。4月，乌克兰最高苏维埃主席弗拉基米尔·米哈伊洛维奇·利特文访华，国家主席胡锦涛、全国人大常委会委员长吴邦国、全国政协主席贾庆林分别与利特文会见。

两国就双边关系和共同关心的问题保持磋商。3月，应外交部邀请，乌克兰最高苏维埃人权和少数民族事务委员会主席根纳季·约西弗维奇·乌多文科访华。4月，外交部部长助理李辉与乌克兰外交部副部长瓦连京·亚历山大罗维奇·纳利瓦伊琴科在北京举行两国外交部磋商。9月，外交部长李肇星与乌克兰外交部长鲍里斯·伊万诺维奇·塔拉修克在第60届联合国大会期间举行会晤，就双边关系及共同关心的国际问题交换了意见。李肇星外长表示，中方赞赏乌克兰将发展对华关系作为外交优先方向，愿与乌方深化政治互信、扩大互利合作。塔拉修克外长表示，乌克兰重视中国在国际和地区事务中的作用，将继续奉行一个中国政策，致力于发展两国友好合作。

两国经贸、科技合作续有发展。2005年，两国经贸合作不断扩大，贸易额再创新高。12月，在香港WTO第六届部长级会议上，中国商务部副部长易小准与乌克兰经济部副部长比亚特尼茨基签署了中国和乌克兰WTO双边市场准入协议，乌方承认中国为完全市场经济国家。9月，全国人大常委会副委员长、中国科学院院长路甬祥访乌，与乌克兰科学院院长鲍里斯·叶夫根纳维奇·巴顿举行会谈，双方签署了《中国科学院和乌克兰科学院科技合作协议》。10月，“乌克兰科技日”在江苏省无锡市和浙江省嘉兴市举行。

两国人文及地方交往活跃。6月，浙江省政协主席李金明；10月，卫生部副部长马晓伟、内蒙古自治区副主席岳福洪、湖北省政协副主席胡永

继等先后访乌。9月，乌克兰交通部部长维克多·瓦西里耶维奇·邦达里；10月，乌克兰教育和科学部副部长安德烈·尼古拉耶维奇·古尔日；11月，乌克兰人事总局局长季莫费·瓦连京诺维奇·莫特连科等相继访华。

# 阿拉伯联合酋长国

# (United Arab Emirates)

中华人民共和国与阿拉伯联合酋长国于 1984 年建立外交关系。近年来，两国关系发展迅速。2005 年，中阿友好合作关系续有发展。

两国领导人交往密切。2 月 18 日，阿联酋总统哈利法·本·扎耶德·阿勒纳哈扬致函国家主席胡锦涛，对外交部长李肇星作为中国政府特使赴阿吊唁阿前总统扎耶德·本·苏尔坦·阿勒纳哈扬逝世表示感谢。1 月 6 日，阿联酋副总统兼总理、迪拜酋长马克图姆·本·拉希德·马克图姆致函国务院总理温家宝，就阿在华投资项目交换了意见。6 月，国务院副总理曾培炎访阿，会见了阿总统哈利法·本·扎耶德·阿勒纳哈扬，与阿副总理兼外交国务部长哈姆丹·本·扎耶德·阿勒纳哈扬举行了会谈，双方签署了能源等领域的合作协议。9 月，海南省省长卫留成访阿。

两国在国际事务中相互支持与配合，阿联酋在联合国、国际粮农组织竞选、教科文组织竞选等事务中支持中国。

中阿在司法领域的交流与合作继续发展。3 月，中国驻阿大使张志军与阿外交部签署了“中阿民商事司法协助协定”；9 月，阿司法、伊斯兰宗教基金部长穆罕默德·纳海拉·扎海里参加了在北京举行的第 22 届世界法律大会。

此外，中阿在军事、文化、教育等领域的友好合作逐步发展。中国参加了阿联酋阿布扎比防务展和迪拜航空展，文化部在阿联酋举办“中国文化周”活动，新疆穆卡姆艺术团在阿布扎比、沙迦进行演出，并举办图片和绘画展。

# 英　国

## (United Kingdom)

自2004年5月中华人民共和国与大不列颠及北爱尔兰联合王国发表《联合声明》，宣布建立全面战略伙伴关系和政府领导人、外长年度会晤机制以来，两国关系迈上了新的台阶。2005年，中英全面战略伙伴关系继续深入发展并取得新成果。

高层交往密切，政治互信加深。

2005年，国家主席胡锦涛与英国首相托尼·布莱尔四度会晤。这些会晤加深了相互了解，增进了政治互信。

7月，应布莱尔首相邀请，国家主席胡锦涛赴英国苏格兰鹰谷出席“八国集团与中国、印度、巴西、南非、墨西哥五国领导人对话会”（“8+5对话会”），并与布举行双边会晤，就中英、中欧关系、世界经济和国际发展合作等问题交换意见。

9月，布莱尔首相以欧盟轮值主席身份来华出席第八次中欧领导人会晤并访华。胡主席会见了布及欧方领导人。国务院总理温家宝与布莱尔首相举行会谈。双方就中英、中欧关系及共同关心的国际和地区问题坦诚、深入地交换意见，决定进一步加强两国政治对话，推动互利合作。访问期间，两国签署了《中英政府文化交流执行计划（2005年4月1日至2009年3月31日）》和《中国国家博物馆与大英博物馆谅解备忘录》等协议和文件。

9月，胡主席赴美国纽约出席联合国60周年首脑会议期间与布莱尔首相会面。

2005年，温家宝总理和布莱尔首相多次就双边关系、经贸合作、中欧纺织品贸易等重大问题互致信函或通电话。温总理于5月英工党大选获胜、布莱尔蝉联首相后，向布发去贺电。温总理还就1月英公民在印度洋海啸事件中伤亡和失踪事、7月伦敦恐怖爆炸袭击事件和12月赫特福德郡班斯菲尔德油库发生爆炸事故分别向布发去慰问电。

两国外交部联系密切，就两国关系和共同关心的国际和地区问题保持沟通和协调。

1月，英国外交大臣杰克·斯特劳访华。温家宝总理予以会见，外交部长李肇星与其会谈。双方决定利用中英2005年分别担任20国集团和8国集团主席、英下半年担任欧盟轮值主席的契机，进一步加强合作，深化在重大国际和地区问题上的沟通与协调。

两国外长还分别在7月“8+5对话会”、9月第60届联大、10月安理会黎巴嫩问题外长会议和11月胡主席访英期间会见或会谈，并就阿富汗禁毒工作、中东问题、联合国改革、伊朗核等问题互致信函或通电话。

两国外交部就双边关系、中欧关系、外交政策、战略安全、军控与防扩散、人权、环保、中东问题、联合国改革、国际减灾合作等广泛领域进行了磋商及对话。2月，外交部副部长戴秉国应邀出席在伦敦召开的“支持巴勒斯坦民族权力机构伦敦会议”。7月，英外交部兼贸工部国务大臣伊恩·皮尔逊访华，与外交部副部长张业遂举行磋商。

2005年，中国继续参与了英国“非洲委员会”的工作。

两国议会、政党和地方之间交往密切，在财政金融、经贸、科技、教育、文化和旅游等各领域合作成果显著。

2005年，英国大选结束后，中国全国人大常委会委员长吴邦国分别致电福尔克纳勋爵和迈克尔·马丁，祝贺他们分别连任英议会上院和下院议长。

2月，财政部部长金人庆、中国人民银行行长周小川赴英出席在伦敦举行的中国与西方七国财长/央行行长对话会。同月，英国财政大臣戈登·布朗访华，温总理会见，金人庆部长与布朗发表联合声明。根据该声明，两国财长还于4月发表了关于全球发展问题的联合声明。6月，金人庆部长赴伦敦出席八国集团与中国、印度、巴西、南非四国财长对话会期间与布朗举行会谈。10月，布朗来华出席20国集团财长和央行行长会会议并访华，温家宝总理予以会见。此外，国家发展和改革委员会副主任刘江赴英参加20国能源及环境部长会议。英苏格兰副首席部长吉姆·华莱士，英文化、新闻和体育部常务次官休·斯特里特和英王室公主安妮等分别访华。

中英双边贸易额稳步增长，英继续保持欧盟第一大对华投资国的地位。两国就中英、中欧经贸合作问题保持了良好沟通，并在高层互访期间签署了一批商业协议和合同。11月胡主席访英期间，商务部部长薄熙来赴英出席中英经贸联委会第五次会议。

2005年，中英在华联合举办了“中英精英科技年”活动。1月，英贸工部科学与创新政务次官盛伯理勋爵访华。

2月，英国教育和技能部国务大臣金·豪厄尔斯访华，双方正式启动中英教育部部级定期会晤机制，并签署《关于全面加强教育合作与交流的联合声明》。10月，教育部部长周济访英。

1月，两国签署《关于中国旅游团队赴英国旅游签证及相关事宜并将英国作为旅游目的地的谅解备忘录》。同月，英文化、新闻和体育部国务大臣理查德·凯布恩访华。中国第一批赴英游客于7月25日成行。

8月，英国内政部政务次官安迪·布恩翰访华。10月，两国启动关于

两国《关于便利人员合法往来和打击非法移民活动谅解备忘录》实施细则的谈判，并在合作打击非法移民领域取得显著成果。

军事交流与合作不断。

5月，中共中央军委委员、总装备部部长陈炳德上将率团正式访英。8月，英国海上部队司令查尔斯·斯代尔少将率英海军舰艇编队访华。

## 胡锦涛主席对英国进行国事访问

应英国女王伊丽莎白二世邀请，胡锦涛主席于11月8~10日对英进行国事访问。访问期间，女王为胡主席举行隆重的欢迎仪式、午宴和盛大的欢迎晚宴。

胡主席与布莱尔首相举行会谈，并出席布举行的欢迎午宴。双方对当前中英关系保持良好的发展势头感到满意，就中英、中欧关系和共同关心的问题深入交换了意见，一致决定进一步密切高层往来，加强两国政治对话，增进各领域互利合作，妥善处理彼此重大关切，努力推动中英全面战略伙伴关系向更高水平发展。双方还就当前重大国际和地区问题交换了看法。会谈结束后，双方共同出席了《中国商务部与英国贸工部中英经贸联委会第五次会议联合公报》等文件和协议的签字仪式。胡主席在伦敦金融城欢迎宴会上发表重要演讲，重点阐述了中国的和平发展道路。

访问期间，胡主席分别会见了英副首相、对华关系小组组长约翰·普雷斯科特和小组部分成员，保守党看守领袖迈克尔·霍华德，自由民主党领袖查尔斯·肯尼迪，英中贸易协会主席鲍威尔勋爵和48家集团俱乐部主席斯蒂芬·佩里，出席了议会欢迎仪式，并集体会见议会上院议长、大法官兼宪政事务大臣福尔克纳勋爵，下院议长迈克尔·马丁和议会中国小组主席本·查普曼及小组部分成员。

访问期间，胡主席夫妇在女王夫妇陪同下，出席了在英皇家艺术学院举行的“盛世华章（1662~1795）”故宫文物展开幕式并剪彩。陪同访问的国务委员唐家璇会见了普雷斯科特副首相，双方共同签署《中英可持续发展高级别对话机制联合声明》，出席了“中国、欧盟与全球化”研讨会开幕式等活动。陪同访问的外交部长李肇星和国家发展和改革委员会主任马凯分别与外交大臣斯特劳和贸工大臣艾伦·约翰逊举行会谈。

# 美　国

## (United States of America)

2005年，中华人民共和国与美利坚合众国的关系总体保持稳定，并取得重要进展。

两国高层及其他级别的对话、沟通与交往密切。

9月13日，国家主席胡锦涛在纽约出席联合国成立60周年首脑会议期间与美国总统布什举行会晤。双方就中美关系和共同关心的重大国际与地区问题深入交换看法，一致同意增进交流和互信，扩大共识和合作，全面推进21世纪中美建设性合作关系。这为中美关系进一步发展指明了方向。

11月19～21日，美国总统布什访问中国。胡锦涛主席与布什总统举行会谈并共同会见中外记者，温家宝总理会见布什总统。双方积极评价中美关系近年来取得的进展，再次确认两国元首在纽约会晤时达成的重要共识，并强调一个良好的中美关系符合两国人民和世界人民的利益。

中美两国元首还于5月在莫斯科出席俄罗斯纪念卫国战争胜利60周年庆典活动，7月在英国苏格兰鹰谷出席八国集团与中国、巴西、印度、墨西哥、南非五国领导人非正式对话会，11月在韩国釜山出席亚太经合组织第13次领导人非正式会议期间见面并交谈，并多次通电话和互致信函，就中美关系及共同关心的重大国际与地区问题保持沟通。

3月20～21日，美国国务卿赖斯就任后首次访华。国家主席胡锦涛、国务院总理温家宝、副总理吴仪、国务委员唐家璇分别会见，外交部长李肇星与赖斯举行会谈。

6月1～17日，全国人大常委会副委员长兼秘书长、全国人大中美(参院)议会小组主席盛华仁率全国人大代表团访美，与美国会参议院举行第二轮两国议会交流机制主席会晤。

7月9～10日，美国国务卿赖斯再次访华。国家主席胡锦涛、国务院总理温家宝、国务委员唐家璇分别会见，外交部长李肇星与赖斯举行会谈。

7月11日，国务院副总理吴仪与美国商务部长卡洛斯·古铁雷斯和贸易代表罗伯特·波特曼共同在北京主持第16届中美商业贸易联合委员会(简称“商贸联委会”)会议，会议取得积极成果。

7月27～30日，国务委员唐家璇访问美国，会见美国总统布什并转交了国家主席胡锦涛的信。唐国委还会见了美国国务卿赖斯、财政部长约

翰·斯诺、总统国家安全事务助理斯蒂芬·哈德利。

8月1日，外交部副部长戴秉国与美国常务副国务卿罗伯特·佐立克在北京举行首次中美战略对话。国务院总理温家宝会见了佐立克。

8月4~8日，美国国会众议院议长哈斯特德访华。全国人大常委会委员长吴邦国与哈斯特德举行会谈，双方就中美关系、台湾问题、议会交往及共同关心的国际和地区问题交换了意见。

9月8日，全国人大常委会委员长吴邦国在纽约出席第二届世界议长大会期间，在联合国总部会见了美国国会参议院临时参议长特德·史蒂文斯，就中美关系以及中国全国人大与美国参议院定期交流机制等有关问题交换了意见。吴邦国委员长还应约与哈斯特德众议长通电话。

9月20日，外交部长李肇星和美国国务卿赖斯在纽约出席第60届联合国大会期间举行会晤。此外，两国外长还分别在6月出席布鲁塞尔伊拉克问题国际会议、10月出席纽约安理会黎巴嫩问题外长会议和11月韩国釜山亚太经合组织领导人非正式会议期间举行会晤，并通电话20多次，多次通信，就中美关系和共同关心的国际与地区问题保持密切联系与沟通。

12月7~8日，外交部副部长戴秉国与美国常务副国务卿佐立克在华盛顿举行第二次中美战略对话。

*中美在经贸、反恐、防扩散、两军、执法等双边领域的交流与合作续有新进展。*

双边贸易继续快速增长。美国是中国第二大贸易伙伴、第一大出口市场和第六大进口来源地。中国成为美国第三大贸易伙伴和增长最快的海外市场。根据中方统计，2005年美国在华投资项目3741个，同比下降4.69%，合同金额135.12亿美元，同比增长11.07%，实际投入30.61亿美元，同比下降22.32%。截至2005年底，美国在华投资累计49006项，合同金额1121.2亿美元，实际投入510.9亿美元。

第16届中美商贸联委会会议7月在北京成功举行，有效缓解了中美经贸摩擦，推动了两国经贸关系的发展。10月，第17届中美经济联合委员会（简称“经济联委会”）会议在北京召开，中国财政部部长金人庆和美国财政部部长约翰·斯诺共同主持，双方主要就全球宏观经济形势、中美两国当前经济形势和经济前景、金融部门改革及两国在国际金融事务中的合作等问题交换了意见。此外，美国商务部长古铁雷斯、贸易代表波特曼等多次访华。

中美在反对恐怖主义、军备控制和防止大规模杀伤性武器扩散领域的磋商与合作得到加强。6月，中美军控与防扩散磋商在北京举行。11月，中美第五次反恐磋商和中美防扩散、反恐联合磋商在华盛顿举行。8月、

11月、12月，双方举行了三次防扩散和出口管制专家磋商。11月，海关总署、国家质检总局与美国能源部签署中美"特大型港口计划"合作谅解备忘录，以合作防止核及其他放射性物质的非法贩运。

2005年，中美两军关系进一步改善，交往增加。4月，中国人民解放军副总参谋长熊光楷上将赴华盛顿与美国国防部副部长道格拉斯·费思举行第七次中美国防部副部长级防务磋商。7月，中美海上军事安全磋商机制年度会晤在青岛举行。7月，广州军区司令员刘镇武上将率中国军事代表团访问美军太平洋总部。9月，美军太平洋总部司令威廉·法伦海军上将访华。10月，美国国防部长拉姆斯菲尔德就任以来首次访华。12月，中美国防部工作会晤在北京举行。中美两军在院校交流、军舰访问等方面也开展了交往。

两国执法、司法部门在缉毒、遣返逃犯、司法合作等方面的合作取得积极成果。2月，中美执法合作联合联络小组第四次会议在北京举行。同月，美国司法部缉毒署署长凯伦·坦迪女士访华。7月，美国联邦最高法院大法官露丝·拜德·金斯伯格访华。9月，公安部副部长孟宏伟访美。10月，最高人民法院副院长熊选国大法官访美。11月，美国司法部长艾伯托·冈萨雷斯访华。

中美在文化、农业、卫生、科技、环保、能源、民航等领域的合作继续加强，签署和续签了多项议定书及其他文件。6月，中国国家发展和改革委员会和美国能源部在华盛顿共同举办首次中美能源政策对话。7月，中国农业部和美国农业部就两国农业合作在北京召开对口会议。同月，中美卫生保健论坛在北京举行。10月，中国文化部与美国肯尼迪表演艺术中心在华盛顿联合举办为期一个月的"中国文化节"。这是迄今中美之间规模最大的文化交流活动，胡锦涛主席和布什总统分别致贺词，文化部长孙家正出席。同月，中国卫生部长高强访美，与美国卫生与公众服务部商定建立两国双年度卫生部长级会晤机制。同月，中国民航总局局长杨元元赴美出席第二届美国联邦航空局国际航空安全论坛。11月，中美就禽流感防控双边合作签署"中美共同行动倡议概念文件"。同月，中国国家环保总局局长解振华访美并与美国环保局就中美环保合作举行对口会议。11～12月，两国环保部门就清除松花江污染开展了交流与合作。

双方在重大国际和地区问题上开展了有效磋商与协调。

在朝鲜半岛核问题上，中方通过与美国等有关各方积极协调，促成六方会谈停滞一年后重启并发表共同声明，取得了重要阶段性成果。

在伊朗核问题、伊拉克和阿富汗重建、联合国改革等重大国际和地区问题上，中方也与美方保持了富有成效的磋商与协调，对维护有关地区乃至世界的和平与稳定产生了积极影响。

中美关系中的台湾问题依然较突出。

2005年3月，中国全国人大制定通过《反分裂国家法》。中方通过有关立法前后，美国政府发表了一些指责中方的错误言论，但反应总体较克制。美方一方面对中国大陆与台湾国民党、亲民党和新党开展党际交流表示欢迎，另一方面一再要求大陆与台湾当局进行对话。美国政府不顾中方坚决反对，继续与台湾当局进行变相官方往来，允许陈水扁、吕秀莲等台湾政要“过境”美国，允许李登辉赴美活动。美方继续推动向台湾出售潜艇等先进武器装备，宣布售台新的远程预警雷达系统；加强与台湾军事联系，首次向“美国在台协会”派驻现役军官。美方还继续支持台湾参与世界卫生组织。美国众议院通过了指责中方制定《反分裂国家法》的议案和包含亲台反华条款的《2006和2007财年国务院授权法》。美方的错误做法给“台独”分裂势力发出了错误信号，给中美关系和台海和平稳定造成了损害。

中国政府针对美方在台湾问题上的错误行径进行了严正交涉和坚决斗争，敦促美方恪守中美三个联合公报和向中方作出的有关承诺，妥善处理台湾问题。美方多次表示理解台湾问题的敏感性和重要性，对陈水扁当局的“台独”分裂言行进行了一定约束。布什总统和赖斯国务卿多次表示，美国坚持一个中国政策，遵守美中三个联合公报，反对“台独”，不支持台湾当局单方面改变台湾现状和宣布“独立”的言行。

随着中美经贸合作的快速发展，两国经贸摩擦升温，美国内贸易保护主义势力继续渲染“中国经济威胁论”，大肆炒作人民币汇率、贸易不平衡、知识产权保护等问题，不断向中方施压。美国国会部分议员就涉华经贸问题提出了30余个议案，要求美国政府对华采取贸易保护主义措施。美方还宣布对多种中国输美纺织品采取限制措施。中方要求美方按照“发展、平等、互利”的原则，通过磋商与对话解决彼此关切。两国有关部门多次就双方在经贸问题上的关切进行磋商与对话。中方还主动采取积极措施缓解两国在纺织品贸易等领域的摩擦，取得较好成效。

美方继续利用人权、宗教、香港、达赖等问题干涉中国内政。

2月，美国国务院发表2004年度国别人权报告和《2004/2005年度支持人权民主——美国记录》，诬蔑中国的人权状况。美国国际宗教自由委员会和美国国务院分别于5月和11月发表2005年度国际宗教自由报告，对中国宗教自由状况横加指责。11月，美国国际宗教自由委员会就其代表团8月访华发表报告，不顾该委员会访华所见所闻，肆意歪曲和无端攻击中国的宗教和民族政策。美国国会先后通过《2006财年国外行动拨款法》以及所谓“呼吁国际社会谴责中国劳改制度”两院共同决议案，其中的涉华条款在人权、西藏、司法等问题上对中国内政横加指责。美国国会

“美中经济安全评估委员会”和“国会—行政部门中国委员会”分别于10月和11月发表年度报告，在防扩散、人权、香港、达赖等问题上对中国进行污蔑，粗暴干涉中国内政。美国政府一些官员和国会议员在香港特区政制发展问题上干涉中国内政。美方两次允许达赖访美并安排美政府官员会见。6月，美国国防部高级官员在新加坡“香格里拉对话会议”发表演讲，对中国国防建设和经济、社会发展说三道四。7月，美国国防部向国会提交《关于中华人民共和国军事力量的年度报告》，渲染中国的国防现代化和军事部署，散布中国“军事威胁论”。中方对美方的错误行径进行了严正交涉和批驳。

中美建交以来，两国关系虽历经曲折，但总的方向是不断向前发展。2005年中美关系的发展情况再次表明，中美两国作为世界上有重要影响的国家，合作领域更加广泛，共同利益不断扩大，合作基础日趋牢固，对人类的和平与发展肩负着更重要的历史责任。在新的国际形势下，保持中美关系持续健康稳定发展，是时代的要求，符合两国人民的共同愿望，也有利于亚太地区和世界的和平、稳定和发展。当前中美关系面临着进一步发展的重要机遇，同时存在需要双方妥善处理的问题。双方应牢牢把握中美关系大局和两国共同利益，积极落实两国领导人关于全面推进21世纪中美建设性合作关系的重要共识，增进了解，加深互信，扩大合作，妥善处理两国关系中的问题特别是台湾问题，在中美三个联合公报的基础上，推动中美关系持续健康稳定向前发展。

## 中美元首纽约会晤

2005年9月13日，国家主席胡锦涛在纽约出席联合国成立60周年首脑会议期间与美国总统布什举行了会晤，双方就全面推进21世纪中美建设性合作关系达成重要共识。这对推动中美关系健康稳定发展具有重要意义。

胡锦涛主席积极评价近年来中美在经贸、反恐、公共卫生、朝核、阿富汗和伊拉克重建、联合国政策等重要领域磋商、协调与合作取得的成果，表示中方愿同美方一道，增进交流和互信，扩大共识和合作，全面推进21世纪中美建设性合作关系。双方应保持高层交往的势头，加强和扩大在各领域的对话和合作，充分用好并不断完善中美在众多领域的磋商和合作机制，重视并搞好中美战略对话。

布什总统说，美中关系对美国是非常重要的双边关系，他本人和美国政府都高度重视，愿加强同中方在各领域的磋商和合作。美方同样重视两国战略对话。

胡锦涛主席阐明了中国对中美经贸合作和解决两国经贸摩擦的立场，指出中方将进一步加强知识产权保护工作，在发展贸易合作中逐步解决中美贸易不平衡问题，同时希望美方放宽对华出口特别是高技术出口的限制，采取相应的促进两国贸易平衡的积极行动。希望双方在金融、财政、民航、服务贸易、能源等方面开拓新的合作领域。

布什总统说，美中两国加强经贸合作不仅对两国人民有利，也对世界有利，希望双方进一步扩大市场准入。他对中方加强知识产权保护的执法力度感到鼓舞，表示这将增加美国企业在中国发展的信心。希望美中双方加强这一领域的合作。

胡锦涛主席阐明中方在台湾问题上的原则立场，强调为了确保中美关系健康稳定发展，必须妥善处理台湾问题。胡锦涛主席赞赏布什总统和美国政府多次重申坚持一个中国政策、遵守中美三个联合公报、反对“台独”。希望美方理解和支持中方为改善两岸关系、维护台海和平稳定所做的积极努力，坚持反对“台独”，停止售台先进武器，确保中美关系健康稳定发展。

布什总统说，美方理解台湾问题的高度敏感性，美方坚持一个中国政策的立场不会改变。

关于朝鲜半岛核问题，胡锦涛主席表示，事实证明，六方会谈是解决朝鲜半岛核问题的唯一现实有效途径。希望有关各方以建设性的态度充分显示灵活和务实，推动第四轮六方会谈第二阶段会议取得新的进展。布什总统感谢中方在六方会谈中所发挥的重要作用，重申美方将坚持通过六方会谈推动这一问题的外交解决。

胡锦涛主席还向布什总统介绍了中国的和平发展战略，指出中国坚持走和平发展道路，就是要争取和平的国际环境来发展自己，又通过自身的发展来促进世界和平。事实已经并将继续证明，中国作为一个负责任的国家，永远是推动世界和平、稳定、发展、繁荣的坚定力量。

布什总统积极评价中国经济的快速发展，感谢胡锦涛主席向他介绍中国和平发展战略。他表示理解中国在发展道路上面临的困难，赞赏中国领导人在解决这些困难时所展现的能力。

双方还就防治禽流感等事关世界公共卫生的问题交换了意见，表示重视禽流感的防治和信息交流工作，将加强两国在这方面的合作。

### 美国总统布什访华

2005年11月19~21日，美国总统布什访问中国。国家主席胡锦涛与布什总统举行会谈和共同会见中外记者。国务院总理温家宝会见布什总统并与他共进工作午餐。两国领导人再次确认纽约会晤时达成的全面推进21世纪中美建设性合作关系的重要共识。这为中美关系进一步发展指明了方向。

胡锦涛主席指出，中美关系已远远超出双边范畴，越来越具有全球意义。中美在众多双边领域和重大国际地区问题上拥有广泛的共同利益，肩负着重大的共同责任。为进一步发展中美建设性合作关系，双方应保持两国高层交往的积极势头，共同开创中美经贸合作的新局面，加强两国在能源、反恐、防扩散、防控禽流感、人文等领域的互利合作。

布什总统表示赞同胡锦涛主席就发展双边关系提出的有关建议。他说，中国是重要的国家，希望这次访华为两国进一步发展具有重要影响的双边关系提供机会。美中两国应不断扩大交往，加强对话。美方赞赏中国在反恐问题上的坚定立场，赞同双方开展能源对话，支持中国在防控禽流感问题上发挥的作用。他不担心中国经济发展取得的成就，欢迎中国经济对促进世界经济发展发挥更大作用。

关于台湾问题，胡锦涛主席强调，保持台海地区和平稳定，致力于实现和平统一，是我们对台政策的主旨。中方高度赞赏美方多次重申坚持一个中国政策、遵守中美三个联合公报、反对“台独”。中美共同反对和遏制“台独”分裂势力及其活动，维护台海地区和平稳定，符合双方的共同利益。布什总统表示，美方坚持一个中国政策，反对“台独”，反对单方面改变台海现状。

两国元首还就加强中美在亚太事务方面的合作交换了意见。胡锦涛主席向布什总统介绍了中国坚定不移走和平发展道路、民主政治和人权事业发展的情况。布什总统邀请胡锦涛主席2006年早些时候访问美国，胡锦涛主席接受了邀请。

温家宝总理强调维护中美关系健康稳定对世界和平与繁荣的重要性，指出中美经贸合作互利互惠，发展迅速，不仅给两国人民带来实实在在的利益，而且有力地促进了亚太和世界经济的增长。中美应按照“发展、平等、互利”的精神，进一步扩大和深化双边经贸合作，通过平等对话和友好协商，妥善解决合作中出现的问题，实现互利共赢。

布什总统说，美中之间有着许多共同利益，应不断加强双边关系。对存在的不同看法和分歧，双方都愿意本着诚挚友好的态度加强对话。美方重视贸易不平衡问题，主张双方共同努力，采取措施，不断发展美中贸易。

# 乌拉圭

## (Uruguay)

中华人民共和国与乌拉圭东岸共和国于1988年2月3日建交以来，双边关系发展顺利。2005年，两国长期稳定、平等互利的友好合作关系继续巩固和发展。

5月，全国政协主席贾庆林访问乌拉圭，会见乌总统塔瓦雷·巴斯克斯，副总统兼国会主席鲁道夫·尼恩·诺沃亚；12月，中共中央政治局常委罗干访问乌拉圭，会见乌代总统兼国会主席鲁道夫·尼恩·诺沃亚，执政党广泛阵线主席豪尔赫·普罗维托。3月，中国政府特使、交通部长张春贤赴乌拉圭出席乌拉圭新总统巴斯克斯就职仪式；12月，国家主席胡锦涛特使、建设部长汪光焘出席在乌拉圭首都蒙得维的亚举行的第29届南方共同市场首脑会议并顺访乌拉圭。全国人大常委会副委员长李铁映、解放军总后勤部政委张文台上将、解放军总参谋长梁光烈上将先后访问乌拉圭。

2005年，两国经贸合作稳步发展，9月，乌拉圭外交部副部长玛丽亚·埃雷拉访华，出席中乌第15次经济贸易混委会。双边贸易额同比显著提高，目前，中国是乌拉圭第五大贸易伙伴。

# 乌兹别克斯坦

## (Uzbekistan)

2005 年，中华人民共和国与乌兹别克斯坦共和国关系发展顺利，传统友谊继续不断加深，高层往来频繁，各领域互利合作不断发展。

保持高层交往势头，两国友好合作伙伴关系得到进一步加强。5 月，乌总统卡里莫夫对中国进行国事访问。国家主席胡锦涛与卡举行会谈，国务院总理温家宝、国务委员唐家璇等会见卡。两国元首就双边关系、中亚地区形势、上海合作组织及共同关心的国际问题坦诚深入地交换意见，达成广泛共识。两国元首签署《中华人民共和国和乌兹别克斯坦共和国友好合作伙伴关系条约》。7 月，胡锦涛主席出席上海合作组织阿斯塔纳峰会期间同乌总统卡里莫夫举行双边会晤，就双边关系、上海合作组织等问题交换意见。5 月，乌第一副总理阿济莫夫访华，国务院副总理吴仪、外交部长李肇星、国家发展和改革委员会主任马凯、商务部部长薄熙来等分别会见。7 月，吴仪副总理正式访乌，分别与乌总统卡里莫夫、总理米尔济约耶夫、第一副总理阿济莫夫举行会见和会谈，就落实中方对乌援贷款，推进双方油气、电信、化工等领域合作达成一系列共识。10 月底至 11 月初，全国政协副主席白立忱访乌，与乌议会参议院副主席穆希特季诺娃和立法院副主席萨法耶娃分别举行会见，就加强两国立法部门合作交换意见。

经贸合作进一步扩大，经贸、能源、电信、化工等领域合作取得积极进展。

两国政府部门、立法机构和地方交往增多，文化、新闻交流扩大。科技部副部长刘燕华、信息产业部副部长奚国华等访乌。乌财政部、农业水利部、国防部、文化部等部门以及乌参议院外委会负责人分别访华。5 月，乌成功在中国举办“乌文化日”活动，乌新闻记者团访华。

# 瓦努阿图

(Vanuatu)

2005年，中华人民共和国与瓦努阿图共和国关系稳步发展。

两国高层保持了频繁的互访和接触。瓦总理利尼、副总理兼外长基尔曼、基础设施部长科尔曼、内政部长威尔斯、农业部长索佩等分别访华。全国人大常委会副委员长许嘉璐、国家广播电视总局局长王太华分别访瓦。外交部副部长杨洁篪10月在出席第17届太平洋岛国论坛会后对话会期间会见了瓦总理利尼。

瓦在华设立使馆，首任驻华大使（常驻）罗治伟8月29日向胡锦涛主席递交国书。

瓦民族联合党、瓦努阿库党代表团年内先后访华，瓦主要政党同中国共产党的交流与合作不断深入。

两国在经贸、农业、渔业、教育、卫生等领域的合作取得进展。中农发展集团与瓦方就合作在瓦修建渔业基地事签署协议。8月，中国中央电视台9频道在瓦落地。

瓦政府坚持一个中国原则，不与台湾发生官方往来，并在国际和地区组织涉台问题上支持中方立场。

# 委内瑞拉

## (Venezuela)

中华人民共和国与委内瑞拉玻利瓦尔共和国自1974年建交以来，两国关系发展良好。2001年，两国建立“共同发展的战略伙伴关系”。2005年，中委各领域交流与合作继续深化。

双方保持高层交往，政治互信进一步加强。1月28～30日，国家副主席曾庆红访委，委总统乌戈·拉斐尔·查韦斯·弗里亚斯会见，副总统何塞·比森特·兰赫尔·巴莱主持会谈。双方签署了两国政府高级混合委员会工作谅解备忘录、经济技术合作协定、能源矿产合作及签证发放等协议。7月，李肇星外长与委外长阿里·罗德里格斯·阿拉克通电话，就双边关系和联合国改革等问题交换意见。9月，国家发展和改革委员会副主任张晓强与高级混合委员会委方主席、委计划发展部长豪尔赫·希奥尔达尼共同主持中委高级混合委员会第四次会议，双方回顾了双边关系发展及两国在经贸、能源、农业水利、基础设施、高科技和文化教育等领域合作的成果并确定了下一步工作重点，签署了会议纪要及双边科技、能源合作和2005年度文化交流计划等六个协议。查韦斯总统会见了中方代表团。

双边其他重要互访有：中央军委委员、总政治部主任李继耐上将，山东省委书记张高丽访委；委总检察长伊萨亚斯·罗德里格斯·迪亚斯、人民经济部长埃利亚斯·毫阿·米拉诺、食品部长拉斐尔·何塞·奥罗佩萨、能源和石油部长拉菲尔·拉米雷斯访华。

两国经贸关系迅速发展，委是中国在拉美最大的投资对象国。

# 越　南

# (Viet Nam)

中华人民共和国致力于与越南社会主义共和国建立长期稳定、面向未来的睦邻友好与全面合作关系。2005年是中越建交55周年，两国关系继续向深度和广度发展。

两国高层领导人交往频繁。10月底至11月初，中共中央总书记、国家主席胡锦涛应邀对越南进行正式友好访问，双方发表《联合声明》。1月，全国人大常委会副委员长顾秀莲应邀出席在越举行的亚太议会论坛（APPF）第13届年会并访越。12月，全国政协副主席王忠禹应邀访越。7月，越南国家主席陈德良访华，双方发表《联合公报》。同月，越南政府总理潘文凯赴昆明出席大湄公河次区域经济合作（GMS）第二次领导人会议并顺访云南。10月，越南政府常务副总理阮晋勇应邀出席第二届中国—东盟博览会并顺访广西。

在上述会晤中，中国领导人积极评价两国关系的发展，指出中国党和政府一贯高度重视中越关系，并将其放在中国周边外交的重要位置，表示愿同越方一道，从战略和全局高度，牢牢把握两党两国关系发展的大方向，增进友好互信，推动互利合作，促进共同发展，不断将两国关系推上新的台阶。越南领导人表示，加强同中国的友好合作是越党和政府长期奉行的基本政策，越方愿进一步密切同中方在各领域的合作，全面推进两国睦邻友好与全面合作关系向前发展。越方重申坚持一个中国政策，支持中国制定《反分裂国家法》，支持中国早日实现和平统一大业。

两国领导人还就妥善解决两国间存在的问题达成重要共识：一是进一步加快工作进程，确保最迟于2008年完成两国陆地边界全线勘界立碑任务。二是继续认真落实《北部湾划界协定》和《北部湾渔业合作协定》，共同维护海上治安和渔业生产秩序，积极开展北部湾共同渔区渔业资源联合调查，启动跨界油气构造勘采合作，双方签署《北部湾协议区油气合作框架协议》。三是尽早开始北部湾湾口外海域的划界谈判并商谈该海域的共同开发问题。四是维持海上问题谈判机制，坚持通过和平谈判，寻求双方都能接受的基本和长久的解决办法，在此过程中，双方将认真研究共同开发问题，以便找到双方都能接受的共同开发模式和区域。在两国领导人的推动下，上述问题的解决取得积极进展。12月，两国举行第12轮政府级边界谈判，就落实两国领导人共识深入交换意见，并对下一阶段谈判作出了具体安排。双方还举行了四轮陆地边界勘界首席代表会晤和一轮海上问题专家小组会谈。

两国经贸合作再上新台阶，双边贸易额大幅度增长。中国成为越第一大贸易伙伴。两国总理已确定 2010 年双边贸易额达到 100 亿美元的新目标。两国签署涉及交通基础设施、矿产资源开发、电力和植物检疫等几十项经贸合作文件。

两国在各个领域的交流与合作不断深化。2005 年，两国各部门团组互访频繁。9 月，两国副外长举行年度外交磋商。4 月，两国国防部举行首次防务安全磋商。10 月，越国防部长范文茶访华，双方签署《两国海军北部湾联合巡逻协议》。两党理论交流和两国青年友好会见活动进一步加强。

# 也门

## (Yemen)

2005 年，中华人民共和国与也门共和国的友好合作关系平稳发展。

双边政治关系友好。4 月，国务院总理温家宝致电也门总理阿卜杜勒－卡迪尔·阿卜杜－拉赫曼·巴杰麦勒，祝贺也 15 周年国庆。3 月 20～25 日，也门外交部次长侯赛因·塔希尔·穆罕默德·本·叶海亚访华，同外交部部长助理吕国增进行政治磋商。外交部长李肇星予以会见。双方就双边关系、共同关心的地区问题及联合国改革问题交换看法。3 月 25～30 日，也门哈达拉毛省省长阿卜杜勒－卡迪尔·阿里·希拉勒准将访华。4 月 22～28 日，也门全国人民大会政治与对外关系部部长尤尼斯·海扎·哈桑率团访华，中联部副部长马文普会见。5 月 27～29 日，外交部长李肇星代表姚匡乙大使访也，就联合国改革问题与也方协调立场。10 月 28 日至 11 月 9 日，也门海军司令路维斯·马古尔准将率团访华。12 月 15 日，中共中央对外联络部西亚北非局副局长田端惠作为中联部部长王家瑞特别代表应邀出席也门执政党全国人民大会党第七次大会。

经济合作持续发展。4 月 12 日，商务部副部长魏建国会见来京参加中阿企业家大会的也门工贸部长哈立德·谢赫，双方签署三项关于 WTO 不利条款换文。4 月底，中方完成援也友谊桥的修缮工程。9 月 13 日，双方签订援也外交部办公楼项目实施合同。12 月 4 日，中国驻也门大使高育生与也门副总理兼计划部长艾哈迈德·穆罕默德·苏凡共同签署关于中国政府向也门政府提供 3000 万元人民币无偿援助的协议。

文化、科技领域交往增多。4 月 28 日，也门文化旅游部次长兼也门乒乓球协会主席纳比尔·哈桑·法奇率团赴上海参加第 48 届世界乒乓球锦标赛。10 月 12 日，也门高等教育与科研部副部长穆罕默德·莫塔哈博士出席了在深圳举行的第七届中国国际高新技术成果交易会“世界科技与经济论坛”的部长论坛。11 月 7～15 日辽宁民乐杂技团赴也门访问演出。

# 赞比亚

## (Zambia)

2005 年，中华人民共和国与赞比亚共和国的友好合作关系进一步发展。双方高层交往密切，政治互信进一步增强，在各领域的合作续有发展。

3 月 15 日，赞比亚总统利维·姆瓦纳瓦萨致函国家主席胡锦涛，祝贺中国全国人民代表大会通过《反分裂国家法》。9 月 14 日，胡锦涛主席在纽约出席联合国成立 60 周年首脑会议期间会见赞比亚总统姆瓦纳瓦萨。胡主席赞赏赞政府长期奉行一个中国政策，表示愿与赞方共同努力，进一步巩固和加强双边友好合作关系。姆瓦纳瓦萨总统感谢中国政府长期以来向赞提供的支持与帮助，重申赞政府将继续坚持一个中国政策。年内，两国元首还多次互致信函，就双边关系和共同关心的问题交换意见。

7 月 4~9 日，赞比亚国民议会议长阿穆萨·姆瓦纳姆万布瓦访华。全国人大常委会委员长吴邦国和副委员长顾秀莲分别会见，双方就进一步加强两国议会交流与合作达成广泛共识。

12 月 15~23 日，赞比亚副总统卢潘多·姆瓦佩对中国进行正式访问。全国人大常委会委员长吴邦国、国务院总理温家宝分别会见，曾庆红副主席主持会谈。中国领导人高度评价中赞传统友谊和两国关系的良好发展，并就进一步发展双边关系提出四点建议，一是继续保持两国高层交往势头，不断加深相互了解和信任；二是不断深化经贸合作；三是促进两国在文教、卫生等领域的交流与合作；四是加强在国际事务中的磋商与配合，维护发展中国家的共同利益。姆瓦佩完全赞同中方的四点建议，表示赞中有着“全天候”的友谊，进一步发展对华关系是赞政府的既定政策，赞方希望进一步扩大与中国在经贸等各个领域的合作，丰富双边合作内涵。双方签署了《中华人民共和国政府和赞比亚共和国政府经济技术合作协定》。

8 月 2 日，外交部长李肇星与赞比亚外交部长龙尼·希卡普瓦沙通电话，就共同关心的国际问题交换意见。

两国其他层次友好交往保持良好势头。中共中央政治局委员、中共湖北省委书记俞正声，监察部副部长李玉斌，全国政协经济委员会主任刘仲黎，中共中央对外联络部部长助理谭家林等访赞。赞比亚总统特使、外交部长龙尼·希卡普瓦沙，国防部长瓦蒙迪拉·穆里约克拉，总统夫人莫琳·姆瓦纳瓦萨等访华。

两国经贸合作取得新成果。从 2005 年 1 月 1 日起，中国政府决定给

予赞比亚部分输华商品免关税待遇。12月，中国有色矿业集团有限公司与赞商业、贸易与工业部签署了《关于建立赞比亚谦比希中国有色工业园意向书》。

# 津巴布韦

(Zimbabwe)

2005年，中华人民共和国与津巴布韦共和国的关系顺利发展，各领域合作取得新进展。

两国政治交往不断。7月23～29日，津巴布韦总统罗伯特·加布里埃尔·穆加贝对中国进行国事访问。国家主席胡锦涛与穆加贝总统举行会谈，全国人大常委会委员长吴邦国和国务院总理温家宝分别会见。外交部长李肇星会见随访的津巴布韦外交部长辛巴拉谢·蒙本盖圭。中国领导人高度评价中津关系，表示中方珍视两国传统友谊，愿与津方一道，拓宽合作领域，造福两国人民。胡锦涛主席就进一步发展两国关系提出四点建议：一是保持两国高层交往势头，加强政府、议会、政党之间的友好往来。二是扩大经贸合作，谋求互利双赢，共同发展。三是中方愿加强与津方在人力资源领域的合作，通过中非合作论坛的平台扩大对津人员培训。同时继续拓展文化、教育、卫生等领域的合作，促进各自社会事业发展。四是加强双方在国际和地区事务中的协调与合作。穆加贝总统表示完全赞同中方提出的四点建议，重申津政府坚定奉行一个中国政策，将认真落实双边达成的共识，推动两国政治、经贸、文化、教育、卫生等领域的务实合作深入发展。双方签署了《中华人民共和国政府和津巴布韦共和国政府经济技术合作协定》。

8月3日，李肇星外长与津巴布韦外长蒙本盖圭通电话，就共同关心的国际问题交换意见。

此外，中共中央政治局委员、湖北省委书记俞正声，司法部副部长段正坤，中共中央对外联络部部长助理谭家林，2008年北京奥运会组织委员会副主席于再清等访津；津巴布韦陆军司令菲利普·希班达中将、内政部长坎博·莫哈迪、妇女事务和社区发展部长奥帕·穆钦古丽、执政党津巴布韦非洲民族联盟—爱国阵线政治事务书记埃利奥特·马尼卡等访华。

两国在经贸、文化、新闻、人力资源培训等方面的合作继续加强。5月，中方出售并交付给津两架“新舟60”飞机，实现该型国产客机首次商业出口。7月，中国政府向津巴布韦政府提供一批粮食援助，以帮助缓解旱灾。年内，中国媒体代表团访津。津巴布韦120多位官员以及高级技术和管理人员来华接受培训。

# 欧洲联盟

## (European Union)

2005年是中国与欧洲联盟建交30周年。双方以此为契机，努力充实中欧全面战略伙伴关系，积极推进双方全方位、宽领域和多层次的交流与合作。

双方高层往来密切，有力地推动了中欧关系的发展。

7月，欧盟委员会主席巴罗佐对华进行其上任以来的首次正式访问，胡锦涛主席和温家宝总理分别会见、会谈，双方就中欧各领域合作充分交换意见。欧盟委员会贸易委员曼德尔森、科技委员波特奇尼克、农业委员保尔女士、税务与海关同盟事务委员科瓦奇、环境委员迪马斯等访华。

9月5日，温家宝总理与欧盟轮值主席国英国首相布莱尔、欧盟委员会主席巴罗佐和欧盟理事会秘书长兼欧盟共同外交与安全政策高级代表索拉纳在北京举行了第八次中欧领导人会晤。双方对中欧关系30年的发展表示满意，认为30年来，中欧政治对话与合作更加深入，双方在经贸、科技、环保、能源、交通等各领域的广泛合作富有成果。在当前国际形势下，中欧应该也能够发展战略伙伴关系，共同应对全球性挑战。双方领导人一致认为，中欧应加强政治交往和战略合作，扩大各领域合作，提高合作水平，妥善解决彼此关切，从而进一步推动中欧关系的发展。会晤后，双方发表了《第八次中欧领导人会晤联合声明》和《中欧气候变化联合宣言》。双方领导人还共同出席了《关于新的中欧环境项目的声明》《中欧能源交通战略对话谅解备忘录》《中国劳动和社会保障部与欧盟委员会谅解备忘录》《中华人民共和国政府与欧洲共同体及其成员国海运协定修改议定书》、北京首都机场扩建项目协议及贷款协议的签字仪式。

政治领域对话形式日益多样化，对话的战略成分增加。

3月，李肇星外长访问欧盟总部，这是中国外长对欧盟总部的首次正式访问。李外长分别会见欧盟委员会主席巴罗佐、欧盟理事会秘书长兼欧盟共同外交与安全政策高级代表索拉纳及欧盟委员会对外关系委员瓦尔德纳。5月，欧盟“三驾马车”外长欧盟轮值主席国卢森堡副首相兼外交和移民问题大臣阿瑟伯恩、欧盟委员会对外关系委员瓦尔德纳及候任主席国英国外交大臣代表首度访华。温家宝总理、唐家璇国务委员分别会见，李肇星外长与代表团举行会谈。双方举行了隆重的庆祝建交30周年活动。

2月，国务院台湾事务办公室主任陈云林访问欧盟总部，分别会见欧盟理事会秘书长兼共同外交与安全政策高级代表索拉纳、欧盟理事会对外关系总司长库珀、欧盟委员会对外关系总司长兰达布鲁等。欧方重申坚持一个中国政策，认为陈主任到访对欧方了解中方立场十分有益。

12月，张业遂副外长赴轮值主席国英国伦敦与欧盟“三驾马车”副外长级代表启动中欧战略对话。双方就中国和欧盟各自发展走向和大国关系等深入交换意见，增进了政治互信。

中欧政治总司长磋商、外交政策磋商、军控和防扩散磋商、亚洲问题磋商、打击非法移民高级别磋商以及人权对话和司法研讨会等各类定期磋商机制继续有序开展。12月，中欧第二次批准《公民权利和政治权利国际公约》问题研讨会在英国伦敦举行。中欧双方还首次就中亚问题和非洲问题举行磋商。

经贸、科技等具体领域的合作不断扩大和深化并取得积极成果。

双方妥善解决双边贸易中存在的问题，中欧贸易额继续保持快速增长。6月，中欧就部分纺织品问题达成谅解备忘录，并于9月就部分输欧纺织品卡关问题达成一致，成功解决了纺织品贸易争端。11月，国家质量监督检验检疫总局副局长葛志荣访欧期间与欧方草签《中国国家质检总局与欧盟委员会消费者保护总司关于管理合作安排的谅解备忘录》，并与欧盟举行圆桌讨论会，推动欧盟尽早解决中国输欧禽肉解禁问题。截至2005年6月底，欧盟是中国累计第一大技术供应方和累计第四大实际投资方。中国从欧盟累计引进技术20177项，合同金额847.5亿美元，欧盟在华投资企业共21125家，合同金额809.5亿美元，实际投入448.5亿美元。2005年，双方还举行了首轮财金对话和宏观经济政策会晤。

科技合作是中欧双边合作的重要支柱之一。5月，中欧科技战略高层论坛在北京举行，国务委员陈至立出席开幕式，科技部长徐冠华、欧盟委员会科技委员波特奇尼克分别讲话。论坛发表了“建立以知识为基础的战略伙伴”的联合声明，确定了未来科技合作的指导原则，列出了9项具体目标和12项行动计划。“中欧伽利略计划”进入全面合作阶段，已有7个项目开始实施，总金额超过3000万欧元。中欧能源工作组第七次会议期间双方同意建立中欧清洁煤行动计划和中欧能效与可再生能源产业合作行动计划。中欧信息社会对话工作组第三次会议进一步强化了对双方在信息领域的科研和产业合作的政策性指导，在此框架下，欧盟对华信息社会援助项目启动。

此外，双方还首次在北京举行了民航峰会，黄菊副总理出席开幕式并发表讲话。

与欧洲议会的交往增多。

1月，中共中央联络部部长王家瑞访问欧洲议会，会见了欧洲议会议长博雷利和人民党、社会党、自由党等各主要党团主席。4月，全国人大外事委员会副主任委员吕聪敏率团访问欧洲议会，会见了议会主要领导人，并分别与议会外事委员会和对华关系代表团举行会谈，这也是全国人大访欧代表团首次与欧洲议会外委会举行正式会晤。10月，全国人大外事委员会副主任委员、全国人大中欧关系小组主席王英凡率团访问欧洲议会，与欧洲议会对华关系代表团举行第22轮工作会谈。欧洲议会副议长奥茨基、自由党党团主席华生、欧洲议会党团秘书长代表团等分别访华。

为纪念建交30周年举办了一系列庆祝活动。

双方领导人互致贺信、贺电。李肇星外长、中国驻欧盟使团分别举行庆祝中欧建交30周年招待会，世界知识出版社出版发行《中国欧盟建交30周年 1975～2005》纪念册。此外，双方成功举办“第二现实——中国当代摄影展”、“郎朗钢琴音乐会”、中国电影周等文化活动。外交部集邮协会发行中欧建交30周年纪念封。中国社会科学院、欧洲之友等双方学术机构举办关于中欧关系的研讨会。

# 第四章

# 中国与国际和地区组织的关系

## 中国与联合国

### 1. 政治与安全领域

#### (1) 联合国改革

联合国秘书长安南提交综合报告，提出改革建议。安南于2005年3月21日提交题为《大自由：实现人人共享的发展、安全与人权》的报告。报告强调安全、发展与人权相互关联，呼吁建立对彼此安全和发展负有共同责任的新安全共识，并就发展、安全、人权及联合国机构改革提出41条核心建议。其中，四方面内容引人关注：(一) 主张扩大安理会，敦促各方考虑联合国改革问题高级别名人小组提出的两个扩大方案或其他改进方案，于首脑会前做出决定。(二) 敦促各国接受“保护的责任”理念。当发生种族灭绝、清洗等反人类罪行时，如一国不愿或不能保护本国国民，国际社会应进行干预。建议安理会确定核准名人小组有关使用武力的建议。(三) 呼吁将人权提升到

与和平、发展并重的地位。建议将人权委员会升格为人权理事会。（四）敦促发达国家在援助、减债、贸易等方面采取实质性措施，特别是设立时间表，在2015年前将官方发展援助达到占国民生产总值0.7%的水平。发展中国家应加强国家治理，打击腐败行为等。

联合国成立60周年首脑会议通过《成果文件》，为联合国改革确定了方向。《成果文件》体现了各方在落实发展问题、改革秘书处内部管理、加强大会和经社理事会作用、设立建设和平委员会、人权理事会和民主基金、完成全面反恐公约、“保护人民免遭灭绝种族、战争罪、族裔清洗和危害人类罪之害的责任”等方面达成的原则共识，对联合国未来发展和联合国改革进程有重要影响。第60届联大就落实该文件举行磋商。12月20日，联大和安理会分别通过决议，决定设立建设和平委员会。

各方对安理会改革分歧犹存。日本、德国、巴西、印度组成的“四国集团”、非洲联盟、“观点相近国家”分别提出安理会改革决议草案。各方均支持安理会扩大，但在具体改革思路和方案上分歧明显。12月19日，第60届联大主席埃里亚松根据联合国首脑会议《成果文件》要求，就安理会改革进展情况提交报告，表示各方对扩大安理会有广泛共识，但在扩大方法、规模、类别等问题上分歧犹存，应在2006年继续讨论安理会改革；联大主席将举行联大安理会改革工作组会议，以推动各方达成广泛一致。

中国支持通过改革，增强联合国应对新威胁新挑战的能力进行必要、合理的改革。中国支持联合国改革，全面、积极、深入参与了有关讨论。国家主席胡锦涛在联合国首脑会议上全面阐述了中方立场：（一）应该通过合理、必要的改革，维护联合国权威，提高联合国效率，更好地发挥联合国作用。（二）联合国改革是全方位、多领域的，可以先易后难、循序渐进，推动改革尽可能多出成果。改革应该重点推动联合国加大在发展领域的投入，致力于维护联合国宪章的宗旨和原则，增进广大会员国团结。（三）安理会改革是联合国改革的一项重要内容。要通过改革安理会，优先增加发展中国家特别是非洲国家的代表性，让更多国家特别是中小国家有更多机会参与安理会决策。改革涉及各国利益，应该充分协商，在达成广泛共识的基础上做出决定。

### （2）李肇星外长出席第60届联合国大会

第60届联合国大会于2005年9月14日在纽约联合国总部开幕。本届联大共审议政治、经济、社会、裁军、财政、法律等150多项议题。李肇星外长于9月18～25日率团与会。

9月19日，李肇星外长在一般性辩论中发表题为“走和平、和谐、共同发展之路”的讲话。李肇星外长指出，人类进步需要和平的环境，一国的稳定安全不可能建立在别国的动荡危机之上。只有树立新的安全共识，互信互利、平等协作，才能在和平中发展自己，在发展中维护和平。发展不能只顾眼前和局部，而无视长远和全局。国际社会应携手推动国际关系民主化和法治化，建立相互尊重、平等相待，不同文明相互借鉴、交流融合的和谐环境。各国应加强合作，推动经济全球化朝着有利于共赢、共享、共繁荣的方向发展。李肇星外长说，必须加强联合国作为集体安全机制的核心地位，让联合国进一步做维护和平的有力使者。发展应该是联合国改革的主线。安理会改革要提高权威与效率，改进工作方法，并优先增加发展中国家，特别是非洲国家代表性，让更多中、小国家有更多机会参与安理会决策。会员国应该根据国际关系民主化原则，通过对话协商，达成广泛一致。李肇星外长还呼吁国际社会关注非洲，帮助非洲如期实现千年发展目标。

李肇星外长在会议期间还进行了一系列多、双边活动，主要包括：(一) 会晤联合国秘书长安南、第60届联大主席埃里亚松，出席77国集团外长会议，会见海湾合作委员会外长、里约集团外长、欧盟“三驾马车”外长、不结盟运动部长级代表团、阿拉伯联盟秘书长，出席五常外长与秘书长工作午餐及中、俄、印外长工作早餐。(二) 会见黎巴嫩总理、泰国副总理、以色列副总理兼外长、美国国务卿、英国外交大臣及玻利维亚、俄罗斯、墨西哥、法国、西班牙、韩国、格鲁吉亚、斯洛文尼亚、刚果（金)、阿尔及利亚、埃及、几内亚比绍、巴基斯坦、荷兰、波兰、越南、乌克兰、澳大利亚、伊拉克、比利时、秘鲁、塞内加尔、埃塞俄比亚、尼泊尔、伊朗、苏丹、牙买加等国外长和德国副外长。

### (3) 积极参与联合国维持和平行动

自1948年联合国向中东地区派遣停战监督组织以来，联合国共部署了60项维和行动，截至2005年2月，包括着手部署及在实施中的共有16项。2005年3月，安理会分别通过第1590号决议，授权成立了“联合国苏丹特派团”。第59届联合国维持和平行动特别委员会（特委会）于2005年1月31日至2月25日在纽约联合国总部举行。会议重点讨论了加强维和行动的能力、设立战略后备部队、维和人员纪律规范等问题并一致通过了“消除联合国维和行动中性剥削和虐待的综合战略”的年度报告。

中国一贯重视并支持开展符合《联合国宪章》精神的维和行动，并不断扩大参与领域，体现了爱和平、负责任的大国形象。

本着积极务实的态度，参与安理会、联大、维和特委会的有关审议和磋商。在第59届联大维和特别委员会会议上，中国常驻联合国副代表张义山大使表示，支持联合国维和行动进行合理、必要的改革，强调应继续坚持维和行动的基本框架和原则，重在发挥其政治优势和综合功能，加强统筹规划、提高效率、增强快速反应能力、严肃维和人员纪律，改革措施应切合实际需要、量力而行。

积极参与联合国维和行动。1988年，中国成为联合国维持和平行动特委会成员。自1990年以来，中国已先后向中东、伊科、柬埔寨、西撒、莫桑比克、塞拉利昂、埃厄、刚（金）、利比里亚、苏丹等多项维和行动派出军事观察员、联络官、顾问和参谋军官共约3000人次；向东帝汶和波黑等维和行动派出维和民警约300人次；于2003年4月派出共约200多人的工兵和医疗分队参加联合国刚（金）维和行动；11月派出共约500多人的工兵、医疗和运输分队参加联合国在利比里亚的维和行动。2004年8月决定向联合国海地稳定特派团派125人的成建制警察分队。2005年1月决定向联合国苏丹特派团派450人的后勤保障分队。中国已接受联合国邀请，向联合国驻黎巴嫩临时部队派遣约180人的工兵部队。

### （4）中国积极参与国际反恐合作

2005年，中国继续积极参与国际反恐合作，受到各方重视和赞赏。

国家领导人高度重视，多次就反恐问题与其他有关国家领导人直接交换意见，强调中国支持联合国和安理会在国际反恐中发挥主导作用，主张打击一切形式的恐怖主义，采取综合措施，标本兼治，提高发展中国家反恐能力建设，反对搞双重标准，或简单地将恐怖主义与特定的国家、民族或宗教挂钩。胡锦涛主席9月出席了联合国成立60周年安理会首脑会议，阐述了中国对反恐问题的看法和主张。

中国继续以积极和建设性态度参与联合国和安理会有关反恐问题的各项讨论。中国支持安理会通过有关反恐决议，为安理会第1624号决议通过发挥了重要作用。中国还认真配合安理会反恐委员会及其下属的反恐执行局工作，切实执行有关决议内容。

中国继续积极参与地区和区域反恐合作。中国积极推动上海合作组织成员国开展反恐合作，落实《打击恐怖主义、分裂主义和极端主义上海公约》和《上合组织成员国关于地区反恐怖机构的协定》等重要文件，并支持上海合作组织峰会于2005年7月通过了《上合组织成员国打击恐怖主义、分裂主义和极端主义的构想》。同时，中国还推动亚太经合组织、东盟地区论坛等通过各项反恐倡议。

中国不断深化与有关国家的双边合作。中国与美国、巴基斯坦、德国等继续在已有反恐磋商机制下开展交流与合作，还同东南亚和中亚各国开展了各种形式的反恐合作。2005 年 11 月，中国与美国签署了关于合作防止非法贩运核及其他放射性物质谅解备忘录。

## （5）为和平解决以巴冲突而努力

2005 年，中国继续积极支持中东和平进程，支持联合国为和平解决以巴冲突所做的努力，并发挥了建设性作用。

11 月 29 日，联合国在纽约举行“声援巴勒斯坦人民国际日”纪念大会。国务院总理温家宝致电声援。温家宝总理在声援电中说：（一）今年，巴勒斯坦和以色列领导人实现会晤，双方关系不断改善。以色列从加沙和约旦河西岸部分地区撤离，标志着巴以问题朝着正确的方向迈出了重要一步。中国对此表示赞赏，希望巴以双方抓住机遇，排除干扰，配合国际社会促和努力，共同推动和平进程向前发展。（二）中东问题的核心是巴勒斯坦问题。解决该问题的出路在于以联合国有关决议和“土地换和平”原则为基础进行政治谈判，按照“路线图”计划建立独立的巴勒斯坦国。（三）巴勒斯坦问题的解决需要当事双方的政治意愿和勇气，也离不开国际社会持久、公正的支持和帮助，联合国负有重要责任。中国愿与国际社会一道，为推动中东地区早日实现和平与稳定继续不懈努力。

2005 年，联大就中东局势和巴勒斯坦问题等通过多项决议，安理会也多次发表主席声明。11 月 30 日，中国常驻联合国副代表张义山在联大审议巴勒斯坦问题时指出：（一）2005 年，巴勒斯坦领导层实现顺利过渡，阿巴斯主席和沙龙总理两度会晤，以色列从加沙和约旦河西岸部分地区撤离。这些都是朝着解决巴以问题迈出的重要步骤。中国表示欢迎。（二）巴以之间仍存分歧，重启和谈依然面临诸多困难。只要有关各方真正开始建立互信，切实履行中东和平“路线图”，最终实现两个独立国家的和平共处是完全可以实现的。（三）中东问题的核心是巴勒斯坦问题。在联合国有关决议和“土地换和平”原则基础上展开政治谈判，按照“路线图”计划建立独立的巴勒斯坦国，是解决巴勒斯坦问题的正确途径，符合以巴双方和中东各国人民的根本利益，也有利于推动该地区早日实现和平与稳定，应成为国际社会和有关各方共同努力的目标。（四）中方赞赏“四方机制”等为推动以巴和平进程所做积极努力，希望其发挥更大主动性，推动以巴双方尽快执行“路线图”计划。联合国作为维护世界和平与安全的重要机构，也应在这方面切实承担起自己的责任。（五）叙以、黎以谈判是中东和平进程的重要组成部分。尽快恢复这两线谈判并取得进展

有助于中东地区实现全面和平。中国希望有关国家能尽早开始谈判，根据马德里会议确定的原则，寻求彼此都能接受的解决办法。（六）中国将一如既往地，与所有爱好和平的力量一道，继续为实现中东全面、公正、持久和平发挥建设性作用。

### （6）联合国财政预算问题

第60届联大五委审议的议题主要有2006～2007两年期预算和会费比额分摊办法及联合国管理改革等问题。经艰苦磋商，各方通过了2006～2007年预算，决定资源总水平为37.98亿美元，但只给予秘书长6个月支出权限（共9.5亿美元）。

在审议2006～2007两年期预算时，中国代表表示：（一）应合理配置资源，在有限的资源总额内，降低行政管理成本，充分利用信息技术，把更多的资源用于发展。（二）科学、合理使用会员国提供的资源，杜绝浪费，节源增效，应成为联合国努力争取实现的共同目标。（三）预算管理人员和方案管理人员要切实加强沟通与合作，进一步增强预算管理意识，制定切实可行的预期成果和绩效指标，及时终止过时、无效的产出，保证优先领域方案活动得到充分有效执行。

关于会费分摊比额问题，中国代表表示：（一）现行的比额编制方法是全体会员国本着支付能力原则，综合各方立场，考虑各种因素，经过艰苦谈判最终达成的妥协结果。保持比额编制方法的稳定性和会费比额的可预见性，将不确定因素减少到最低限度，对于保证联合国及其系统内各机构工作至关重要。（二）支付能力原则是本组织制订会费比额的基本原则，行之有效，并最符合广大会员国利益，对会费比额的审议应该基于这一原则之上。任何对会费比额方法的改变应由联大通过协商一致做出决定。（三）中国的2004～2006年会费比额也比上一个三年期上涨了35.18%，但只要会费比额是基于现行的编制方法计算出来的，无论计算结果如何，中国都愿意接受。

### （7）安理会处理的相关工作

①苏丹达尔富尔问题

2005年，安理会多次审议苏丹达尔富尔问题，通过第1585号、第1588号、第1590号、第1591号、第1593号、第1627号、第1651号等七个决议。中国主张在尊重苏丹主权和领土完整的基础上，妥善解决达尔富尔问题，支持非洲联盟在此问题上发挥主导作用，并积极参与了达尔富尔问题的解决。

3月29日，安理会以12票赞成、3票弃权（中国、阿尔及利亚、俄罗斯投弃权票）通过了对苏丹实施制裁的第1591号决议。中国常驻联合国代表王光亚大使表示，安理会应充分尊重非盟在达尔富尔问题上的意见，中方历来对搞制裁持谨慎态度，认为安理会应对任何可能影响和平进程的“措施”慎之又慎。一味施压，无助于推动达问题的政治解决，只会使局势更加复杂与困难。中方提出修改案文的有关建议未得到积极回应，因此只得投弃权票。

3月31日，安理会以11票赞成、4票弃权（中国、美国、巴西、阿尔及利亚投弃权票）通过第1593号决议，决定将达尔富尔人权问题提交国际刑事法院（ICC）审理。中国常驻联合国代表王光亚发言表示，在达尔富尔问题相关责任人审判机制问题上，中国一直主张安理会应充分尊重苏丹主权，由苏丹司法机构审判有关责任人。中方不赞成在未经苏丹政府同意的情况下，把达问题提交国际刑事法院审理。

②黎巴嫩问题

2005年2月14日，黎巴嫩前总理哈里里在贝鲁特遭遇汽车炸弹袭击身亡。安理会于4月7日通过第1595号决议，决定就哈里里遇害调查成立国际独立调查委员会，并于10月31日和12月15日分别通过第1636号决议和第1644号决议，延长调查委员会任期，并呼吁有关各方与调查委员会合作。

中国外交部长李肇星在10月31日安理会外长会议上阐述了对哈里里遇害调查问题的立场：（一）中国赞赏调查委员会为查明哈里里遇害事件真相所做努力，希望委员会继续进行公开、公正调查。（二）安理会有责任敦促有关各方根据安理会第1595号决议，向委员会提供全面、充分和严肃的合作。（三）在调查委员会尚未形成最终结论的情况下，安理会预先判定调查结果，并威胁实施制裁是不合适的，不利于问题的解决，也将给本已复杂的中东形势增添新的不稳定因素。（四）中东地区形势错综复杂，各种因素相互交织。安理会在处理有关问题时，应充分考虑中东地区的特殊和复杂情况，尊重各国主权和人民的意愿，避免引发地区形势出现新的紧张和动荡。

③缅甸问题

2005年11月29日，美国常驻联合国代表博尔顿致函安理会当月主席，要求秘书处高级官员就缅甸形势向安理会做正式通报。经过协商，各方同意秘书处在“其他事项”下就缅问题做内部通报，安理会不单设缅局势议题，不发表文件或谈话。中国常驻联合国副代表张义山表示：（一）中国不认为缅局势对国际及地区和平与安全构成任何威胁。安理会未经当

事国同意，讨论本质上属于一国内政的问题，超出《宪章》赋予的职责，最终将损害安理会的权威性和合法性。（二）考虑到各方均接受秘书处在其他事项下向安理会做非正式通报，不单设议题，也不发表任何文件或谈话，中国对此不持异议。

12月16日，根据事先达成的共识，安理会在全体磋商“其他事项”下听取联合国副秘书长甘巴里关于缅局势的通报。张义山大使指出：（一）国际社会应在尊重缅主权与尊严的基础上，向缅提供积极和建设性帮助，确保缅在实现民主化及民族和解的过程中保持稳定；（二）应充分听取和尊重东盟的意见；（三）中方反对安理会审议的立场没有改变。

## 2. 裁军、军备控制与防扩散领域

2005年，国际安全领域威胁呈现日益多元化，不稳定和不可预测因素增加。国际军控、裁军机制和法律体系作为全球安全秩序的有机组成部分，为维护世界和平与稳定依然发挥着重要作用，但也面临着不少困难与挑战。多边军控和裁军进程进展迟缓，有关未来军控走向的分歧依然存在，核裁军、防扩散与和平利用核能之间的关系问题有待解决。地区核问题的解决进程艰难曲折，恐怖主义与大规模杀伤性武器结合的危险上升，防扩散成为影响全球和地区安全的重要问题。

### （1）参与和推进国际军控与裁军进程，认真履行军控条约义务

2005年，中国继续实践以互信、互利、平等、协作为核心的新安全观，积极参加国际军控与裁军领域的各项重大活动，努力推进国际军控与裁军进程。5月，中国以建设性姿态参加了《不扩散核武器条约》第七次审议大会，大会虽未取得实质性成果，但中国将继续致力于维护《不扩散核武器条约》的权威性和普遍性，与各方共同平衡推进核裁军、防扩散和和平利用核能三大目标。中国坚定支持《全面禁止核试验条约》，积极参加了条约筹委会的工作和促进条约生效大会，正在为批准条约积极履行国内的法律程序。中国认真参与了《核材料实物保护公约》修约工作，为修约大会如期召开发挥了建设性作用。

中国支持日内瓦裁军谈判会议在达成全面、平衡的工作计划的基础

上，早日开始谈判“禁止生产用于核武器或其他核爆炸装置裂变材料条约”。中国继续积极推动国际社会重视并处理防止外空军备竞赛和防止外空武器化问题，主张日内瓦裁军谈判会议谈判相关国际法律文书。3 月，中国、俄罗斯、联合国裁军问题研究所、加拿大西蒙斯基金会在日内瓦联合举办了“确保外空安全：防止外空军备竞赛”国际研讨会。6 月，中国与俄罗斯在裁谈会联合散发了关于“防止外空武器化法律文书的定义问题”专题文件。

中国严格履行《禁止化学武器公约》各项规定。2005 年，中国按时提交各类宣布，接待禁止化学武器组织 16 次视察。中国高度重视日本遗弃在华化学武器问题，与日本、禁止化学武器组织技术秘书处举行磋商，讨论销毁计划、销毁核查机制等重要问题。

中国积极参与《特定常规武器公约》进程，认真履行经修订的《地雷议定书》的义务，支持《战争遗留爆炸物议定书》早日生效，并积极参与了公约政府专家组关于反车辆地雷问题的讨论。中国继续致力于国际扫雷援助与合作，向泰国援助了扫雷装备和器材，并为其培训了扫雷人员。

中国支持打击小武器非法贸易的多边努力。4 月，中国与联合国、日本、瑞士在北京联合举办了小武器问题国际研讨会。中国积极参加《识别和追查非法小武器国际文书》谈判工作组的工作，为文书如期达成作出了积极贡献。

同月，中国批准了《环境战公约》，进一步体现了中国支持多边军控、重视环境保护的积极态度。

2005 年，中国还积极参加了联合国大会第一委员会、信息安全问题政府专家组、《禁止生物武器公约》及《渥太华禁雷公约》年会等重要国际会议。

### （2）积极参加国际防扩散努力，加强防扩散出口管制

2005 年，防扩散问题持续升温，成为影响国际和地区安全的重要因素。一方面，国际社会在防扩散总体目标上共识加深，合作加强，但在具体方式上仍有分歧；另一方面，随着国际政治、经济与安全形势的发展变化，国际防扩散机制面临不少新的问题和挑战。

中国坚决反对大规模杀伤性武器及其运载工具的扩散。中国认为，防扩散问题十分复杂，必须标本兼治，综合治理。第一，应努力增进各国的普遍安全，消除获取大规模杀伤性武器的动因；第二，应通过对话与合作，以政治和外交手段处理扩散问题；第三，应倡导多边主义，努力完善

现有国际防扩散体系；第四，应确保防扩散措施的合理性和合法性；第五，要在防止扩散的前提下，确保各国和平利用科技的权利。

中国积极参与国际防扩散进程，严格履行防扩散国际义务。中国支持联合国在防扩散领域发挥重要作用，欢迎联合国安理会2004年通过的第1540号决议，已按决议要求提交了内容详尽的国家报告及补充说明。中国支持有关地区组织和机制在防扩散方面发挥作用，以建设性态度与其进行交流和对话，探讨在地区层面解决扩散问题的有效途径。中国积极参与旨在解决地区防扩散问题的外交努力。

中国一贯重视防扩散出口管制工作。中国已建立了全面、有效的出口管制法律法规体系，有关管制原则、范围及做法与国际通行做法基本一致。中国政府将继续在完善出口管制立法、执法、机制建设、宣传教育、国际合作与交流等方面作出努力。

中国重视出口管制领域的多、双边交流与合作。中国已加入桑戈委员会和“核供应国集团”，正式提出加入“导弹及其技术控制制度”，与“澳大利亚集团”、“瓦森纳安排”等保持对话与交流。中国还与美国、欧盟、英国、法国等方面举行了防扩散和出口管制磋商。

### （3）发表《中国的军控、裁军与防扩散努力》白皮书

2005年9月1日，国务院新闻办公室发表了《中国的军控、裁军与防扩散努力》白皮书。白皮书含前言、正文和附录三个部分，其中正文分六个部分，分别介绍了中国对国际安全和军控形势的看法，在军控、裁军与防扩散领域的基本政策主张，参与和推进国际军控与裁军进程的努力，致力于国家和区域裁军的举措，积极参加国际防扩散努力以及加强防扩散出口管制的措施。附录列举了中国参加的军控、裁军和防扩散条约、中国的防扩散出口管制法规和中国与有关国家达成的裁军和建立信任措施协定。

这是中国政府继1995年发表《中国的军备控制与裁军》白皮书和2003年发表《中国的防扩散政策和措施》白皮书后，再次发表军控和防扩散政策白皮书。这部白皮书内容全面、丰富，反映了10年来国际安全和军控形势的深刻变化，展示了中国推动国际军控、裁军与防扩散进程、致力于世界和平与发展事业的积极态度，是了解中国军控、裁军和防扩散政策举措最权威的窗口。白皮书的发表体现了新时期中国外交更加开放、务实和透明的风格。

## 3. 经济领域

### (1) 综合性国际经济论坛

联合国经社理事会2005年实质性会议于6月29日至7月27日在纽约联合国总部举行。本次会议由高级别、发展业务、协调、人道主义事务和常务部分组成。高级别部分的主题是“实现国际商定的发展目标，包括《千年宣言》各项目标，以及执行联合国各次主要会议和首脑会议的成果：进展、挑战和机会”。会议其他主要议题有：经济问题、社会问题、人权问题、非政府组织问题、发展业务活动、2006年经社会主题等。会议共通过51项决议和94项决定。

中国代表团团长、常驻联合国副代表张义山大使在高级别部分发言，重申各国为其发展负有主要责任，应将实现千年发展目标纳入国家战略目标；呼吁发达国家履行资金援助、技术转让、减债、市场准入等承诺；主张加强发展中国家对国际经济、金融决策的参与；赞同加强联合国经社理事会在经济领域的协调作用和对各国兑现承诺的监督作用。张大使还介绍了中国在实现千年发展目标方面取得的进展，以及落实科学发展观，促进全面、均衡、可持续发展的成功实践。

联合国第60届大会第二委员会会议于2005年10月3日至12月23日在纽约联合国总部举行。主要议题有：宏观经济政策、发展筹资、环境与可持续发展、消除贫困、联合国人类住区会议、人道主义和救灾援助、建立全球伙伴关系等。本届联大二委共审议了41项议题和分议题，通过了42项决议和2项决定。此外，联大全会还审议了10项经济和人道主义议题及分议题，通过了14项决定。

中国代表团在一般性辩论中发言，呼吁各国重视并采取及时、有效行动解决发展问题，强调国际社会应继续以发展为重点，采取大胆、具体、务实的措施，将联合国60周年峰会的共识转化为行动，开创全球发展的新局面。中国代表团就国际发展合作提出四点建议：（一）坚持不懈地解决体制性问题；（二）大力充实和深化全球伙伴关系；（三）加强联合国在推动国际发展合作中的作用；（四）优先帮助有特殊需要的国家。

中国代表团指出，开展南南互助合作是发展中国家自立自强和团结精

神的体现，也是推动国际发展合作的渠道之一。作为最大的发展中国家，中国高度重视与发展中国家的关系，致力于推动南南合作。在联合国首脑会议上，胡锦涛主席宣布了加强同发展中国家经济合作的一揽子新举措，包括资金、债务、贸易、能力建设和公共卫生五个方面，体现了中国加强国际发展与合作的决心和诚意。中国将继续加强与发展中国家的经验交流，探讨南南合作的新思路、新方法，互助互勉，共同提高。

### （2）在货币与金融领域的工作

2004/2005 财年，世界银行共向中国 9 个项目提供了 10.3 亿美元贷款，使世行对华承诺贷款总额累计达到 391 亿美元，涉及项目总数达到 263 个。

世界银行/国际货币基金组织春季例会于 2005 年 4 月 16～17 日在华盛顿召开。财政部副部长李勇和中国人民银行副行长李若谷率团出席。会议主要围绕世界经济和国际金融发展形势、千年发展目标、发展融资模式、加强发展中国家在世界银行和国际货币基金组织的参与、国际货币基金组织的作用、增加对发展中国家的援助等议题展开讨论。李勇在会议发言中指出，发展道路的选择必须依赖发展中国家自身的发展实践，发展战略的形成必须充分体现发展中国家的自主权；不管采取何种融资方式，官方发展援助资金始终是真正现实的发展融资主要途径。李勇呼吁国际社会推动多哈回合谈判，帮助发展中国家促进发展和减贫，同时重申要加强发展中国家在两机构决策过程中的发言权，关键是要增加发展中国家的投票权，并敦促两机构在此问题上拿出可行方案。

世界银行/国际货币基金组织年会于 2005 年 9 月 24 日在华盛顿召开。世界银行理事、财政部部长金人庆和国际货币基金组织理事、中国人民银行行长周小川率中国政府代表团出席。会议主要讨论了世界经济和国际金融发展形势、非洲行动计划、重债发展中国家债务减免、贸易发展援助、世界银行与国际货币基金组织的作用等议题。金人庆在年会发言中阐述了中国关于国际发展合作的基本立场，指出：官方发展援助是纠正全球化发展“结果”不平衡的重要手段，要从“起点”上保证全球化平衡发展就必须实行公平贸易，保证发展中国家平等地参与全球贸易，从全球化中真正受益。金人庆强调，受援国的政府能力建设和自主发展能力应得到特别支持，这是保证这些国家实现长治久安、稳定发展的关键，同时还介绍了中国实施“双稳健”政策的效果和中国汇率制度改革的思路与做法，重申了胡锦涛主席关于中国增加对发展中国家援助的五项举措。

### (3) 在环境与可持续发展领域中的活动

①联合国环境规划署

联合国环境规划署（简称“环境署”）于1973年1月成立，总部设在肯尼亚首都内罗毕。其宗旨为促进环境领域国际合作；在联合国系统内提供有关环境规划总政策的指导和协调；审查世界环境状况并提出政策建议等。

中国积极参加环境署各项活动，自1973年以来一直是环境署理事会成员。1976年，中国在内罗毕设立驻联合国环境规划署代表处。长期以来，中国与环境署保持了良好合作关系。2003年9月，环境署在北京设立驻华代表处。

2005年2月21～25日，环境署理事会第23届会议暨全球部长级论坛在内罗毕举行。会议主要讨论如何从环境保护角度促进千年发展目标的实现；联合国环境署对联合国可持续发展委员会第13次会议的贡献；国际环境管理；联合国环境署工作规划及常规事务等。国务院副总理曾培炎作为特别嘉宾出席了部长级论坛并发表了题为“加强环境保护，实现可持续发展”的主旨演讲，介绍了中国在环境保护和可持续发展方面的政策和举措。会间还举行了中非环保合作会议，曾培炎副总理出席并讲话。

②可持续发展委员会

可持续发展委员会于1993年2月正式成立。其宗旨是加强可持续发展领域国际合作；协调开展环发大会后续行动；使环发大会事务的决策合理化；审查《21世纪议程》等可持续发展领域内国际共识的执行。

可持续发展委员会是联合国系统内讨论、审议国际环境与发展合作最重要的论坛之一，在动员各方力量保持合作势头、敦促实施环发大会各项决定方面发挥了积极作用。2002年可持续发展世界首脑会议之后，可持续发展委员会进行了工作改革，并确定了2004～2017年的重点议程为“水、卫生和人居”。

中国一直积极参与可持续发展委员会的各项活动。2005年4月11～22日，委员会第13次会议在纽约举行。在2005年第12次会议进行经验交流的基础上，本次会议着重于就水、卫生和人居三大领域进行政策讨论，为进一步实现千年发展目标及可持续发展世界首脑会议《实施计划》中的有关目标提出了行动方案。中国建设部部长汪光焘率中国代表团与会并在部长级会议上讲话。

③中国环境与发展国际合作委员会

中国环境与发展国际合作委员会（简称“国合会”）是中国政府在环

境领域的高级国际咨询机构，成立于1992年，主要职责是针对中国环发领域重大和紧迫的问题提出政策建议，并进行项目示范。国合会每四年改选一届，现任主席为国务院副总理曾培炎，委员包括国务院有关部委的部长或副部长、外国前政要、国际组织官员和国内外环发领域的知名专家。

2005年11月18~20日，第三届国合会第四次会议在北京召开。会议主题为“可持续城镇化”。国务院总理温家宝会见了国合会委员，曾培炎副总理出席会议开幕式并发表讲话。会议就正确的城市规划、建筑节能标准、中小城市基础设施建设资金投入、保护城市历史文明和建筑，遏制城市无序蔓延、城市交通发展、气候变化的影响等问题进行了深入讨论，并通过了《第三届中国环境与发展国际合作委员会第四次会议给中国政府的建议》。

## 4. 人权领域

2005年，中国继续本着积极和建设性态度参与联合国人权领域的活动。

3月14日至4月22日，联合国人权委员会（简称“人权会”）第61届会议在日内瓦召开。会议审议了经济、社会、文化权利，公民政治权利，国别人权，种族主义等21项议题，通过了104项决议和决定。人权会改革问题成为关注焦点，各方普遍对人权会面临的“信誉危机”表示担忧，希望通过改革解决将人权问题政治化、选择性和双重标准等问题。中国代表团积极参加了各项议题的讨论和磋商。代表团团长沙祖康大使在开幕式上代表由中国、巴基斯坦、印度、马来西亚、埃及等19个发展中国家组成的“相同观点集团”发言，呼吁各国以建设性态度讨论人权问题，妥善处理分歧，加强对话，反对对抗。沙祖康还在国别议题下提出深入探讨国别议题存在的问题和改进方式，共同推动人权会焕发新的生命力。中国一贯反对将人权问题政治化和借人权问题向别国施压，对西方国家提出的针对古巴、土库曼斯坦、朝鲜、白俄罗斯、缅甸、苏丹等的国别提案均投了反对票。此外，中国联署了“反对种族主义”、“粮食权”、“全球化对人权的影响”等15项决议草案，并提出“亚太地区人权合作”决议，获得协商一致通过。

10~11月，第60届联大第三委员会审议人权议题。中国常驻联合国代表王光亚大使发言，阐述中国人权政策及对联合国人权机构改革的立场，强调改革应有助于消除政治对抗，促进合作。中国代表团积极参加了发展权、儿童权利、禁止酷刑等重要决议的磋商，反映发展中国家的合理主张。中国还对欧盟、美国等提出的针对朝鲜、缅甸、伊朗、苏丹、土库曼斯坦、乌兹别克斯坦等国的国别提案投了反对票。

3 月，联合国秘书长安南发表题为《大自由：实现人人共享的发展、安全与人权》的联合国改革报告，提出以小型常设“人权理事会”取代人权会。中国积极参加了联合国 60 周年首脑会议成果文件关于人权理事会问题的磋商。9 月 13 日，第 59 届联大就成果文件草案达成一致，原则决定设立人权理事会。在随后第 60 届联大主席召集的磋商中，中国提出提高发展中国家代表性、同等重视经社文权利和公民政治权利、促进人权领域国际合作等主张，并就理事会职权、组成、选举方式和工作方法等提出具体建议，积极推动达成公正、平衡的方案。

12 月，人权会《土著人民权利宣言》起草工作组第 11 次会议在日内瓦举行，中国代表团在会上发言支持土著人组织的合理要求。此外，中国专家陈士球大使、秦小梅教授还分别出席了人权会下属的“促进和保护人权小组委员会”第 57 届会议和联合国土著问题常设论坛第四次会议，从专家层面为国际专题人权问题的研究做出积极贡献。

继续与联合国人权机制开展合作。

2005 年，中国与联合国人权事务高级专员（简称“人权高专”）及其办公室的合作续有发展。

8 月 29 日至 9 月 2 日，人权高专阿博尔女士访华，并出席第 13 届亚太人权研讨会。这是阿上任后首次访华。全国人大副委员长顾秀莲、国务委员唐家璇等国家领导人会见了阿博尔一行。外交部长李肇星和部长助理沈国放分别与阿会见和会谈。阿走访了最高人民法院、司法部、公安部，参观了北京市有关社区矫正场所，并与中国非政府组织和学术界代表座谈。双方签署了外交部与高专办开展技术合作的《谅解备忘录》，决定在人权教育、落实经社文权利委员会结论性意见、批准《公民权利和政治权利国际公约》等领域开展务实合作。

中国政府继续积极开展与人权会特别机制的合作。在认真调查的基础上，及时答复联合国人权会特别报告员、工作组及在 1503 程序下转来的指控函。11 月 21 日至 12 月 2 日，人权会酷刑问题特别报告员诺瓦克先生应邀访华。外交部、司法部、公安部和最高人民检察院等有关部门负责人分别与诺会见、会谈。中方并安排诺访问了北京、拉萨和乌鲁木齐三地，会见当地政府和相关部门主要领导，并参观监狱、劳教所和看守所。报告员对中方为其提供的便利与合作表示感谢。

中国重视国际人权文书对促进和保护人权的积极作用，继续与联合国

条约机构开展合作。截至2005年底，中国已加入22项国际人权公约，并认真履行公约义务。4月，联合国经社文权利委员会审议中国执行《经济、社会及文化权利国际公约》首次报告。委员会通过结论性意见，肯定中国经济和社会发展成就，对中国按时提交报告、派出高级别代表团参加审议表示赞赏，同时也对中国促进和保护经社文权利的工作提出了建议。

2005年，中国继续本着认真负责的态度，为批准《公民权利和政治权利国际公约》进行积极准备。11月21～30日，中国派团赴澳大利亚就批约有关问题进行交流。12月13～14日，中国与欧盟在伦敦举行第二次批约问题研讨会，就公约有关实质性条款深入交换看法。

继续与有关国家开展人权对话与交流，促进区域人权合作。

2005年，中国分别与欧盟、瑞士、德国、英国、澳大利亚、加拿大、匈牙利、荷兰等举行人权对话或磋商，并在对话框架下与欧盟、瑞士、澳大利亚等开展一系列交流项目。年初以来，中国与美国就恢复人权对话举行多轮磋商，并于4月恢复了两国在人权与司法领域的交流。此外，中国还与埃及、乌克兰、墨西哥、老挝等发展中国家开展交流，达到了增进了解，扩大共识，共同进步的目的。

8月底，中国与联合国人权高专办在华合作主办第13届亚太人权研讨会。亚太地区36个国家、联合国机构、政府间组织、国家人权机构、非政府组织等派代表出席。国务委员唐家璇、联合国人权高专阿博尔与会致辞。各方一致认为，此次研讨会进一步加强了亚太国家在人权领域的交流与合作，为推动建立区域人权保护机制做出了积极贡献。

## 5. 社会领域

### (1) 社会发展问题

社会发展委员会（简称“社发委”）是联合国经济和社会理事会职司委员会之一，专门审议有关社会发展、残疾人、老龄等问题，中国现为社发委成员。近年来，随着全球化的迅猛发展，社发问题愈来愈受到国际社会的关注和重视。中国在社发领域做出了积极努力，取得了巨大成就，并在重视经济增长的同时及时提出了“以人为本”、“科学发展观”、“努力构建和谐社会”等重要思想并积极加以落实。

2005年是联合国成立60周年，也是联合国社会发展世界首脑会议举行十周年以及社会发展问题特别联大召开和千年发展目标制定五周年。2005年2月10~11日，联合国社发委第43届会议期间举行高级别圆桌会议，就社发问题进行深入讨论。会议主题为：消除贫困、促进全面就业和推动社会融合。本次高级别会议的举行，为各方探讨如何进一步落实上述会议所做承诺，总结联合国成立60年来在社发领域所做工作，推动各方更加关注社发问题提供了一次宝贵的机会，取得了积极效果。外交部领导成员乔宗淮率团出席会议并发言。乔宗淮在肯定国际社会在社发领域所做工作的同时，强调了落实社发首脑会议10项承诺和千年发展目标的紧迫性，并提出了四点工作建议：第一，共同努力，营造和平国际环境；第二，结合国情，选择正确发展道路；第三，深化合作，建立全面伙伴关系；第四，加强协调，切实落实行动计划。各方对中国在社发领域所做工作予以积极评价。但总体看，社发问题越来越突出，国际社会在全面实现有关目标和承诺、消除贫困方面任重而道远。

### （2）国际难民保护

联合国难民事务高级专员公署（简称“难民署”）于1951年1月1日成立，负责保护难民并促使难民问题的永久解决。现任难民署高级专员是西班牙前首相安东尼奥·古特雷斯，2005年6月15日上任，任期五年。

长期以来，全球难民潮此起彼伏，国际社会普遍关注。据难民署统计，2005年初，全球共有受难民署关注者约1910万人，其中难民约占920万人。

作为《关于难民地位公约》及其《议定书》的缔约国，中国政府高度重视难民保护问题，严格履行应尽义务。中国政府主张，国际社会应本着“国际团结、责任分担”原则，致力于维护世界和平，促进共同发展，消除难民产生的根源。同时，各国和难民署应根据《公约》宗旨与原则加强难民甄别，区分难民与非法移民，使《公约》真正成为难民的庇护保障。

2005年，中国政府继续积极参加难民署会议，支持难民署难民国际保护工作，与难民署保持良好合作。

1月13~14日，中国与联合国难民署驻华地区代表处在海南省三亚市共同举办关于永久性解决在华印支难民问题综合计划研讨会。国务院法制办、公安部、民政部及广东、海南等六省（区）公安厅、难民办及联合国开发计划署驻华代表处共29人出席会议。会议通过了一项非正式总结文件，双方重申有关印支难民问题的立场。

2月26日至3月2日，联合国难民署亚大局局长林燕卿访华。外交部

部长助理沈国放会见，表示难民问题是全球性问题，各国应本着“国际团结、责任分担”的原则，按照《关于难民地位公约》的精神，积极开展国际合作，共同促进难民问题的解决。

4月25～29日，中国与联合国难民署紧急情况中心及联合国难民署驻华代表处在福建省武夷山市联合举办“危机应对培训班”。

6月26日至7月2日，应联合国难民署邀请，外交部、公安部、民政部和国务院法制办组成代表团赴德国、罗马尼亚以及瑞士日内瓦难民署总部进行难民立法考察。

7月4～6日，中国与联合国难民署联合在京举办难民、流离失所者及移民问题亚太政府间磋商论坛“加强区域能力建设，寻求难民问题的永久解决方案”研讨会。来自十多个亚太地区国家以及联合国难民署的代表出席了会议。外交部副部长吕新华到会致辞。

10月3～7日，第56届难民执委会在日内瓦召开。联合国难民署66个成员国、75个观察员国及有关国际组织与会。会议最终审核批准了难民署2006年正常项目初步预算约11.45亿美元。中国外交部国际司、驻日内瓦代表团组团与会。

10月24～25日，中国作为协调员在上海市主办“亚太地区难民、流离失所者及移民问题政府间磋商论坛”2005年年会。APC成员国（地区）以及联合国难民署、国际移民组织等国际组织的代表出席会议。太平洋移民局长会议派观察员与会，国际移民全球委员会派专家作为特邀嘉宾出席会议。由外交部、公安部、民政部等部门组成的中国代表团与会。

11月28日，联合国难民署人力资源管理司司长贺尔黎明访华。贺拜会了外交部部长助理李金章，就难民署人力资源管理情况及增聘中方职员问题交换了意见。

### (3) 妇女权益保护

联合国妇女地位委员会成立于1946年6月，是联合国经社理事会职司委员会之一，系联合国系统处理妇女问题的主要机构。中国于1972年首次当选妇女地位委员会成员，以后多次连选连任至今。2005年，中国继续积极参与该委员会的各项活动。

2月28日至3月11日，联合国妇女地位委员会第49届会议在纽约联合国总部召开。会议审议了各国和各区域执行《北京行动纲领》和妇女问题特别联大成果文件情况，就促进性别平等国际体制创新、联合国千年发展目标等主题举行了八场高级别圆桌会和对话会。通过了重申《北京宣言》及《北京行动纲领》以及“巴勒斯坦妇女状况”、“将性别观点纳入国家政策和方案主流”等11个决议。国务院妇女儿童工作委员会副主任、全国妇联副主席赵少华率中国代表团与会，并在高级别会议开幕式上致辞。赵少华在发言中综合介绍了中国政府在执行男女平等基本国策、改善妇女状况、维护妇女权利方面的举措和进步，倡导尊重文化多样性和各国选择各自发展道路，呼吁加强国际合作，致力于和平和可持续发展，共同应对和解决妇女面临的挑战和问题。

2005年是第四次世界妇女大会召开十周年。北京世妇会十周年纪念活动于8月29日至9月1日在北京举行，约800名中外代表出席会议。国家主席胡锦涛出席了会议开幕式并致辞。会议主题为共同发展，实现两性平等，通过了《北京+10宣言》，有力地推动了全球妇女事业的发展。

### （4）国际麻醉品管制

联合国在麻醉品管制领域主要有三大机构，分别是联合国麻醉品委员会、联合国毒品和犯罪问题办公室、联合国麻醉品管制局。

2005年，中国继续积极参与麻醉品管制、禁毒领域的国际活动，不断加强国际合作。

3月7~14日，联合国麻醉品委员会第48届会议在维也纳召开。中国驻维也纳代表团张炎大使率团出席会议。会议讨论了减少毒品需求、非法药物贩运和供应等议题，就“社区能力建设”和“在防止药物滥用框架下预防艾滋病毒和艾滋病及其他经血液传染疾病”进行了主题辩论，并讨论通过了促进毒品预防等17项决议。中国代表团介绍了中国落实禁毒问题特别联大工作目标方面所做工作，呼吁各国加强国际合作，共同应对与吸毒相关的跨国犯罪问题，致力于开展替代发展项目，减少毒品需求，从根源上遏制毒品供应。

5月17~18日，《东亚次区域禁毒合作1993年谅解备忘录》签约国高官会议和部长级会议在柬埔寨暹粒举行。会议审议并更新了东亚次区域禁毒行动计划，讨论了减少毒品需求、可持续替代发展、禁毒执法等议题，并通过了《暹粒宣言》。国家禁毒委员会副主任、公安部副部长张新枫率团出席会议，并介绍了中方在禁毒领域所做工作。

10月18~20日，第二届东盟和中国禁毒合作国际会议在北京召开。东盟十国、中国、联合国毒品和犯罪问题办公室以及有关捐资国和国际组织的近200名代表出席会议。联合国毒品和犯罪问题办公室执行主任科斯塔、东盟秘书处副秘书长维拉科塔出席会议并致辞。中共中央政治局常委、中央政法委书记罗干会见与会代表，国务委员、国家禁毒委主任、公安部长周永康在开幕式致辞时分别介绍了中方开展禁毒人民战争和积极参

与、推动国际合作的情况，并强调东盟和中国应坚持广泛参与、责任共担，综合、均衡、平等、务实、高效等原则，不断拓展和深化禁毒合作。会议通过了更新后的《东盟和中国禁毒合作行动计划》和中方提出的《东盟和中国在2006年开展打击苯丙胺类毒品犯罪统一行动的倡议》，并发表了《北京宣言》。

### （5）预防犯罪与刑事司法问题

联合国预防犯罪和刑事司法委员会是负责预防犯罪和刑事司法问题的经社理事会职司委员会，1992年2月6日成立。该委员会主要职能是在预防犯罪和刑事司法领域为联合国提供政策指导。2005年，中国继续积极参与联合国预防犯罪和刑事司法领域的活动。

4月18～25日，第11届联合国预防犯罪和刑事司法大会在泰国曼谷举行。五年一度的联合国预防犯罪和刑事司法大会是联合国系统的一个重要论坛，受到世界各国重视。本届大会主题是“协作与对策：建立预防犯罪和刑事司法战略联盟”。约130个国家、联合国系统和各专门机构、其他政府间国际组织、非政府组织和个人专家共约3000人与会。司法部长张福森率团与会，并当选大会副主席。张福森在大会高级别论坛上阐述了中国在预防和打击犯罪、加强公正司法等方面的实践和成绩，以及加强国际合作的基本立场。会议最后通过了《曼谷宣言》。

5月23～27日，联合国预防犯罪和刑事司法委员会第14届会议在奥地利维也纳召开。34个成员国、65个非成员国及政府间组织、非政府组织和联合国有关机构代表与会。司法部副部长范方平率团出席。会议以第11届联合国预防犯罪和刑事司法大会的结论与建议为主题，同时审议了执行《维也纳宣言》行动计划的后续行动、开展国际合作打击跨国犯罪、加强预防和打击恐怖主义方面的国际合作和技术援助以及联合国预防犯罪和刑事司法标准和规范的实施和使用等议题。范方平在开幕式上作了主题发言，阐述了中方在改善国内刑事立法、提高预防和打击犯罪成效、加强国际司法合作方面所采取的积极举措和取得的成绩，呼吁国际社会在有关国际条约框架下广泛、务实地开展国际司法合作。

## 6. 非政府组织领域

非政府组织委员会成立于1946年，是联合国经社理事会的附属机构，专门负责处理非政府组织与联合国的关系问题，审议非政府组织要求获得经社理事会咨商地位的申请、有咨商地位的非政府组织四年度活动报告，并讨论制定非政府组织行为规范等问题。委员会由 19 个成员国组成。中国自 1994 年以来一直连选连任。

中国积极参与该委员会工作，推动中国符合条件的非政府组织申请联合国经社会咨商地位，鼓励其参与联合国经社领域活动。截至 2005 年底，中华全国妇女联合会、中国残疾人联合会、中国人权研究会、中国联合国协会、中国光彩事业促进会、中国女企业家协会、中国人民对外友好协会、中国和平与裁军协会、中国国际交流协会、中国绿化基金会、中国国际科学技术协会、中国可持续发展研究会、中国关爱协会、中国军控与裁军协会、中国计划生育协会、中国环境保护基金会等非政府组织先后获得联合国经社理事会咨商地位。

中国非政府组织积极参加了联合国人权委员会、妇女地位委员会、社会发展委员会、新闻部非政府组织年会等联合国系统会议，积极介绍中国改革开放政策和成就，开展与各国非政府组织的友好交流与合作，为开拓民间外交新渠道做出了积极贡献。

## 7. 台湾“参与”联合国问题

2005 年 9 月 14 日，第 60 届联合国大会总务委员会以主席裁决方式，决定不将冈比亚等台湾“邦交国”提出的所谓台“参与”联合国及“台海和平”两提案列入联大议程。这是自 1993 年以来，台类似提案第 13 次遭到总务委员会拒绝。

8 月 12 日，在台湾当局唆使下，乍得等少数台“邦交国”常驻联合国代表致函联合国秘书长安南，要求将所谓“2300 万台湾人民在联合国的代表权问题”及“联合国在维护台海和平方面的积极作用”问题列入联大议程。

当日，中国常驻联合国代表王光亚大使奉命致函安南秘书长，表示：（一）台湾是中国的领土，世界上只有一个中国，中国的主权和领土完整不容分割。1971 年，第 26 届联大通过的第 2758 号决议，明确规定中华人民共和国政府是中国在联合国的唯一合法代表，中国在联合国的代表权自然包括台湾在内。（二）联合国是由主权国家组成的政府间国际组织，台湾作为中国的一部分，根本无资格以任何名义参与联合国组织及其专门机

构。（三）中国政府愿以最大的诚意、尽最大的努力，争取实现和平统一。但任何主权国家都不会容忍分裂国家的行为。台湾当局的“台独”分裂活动，才是台海局势紧张的根源，台湾当局必须放弃“台独”分裂立场，停止一切“台独”活动，台海地区的和平才能得到保障。

9月13日，总务委员会对此议题进行审议，采取“2+2”的方式（即支持与反对各两国发言）进行讨论。冈比亚与乍得分别介绍两提案后，中国常驻联合国副代表张义山大使发言阐述立场，对提案进行了有针对性的批驳。巴基斯坦发言支持中方立场。最后，经主席裁决，总务委员会一致决定拒绝将两提案列入联大议程。

# 中国与其他国际和地区组织、会议

## 1. 世界贸易组织

2001年12月，中国正式加入世界贸易组织（以下简称WTO）。此后，中国认真履行在申请加入谈判过程中所做的承诺，修改了大量法律法规，进一步降低了关税，按照承诺的时间表取消非关税措施，发放关税配额，服务、货物的市场开放也在有步骤地进行。中国认真恪守WTO多边贸易规则获得国际社会的肯定。2005年，中国继续全面参与WTO各项活动，并与其他各方开展磋商与合作。

12月13～18日，WTO第六届部长级会议在香港举行，会议通过《香港部长宣言》，在取消农产品出口补贴、优先解决棉花问题、对最不发达成员国给予免关税和免配额待遇以及确定非农关税削减公式等方面取得了进展。中国为会议的成功举行发挥了积极作用。

加入WTO后，中国与WTO成员的经贸合作取得了显著进展，对于出现的一些贸易摩擦，中国坚持遵守WTO有关规则，通过平等友好协商寻求解决办法。2005年1月，纺织品配额取消后，引起美、欧等一些国家对中国纺织品出口问题的高度关注。经过多轮磋商，6月10日，中欧达成《中国部分输欧纺织品和服装谅解备忘录》；9月5日，中欧双方签署《磋商纪要》，商定采取过渡性灵活措施；11月8日，中美达成《中国与美国关于纺织品和服装贸易的谅解备忘录》。

中国与WTO秘书处保持了良好的合作关系，曾邀请前任总干事多次访华。WTO 现任总干事为帕斯卡尔·拉米，2005 年 9 月 1 日上任，任期四年。

## 2. 世界卫生组织

世界卫生组织创建于 1948 年 4 月 7 日，是联合国专门机构，系国际卫生工作的指导和协调机构，总部位于瑞士日内瓦。现有 192 个会员国和 2 个准会员国。

中国是世界卫生组织创始国之一。1972 年第 25 届世界卫生大会恢复了中国在该组织的合法席位。

2005 年，中国政府与世界卫生组织关系继续稳步发展。中国政府积极参与《国际卫生条例》修订的政府间磋商，出席第 58 届世界卫生大会，世界卫生组织第 115、116 届执委会，西太区委员会第 56 届会议以及其他技术会议。

5 月 16 ~ 25 日，第 58 届世界卫生大会在日内瓦召开。会议讨论了财务预算、流感应对、妇幼卫生、健康保险等诸多议题，通过了 34 项决议。中国卫生部部长高强率中国代表团出席会议，就世界卫生组织涉台、妇幼卫生、新发传染病控制、《国际卫生条例》修订、千年发展目标等问题发言阐述了中国立场和观点，并与世界卫生组织总干事就中国台湾参与世界卫生组织技术活动签署了谅解备忘录。本届卫生大会以主席裁决方式，通过了总务委员会的建议，拒绝个别国家提出的涉台提案。这是世界卫生大会连续第九次拒绝涉台提案。

9 月 19 ~ 23 日，世界卫生组织西太平洋地区委员会第 56 届会议在新喀里多尼亚首府努美阿召开，卫生部部长高强率团出席并致辞。会议审议了亚太地区新发传染病战略、工作规划、卫生筹款战略等议题，并举行了“应对灾难中公共卫生危机的部长级圆桌会议”。会上，中国当选连任世界卫生组织执行委员会成员。

## 3. 国际电信联盟

国际电信联盟（简称“电联”）成立于 1932 年，是联合国的一个专门

机构，总部位于瑞士日内瓦，现有189个成员国。该组织的最高权力机构为四年一次的全权代表大会，由各成员国的代表团组成。理事会是该组织的管理机构，由46个会员国组成。世界国际电信大会是该组织的立法性机构，根据其需要不定期召开。

2005年11月16～18日，由国际电信联盟倡导召开的信息社会世界峰会第二阶段会议在突尼斯城召开。会议协商一致通过《突尼斯承诺》和《突尼斯议程》。国务院副总理黄菊率中国政府代表团与会。

黄菊副总理在峰会阐述了中国对推进信息社会建设的看法，指出推动信息社会建设，已成为世界各国必然选择和共同任务。推进信息社会建设，促进协调发展是基本前提，加强国际合作是必要条件，充分尊重各国社会制度差异性和文化多样性是基本准则，加强网络与信息安全是重要保障。面对"数字鸿沟"和发展不平衡问题，发达国家有义务在资金、技术、人才等方面提供支持，帮助发展中国家解决实际问题。互联网治理应遵循政府主导、多方参与、民主决策、透明高效的原则，建立有效的沟通、协商机制，防范、打击利用信息技术和资源进行经济欺诈、暴力、恐怖及危害国家安全等犯罪活动。黄菊副总理还介绍了中国信息化发展战略和积极开展国际合作的情况，强调中方愿继续为广大发展中国家提供力所能及的帮助和支持。中方支持塞内加尔总统瓦德倡议成立的"全球数字团结基金"，并愿与有关方面积极探讨在信息通讯技术领域加强合作。黄菊副总理阐述的主张得到与会各方的普遍赞赏。

自2004年信息峰会第二阶段会议启动筹备工作，中国政府积极参与了峰会政府间筹备委员会的工作，以建设性态度参与峰会成果文件的磋商，就未来互联网治理机制等问题阐述中国立场，得到各方广泛关注。

## 4. 亚太经济合作组织

亚太经济合作组织（以下简称APEC）是亚洲太平洋地区重要的经济合作论坛。APEC成立于1989年，以加强多边贸易体制，消除区域贸易壁垒为宗旨。经过十几年的发展，合作领域延伸至投资、金融、能源、农业、科技、电信、交通、旅游、人力资源，以及反恐、反腐败、卫生、文化等诸多经济社会领域。现有21个成员及3个观察员（东盟秘书处、太平洋经济合作理事会和太平洋岛国论坛）。APEC主要会议活动包括高官会、部长级会议以及领导人非正式会议等。

中国重视 APEC 作用，一贯支持并积极参与其合作进程。中国认为，APEC 应该坚持其经济论坛的性质和自主自愿、协商一致、灵活务实和非约束性的合作方式，坚持以经济合作为主的发展方向。在新形势下，APEC 也应与时俱进、增强活力、提高时效，不断完善自身，增强地区影响力。

亚太经合组织第 13 次领导人非正式会议于 2005 年 11 月 18 ~ 19 日在韩国釜山举行。会议围绕“走向一个大家庭：应对挑战，追求变革”的主题，就支持多哈回合谈判、茂物目标中期审评、经济技术合作、反恐、卫生、能源、反腐败等问题进行了深入讨论，发表了《领导人釜山宣言》和《关于多哈发展回合谈判的领导人声明》，通过了《亚太经合组织防控流感大流行倡议》。

国家主席胡锦涛出席了此次领导人非正式会议，取得丰富成果。胡锦涛主席在会上就禽流感、能源、反恐、反腐败等问题发言，出席了领导人与 APEC 工商咨询理事会的对话会，在工商领导人峰会上发表演讲并回答工商界提问。胡锦涛主席在演讲和发言中全面阐述了应对全球和区域经济发展新挑战的主张，介绍中国全面、协调、可持续的科学发展观和构建和谐社会的政策道路，并提出了新发传染病研讨会的倡议，受到各方欢迎。

2005 年，中国共派团出席 APEC 工作组级别以上会议和活动 60 余次，在华主办 APEC 活动十余次，深入参与 APEC 各领域合作，发挥了重要作用。

## 5. 太平洋经济合作理事会

太平洋经济合作理事会（以下简称 PECC）于 1980 年 9 月在堪培拉正式成立，原名太平洋经济合作会议，1992 年改为现名，是由太平洋区域的国家和地区的议会、政府、工商界、学术界、媒体和民间团体的六方人士所组成的国际组织。现有 25 个成员，其宗旨是在自由和开放的经济交流基础上本着伙伴关系、公平和互相尊重的原则，通过经济领域的交流和政策协调，促进太平洋各经济体之间的经贸合作，为地区的稳定、繁荣和进步做出贡献。PECC 是亚太经济合作组织（APEC）的三个正式观察员组织之一，与 APEC 关系密切，配合并参与其许多工作。

PECC 的工作机制包括大会、常委会、执委会和工作组/项目组。

2005 年 9 月，PECC 第 16 届大会在韩国首尔举行，会议主题为“面

向太平洋大家庭：重申创立者们的目标”。全国人大常委会副委员长成思危率团出席并做了题为“经济全球化和地区一体化进程中的中国与太平洋国家”的发言。成思危指出：中国是一个负责任的、有发展潜力的国家，对世贸组织成员采取了严肃、真诚和合作的态度，并在加入三年来做了大量的工作。中国在地区一体化进程中采取了积极的态度，中国的和平发展不仅有利于自身，也有益于太平洋国家。成思危的发言得到了与会各方的肯定与好评。

中国于1986年参加PECC，并于1997年初按PECC章程要求成立中国太平洋经济合作全国委员会（全委会）。全委会自成立以来，一直积极参与PECC的各项活动。

2005年12月，全委会2005年年会在北京举行。中国全国人大常委会副委员长、全委会名誉会长成思危出席并致辞。外交部领导成员乔宗淮代表外交部讲话。会议完成了全委会新老领导交替并就全委会工作进行研讨。

2005年，全委会还参与了PECC的下列活动：2月，全委会会长杨成绪等出席了PECC改革小组的会议；3月，全委会派代表出席了“太平洋经济展望（PEO）”项目的专家会议；4月，全委会代表团出席了PECC春季常委会；5月，全委会在昆明承办了“太平洋食品展望（PFO）”项目的专家会议；9月，全委会在太原承办了第三届PECC矿业会议；10月，全委会与天津市合作，主办了“第四届PECC国际投资博览会”；12月，全委会派代表出席了PECC执委会及“太平洋经济展望（PEO）”项目的专家会议。

全委会充分利用PECC在太平洋地区的网络渠道和国内的地方资源，加强同PECC成员经济体的多边和双边经济交流与合作。多年来，全委会开展的一系列活动，得到了PECC其他成员的肯定和赞扬，也为地方的经济建设和对外交流开辟了一条有益的渠道。

## 6. 亚欧会议

亚欧会议成立于1996年，是亚洲与欧洲之间的政府间论坛，旨在通过对话增进了解，加强合作，促进建立亚欧新型全面伙伴关系。现有成员39方，包括中、日、韩、东盟10国、欧盟25国及欧盟委员会。九年来，亚欧会议在政治对话、经贸合作、社会文化交流等三大支柱领域取得了积极进展。

2005年，中国继续本着“积极引导、求同存异、扩大共识、倡导合作”的方针，全面深入地参与亚欧会议各项活动，认真落实第五届亚欧首脑会议的各项后续行动，为巩固与发展亚欧新型全面伙伴关系发挥了积极作用。

积极参与政治对话。5月6~7日，外交部长李肇星率团出席在日本京都举行的第七届亚欧外长会议。这是亚欧会议扩大后的首次外长会议。李外长在发言中指出，13个新成员的加入使亚欧对话与合作的前景更为广阔。亚欧双方应在新形势下进一步加强合作势头。一要明确重点，讲求实效，采取实际行动贯彻历届首脑会议确定的目标和原则，推动各领域合作平衡发展并取得实质性进展。二要改善机制、增强活力，全面提升对话与合作质量。三要有序扩大，拓展影响，增加亚欧会议在国际舞台上的分量。会议欢迎中国于2008年承办第七届亚欧首脑会议。

12月9~12日，中国在深圳主办了首届亚欧会议总检察长会议。亚欧会议各成员国及部分有关国际组织派团与会。会议围绕“合作打击跨国有组织犯罪、建设和谐稳定繁荣社会”主题，就国际合作反腐败、打击跨国有组织犯罪、协作打击恐怖主义、打击国际毒品犯罪、加强信息交流和人员培训合作等议题进行了讨论，并通过《亚欧会议总检察长会议宣言》。全国人大常委会委员长吴邦国出席开幕式并致辞。他指出，加强国际合作，共同打击跨国有组织犯罪，是亚欧各国人民的共同心声，也是亚欧各国检察机关义不容辞的责任。亚欧应互相借鉴，共同努力，为促进各国的安宁与祥和，维护地区的和平与稳定，建设和谐世界而奋斗。

此外，中国亚欧会议高官王学贤大使率团出席了3月和11月在印尼雅加达和英国伦敦举行的亚欧会议高官会，就亚欧会议工作方式改革、未来发展方向、继续扩大等问题与各方交换了意见。中国还派团出席了第三届亚欧反恐研讨会和第四届亚欧会议移民管理局长级会议。

大力推进经贸合作。6月26日，中国在天津主办了第六届亚欧财长会议。亚欧会议各成员及世界银行等国际金融机构派团参加。会议围绕“更紧密亚欧财金合作”主题，就全球和区域经济形势、全球发展和进一步深化亚欧财金合作等问题进行了讨论，并通过《主席声明》和《天津倡议》。国务院总理温家宝在会议开幕式致辞中就加强亚欧财金合作提出五点建议：加强宏观经济政策对话和协调，扩大发展经验的交流，深化财政和金融实质性合作，加强技术援助和财金能力建设，营造互利共赢的国际经济合作环境。

7月18~19日，中国在青岛举办第十次亚欧贸易投资高官会。会议审议了第五届亚欧首脑会议《亚欧会议更紧密经济伙伴关系宣言》后续行

动的执行情况及亚欧会议经济领域合作的进展情况，并讨论了世界贸易组织多哈发展回合谈判、加强工商界参与亚欧合作和区域一体化发展等问题。

9月8~11日，中国在厦门举办了亚欧会议贸易投资博览会。这是亚欧会议成立九年来在经贸领域举办的首次大型会展活动。国务院副总理曾培炎出席开馆仪式。

此外，商务部还派团出席了9月16~17日在荷兰鹿特丹举行的第六届亚欧经济部长会议框架下的高级别会议。

推动社会文化及其他领域交流。6月7~8日，中国文化部副部长孟晓驷率团出席在法国巴黎举行的第二届亚欧会议文化与文明会议，在发言中提出了促进世界文化多元共存和各国文化共同发展的三点倡议：进一步推动亚欧会议文化与文明会议机制化，鼓励在亚欧会议各成员之间举办各种文化活动以及在联合国及其教科文组织框架内加强亚欧会议各成员之间的协调与合作。中国还派团出席了亚欧会议不同信仰间对话会议、亚欧会议艾滋病防控研讨会和亚欧会议网络安全研讨会等。

此外，中国积极支持和参与亚欧基金的活动，推动亚欧学术、文化、人员交流。11月20~26日，中国与亚欧基金在北京、天津共同举办了亚欧政党青年组织领导人论坛。中国还与亚欧基金合办了第五届亚欧大课堂——国际教师大会。中国还参加了亚欧基金组织的亚欧会议文化与文明青年对话会等一系列活动。

## 7. 上海合作组织

2005年，上海合作组织继续深化和拓展各领域务实合作。安全、经济、文化、救灾合作取得重要进展，教育、环保等合作相继启动。对外交往不断扩大，国际影响日益上升。7月，上海合作组织成员国元首在哈萨克斯坦首都阿斯塔纳举行第五次会议，通过了《阿斯塔纳宣言》《上海合作组织成员国关于合作打击恐怖主义、分裂主义和极端主义构想》《上海合作组织成员国常驻上海合作组织地区反恐怖机构代表条例》等文件，给予巴基斯坦、伊朗、印度上海合作组织观察员地位。10月，上海合作组织成员国总理第四次会议在莫斯科举行，发表了联合公报，通过了《上海合作组织成员国政府间救灾互助协定》等文件，成立了上海合作组织实业家委员会及银行联合体。

## 8. 东南亚国家联盟

2005年，中国与东南亚国家联盟（以下简称“东盟”）在各领域的互利合作保持良好发展势头，战略伙伴关系进一步深化。

1月6日，国务院总理温家宝出席在印尼雅加达举行的东盟地震和海啸灾后问题领导人特别会议，就本地区防灾、救灾工作提出18项合作倡议，决定在已有的5亿2000多万元人民币援助承诺的基础上，再提供2000万美元，用于联合国框架下的多边救援和重建。与会期间，温总理还会见了所有与会受灾国领导人或特使，提出中方帮助这些国家的举措。

12月12日，温家宝总理出席在马来西亚吉隆坡举行的第九次中国与东盟领导人会议，就深化中国—东盟关系提出七项新倡议，具体包括：承诺将胡锦涛主席宣布今后三年向发展中国家提供100亿美元的优惠贷款及优惠出口买方信贷中的大约1/3提供给东盟国家；在现有基础上再增加50亿美元优惠贷款用于支持中国企业在东盟国家的投资项目；倡议将交通、能源、文化、旅游和公共卫生确定为新五大重点合作领域；倡议探讨建设中国—东盟信息高速公路的可能性；宣布2006年在东盟国家举办中国先进适用技术巡回展；建议2006年内实现中国—东盟外交、公务签证互免；宣布2006年上半年举行中国—东盟新发传染病部长级会议。会议发表和通过了《中国—东盟名人小组报告》《中国—东盟行动计划进展报告》和《中国—东盟对话关系15周年纪念活动方案》。会间举行了中国向老挝、柬埔寨和缅甸提供特殊优惠关税待遇换文的签字仪式，东盟宣布中国正式成为东盟东部增长区发展伙伴。

12月9日，外交部长李肇星出席在马来西亚吉隆坡举行的第二次中国—东盟外长会。4月29日，外交部副部长武大伟出席在上海举行的第11次中国—东盟高官磋商。

3月，中国、菲律宾和越南三国石油公司签订《南中国海协议区三方联合海洋地震工作协议》。8月，中国—东盟落实《南海各方行为宣言》后续行动联合工作组首次会议在马尼拉举行。10月，第二届中国—东盟禁毒合作国际会议在北京举行。11月，首次中国—东盟打击跨国犯罪部长级非正式会议在越南举行。

10月19~21日，第二届中国—东盟博览会和中国—东盟商务与投资峰会在广西南宁举行。中国与东盟还举行了第三次海关署长会议（6月，

文莱）、第四次经贸部长会议（9月，老挝）、第四次交通部长会议（11月，老挝）。5月，首届中国—东盟电信周在中国举行，期间还举行了中国—东盟电信部长论坛。中国—东盟合作基金资助实施了12个合作项目。此外，《中国—东盟文化合作谅解备忘录》于8月签署。

## 9. 中国参与东盟与中日韩（10+3）合作

2005年，东盟与中日韩（10+3）合作继续取得新的进展。中国通过积极参与，为巩固“10+3”合作基础、坚持以“10+3”为主渠道推进东亚合作发挥了重要作用。

12月12日，国务院总理温家宝出席在马来西亚吉隆坡举行的第九次“10+3”领导人会议，指出坚持不懈地巩固和深化“10+3”合作，对于保持东亚合作的正确发展方向，推动东亚更好地因应全球化的机遇与挑战，实现东亚的繁荣与振兴具有重要意义。温总理提出，为建设一个持久和平与稳定、共同发展与繁荣的东亚，大家应着眼长远发展，扎实推进合作；采取灵活方式，保持开放进程；增强相互信任，秉持求同存异；照顾各方关切，谋求共赢成果。温总理还就拓展和深化“10+3”合作提出一系列建议：第一，中方支持在2007年“10+3”领导人会议时发表第二份《东亚合作联合声明》，可以考虑为此成立一个专门的工作机制。第二，继续深化“10+3”及东亚经贸合作。加快东亚自贸区建设进程，探讨可行的区域金融合作框架，加强能源合作。第三，将应对突发公共卫生事件和重大自然灾害作为“10+3”合作的重点领域。中方将建立亚洲区域巨灾研究中心。第四，加大发展合作力度，缩小发展差距。中方愿在2006年举办第二届“10+3”区域扶贫高层研讨会。第五，加强非传统安全领域合作。中方倡议举行“10+3”国家军事体育交流活动。第六，深化和拓展文化、教育和青年合作。中方将于2006年举办第八届亚洲艺术节期间举办“东盟文化周”活动，为“10+3”国家举办“文化人力资源开发合作培训班”。

5月，首届“10+3”创新政府管理部长级会议在韩国举行，“10+3”框架下的部长级会议机制增加到14个。7月，首届“10+3”区域扶贫研讨会在老挝举行。8月，“10+3”首都警察局警务交流与合作研讨会在北京举行。10月，首届东亚促进中小企业发展与投资高层研讨会、东亚合作联合研究大会及第三届东亚论坛分别在北京举行。

## 10. 东盟地区论坛

中国重视东盟地区论坛（以下简称为 ARF）的作用。2005 年，中国继续积极参与 ARF 合作，进一步增进了与 ARF 各成员间的政治与安全互信。

7 月 29 日，中国驻老挝大使刘永兴代表外交部长李肇星出席了在老挝首都万象举行的第 12 届 ARF 外长会议。刘永兴在会上全面阐述了中国对地区安全形势的看法，指出：亚太地区安全形势总体稳定，各国求和平、谋发展、促合作的愿望更加强烈；经济继续发展，共同利益扩大，相互依存加深；以 ARF 为代表的多边安全对话与合作日趋活跃，维护和平、稳定、安全的发展环境已成为地区共识。但亚太安全也面临不少挑战：地区热点问题仍突出，恐怖主义、极端主义和分离主义威胁地区的和平与稳定，走私、贩毒、海盗、洗钱等跨国犯罪日渐猖獗，生态恶化、自然灾害、传染性疾病等问题制约着亚洲的发展与繁荣。

刘永兴指出，面对亚太地区新的安全形势，ARF 成员应更加明确地坚持共同安全的目标，通过相互尊重加深互信；通过对话协商保障安全；通过真诚合作实现持久和平。ARF 的未来发展应注意：第一，深化相互信任。继续以 ARF 为地区安全合作的主渠道，巩固和加强建立信任措施，使之贯穿于论坛发展进程始终；第二，尊重多样性特点。亚太各国社会制度、文化背景、发展水平等各不相同。ARF 成立以来，尊重这一现实，逐步形成了协商一致、循序渐进、照顾各方舒适度等合作经验和原则，符合本地区实际的特点，值得继续发扬光大；第三，处理好论坛与其他机制的关系。亚太多种安全对话与合作机制共存，是地区多样化的客观反映。ARF 应保持自身的特色和优势，同时处理好与其他各机制间的关系，加强相互联系与沟通，实现优势互补，共同维护亚太地区的和平与稳定；第四，保持活力，推动论坛不断发展。面对新的机遇和挑战，ARF 应顺应形势发展的需要，在促进地区安全合作方面发挥更大的作用。

3 月，中国在海南省三亚市主办了 2004/2005 年度 ARF 建立信任措施项目——“ARF 加强非传统安全领域合作研讨会”。与会各方就非传统安全问题的特点、应对措施及与地区发展的关系等问题深入交换了意见，并就加强地区非传统安全领域合作提出一些意见和建议。

5 月，由中方倡议的“ARF 安全政策会议”第二次会议在老挝首都万

象举行。中国人民解放军副总参谋长熊光楷上将率团出席会议。会议讨论了国际和地区安全形势、军队在救灾中的作用等议题。

11月，印度尼西亚与中国共同在印度尼西亚万隆主办了第五次ARF救灾会间会。会议讨论了当前地区救灾形势、军民合作救灾等问题。

2005年，ARF还举办了高官会、建立信任措施与预防性外交会间会、反恐与打击跨国犯罪会间会、出口控制、海上安全、打击网络恐怖主义研讨会等会议，中国均派人参加。

## 11. 博鳌亚洲论坛

博鳌亚洲论坛成立于2001年2月，是一个非官方、非盈利的国际会议组织，定址中国海南博鳌。论坛以“平等、互惠、合作、共赢”为主旨，立足亚洲，面向世界，并为各方提供了一个共商亚洲发展大计的场所，推动亚洲各国及亚洲与其他地区之间的相互了解与合作。

2005年4月22～24日举行的博鳌亚洲论坛2005年年会以“亚洲寻求共赢：亚洲的新角色”为主题。全国政协主席贾庆林率团出席，并发表了题为“推动全面合作　共建和谐繁荣的亚洲”的主旨演讲。贾庆林在讲话中指出，在经济全球化深入发展的大背景下，亚洲各国要顺应潮流，把握机遇，齐心协力，走出一条合作共赢之路。为构建一个政治上和睦相处、经济上平等互利、安全上互信协作、文化上相互促进的和谐亚洲，各国应努力维护和平稳定，促进共同发展，推进全面合作，尊重多样性。

讲话中，贾庆林还介绍了中国经济发展所取得的成就及面临的问题，强调：中国的发展是和平的发展，中国人民将坚持和平发展道路，继续聚精会神搞建设，一心一意谋发展，中国没有理由，也不可能去威胁别人。中国的发展与亚洲的繁荣息息相关。中国将坚持与邻为善、以邻为伴，不断深化与亚洲各国的睦邻友好与互利合作，努力把自身的利益与亚洲各国的共同利益紧密结合起来，把自身的发展与亚洲各国的共同发展紧密结合起来。中国将致力于推动地区多边安全合作，积极促进地区热点问题的和平解决，积极参与亚洲区域经济合作，为维护地区的和平安宁，为地区一体化进程做出自己的贡献。

此外，博鳌亚洲论坛还举办了其他一些重要活动，主要包括：1月，与中国红十字会在北京联合举办“海啸灾后经济形势分析与国际合作研讨会”。联合国、世界银行、亚洲银行等相关国际组织代表与会。10月，与联合国教科文组织、中国国家留学基金管理委员会在北京联合举办“亚洲教育论坛2005年年会”。国务委员陈至立出席并发表主旨演讲。11月，与广东省人民政府在中山市联合举办“国际文化产业论坛”。中国新闻出版总署有关负责人与会。同月，论坛还与广东省人民政府在深圳联合举办“博鳌亚洲论坛首届企业家峰会”。论坛中方首席代表、前全国政协副主席陈锦华出席了会议。

## 12. 亚洲及太平洋经济社会委员会

联合国亚洲及太平洋经济社会委员会（亚太经社会，ESCAP）的前身亚洲和远东经济委员会（亚远经委会，ECAFE）于1947年3月在上海成立。亚太经社会是联合国经社理事会下属的五个区域委员会之一，是联合国在亚太区域唯一的政府间综合性经济社会发展组织，也是亚太区域国家和地区讨论共同关心的经济社会问题的重要论坛和开展区域合作的重要渠道。

ESCAP第61届会议于2005年5月12～18日在泰国曼谷举行。外交部部长助理沈国放率团与会。会议由高官段和部长段两部分组成。会议围绕“在亚太地区落实《蒙特雷共识》—实现连贯一致”会议主题，就地区经济社会形势、海啸自然灾害、扶贫、全球化和社会问题等多个领域议题进行讨论。在一般性辩论中，沈国放围绕本次会议主题作了主旨发言。发言结合国际和亚太地区的形势和特点，对亚太地区发展事业的前景，发展筹资问题提出了三点主张：第一，发达国家应切实履行有关承诺，加大对发展中国家的援助力度；第二，各国应共同推动国际贸易体制公平、合理发展，为发展筹资创造良好条件；第三，亚太地区应总结、推广在吸收和利用外资上的成功经验，采取措施，改善投资环境。在海啸灾后重建及发展高级别讨论会上，沈国放重点宣传了中国救援行动、贡献和为推动国际和地区减灾合作采取的具体措施以及后续行动。

2005年，中国还派团参加ESCAP驾驭全球化委员会第二届会议、ESCAP新出现社会问题委员会第二届会议和ESCAP扶贫委员会第二届会议。在上述会议上，中国代表团介绍了中国在相关领域的政策与成就。

2005年，中国同ESCAP计划共同举办上海合作组织成员便利陆上国际运输专家组会议、欠发达地区社区电子中心、基层残疾人能力建设、通过卫星网络加强农村计划生育工作、生态家园富民计划国际研讨会和中国

西部乡村教育定点试验等六个合作项目。

## 13. 东亚—拉美合作论坛

东亚—拉美合作论坛于 1999 年正式成立，是目前唯一跨东亚和拉美两区域的官方多边合作机制，旨在增进两区域之间的了解，促进政治、经济对话及各领域合作，推动东亚和拉美国家间建立更为密切的关系，实现共同发展。

2005 年 10 月 27～28 日，论坛第七次高官会在韩国首尔举行。中方在会上阐述了对论坛的立场和主张，表示：论坛当前应继续贯彻和落实 2004 年论坛外长会通过的《马尼拉行动计划》，本着循序渐进，先易后难的原则，先推进一些有代表性和实际意义的重点项目，加紧完善内部机制建设，逐步寻求更符合自身特点和实际的发展模式，努力形成自己的特点。中方并在会上提出将于 2006 年举办“亚拉大学校长论坛”项目。

2005 年，中方在论坛框架下继续承办了多个合作项目。主要包括：为拉美和加勒比地区国家各举办了一期公务员研修班和贸易投资研修班，安排民族歌舞团和民乐小组等访问拉美国家，实施了“中国企业扩大在拉美国家直接投资问题专题研究”项目。中方还分别举办了第四期拉美和加勒比国家青年外交官讲习班和高级外交官研讨班，并决定今后每年各举办一次上述活动。

此外，中方出席了在哥斯达黎加举行的科技工作组第三次会议、在秘鲁利马举行的“厄尔尼诺合作项目首次协调研讨会”、“运用信息技术增强中小企业竞争力研讨会”和在新加坡举行的“青年议员论坛”等活动。

## 14. 大湄公河次区域经济合作

大湄公河次区域经济合作（以下简称 GMS）成立于 1992 年，成员包括中国、柬埔寨、老挝、缅甸、泰国、越南，旨在通过加强经济联系，促进次区域经济和社会发展。亚洲开发银行是 GMS 的发起者和主要的出资方。GMS 以项目为主导，比较务实，是湄公河开发诸种机制中较为深入的一个。十多年来，GMS 在交通、能源、电信、环境、人力资源开发、投资、贸易、旅游、农业等九大重点合作领域开展了一百多个合作项目，动员资金总额近 35 亿美元。这些项目对次区域各国的经济社会发展发挥了重要的推动作用。

中国于 2005 年 7 月 4～5 日在云南昆明主办了 GMS 第二次领导人会议。会议围绕“加强伙伴关系，实现共同繁荣”的主题，就关系大湄公河次区域经济合作的重要问题进行了深入讨论并达成广泛共识，发表了《昆明宣言》。

国务院总理温家宝主持了此次领导人会议和领导人与工商界代表对话会并在开幕式上发表主旨讲话。温总理全面阐述了中国对大湄公河次区域经济合作的政策主张，提出次区域合作指导原则，并就进一步推进基础设施、贸易投资、农业、环境保护、人力资源、卫生等具体领域的合作提出建议。温总理还向各国领导人介绍了中国能源政策和人民币汇率改革的有关情况。在会议期间，温总理还分别会见了越南、老挝、缅甸、柬埔寨四国领导人和亚行行长，就双边关系和共同关心的国际和地区问题交换了意见。会议期间，温总理宣布中方将单方面向柬埔寨、老挝和缅甸三国扩大特惠关税产品范围。

会议推动 GMS 合作取得实质性进展。六国签署了关于便利跨境客货运输、加强动物疫病防控、加强信息高速公路建设和促进电力贸易运营的合作文件，并批准了 GMS 贸易投资便利化行动框架和生物多样性保护走廊建设等合作倡议。会议在加强基础设施建设、改善贸易环境、加强社会发展等方面确定了具体合作目标和行动举措。会议确立了以“相互尊重、平等协商、注重实效、循序渐进”为主要内容的指导原则。

## 15. 太平洋岛国论坛

2005 年，中国与太平洋岛国论坛关系进一步发展。

10 月，外交部副部长杨洁篪率中国政府代表团出席在巴布亚新几内亚首都莫尔斯比港举行的第 17 届论坛会后对话会，全面阐述中国的和平发展战略及对南太政策，提出九项加强双方合作关系的措施，包括正式倡议建立“中国—太平洋岛国经济发展合作论坛”，以促进双方在经贸、文教、人力资源开发、环保、旅游、立法、安全等领域的合作。论坛方反响热烈，普遍认为中国是论坛及其成员国重要和可信赖的发展伙伴，欢迎中

国继续在本地区发挥积极作用，并期待着与中方密切配合，落实有关合作项目。

## 16. 非洲联盟

2005年，中国与非洲联盟友好合作关系进一步发展。1月，中国向非盟提供40万美元现汇援助，用以支持非盟扩大在苏丹达尔富尔地区的行动。3月，非盟将中国纳入首批向其派兼驻代表的国家。4月，中国任命驻埃塞俄比亚大使兼任驻非盟代表。4月和6月，外交部部长助理吕国增两次访问非盟总部，就非洲形势、中非关系与非盟委员会主席科纳雷广泛深入地交换意见。6月，非洲各国驻华使节举行招待会，庆祝“非洲日”42周年，国务委员唐家璇应邀出席并发表讲话，表示中国愿在长期稳定、平等互信、全面合作的基础上，与非洲各国共同推动中非友好事业取得更大发展。7月，非盟第五届首脑会议在利比亚锡尔特举行，国务院总理温家宝致函祝贺，表示巩固和扩大与非洲各国和非盟的关系是中国政府的既定政策，中国愿与非洲国家建立和发展中非新型战略伙伴关系，以造福于中非人民。中国政府特使、外交部领导成员乔宗淮出席开幕式，会见了非盟委员会主席科纳雷，并以中国政府名义向非盟提供30万美元捐赠。8月，非盟委员会主席科纳雷访华，国家主席胡锦涛、国务委员唐家璇和外交部长李肇星分别会见、会谈。胡主席表示，中国重视非盟的地位和作用，愿进一步发展与非盟的友好合作关系，相信非盟在促进非洲和平与发展的事业中将会做出更大贡献。此外，中国政府还派代表出席了非盟第四和第五届特别首脑会议。年内，科纳雷代表非盟多次重申坚持一个中国政策，绝不同台湾发生任何关系，并表示支持中国全国人大通过《反分裂国家法》。

## 17. 阿拉伯国家联盟

2005年，中国与阿拉伯国家联盟（以下简称“阿盟”）的友好合作关系进一步发展。

2月4日，李肇星外长与阿盟秘书长阿姆鲁·穆萨通电话，双方就苏丹达尔富尔问题和中国同阿盟关系交换了看法。

3月3日，第123次阿盟部长级理事会再次通过了关于“阿拉伯国家与中华人民共和国关系”的第6507号决议，重申阿盟各成员国愿意加强同中国在各个领域的关系，欢迎中国外长李肇星2004年9月在中阿合作论坛首届部长级会议上提出在论坛框架内加强双边合作的有关建议，希望加强论坛建设，实现双方共同利益。

同月，国家主席胡锦涛致电祝贺第17届阿盟首脑会议召开。

4月12～13日，中国—阿拉伯国家合作论坛首届企业家大会在北京举行。会议由中国国际贸易促进委员会主办，中国外交部和商务部协办。全国政协主席贾庆林出席开幕式并发表了题为“深化中阿合作，共创美好未来”的讲话，外交部部长李肇星、商务部部长薄熙来和中国国际贸易促进委员会主席万季飞分别致辞，阿拉伯工矿组织总干事塔拉特·本·扎非尔代表阿盟秘书长穆萨致辞。中阿双方约1000名企业家和政府官员与会。大会宗旨是“增进了解，扩大合作”，下设“中阿贸易现状与前景”和“促进中阿相互投资”两个议题。与会者进行了广泛交流和贸易洽谈，并签订4.7亿美元合同。

6月12～13日，中国—阿拉伯国家合作论坛第二次高官会在北京举行。会议讨论了进一步发展中阿关系的途径和中国—阿拉伯国家合作论坛发展方向及重点合作领域，并就联合国改革和中东和平进程进行了磋商。6月13日，唐家璇国务委员会见了出席会议的22个阿拉伯国家和阿盟的代表，就安理会改革问题阐述了中方立场。

10月13日，阿盟秘书长穆萨致电李肇星外长，祝贺中国成功发射“神舟”六号载人飞船。穆萨表示：“这一非同寻常的事件再次证明，中国在各个领域都是成功发展的典范，并且自豪地加入了空间大国精英俱乐部，为和平利用太空树立了理想的范例。”

11月15日，中国驻埃及大使吴思科向阿盟秘书长穆萨递交了由李肇星外长签署的任命吴思科为中华人民共和国驻阿盟全权代表的任命书。

12月14～15日，中国—阿拉伯国家合作论坛“中阿关系暨中阿文明对话研讨会”在北京举行。中阿双方专家学者和政府官员60多人与会。会议就“中阿关系”和“文明对话与国际关系”两议题进行了深入讨论。国务委员唐家璇会见了出席会议的阿方代表，并指出“互信、互利、互助”是中阿关系几十年发展的重要经验。

## 18. 海湾合作委员会

海湾阿拉伯国家合作委员会（简称“海合会”或 GCC）自成立之初即同中国建立了联系。自 1990 年起，中国外交部长在出席联大期间均集体会见海合会六国外交大臣（或其代表）及海合会秘书长。1996 年，中国同海合会建立了政治和经济磋商机制，迄今已举行三轮政治磋商。2005 年，中国与海合会在各领域的友好关系显著发展。

双方继续保持政治磋商与协调。9 月，外交部长李肇星在出席联大期间会见了海合会六国外交大臣（代表）和海合会秘书长阿卜杜－拉赫曼·阿蒂亚，就双边关系及国际和地区形势广泛交换意见。

能源和经贸合作成果丰硕。3 月，海合会能源小组访华，与国家发展改革委员会举行首次能源对话，就加强双方能源信息交流、推进能源合作等问题进行了讨论。中国与海合会自由贸易区谈判正式启动，并于 4 月和 6 月举行了两轮谈判。

文化交流活动顺利开展。海湾地区中国文化周于 11 月在沙特、阿联酋、阿曼、卡塔尔和巴林五国举行。

## 19. 美洲国家组织

美洲国家组织成立于 1948 年，总部设在华盛顿，成员包括全美洲 35 个国家（1962 年古巴被剥夺参加活动的资格，但依法仍是成员国），是美洲间最重要的政治组织。截至 2005 年 6 月，该组织有常驻观察员 60 个。近年来，美洲国家组织在维护本地区稳定和安全、促进和平与发展、推动一体化建设等方面发挥着积极、重要的作用。

中国日益重视该组织的作用并希望通过加强同该组织的联系，全面推动同其所有成员国在各领域的友好合作。2004 年 5 月，中国成为该组织第 60 个常驻观察员。中国政府出资 100 万美元，设立为期五年的“中国—美洲国家组织合作基金”。2005 年 2 月，该基金正式启动，共资助举办“美洲系列讲座”、防止武器走私国际会议、信息研讨会及妇女培训、儿童协会运作、《美洲》杂志办刊、美洲艺术馆修缮等七个项目共20万美元，受到广泛好评。5月和6月，李肇星外长先后向该组织新当选的正、副秘书长致电祝贺。中国常驻该组织观察员周文重大使代表中国政府出席了该组织第35届大会。12月，中国全国人大常委会副委员长成思危应邀在美洲国家组织总部发表演讲并会见该组织秘书长何塞·米盖尔·因苏尔萨。

## 20. 里约集团

里约集团成立于1986年，是拉美地区最重要的政治磋商和协调机构。成立以来在协调解决地区问题、维护拉美国家权益、加强拉美地区团结、推动建立国际政治经济新秩序方面发挥了重要作用。现有19个成员国(包括加勒比地区每年推选的一个代表国)。2005年轮值协调国为阿根廷。

中国政府高度重视里约集团在地区和国际事务中发挥的积极作用，双方建立了相互信任、密切合作的良好关系。2005年第60届联大期间，李肇星外长与里约集团成员国外长举行第15次政治对话，李肇星外长高度评价中国与里约集团在政治、经贸、社会、科技、文化、新闻等领域的合作，提出中方希同广大拉美国家在现有多边合作机制基础上逐步建立参与范围更宽、合作领域更广的中拉整体合作机制，推动中拉关系全面发展。里约集团表示，希与中国建立战略伙伴关系，进一步促进经贸合作。双方还就社会发展及联合国安理会改革等问题交换了看法。

## 21. 南方共同市场

南方共同市场（简称南共市）成立于1991年，1995年1月正式启动，由巴西、阿根廷、乌拉圭、巴拉圭四国组成，委内瑞拉2005年成为其过渡成员国，智利、玻利维亚、秘鲁、哥伦比亚、厄瓜多尔和南非为联系国，是拉美最重要的经济一体化组织。南共市将于2006年实现商品零关税，并建立“关税同盟”。2004年12月，南方共同市场与安第斯共同体以及智利、圭亚那和苏里南组建了南美国家共同体。

2005年，中国继续努力推动与南共市友好合作关系的发展。12月，

应乌拉圭总统塔瓦雷·拉蒙·巴斯克斯·罗萨斯邀请，建设部部长汪光焘作为胡锦涛主席特使出席了在乌拉圭举行的南共市第29届首脑会议并发言。

## 22. 安第斯共同体

安第斯共同体（简称安共体），原称安第斯集团，成立于1969年，1996年易为现名。成员国为秘鲁、玻利维亚、厄瓜多尔、哥伦比亚和委内瑞拉，是拉美重要的政治、经济一体化组织，成立以来为促进拉美地区经济一体化以及与其他地区的互利合作发挥了重要作用。现任轮值主席国为委内瑞拉。

2005年，中国继续积极致力于加强同安共体在政治、经济、文化、科技等各领域的合作。1月，中国国家副主席曾庆红在访问秘鲁期间，集体会见了安共体五国外长和该组织秘书长，提出深化双方合作应当遵循“积极开拓、突出重点、注重实效、逐步推进”的原则，曾副主席还代表中国政府向安共体秘书处捐赠价值100万元人民币的办公室设备，受到安方高度赞赏。

## 23. 国际红十字组织

2005年，中国继续积极参与国际红十字运动，进一步发展与红十字国际委员会、红十字会与红新月会国际联合会的友好合作关系。

4月5~7日，红十字会与红新月会国际联合会主席苏亚雷斯·托罗应邀访华。国务院副总理吴仪会见。

7月19~21日，红十字国际委员会主席凯伦伯格访华，期间受到中国国家主席、中国红十字会名誉会长胡锦涛接见，并与外交部长李肇星共同签署《中华人民共和国政府与红十字国际委员会协议》和《中华人民共和国政府与红十字国际委员会关于红十字国际委员会在中华人民共和国的职能和主要责任的谅解备忘录》。国际红十字会东亚地区代表处于7月20日在北京正式成立。

11月，红十字会与红新月会国际联合会第15届大会在韩国首尔举行。中国红十字会派团参会，并在本届大会中成功连任联合会领导委员会成员。

## 24. 国际移民组织

国际移民组织是移民领域唯一的全球性政府间国际组织，1951 年成立，1989 年改称现名，总部在瑞士日内瓦。国际移民组织目前有 116 个会员国，其宗旨是在世界范围内确保移民有序流动，并协助有关国家处理移民问题。

国际移民组织成立初期主要任务是处理二战后欧美移民问题。后逐渐演变为处理世界范围内的移民问题的政府间组织，是联合国难民署的重要合作伙伴，在促进打击非法移民国际合作方面较为积极。中国于 2001 年 6 月成为国际移民组织观察员。

2005 年，中国政府继续积极参加国际移民组织会议，加强与其合作。

3 月 14～16 日，中国外交部与国际移民组织和英国国际发展部在甘肃兰州联合举办"亚洲移民与发展区域会议"。来自亚太七个国家及有关国际组织和学术机构等近百人与会。外交部、国务院妇儿工委、国务院扶贫办、公安部、劳动部、卫生部、教育部、国务院发展研究中心、社科院及甘肃、河南、浙江、吉林等省区派代表参团与会。与会代表认为，正确看待移民问题，加强有关研究；贫困造成移民，反之移民也是消除贫困的手段之一。各国应切实保护移民权益，并加强合作充分发挥移民的积极作用。

7 月 14 日，"亚洲移民与发展区域会议"论文集中文版的发行仪式在中国社会科学院举行。国际移民组织总干事代表与外交部国际司就其在华设立联络处事进行了第一轮磋商。

11 月 29～30 日，外交部部长助理沈国放率团出席在瑞士日内瓦举行的国际移民高级别论坛。沈国放在发言中阐述了中国政府在移民问题上的立场，并就妥善解决全球移民问题提出五点主张：（一）找到解决问题的根源，标本兼治；（二）国际社会共同努力，协调合作；（三）切实保护移民合法权益；（四）避免政治化；（五）加强对移民问题的研究。沈国放并介绍了中国政府于 3 月 14～16 日在兰州与国际移民组织和英国国际发展部联合举办的亚洲移民与发展区域会议有关情况。本次高级别论坛系由国际移民组织发起，主题为"寻求移民政策的一致性"。比利时、印度尼西

亚、摩洛哥、印度等近十个国家的部长级官员出席了会议。

12月13～14日，国际移民组织派团来华与外交部就在华设立联络处事进行第二轮磋商。双方就设处协议进行了讨论，就联络处职责、地位、人员待遇等具体问题交换了意见。双方同意就此保持联系，在适当时候进行第三轮磋商。

# 第五章

# 中国外交中的条约法律工作

## 1. 概　述

2005 年，中国继续深入参与国际规则的制定，积极构筑国际司法合作网络，管好陆地边界，妥善维护海洋权益，加强涉及香港、澳门和台湾的法律工作，努力为国内经济建设和社会发展创造有利的国际环境和周边环境。中国外交中的条约法律工作是中国总体外交工作的有机组成部分。

全年中国参与了 30 多项国际条约的谈判，涉及气候变化、环境保护、制止核恐、全面反恐、人权、民商事管辖权、航行安全、渔业管理、保护文化多样性、打击犯罪等领域，先后完成了《制止核恐怖主义行为国际公约》《核材料实物保护公约》修约议定书、《联合国人员和有关人员安全公约任择议定书》《保护所有人免受强迫失踪国际公约》等重要国际公约的谈判，签署了《制止核恐怖主义行为国际公约》《联合国国家及其财产管辖豁免公约》《制止向恐怖主义提供资助的国际公约》，批准了《联合国反腐败公约》《跨国收养方面保护儿童及合作公约》。中国高度重视《联合国气候变化框架公约》及其《京都议定书》《联合国生物多样性公约》等环境公约的后续谈判和

履约工作，认真撰写和准备中国已参加的人权类公约履约报告和审议工作。

2005年，中国共与13个国家举行了司法合作领域的谈判，大力推动与西方发达国家缔结司法合作条约工作，完成了与西班牙引渡条约谈判，取得了与西方国家缔结引渡条约零的突破。完成与法国、西班牙、葡萄牙、新西兰等国的刑事司法协助条约谈判。首次与上海合作组织成员之外的巴基斯坦缔结关于打击“三股势力”的合作协定，拓宽了在此领域的合作范围。

2005年，中国与有关陆地邻国的勘界及边界联合检查等工作有重大进展，签署了《中蒙边界第二次联检议定书》，完成了《中俄国界东段补充协定》和《中吉勘界议定书》的生效工作。开展了中越（南）老（挝）三国交界点条约谈判，启动了中塔（吉克斯坦）边界、中俄（罗斯）剩余地区的勘界工作和中尼（泊尔）边界第三次联检工作。在周边海洋工作中，中国与朝鲜完成中朝海上共同开发协定，为中国进一步妥善处理与周边邻国的海上争议开创了新局面，与日本、韩国的海洋法和有关问题磋商稳步进行。

中国继续按照“一国两制”和香港、澳门两特区基本法妥善处理外交中的涉港澳条约法律事务，全年授权两特区谈判、签署双边司法协助类协定近10项，审查两特区司法协助通报案件140多起，为维护两特区的繁荣与稳定做出了应有贡献。

## 2. 中国对外缔结条约概况

### （1）对外缔约概况

中国政府奉行独立自主的和平外交政策，与世界各国发展友好合作关系，对外缔结了政治、经贸、财政金融以及法律等领域的大量双边条约，为保持中国国民经济的平稳较快发展，加深中国与世界各国全方位的合作营造了良好的法律环境。

2005年，中国对外缔结的国家及政府间的主要双边条约、协定（或其他具有条约性质的文件）约370项，其中经贸方面的协定及换文325项，政治、外交方面的协定12项，领事方面的协定5项，财政金融方面的协定20项，法律方面的协定5项。此外还有文化、卫生、科技、交通、旅游、动植物检疫等领域的协定。在多边公约方面，2005年中国完成签署、批准、核准、接受、加入等程序或对中国生效的多边公约共12项（以上情况见附表）。另外，香港特别行政区、澳门特别行政区经中央人民政府授权对外谈判、签署或修订的双边协定有18项。中国中央人民政府还办理了23项公约适用于港澳特区的相关手续。

### （2）清理条约概况

清理条约是国家之间对已签订的双边条约及条约性文件的效力进行确认、变更或终止的工作，旨在理顺双边条约关系，促进和保障双边关系的健康、顺利发展。

2005年，中国与塞尔维亚和黑山就中国与南斯拉夫社会主义联邦共和国签订的条约在中国和塞黑之间的效力问题，分别在贝尔格莱德和北京举行了两次磋商，并取得一致意见。双方将通过换文确认磋商结果。此外，中国与阿尔巴尼亚等国的清理条约工作在准备之中。

### （3）涉及香港和澳门特区的条约法律工作

中国中央人民政府严格根据《中华人民共和国香港特别行政区基本法》《中华人民共和国澳门特别行政区基本法》和“一国两制”方针处理涉及香港特区和澳门特区的条约和法律事务，为香港特区和澳门特区在有关领域参与国际合作、保持对外交往提供支持。

①双边协定方面

2005年，中央人民政府先后授权香港特区政府与西班牙、澳大利亚政府签署关于转移被判刑人的协定，与德国、韩国、芬兰和马来西亚政府签署关于移交逃犯的协定，与西班牙、德国和以色列政府签署刑事司法协助协定，与马尔代夫、马达加斯加和黎巴嫩政府谈判民航协定；先后授权澳门特区政府与以色列、安哥拉、佛得角、几内亚比绍、东帝汶和马来西亚政府谈判或修订民航协定。

②国际公约方面

根据基本法有关规定，在征询香港特区政府意见后，中国政府就中国参加的《世界卫生组织组织法》第74条修正案、《保护非物质文化遗产公约》和《烟草控制框架公约》适用于香港特区办理了有关手续。在征询澳门特区政府意见后，就中国参加的《世界卫生组织组织法》第74条修正案、《烟草控制框架公约》《跨国收养方面保护儿童及合作公约》等五项国

际公约适用于澳门特区办理了相关手续。此外，根据澳门特区政府的意见，中国政府还就《承认与执行外国仲裁裁决公约》等17项国际公约适用于澳门特区办理了相关手续。

③其他法律事务

2005年10月25日，全国人大常委员审议通过《中华人民共和国外国中央银行财产司法强制措施豁免法》。10月27日，全国人大常委会决定将该法列入《中华人民共和国香港特别行政区基本法》和《中华人民共和国澳门特别行政区基本法》附件三，在香港特区和澳门特区实施。

## 3. 中国在联合国机构中的法律工作

### （1）第60届联大的法律议题

2005年10月3日至12月8日，第60届联大对19项法律议题进行了审议，通过了《联合国人员和有关人员安全公约任择议定书》（以下称《任择议定书》）和《联合国国际合同使用电子通信公约》（以下称《公约》）以及有关决议。中国代表团全面参加了上述各项议题的讨论，在八项议题下做了正式发言，并积极参加了有关公约的制定和有关决议的磋商。在本届联大期间，外交部长李肇星代表中国签署了《制止核恐怖主义行为国际公约》和《联合国国家及其财产管辖豁免公约》。

《任择议定书》和《公约》的通过并开放签署，被认为是本届联大的两项重要成果。前者将联合国在建设和平中进行的人道主义、政治和发展援助行动，以及联合国进行的紧急人道主义援助行动都纳入该议定书的保护范围。后者统一了各国有关电子合同签订的规则，消除了国家电子交易法律的不确定性。

联大全会审议了国际法院的报告、国际刑事法院的报告、前南斯拉夫问题国际刑庭的报告、卢旺达问题国际刑庭的报告以及海洋与海洋法等五项议题，并通过了有关决议。关于国际法院的报告，中国代表团认为：通过国际法院解决国际争端是实现联合国维护国际和平与安全根本宗旨的重要方法，在促进国际法治和建设国际和谐社会进程中的作用不可或缺。作为联合国的司法机构，国际法院通过行使诉讼管辖权和发表咨询意见，对国际法原则和规则的澄清、确认、适用和发展也发挥着重要作用。中国将继续支持国际法院的工作。

联大六委共审议并通过了国际贸易法委员会第38届会议工作报告、消除国际恐怖主义的措施、联合国宪章和加强联合国作用特委会的报告、国际法委员会第57届会议的工作报告等12项议题。关于消除国际恐怖主义的措施，中国代表团表示，中国一向反对和谴责一切形式的国际恐怖主义，反对将恐怖活动作为实现政治目标的方式和手段，反对任何国家、组织、团体和个人从事违反公认国际法准则的恐怖暴力行为，主张打击国际恐怖主义必须遵守《联合国宪章》的宗旨和原则以及其他公认的国际法准则，不能采取双重标准，不应与特定文明、民族或宗教挂钩，反恐必须注意标本兼治。中国支持联合国在国际反恐斗争中应发挥主导与协调作用。会议继续就《关于国际恐怖主义的全面公约草案》进行谈判，但没有取得进展。

联大一委和四委分别审议通过了和平利用外空的国际合作和南极洲问题，并通过有关决议。关于和平利用外空的国际合作，中国代表团表示，空间科学技术已深入到人类生产和生活的各个领域，在人类社会的可持续发展过程中发挥着重要作用，中国愿与世界各国加强空间领域的合作，为促进全球和区域的社会、经济的可持续发展做出自己的贡献。中国希望并支持和平利用外空委员会在反对外空军事化、武器化、防止外空军备竞赛方面做出更大的努力，包括探讨如何建立有效的法律机制。

本届联大期间，按惯例还举行了三个非正式例行磋商。安理会五常外交部条法司长（法律顾问）举行了会议，就世界首脑会议成果文件涉及的使用武力的原则和保护的责任问题、国际法院的咨询功能、高级官员的司法管辖豁免、国际法委员会的工作、国际刑事法院和侵略罪定义等问题交换了意见。各国外交部条法司长（法律顾问）举行了非正式磋商，听取了国际法院院长史久镛、国际刑事法院检察官莫雷诺·奥坎波和国际海洋法庭庭长沃夫尔伦有关工作情况通报，并就联合国改革涉及的法律问题、联大六委与国际法委员会的工作交流以及国际司法机构面临的挑战等问题交换了看法。亚非法协成员国举行了法律顾问会议，听取了英籍国际法委员会委员伊恩·布朗利关于武装冲突对条约的影响的报告以及日籍国际法委员会委员山田中正关于共享自然资源的报告，部分国家并对亚非法协的工作发表了评论。

### （2）联合国国际法委员会

联合国国际法委员会第57届会议于2005年5月2日至6月3日和7月11日至8月5日分两期举行。会议审议了共享自然资源、国际组织的

责任、外交保护、武装冲突对条约的影响、驱逐外国人、国家单方面行为、条约保留和国际法不成体系等专题。第60届联大六委审议了委员会第57届会议工作报告，中国代表团就有关议题做了发言。

关于“共享自然资源”专题，委员会审议了特别报告员提交的第三次报告。报告提出了关于“跨界含水层法公约”的一套条款草案。委员会力争在2006年第58届会议上完成条款草案的一读。中国代表团基本赞同该条款草案，同时认为，条款草案应明确规定含水层国对含水层这种自然资源的主权权利，应慎重决定条款草案的最终形式。

关于“国际组织的责任”专题，委员会审议了特别报告员的第三次报告，讨论并通过了关于国际组织违背国际义务的条件和一国际组织对一个国家或另一国际组织行为的责任问题的9条条款草案。特别报告员表示将在其第四次报告中讨论“排除行为不法性的情况”和“国家对国际组织国际不法行为的责任”问题。中国代表团总体上赞同委员会通过的9条条款草案，同时认为：①确定国际组织不作为是否构成国际不法行为关键取决于国际法上是否明确要求其有作为的义务；②国际组织为避免履行其国际义务而做出的建议或授权与其决定都具有广泛的国际影响，法律上也应确立这些规避行为的违法性；③国家应对其援助或协助、指挥和控制以及胁迫一国际组织实施国际不法行为承担国家责任；④对国际组织实施国际不法行为起积极作用的成员国应承担相应的国际责任。

关于“外交保护”专题，委员会审议了是否有必要在“外交保护条款草案”中增加关于“干净的手”原则的条款问题，即规定如果外国国民因违反所在国国内法或国际法而不具备无过失的条件，即双手不“干净”时，其国籍国就不能行使外交保护。委员会决定不在条款草案中增加有关“干净的手”原则的条款。中国代表团对此原则同意。

关于“武装冲突对条约的影响”专题，委员会审议了特别报告员提交的第一次报告。该报告提出了一整套条款草案，核心是规定了武装冲突并不当然在一切情况下都导致条约的终止或中止。委员会决定由特别报告员准备一份问卷，就有关问题征求各国意见。中国代表团基本赞同条约不因武装冲突当然终止或中止的观点，同时认为：①条款草案研究的武装冲突应限于“国际性武装冲突”，其研究的条约应包括国家或国际组织缔结的条约；②在判断条约是否因武装冲突而终止或中止的问题上，不应仅看缔约国缔约时的意向，应综合考虑缔约后条约实施过程、武装冲突发生后的情况以及条约的性质及目的等因素；③使用武力的合法性对条约关系是有影响的，这一问题需深入研究。

关于“驱逐外国人”专题，委员会第56届会议于2004年决定将该专题列入工作议程。本届会议审议了特别报告员的初步报告，主要讨论了研究方法、“外国人”的概念、驱逐权和驱逐理由、与驱逐有关的权利、集体驱逐等问题。中国代表团希望委员会既要重视收集发达国家的实践，也要重视收集发展中国家的实践，以便其研究成果能够具有广泛的代表性。

关于“国家单方面行为”专题，委员会讨论了特别报告员的第八次报告。委员们对国家单方面行为可否编纂仍持不同立场。但大部分委员都对这个概念在国际法上的意义给予肯定，认为对国家单方面行为的研究有助于维护国际关系的稳定和可预期性。委员会下步将就国家单方面行为归纳出一些基本原则。中国代表团认为，对目前的研究成果加以总结将对国家具有重要的参考价值。

关于“条约保留”专题，委员会审议了特别报告员的第十次报告。报告基于 1969 年《维也纳条约法公约》第 19 条“提具保留”的规定，研究了“条约保留的有效性”问题，即在哪些情况和条件下缔约国可以提具保留、在哪些情况和条件下禁止或限制缔约国提具保留的问题，草拟了 14 条实践指南。中国代表团认为，“条约保留的有效性”是条约保留问题的核心部分，值得深入研究；《维也纳条约法公约》对保留问题总体上持开放和灵活的态度，维持了扩大条约的普遍适用性与维护条约的完整性和有效性这两方面的平衡，应作为制定相关准则草案的出发点。

关于“国际法不成体系”专题，本届会上，委员会设立的研究组分析了区域实践对国际法发展的影响和作用。关于国际法的等级问题，研究组讨论了小组成员提交的专题报告。中国代表团认为，对国际法不成体系的研究，不但具有理论意义，同时具有重要的现实意义。

本届会议还决定将“引渡或起诉的义务”专题列入委员会的目前工作方案。

### （3）联合国宪章特委会

联合国宪章特委会 2005 年届会于 3 月 14 ~ 18 日在联合国总部召开。会议审议了维持国际和平与安全、援助因实施宪章第七章的制裁而受影响的第三国、和平解决国家间争端、改进特委会工作方法和提高其效率、托管理事会等议题。

关于援助因执行制裁措施而受影响的第三国问题，中国代表团认为，首先要对该问题给予充分重视，加以优先考虑；同时，要双管齐下，既要慎重、少用制裁措施，又要尽快制订一套办法，以评估预防措施或执行措施对第三国造成的后果，并积极探讨向第三国提供国际援助的可行措施。目前情况下，应通过多渠道的财政安排或经济援助等方式，减轻第三国所受损失。

关于制裁的基本条件和标准问题，中国代表团认为，制裁须以用尽和平解决手段为前提，制裁的实施应有严格标准，尤其应符合《联合国宪章》和其他国际法准则。制裁应有时限，对其效果和影响应进行及时和客观的评估。

关于为联合国维和行动拟订一套指导原则的问题，中国代表团认为，联合国维和行动是联合国在长期实践中发展起来的维护国际和平与安全的重要手段，适时对维和行动的经验、教训做出总结并加以标准化和制度化是有益的。

关于改进特委会工作方法和提高其效率的方式方法问题，中国代表团主张，各方应本着务实和协商一致的精神，探讨改进特委会工作和提高其效率的办法。

关于托管理事会的现状和前途问题，中国代表团认为，第60届联大高级别全会上通过的成果文件第176段为特委会工作指出了方向，但涉及修改宪章的工作应稳妥进行。

### （4）联合国和平利用外层空间委员会

联合国和平利用外层空间委员会下辖科技小组委员会和法律小组委员会。2005年，中国派代表团出席了外空委第48届会议、外空科技小组委员会第42届会议和外空法律小组委员会第44届会议。

①维持外层空间用于和平目的的方式和方法

中国代表团强调，人类在探索和利用外空方面取得巨大成就的同时也面临严峻挑战，对外空的军事利用不断扩大，外空武器化的危险有增无减。这些都违背了1967年《外空条约》所确立的和平利用外空原则，也与联合国第三次外空大会通过的“空间千年宣言”不相符合。

中国代表团指出，外空裁军问题不能仅由裁军谈判会议和联大一委处理，对“非和平利用外空”的关切是“和平利用外空委员会”的必然职责，希望委员会能在防止外空武器化和外空军备竞赛方面做出更大的努力。目前，可考虑通过谈判缔结防止外空军备竞赛的国际协定、加强与裁谈会的联系与合作等方式制止外空武器化。

②第三次外空会议建议的执行情况

中国代表团指出，中国和加拿大、法国共同领导的第七行动组，即利用空间技术减灾和灾害管理行动组，成功地完成了其工作，提交了以更有效地在全球范围内推动空间技术在减灾和灾害管理工作中的应用和建立在联合国框架下的国际空间技术减灾协调组织为主要内容的建议报告。随后，又积极地参加了由外空司组织成立的特设专家组的工作，专家组对国际空间技术减灾协调组织可提供的服务功能、服务的对象，可能的组织管理模式等事项做了分析并形成了可行性研究报告草案，希望该报告草案尽快得到审议和通过。

③科技小组委员会报告

中国代表团指出，中国政府将始终支持联合国空间应用方案的各项活动，支持建立天基系统全球自然灾害预报、管理、评估协调机制，以便提高区域和全球，特别是发展中国家减灾、救灾和防灾的能力。

对于空间碎片问题，中国代表团表示，中国政府十分重视空间碎片问题，制定了"严格控制空间活动产生空间碎片的有关规定"，加强了对相关研究的基础能力建设，已基本解决了正在使用的所有运载火箭末级的"钝化"技术问题，正编制适合中国空间技术水平和能力的国家《空间碎片减缓标准》。

④法律小组委员会报告

中国代表团指出，外层空间定义和划界问题近期内难以达成一致，但这不应影响各国和平利用外空的努力，应从维护外空的永久安全、促进外空的和平利用出发继续审议该议题。

关于《移动设备国际利益公约》的空间资产议定书草案，中国代表团指出，可由联合国履行公约规定的监督职能，但不应使联合国因此承担费用，联合国应在损害赔偿问题上享有豁免。对于空间资产议定书与现行外空法律体系间的关系问题，现行外空法的基本原则应处于优先地位。同时，要研究这两种法律体系在实践中的相容性，特别是需要明确一国政府对本国非政府实体的空间商业活动应承担的国际责任，以及参与空间物体国际融资、抵押和担保业务的当事各方所属国政府间的权利义务关系。

关于各国和国际组织登记空间物体的做法问题，中国政府已于 2001 年建立了《空间物体发射国登记册》，并已向秘书长递交中国于 1970 年至 2003 年底期间发射的空间物体资料。

## 4. 中国在反恐及打击跨国犯罪领域的法律工作

### （1）反恐领域

2005 年 3 月 28 日至 4 月 1 日，联合国大会下设的反恐特委会第九届

会议在联合国总部召开，继续拟订《关于国际恐怖主义的全面公约草案》和《制止核恐怖主义行为国际公约草案》，讨论召开反恐高级别会议等问题。中国代表团发言强调了尽早完成公约制订工作的重要意义，原则上赞同在联合国主持下召开反恐高级别会议。

4月1日，特委会完成《制止核恐怖主义行为国际公约草案》，13日，第59届联大通过该公约。公约主要规定了核恐怖主义犯罪的定义、公约的适用范围、缔约国为打击核恐怖主义罪行进行合作的义务等内容，不涉及武装部队的活动和国家使用或威胁使用核武器的合法性问题。中国对公约的通过表示赞赏，并于9月14日第60届联大期间率先签署了公约。

第60届联大六委继续审议了《关于国际恐怖主义的全面公约草案》，但没有取得明显进展。分歧主要集中在如何处理在被占领土从事抵抗活动的人民或团体的行为以及武装部队的行为问题。伊斯兰国家坚持从事抵抗活动的人民或团体的行为应适用国际人道主义法，不在该公约规定的恐怖主义犯罪的范围；并认为武装部队违反《联合国宪章》的行为应纳入恐怖主义犯罪范围。西方国家认为该公约不适用武装冲突情况下的武装部队的行为，此类行为应由国际人道主义法调整，旨在将武装部队的行为排除在该公约规定的恐怖主义犯罪之外。列支敦士登以主席之友名义提出一项折中案文，即在序言新增一段："重申各国人民依《联合国宪章》和《国际法原则宣言》实行自决的权利。"同时在公约草案第18条增加第5款："本公约内的任何规定均不得将国际人道主义法所适用并根据该法不是非法的行为定为非法。"上述建议仍有待进一步磋商。

### (2)《联合国打击跨国有组织犯罪公约》

2005年10月10～21日，《联合国打击跨国有组织犯罪公约》第二届缔约国大会在维也纳召开。65个缔约国、32个签署国及相关联合国机构、政府间国际组织和非政府组织的代表出席会议。会议审议了各国履约情况，重点讨论了国际司法合作、技术援助等问题，并通过了包括公约及贩运人口和偷运移民两项议定书的第二轮调查问卷，及枪支议定书的第二轮调查问卷。中国派出以驻维也纳联合国和其他国际组织代表吴海龙大使为团长的代表团与会，并积极参加会议有关工作。

### (3)《联合国反腐败公约》

《联合国反腐败公约》于2003年10月31日经联合国大会通过，12月9日开放签署，2005年12月14日生效。截至2005年12月31日，共有缔约国 39 个。该公约是联合国系统制定的第一个专门规定反腐败的国际公约，体现了国际社会治理腐败的共同意愿和决心，对促进各国预防和打击腐败、加强国际领域的反腐合作、促进腐败资金的追回具有重要、积极的意义。2005 年 10 月 27 日，中国第十届全国人大常委会第 18 次会议审议批准了《联合国反腐败公约》。中国政府将在公约对中国生效后，认真履行公约规定的义务，积极参与国际反腐败合作，促使公约确立的有关机制有效发挥作用。

## 5. 中国在国际人权法领域的工作

### (1) 国际人权法律文书起草概况

2005 年 1 月 29 日至 2 月 11 日、2005 年 9 月 12～23 日，起草《关于保护所有人免遭强迫失踪的国际公约》工作组于日内瓦召开第四、五次工作会议。

谈判中，各方显示出更多的灵活性。中国、美国、俄罗斯、埃及、伊朗、印度等强调注重保护人权与国家司法职能的平衡；拉美国家和法国、意大利、比利时、西班牙等欧洲国家坚持建立一个独立监督机构、创设突破以往人权文书的新监督机制的主张，但在案文上有所妥协；加拿大、英国、德国、新西兰等态度相对灵活。最后，在部分国家对某些条款有所保留的情况下，草案得以协商一致通过。至此，历时两年起草工作结束。

中国参加了上述谈判，并加强与立场相近国家的沟通，促使草案关于监督机制、避免监督机构工作重叠、加强缔约国合作等方面的案文更加平衡。

### (2) 国际人权条约履约概况

2005 年，中国政府撰写并完成中国关于《禁止酷刑和其他残忍、不人道或有辱人格的待遇或处罚公约》执行情况的第四、五次合并报告；香港特区政府和澳门特区政府同时撰写各自执行公约的报告，作为中国国家报告的一部分；撰写并提交中国关于《〈儿童权利公约〉关于买卖儿童、儿童卖淫和儿童色情制品问题的任择议定书》执行情况的首次报告；澳门

特区政府同时撰写任择议定书在澳门执行情况的报告，作为中国国家报告的一部分。

2005年9月19~20日，中国政府接受联合国儿童权利委员会对中国执行《儿童权利公约》及其任择议定书情况报告的审议。中国由驻日内瓦代表团沙祖康大使任团长，外交部、最高人民法院、国务院妇女儿童工作委员会等14部委组团参加审议；香港和澳门特区也作为中国代表团成员与会。审议气氛平和、坦诚、务实；委员共提出230多个问题，中国代表团以实事求是的态度，对所有提问予以现场答复。9月30日，委员会公布了审议结论，并通过了报告。

## 6. 中国在国际私法领域的工作
### ——海牙国际私法会议

海牙国际私法会议于1893年在荷兰政府的倡议下成立，宗旨为“促进国际私法规范的逐步统一”。1951年通过其组织章程，正式成为政府间国际组织。中国政府于1987年7月3日正式加入该组织，并指定外交部为负责与该组织联系的“国家机关”。中国外交部积极参加了该组织的各项活动。

2005年4月，海牙国际私法会议扶养义务公约特委会第三次会议召开。会议以2004年6月第二次特委会讨论形成的工作案文为基础，对正文部分进行了逐条讨论，完成案文的二读。会议讨论的焦点主要集中在公约的适用范围、中央机关的职能范围、行政合作、裁决的承认与执行以及法律适用等问题上。由于各国仍强调本国的扶养法律制度及实践，少作妥协，多数条款未能达成一致。

2005年6月，海牙国际私法会议第20届外交大会召开，会议取得了两项重大成果，一是通过了《选择法院协议公约》，形成了第一项全球性的涉及民商事管辖权和判决承认与执行的公约；二是修订了《海牙国际私法会议规约》，新的规约将允许由主权国家组成的国际组织成为会员，为欧盟加入本组织铺平了道路。其中《选择法院协议公约》的成果尤为来之不易，会议在2005年2月及4月起草委员会预备会议讨论的基础上对公约的排除范围（尤其是知识产权问题是否可通过声明排除）、损害赔偿等焦点问题进行进一步讨论，并达成了最后的妥协案文。44个成员国及欧盟等国际组织的代表出席会议。中国由来自外交部、最高人民法院、国家知识产权局、驻荷兰使馆及港澳特区的代表组团出席会议。

2005 年 9 月，海牙国际私法会议跨国收养公约第二次特委会召开。此次特委会重点对常设局起草的“公约履约指南”进行逐章讨论，并为各国交流实践提供了一个场所。中国由来自外交部、民政部及港澳特区的代表组团出席会议。中国虽然刚刚批约，但跨国收养实践较为成熟和规范，在会议上积极与各国分享了我们的经验，阐明我们的问题，并被指定为工作组成员对履约指南进行完善和定稿。

## 7. 中国与外国的司法协助与法律合作

### （1）与外国缔结双边司法协助条约现状

中国一贯重视对外司法协助合作，进一步加强了对外谈判缔结司法协助条约、引渡条约和移管被判刑人条约的工作，完善司法协助条约网络，保障对外经贸关系的顺利发展和人员往来的正常进行，有效打击跨国犯罪。

2005 年，中国缔结的双边司法协助条约包括：1 月 24 日，与墨西哥签署两国刑事司法协助条约；1 月 27 日，与秘鲁签署两国刑事司法协助条约；3 月 17 日，与阿塞拜疆签署两国引渡条约；4 月 8 日，与法国签署两国刑事司法协助条约；7 月 21 日，与西班牙签署两国刑事司法协助条约；11 月 14 日，与西班牙签署两国引渡条约；12 月 9 日，与葡萄牙签署两国刑事司法协助协定；12 月 19 日，与纳米比亚签署两国引渡条约。

2005 年生效的双边司法协助条约有：《中华人民共和国和泰王国关于刑事司法协助的条约》(2 月 20 日)；《中华人民共和国和阿拉伯联合酋长国关于民事和商事司法协助的条约》(4 月 12 日)；《中华人民共和国和大韩民国关于民事和商事司法协助的条约》(4 月 27 日)；《中华人民共和国和拉脱维亚共和国关于刑事司法协助的条约》(9 月 18 日)；《中华人民共和国和莱索托王国引渡条约》(10 月 30 日)；《中华人民共和国和突尼斯共和国引渡条约》(12 月 29 日)。

截至 2005 年 12 月底，中国已与 49 个国家缔结了 78 项民、刑事司法协助条约、引渡条约及移管被判刑人条约，其中 57 项条约已经生效。

### (2) 与外国缔结双边打击三股势力合作协定现状

为维护国家安全和稳定，建立打击恐怖主义、分裂主义和极端主义三股势力的法律机制，中国继续开展对外缔结打击三股势力合作协定的工作。

2005年4月5日，中国与巴基斯坦谈判缔结了打击三股势力合作协定。

截至2005年底，中国共与5个国家缔结了打击三股势力协定，其中3项协定已经生效。

### (3) 中美执法合作

2005年2月23~24日，中美执法联合联络小组第四次会议在北京举行，双方就共同关心的中美刑事司法协助协定的执行、执法培训、打击网络犯罪、禁毒合作、引渡问题、查找、逮捕和移交逃犯、联合国公约框架下的合作等议题进行了深入讨论，达成一定共识，并确定了今后一段时期内的具体合作计划。双方一致认为，中美执法合作是中美关系的一个重要方面，中美执法合作联合联络小组自建立以来，在增进两国执法部门的理解与互信、加强双方执法合作方面发挥了积极作用。双方表示将共同努力，进一步巩固和发展中美执法合作联合联络小组机制。

6月，中美双方在华盛顿先后举行了关于网络犯罪、反腐败、追逃和遣返三个专家组会议，就建立打击网络犯罪的联系点、拒绝腐败犯罪的避风港、资产返还等问题在一定程度上取得了共识。

## 8. 中国陆地边界事务

### (1) 陆地边界工作概述

中国与14个国家接壤，陆地边界总长22000多公里。中国政府始终奉行独立自主的和平外交政策，主张通过平等协商、互谅互让、公平合理地解决边界问题。截至2005年底，中国已与12个邻国签订了边界条约或协定。中国政府高度重视发展与邻国的友好关系，同有关国家积极开展了边界划界、勘界、边界联合检查和边界管理工作，进一步发展了与邻国的睦邻友好关系，维护了边境地区的稳定与安宁，促进了边境地区人民的交往，推动了边境地区经济等各领域的合作与发展。

2005 年，中国陆地边界工作取得了显著成果：

——完成了《中华人民共和国和俄罗斯联邦关于中俄国界东段的补充协定》《中华人民共和国政府和吉尔吉斯共和国政府关于中吉国界线的勘界议定书》的生效法律程序和《中华人民共和国政府和蒙古国政府关于中蒙边界第二次联合检查的议定书》的签署。

——中国同越南边界的勘界工作取得明显进展；启动了中国同塔吉克斯坦边界和中国同俄罗斯国界东段剩余地区的勘界工作。

——顺利完成了中国同蒙古国边界的第二次联合检查工作；启动了中国同尼泊尔王国边界的第三次联合检查工作。

——积极开展与邻国间边境地区的开发和合作，进一步完善了边界管理法律制度。

### （2）边界条约

2005 年 4 月和 5 月，中国和俄罗斯各自完成《中华人民共和国和俄罗斯联邦关于中俄国界东段的补充协定》生效的国内法律程序。6 月 2 日，双方在海参崴互换了批准书，协定正式生效，标志着中国同俄罗斯之间 4300 多公里的边界线全部以法律形式划定。

根据 1991 年《中华人民共和国和老挝人民民主共和国边界条约》和 1999 年《中华人民共和国和越南社会主义共和国陆地边界条约》的规定，中国、越南、老挝三方举行了中越老三国国界交界点条约的谈判工作。2005 年 4 月，三方在实地确定了交界点位置并于 7 月竖立了界碑。三方同意，根据上述成果尽快起草《中华人民共和国、越南社会主义共和国和老挝人民民主共和国关于三国国界交界点的条约》，争取 2006 年正式签署该条约。

### （3）勘　界

边界勘界是通过竖立界碑等标志在实地明确边界条约或协定规定的边界线。2005 年，中国同有关邻国积极开展了边界勘界工作。

中国和越南陆地边界勘界工作自 2002 年开始以来进展比较缓慢，截至 2005 年底，双方完成勘界总任务的约 50%。两国高层领导人高度重视

勘界工作并于7月达成共识，要求最迟于2008年全面完成陆地边界勘界工作并签订新的边界管理制度法律文件。12月，以外交部副部长武大伟为团长的中方代表团和以越南副部长武勇为团长的越方代表团在河内举行中越两国边界第12轮政府级会谈，要求双方联合勘界委员会积极落实两国领导人达成的共识，不断推动勘界工作进程。2005年，中越联合勘界委员会举行了四次首席代表会晤和四次专家组会晤，协商解决了勘界中的有关问题，商定了2006年至2008年的具体勘界工作计划。

中国和俄罗斯启动了两国国界东段黑瞎子岛和阿巴该图洲渚两地段的勘界工作。双方举行了四轮专家级磋商，签署了《中俄国界东段两地段联合勘界委员会条例》和《中俄国界东段两地段联合勘界工作组细则》等文件，为2006年开展实地勘界工作做好准备。

中国同塔吉克斯坦的国界勘界工作正式启动。双方联合勘界委员会举行两次首席代表会晤和一次专家组会议，制定了勘界工作计划，签署了相关的勘界技术和法律文件，开展了实地联合调查，为2006年开展实地勘界工作打下良好基础。

中国和吉尔吉斯斯坦在2004年9月21日正式签署《中吉国界勘界议定书》后，双方于2005年3月分别完成各自国内法律程序，议定书生效。9月初，双方联合勘界委员会举行第十次会议，交换了勘界成果文件，并就勘界完成后的边界管理问题交换了意见。

### （4）边界联合检查

2005年，中国同有关国家之间的定期边界联合检查工作进展顺利。3月，中国同蒙古国边界第二次联合检查委员会在北京举行会晤，就边界联合检查议定书及附图等全部达成一致。11月28日，外交部长李肇星和蒙古国外长曾·蒙赫奥尔吉勒分别代表两国政府正式签署了《中华人民共和国政府和蒙古国政府关于中蒙边界第二次联合检查的议定书》，标志着该项工作圆满完成。

中国同尼泊尔王国启动了两国边界第三次联合检查工作。双方成立联合检查委员会并举行了两次会晤。双方就联检任务和工作计划达成一致，商定了《中尼边界第三次联合检查委员会条例》和《中尼边界第三次联合检查工作组细则》《中尼边界第三次联合检查临时出入境便利手续规则》《中尼边界第三次联合检查界标测量规定》《中尼边界第三次联合检查议定书附图局部修测规定》和《中尼边界地理信息系统建设规定》等文件。双方同意将克服恶劣自然条件和气候影响，争取2006年完成维护界碑和界线等外业工作。

### (5) 国界管理制度

2005年，中国与有关邻国积极开展了边境口岸及出入境管理、界线维护、边境设施建设、跨界水资源利用与保护、边境地区经济合作与开发等工作，推进边界管理法律体系的建立，进一步规范了边境管理体制，维护了边境地区的稳定和正常的生产、生活秩序，促进了边境地区经济发展。

1月，中国同俄罗斯在北京举行《中华人民共和国政府和俄罗斯联邦政府关于中俄国界管理制度的协定》磋商，并就协定内容达成一致。双方同意各自完成国内法律程序后正式签署。

9月，中国同老挝在北京举行《中华人民共和国和老挝人民民主共和国边界制度条约》联合执行工作委员会第六次会议。双方积极评价了两国边界管理部门友好合作取得的成果，就边境口岸开放与管理、共同打击跨国犯罪等问题交换了意见。

12月，中国同缅甸联邦在仰光举行了《中华人民共和国和缅甸联邦政府关于中缅边境管理与合作的协定》执行情况第六轮司局级会晤。双方回顾了一年来边境管理工作情况，就对等联系制度、口岸管理与建设、合作打击跨国犯罪和维护边境地区正常生产、生活秩序等问题交换意见。双方同意通过友好协商，妥善处理和解决边境地区出现的新情况、新问题。

## 9. 中国在国际海洋法领域的工作

### (1) 中国与周边国家的海洋法问题

①综述

2005年，中国继续通过友好协商妥善处理与周边海上邻国的岛屿主权争议、海域划界问题和其他海上争议。与越南合作，认真执行已于2004年生效的《中越北部湾划界协定》和《中越北部湾渔业合作协定》。

中国一贯主张，有关问题应在包括《联合国海洋法公约》在内的国际法基础上，通过和平协商予以解决。在问题最终解决之前，当事国可争取达成实际性的临时安排，包括“搁置争议、共同开发”和其他领域的合

作，以维护有关海域的和平和安宁。

②中朝海上共同开发

2005年，经过平等协商，中国与朝鲜双方就在两国毗邻海域共同开发石油资源达成协议。12月24日，国务院副总理曾培炎和朝鲜内阁副总理卢斗哲签署了《中朝政府间海上共同开发石油的协定》。这一协定充分体现了中国通过合作方式处理与周边海上邻国之间的海洋问题的诚意。

③中韩第十次海洋法磋商

2005年12月6日，中国与韩国第十次海洋法磋商在韩国首尔举行。双方就海域划界、海洋科研问题和渔业问题等双方共同关心的海洋法问题进行了讨论。中方阐述了按公平原则进行中韩海域划界的立场。双方就中韩第一阶段划界对象水域的范围达成初步共识。

④中日东海划界问题

2005年5月30日，中国与日本东海问题第二轮磋商在北京举行。9月30日至10月1日，中日东海问题第三轮磋商在东京举行。磋商期间，双方还专门就东海海域划界法律问题交换了意见。中方进一步阐述了按照公平原则和自然延伸原则进行中日东海海域划界的主张，指出日方单方面主张的“中间线”不能公平解决东海划界问题。在中日双方就海域划界达成协议之前，任何一方不能将其单方面主张强加于另一方。

⑤中越海上问题专家小组第十轮会谈

2005年6月，中国与越南海上问题专家小组第十轮会谈在北京举行。双方重点就在南海“搁置争议、共同开发”、海上低敏感度领域的合作项目和维护海上局势稳定等问题交换意见。中方积极评价专家小组的作用，认为双方应本着积极务实、真诚合作的精神，进一步加强海上合作，为中越关系的健康稳定发展做出贡献。

⑥印尼南海研讨会

2005年11月23~25日，第15届处理南中国海潜在冲突研讨会在印尼举行。来自东盟九国（缅甸除外）、中国和中国台北的专家学者以个人身份参加了研讨会。与会各方一致认为，研讨会在增进南海地区各国之间的合作与互信，维护南海地区形势的稳定方面发挥了重要作用，为处理其他地区冲突提供了可供借鉴的模式。会议重点讨论了南海数据库、海平面变化两个项目的实施。中国与会人员对研讨会在过去15年中发挥的作用给予了积极评价，支持研讨会继续举办，呼吁其他与会方在资金上给予积极支持，使研讨会的举办及其确定的合作项目的实施得以顺利进行。

## （2）联合国海洋法事务

①《联合国海洋法公约》第15次缔约国会议

2005年6月16～24日，《联合国海洋法公约》第15次缔约国会议在纽约联合国总部举行。中国代表团出席会议。会议改选了国际海洋法法庭七名法官，审议了国际海洋法法庭预算事项，并就缔约国会议的职权进行了讨论。

②联合国海洋事务和海洋法非正式磋商进程第六次会议

2005年6月6～10日，联合国海洋事务和海洋法非正式磋商进程第六次会议在纽约联合国总部举行。会议主要围绕“渔业及其对可持续发展的贡献”和“海洋废弃物”两个议题展开讨论。中国代表团强调在渔业问题上的原则主张（见多边渔业管理部分），提出在“海洋废弃物”方面，当前应在国际层面和国家一级，切实加强各项公约的遵守和执行，对发展中国家在陆源和海上废弃物的管理和回收方面的能力建设给予更多重视。会议经激烈讨论，就向第60届联大提出的“渔业问题”的建议达成协商一致，但未及讨论“海洋废弃物”方面的建议，有关建议草案以主席个人名义提交第60届联大讨论。

③“全球海洋环境报告与评估进程”第二次国际研讨会

2005年6月13～15日，“全球海洋环境报告与评估进程”第二次国际研讨会在纽约联合国总部举行。会议就先期启动“对评估的评估”及其任务界定和组织安排达成共识。中国派出代表团与会，并强调“对评估的评估”以及整个“全球海洋环境报告与评估进程”均由联合国大会决议设立，应由联合国主导，充分听取各会员国的意见；有关工作应尊重《联合国海洋法公约》规定的沿海国对其管辖海域的主权权利和管辖权，充分发挥沿海国在进程中的重要作用。

④第60届联大关于海洋法议题的审议

2005年11月28～29日，第60届联大在非正式磋商的基础上召开全体会议，审议“海洋和海洋法”议题，通过了“海洋和海洋法”以及“通过《执行1982年12月10日〈联合国海洋法公约〉有关养护和管理跨界鱼类种群和高度洄游鱼类种群的规定的协定》和相关文书等途径实现可持续渔业”两个决议。两决议就2006年将举行的国家管辖范围外生物多样性保护问题工作组会议、联合国海洋事务和海洋法非正式磋商进程会议及“全球海洋环境报告与评估进程”先期进行的“对评估的评估”工作、联合国鱼类种群协定审查会议及其筹备会等事项做出决定。中国派人参加了有关决议草案的磋商。

⑤国际海底管理局第11届会议

2005年8月15～26日，国际海底管理局第11届会议在牙买加金斯敦举行。管理局大会审议并通过了管理局秘书长的年度报告，管理局理事会完成了对法律和技术委员会起草的《“区域”内多金属硫化物及富钴结壳探矿和勘探规章（草案）》的一读审议，审议主要围绕勘探区面积、勘探区的连续性、勘探开发和环境保护制度等议题进行。中国代表团发言表示，中国政府高度重视《规章（草案）》的制定工作，认为在人类现有深海知识尚不足的情况下，制定工作应循序渐进；提出了制定《规章（草案）》应遵守的两大原则：国际海底区域及其资源是人类共同继承财产原则和市场经济规律原则。中国代表团还就其他各个议题发表观点并提出建议，对谈判起到了主导性作用。

### （3）多边渔业管理

中国作为一个负责任的渔业大国，积极参与区域渔业组织的活动，为渔业资源的养护和管理做了大量工作，不断为全球渔业可持续发展做出贡献。中国继续派团参加了国际捕鲸委员会第57届年会，印度洋金枪鱼委员会第九届年会，美洲间热带金枪鱼委员会第73次会议，大西洋养护金枪鱼委员会第19次例会，及中西太渔业委员会第二届年会。在国际渔业问题上，中国的总体立场是，多边渔业合作的目标是规范渔业行为，实现渔业的可持续发展，并在此前提下处理好以下几层关系：①渔业生产与渔业资源养护的关系；②渔业资源养护与海洋环境保护的关系；③当代人的需求与子孙后代的需求的关系；④沿海渔业与公海渔业的关系；⑤“先来先得”与确保各国、特别是发展中国家的人民享有渔业资源的关系。

## 10. 中国在国际环境法领域的工作

### （1）《联合国气候变化框架公约》及其《京都议定书》

全球气候变化是国际环发领域的热点和焦点问题。国际社会先后通过了《联合国气候变化框架公约》及其《京都议定书》，为国际合作应对气候变化提供了基本法律框架。《议定书》于1997年12月11日通过，2005年2月16日生效。随着《议定书》生效，气候变化问题进一步升温。2005年八国集团与五个发展中大国领导人对话会和联合国60周年首脑会议等均将气候变化列为重要议题。

2005年11月28日至12月9日在加拿大蒙特利尔举行的《公约》第11次缔约方会议暨《议定书》第一次缔约方会议备受关注，来自各国政府、政府间国际组织、非政府组织和媒体的近9000人参会。加拿大总理在部长级会议上致辞，加环境部长担任会议主席。由国家发展与改革委员会副主任王金祥任团长、外交部条法司副司长苏伟任副团长，外交部、国家发展与改革委员会、科技部、农业部、财政部、国家环保总局、国家林业局、中国气象局组成的中国代表团与会，香港特区政府也首次派人参加中国代表团出席会议。

会议围绕东道国加拿大确定的三大主题展开，即实施、完善和创新。所谓"实施"就是推动公约和议定书的履行，议定书缔约方会议为此通过了实施议定书的技术性文件《马拉喀什协议》(共19项决定)，设立了议定书的遵约机制。"完善"就是要进一步完善实施公约和议定书的有关规定，特别是公约下关于适应气候变化问题的工作计划以及议定书下关于"清洁发展机制"的规定，会议在这些方面取得一定进展。"创新"就是要设计2012年后应对气候变化的机制，这是本次会议的焦点，斗争异常激烈。会议最终决定启动议定书第三条第九款规定的进程，设专门工作组谈判确定发达国家2012年后温室气体减排指标。会议还决定就加强实施公约以应对气候变化的长期合作开展非正式对话。

会议期间，中方代表团积极同各方接触，宣传中方立场和观点，强调中国政府为应对气候变化做出了极大努力，为实现公约目标做出了重要贡献。中方重申了对加强气候变化国际合作的一贯立场，强调发挥《公约》及《议定书》的指导作用，遵循公约确定的"共同但有区别的责任"原则，呼吁牢固树立在可持续发展框架内应对气候变化的观念，重视科学技术的作用，均衡考虑气候变化的减缓与适应问题，切实加强务实合作。中方还要求发达国家切实履行公约和议定书的义务，实现议定书为其规定的减排指标，在第二承诺期进一步减排，并向发展中国家提供资金和技术支持、帮助发展中国家进行能力建设。

除缔约方会议外，公约附属机构还分别于2005年6月和12月在德国波恩和加拿大蒙特利尔举行了第22次和第23次会议。

此外，中国还与美国、日本、澳大利亚、印度、韩国于7月28日在老挝万象共同发表了《亚太清洁发展与气候变化新伙伴计划意向声明》，六方多次举行高官会，就伙伴计划的章程、工作计划、优先领域交换意

见。伙伴计划部长级启动会议于2006年1月举行。该伙伴计划强调可持续发展和国际技术合作在应对气候变化中的作用，旨在通过加强气候变化技术研发、转让和推广方面的务实合作，开创一条既能有效应对气候变化，又能促进经济增长的应对气候变化的新途径。该伙伴计划不具有法律拘束力，是对《京都议定书》的补充，而非取代，其努力符合《联合国气候变化框架公约》的目标，是探索灵活务实的应对气候变化办法的有益尝试。

2005年9月，中国与欧盟谈定并共同发表了《中欧气候变化联合宣言》，建立了中欧气候变化合作关系。在该伙伴关系框架下，双方将定期进行政策对话与交流，并将在气候变化领域开展灵活务实的合作，特别是技术合作。

中国还积极参与了"碳收集领导人论坛"、"氢能经济国际伙伴计划"以及"气候变化政府间专门委员会"的有关工作，并与日本、印度、加拿大等国开展了双边气候变化磋商。

### （2）《联合国防治荒漠化公约》

《联合国防治荒漠化公约》是联合国环境与发展大会框架下的三大环境公约之一。履约资金匮乏、资金运作机制不畅，一直是困扰《公约》发展的难题。

2005年5月2～11日，《公约》履约审查委员会第三次会议在德国波恩举行，审查了非洲国家的履约情况。

2005年10月17～28日，《公约》第七次缔约方大会在肯尼亚首都内罗毕召开。期间还召开了高级别会议、履约审查委员会第四次会议、科技委员会第七次会议和议员圆桌会议。由国家林业局副局长李育才任团长，外交部、国家林业局、国家环保总局组成的中国代表团出席了会议。

大会审议了预算、联合国联合评估机构对秘书处工作的评估报告、全球环境基金与公约的谅解备忘录、2006国际荒漠和荒漠化年等议题，共通过33项决议。与会部长级官员通过了《关于履行联合国防治荒漠化公约的内罗毕宣言》，呼吁所有缔约方继续履行公约义务，努力实现公约目标。议员圆桌会议通过了《议员宣言》，承诺致力于加强各国履约政治意愿，并根据"未来两年议会工作计划"，采取促进履约的具体行动。

李育才副局长在高级别会议上介绍了中国荒漠化监测的最新成果及面临的困难和挑战。中国主要依靠自身力量在履行公约方面取得了斐然成绩，受到广泛赞誉。中国代表团在会议中努力推进《公约》的切实履行，维护发展中国家整体利益，得到发展中国家的普遍响应和肯定。

### (3) 生物多样性保护

①"遗传资源获取和惠益分享"国际体制谈判

近年来,《生物多样性公约》领域的主要热点是建立"遗传资源获取和惠益分享"(ABS)国际体制的谈判。2005 年 2 月 13～19 日在泰国曼谷召开了 ABS 特设工作组第三次会议,正式启动了该谈判。发展中国家,特别是哥伦比亚、巴西等拉美国家及非洲国家是谈判的积极推动力量;而发达国家态度消极。在谈判中巴西、哥伦比亚、玻利维亚、哥斯达黎加、厄瓜多尔、马来西亚、印度、印尼等十几个生物多样性丰富的发展中国家组成了"观点相近生物多样性大国集团"。中国是集团的成员,参与了集团的主要活动,与集团中其他国家充分交换了意见。由于谈判涉及领域十分广泛,技术难度很大,发展中国家的谈判能力不足,加之发达国家缺乏政治意愿,谈判进展缓慢。

②《生物安全议定书》

中国国务院于 2005 年 4 月核准了《卡塔赫纳生物安全议定书》,该《议定书》已于 2005 年 9 月 6 日起对中国生效。目前,《议定书》暂不适用于香港和澳门两特别行政区。

2005 年 5 月 30 日至 6 月 3 日在加拿大蒙特利尔召开了《卡塔赫纳生物安全议定书》第二次缔约方会议。会议最重要的议题是完成落实《议定书》第十八条第二款的谈判,即制定"改性活生物体"、"处理、运输、包装和标识"的具体规则。《议定书》规定:应在《议定书》生效后二年内完成有关规则的制定,本次会议即为最后期限。但由于有关规则既涉及生物安全问题,又与农产品国际贸易直接相关,因此在转基因农产品出口国和进口国、发达国家和发展中国家、有潜力发展转基因农作物的国家和无力发展转基因农作物的国家之间矛盾错综复杂,观点尖锐对立,本次会议未能达成协议,将留待第三次缔约方会议讨论。该问题如不解决,议定书难以得到实质性履行。

### (4) 化学品及危险废物管理

①《关于消耗臭氧层物质的蒙特利尔议定书》

《关于消耗臭氧层物质(ODS)的蒙特利尔议定书》第 17 次缔约方会议于 2005 年 12 月 12～16 日在塞内加尔举行。100 多个缔约方参加会议。由国家环保总局、外交部、国家发展与改革委员会、农业部、财政部、国家烟草局和国家粮食局组成的中国代表团出席会议。

会议主要讨论了多边基金的增资和打击ODS非法贸易等问题。关于多边基金2006~2008年的增资问题，议定书技术和经济评估小组提出的增资数额为4.39亿美元。中国和77国集团认为发展中国家履约的监管任务繁重，应增加增资数额；发达国家则认为该数额已足够。经激烈谈判，最后将增资数额确定为4.7亿美元。在打击ODS非法贸易问题上，会议决定开展关于建立追踪ODS转移情况国际系统的可行性研究。

②《关于持久性有机污染物的斯德哥尔摩公约》

《关于持久性有机污染物（POPs）的斯德哥尔摩公约》第一次缔约方会议于2005年5月2~6日在乌拉圭举行。132个缔约方参加会议。由国家环保总局、外交部、国家发展改革委、财政部、农业部、卫生部和香港特区政府环保署组成的中国代表团出席会议。

会议中，为使全球环境基金第四期增资能为发展中国家履约提供足够资金，中国代表团联合77国集团，要求评估发展中国家在公约生效前五年履约所需资金，遭到发达国家强烈反对，会议因此数次休会。在发展中国家的坚持下，发达国家最终同意启动所需资金评估方法的研究。会议还决定将公约秘书处设在日内瓦。

中国代表团以积极、建设性态度参加了会议，在资金援助、POPs审查委员会及其使用语言问题上发挥了重要和关键作用，维护了发展中国家的整体利益。

③《关于在国际贸易中对某些危险化学品和农药采用事先知情同意程序的鹿特丹公约》

《关于在国际贸易中对某些危险化学品和农药采用事先知情同意程序的鹿特丹公约》遵约机制特设工作组会议和第二次缔约方会议于2005年9月26~30日在意大利罗马举行。86个缔约方、46个非缔约方出席了会议。由国家环保总局、外交部、农业部和香港特区政府渔农自然护理署组成的中国代表团参加了会议。

会议主要讨论了遵约机制问题、建立资金机制问题和技术援助问题。中国代表团强调遵约机制应重在促进、便利和帮助缔约方遵守和履行公约，而不是惩罚或制裁；应扩大技术援助的范围，深化技术援助的内容，将技术援助向履约的主体国家一级推进。中国立场得到广大发展中国家支持，关于技术援助的建议反映在会议通过的决议和工作计划中。

# 11. 其他条约法律工作

## (1) 国际海事组织有关公约

①2005 年 10 月 10～14 日，国际海事组织在伦敦召开外交大会，审议并通过了修订《制止危及海上航行安全非法行为公约》和《制止危及大陆架固定平台安全非法行为议定书》（简称“SUA 公约及其议定书”）的 2005 年议定书。包括 SUA 公约 72 个缔约国在内的 97 个国家派代表出席会议，13 个国际组织列席会议。经修订的 SUA 公约及其议定书中增加了反恐、防扩散和公海登临检查的内容，为国际海上反恐和防扩散提供了重要法律依据。中国政府派由交通部、外交部、最高人民法院和中国驻英国大使馆组成的代表团出席会议。本着与国际社会共同努力维护海上航行安全的愿望，中国代表团积极与其他代表团协调立场，在谈判中发挥了建设性作用。

②2005 年 10 月 17～19 日，国际海事组织在伦敦召开建立船舶远程跟踪识别系统（LRIT）工作组会，主要议题是起草有关 LRIT 的《海上人命安全公约》修正案案文，提交国际海事组织有关会议讨论通过。36 个国家的代表出席会议。中国政府派由交通部、外交部和中国驻英国大使馆组成的代表团出席会议。会议主要讨论了沿岸国、港口国和船旗国获取 LRIT 信息的距离、权利和限制条件，以及 LRIT 适用的船舶范围。

## (2)《大湄公河次区域跨境运输协定》附件和议定书

2005 年，《大湄公河次区域跨境运输协定》（以下简称《协定》）附件和议定书第三阶段谈判分别在河内、昆明、仰光和万象举行。中国、泰国、越南、老挝、柬埔寨、缅甸派代表团参加谈判。2005 年 11 月 3 日，上述六国代表团在万象就《协定》遗留的附件和议定书草案达成一致。这标志着实施《协定》所需的法律文件全部完成起草，大湄公河次区域六国朝着向 2006 年实施《协定》的目标前进了一大步。《协定》的实施将便利大湄公河次区域国家间的跨境运输，促进次区域的经贸和人员往来，深化和丰富次区域经济合作。

中国政府派由交通部、外交部、海关总署、国家质检总局等部门组成的代表团积极参加谈判。中国代表团本着增进互信、普遍受益、协商解决分歧的原则，提出了大量建设性建议，对谈判做出了积极贡献，展示了中国注重平等协商、积极推动和参与区域合作的形象。

### （3）国际刑事法院

国际刑事法院设于荷兰海牙，根据《国际刑事法院罗马规约》（以下简称“规约”）设立，对犯有灭绝种族罪、战争罪、反人类罪和侵略罪的个人追究刑事责任。规约于2002年7月1日生效，截至2005年底，缔约国数已达到100个。2003年举行的第一届缔约国大会选举产生了首任国际刑事法院法官、检察官。2004年10月，国际刑事法院通过与联合国缔结关系协定获得了在联合国大会的观察员地位。中国以观察员国身份参加了2005年11月28日至12月3日在荷兰海牙举行的第四届规约缔约国大会。

目前，已有三个缔约国（刚果民主共和国、乌干达和中非共和国）主动向法院提交案件，一个非缔约国（科特迪瓦）自愿就其境内有关情势接受法院管辖，安理会于2005年3月就苏丹达尔富尔情势通过第1593号决议首次向法院提交案件。检察官除正对刚果民主共和国、乌干达和苏丹达尔富尔情势进行调查外，还密切跟踪包括中非共和国和科特迪瓦在内的八个情势。法院于2005年2月17日就刚果民主共和国情势作出了首个司法决定，并于2005年7月8日就乌干达情势发出了法院首份逮捕令，预期2006年抓捕嫌犯并开始法院的第一项审判。

侵略罪特别工作组在第四届缔约国大会期间继续开会，主要审议了2005年6月在美国普林斯顿大学召开非正式届间会讨论侵略罪情况的报告，决定在2009年规约审查大会召开之前至少12个月完成其工作，并为此成立了“虚拟工作组”，以使各国能在届会或届间会之外以电子邮件方式就侵略罪问题交换意见。缔约国大会还根据工作组的建议，决定在2006~2008年的届会上分配给工作组至少10天的会议，以便其及时完成工作。

中国虽尚未参加规约，但一贯支持建立一个独立、公正、有效和具有普遍性的国际刑事法院，以惩治最严重的国际罪行。中国以建设性的态度参与了建立国际刑事法院的各项工作，希望国际刑事法院能以其有效、公正的运作获得普遍支持。关于侵略罪问题，中国政府主张：该问题的最终解决方案应符合《联合国宪章》。

### (4)《保护和促进文化表现形式多样性公约》

2005年10月20日，联合国教科文组织第33届大会以压倒性多数票通过了《保护和促进文化表现形式多样性公约》(以下简称《公约》)。《公约》在规定保护文化多样性具体措施的同时，原则规定不得援引《公约》侵犯人权和基本自由，并要求各国努力以适当方式促进向世界其他文化开放。《公约》为各国在文化多样性保护方面开展合作提供了必要的法律框架。

中国政府高度重视保护文化多样性的国际合作，积极参与了《公约》谈判，并在教科文组织第33届大会上投票支持通过《公约》。

### (5)《烟草控制框架公约》

中国政府高度重视烟草控制工作。2005年8月28日，第十届全国人民代表大会常务委员会第17次会议决定批准世界卫生组织《烟草控制框架公约》(以下简称《公约》)，同时声明在中华人民共和国领域内禁止使用自动售烟机。中国批准《公约》有利于进一步提高全社会对吸烟危害的认识，有利于提高全民健康素质，促进经济社会协调发展和全面进步。中国将按照《公约》规定，加强与世界各国及相关国际组织的合作，进一步做好国内的控烟工作。

### (6) 极地事务

2005年6月3~17日，第28届南极条约协商国会议在瑞典首都斯德哥尔摩召开，包括中国在内的28个协商国出席会议。会议通过了《保护环境的南极条约议定书》附件六，即“关于环境突发事件的责任”附件，确定了在南极活动的船舶、陆上设施等由于突发事件造成环境影响的赔偿责任。会议还决定在通过附件的五年内，讨论未来谈判制定全面责任体系的时间表。此外，南极旅游和生物勘探等也是会议讨论的主要问题。

中国政府重视南极的环境保护问题，坚持在科学考察活动的同时保护好南极生态环境，支持南极作为自然保护区，仅用于和平和科学的目的。中国代表团对“关于环境突发事件的责任”附件的通过发挥了建设性作用。

## (7) 亚非法律协商组织

亚非法律协商组织（以下简称“亚非法协”）第44届年会于2005年6月27日至7月1日在肯尼亚首都内罗毕举行。33个成员国的代表以及4个非成员国和10个国际组织作为观察员参加了会议。肯尼亚总统齐贝吉出席了开幕式并致辞。会议分别选举肯尼亚总检察长和马来西亚总检察长为本届年会的正副主席。中国外交部条约法律司司长刘振民率中国代表团参加了本届年会。

本届年会主要审议了国际法委员会第56届会议报告、国际恐怖主义、国家及其财产管辖豁免、国际刑事法院、合作打击贩卖妇女儿童、《联合国反腐败公约》、民俗的表现形式及其国际保护以及世界贸易组织（WTO）作为世界贸易的框架协议和行为准则等议题，并就“环境法和可持续发展”问题召开了为期一天的特别会议。年会就各项议题取得广泛共识，通过24项决议。

本届年会正值第一次亚非会议（即万隆会议）召开50周年和联合国成立60周年。各国普遍强调发扬万隆精神，呼吁加强亚非国家的团结与协作，应对共同挑战，并肯定亚非法协在巩固和发展亚非国家在国际法领域的合作、增强其在国际事务中的地位等方面发挥的重要作用。中国代表团积极参加了年会的各项活动，就所有重要议题阐明了中国政府的立场和观点。在一般性发言中，中国代表团高度评价万隆精神和亚非法协的工作，呼吁联合国改革应有利于推动多边主义和维护国际法的权威，增进会员国的团结和加大在发展领域的投入。重申中国政府将一如既往，继续为加强亚非法协的作用和扩大亚非法协在国际事务中的影响做出积极贡献。

# 第六章

# 中国外交中的新闻工作

## 1. 概 述

2005 年，中国外交工作务实活跃，国际媒体和国内外公众对中国外交关注日益上升。对外新闻工作紧密配合内政外交大局，积极主动开展工作，努力营造客观友善的舆论环境。

——及时准确全面阐述中国政府的外交政策及对国际和地区问题的看法和主张。

——加强针对性和主动性，扩大交流与合作，为中外媒体采访报道提供便利和服务。

——积极探索公众外交新思路，实现“公众开放日”活动机制化，巩固和扩大“嘉宾访谈”品牌优势。

——更新外交部网站体系和加强网上信息发布，向世界全面介绍中国。2005 年底，已建成外交部及驻外使领馆网站 130 个。外交部网站再次荣获年度“中国优秀政府门户网站”称号。

## 2. 阐述外交政策

### (1) 例行记者会

2005年，外交部发言人共举行84场例行记者会，就中外媒体关注的问题发布消息并回答记者提问。全年主动发布消息345条，比2004年增长25%，回答提问4410个，比2004年增长23%。主要内容涉及中国对外关系、中国领导人出访和外国领导人访华、国际政治与经济秩序、联合国改革、中日关系、朝鲜半岛核问题、伊朗核问题、能源、反恐、防扩散、印度洋地震海啸、美国飓风、南亚地震救灾行动以及松花江水污染、禽流感疫情等重大突发性环境、卫生事件。发言人还就中国公民在吉尔吉斯斯坦骚乱中遇难，在约旦、印尼海域、伊拉克遇袭或遭挟持，在马来西亚受辱等重大突发事件主动发布信息，介绍有关情况。

提高对外表态时效性，及时将记者会记录和中方重要表态上网发布，通过值班电话随时提供信息。

### (2) 高级代表团出访情况介绍会

2005年，外交部领导、发言人以及有关司负责人就中国国家领导人出访和出席国际会议，多次向中外媒体介绍情况。主要包括：

4月20~28日，国家主席胡锦涛访问文莱、印度尼西亚和菲律宾并出席2005年亚非峰会和万隆会议50周年纪念活动。4月18日，外交部副部长武大伟向中外记者介绍情况。访问期间，外交部新闻司司长、代表团发言人孔泉四次为中外记者介绍情况。4月28日，外交部长李肇星向随访中国媒体介绍访问成果。

5月8~9日，胡锦涛主席出席俄罗斯纪念卫国战争胜利60周年庆典。4月30日，外交部长助理李辉向中外媒体介绍情况。

6月30日至7月7日，胡锦涛主席访问俄罗斯、哈萨克斯坦并出席上海合作组织阿斯塔纳峰会和八国集团与中国、印度、巴西、南非、墨西哥五国领导人对话会。6月28日，外交部部长助理李辉向中外记者介绍情况。访问期间，外交部新闻司司长、代表团发言人孔泉四次为中外记者介绍情况。7月7日，外交部长李肇星向随访中国记者介绍访问成果。

9月8～17日，胡锦涛主席访问加拿大、墨西哥并出席联合国成立60周年首脑会。8月30日，外交部美大司司长何亚非、国际司司长刘结一、拉美司副司长曾钢向中外媒体介绍情况。访问期间，外交部新闻司司长、代表团发言人孔泉三次为中国记者介绍情况。9月17日，外交部长李肇星向随访中国记者介绍访问成果。

11月8～19日，胡锦涛主席访问英国、德国、西班牙、韩国并出席第13次亚太经济合作组织领导人非正式会议。11月3日、4日，外交部长李肇星、副部长张业遂分别向中外媒体介绍情况。访问期间，外交部新闻司司长、代表团发言人孔泉四次为中外记者介绍情况。11月19日，外交部长李肇星向中国媒体介绍访问成果。

1月6日，国务院总理温家宝出席在印度尼西亚雅加达召开的东盟地震和海啸灾后问题领导人特别会议。期间，外交部新闻司副司长、代表团发言人刘建超向中外记者介绍情况。

4月5～12日，温家宝总理访问巴基斯坦、孟加拉国、斯里兰卡、印度并出席亚洲合作对话第四次外长会开幕式。4月1日，外交部副部长武大伟向中外媒体介绍情况。访问期间，外交部新闻司司长、代表团发言人孔泉四次为中外记者介绍情况。4月12日，外交部长李肇星向中国媒体介绍访问成果。

10月26日，温家宝总理出席上海合作组织领导人会议。期间，外交部新闻司副司长、代表团发言人刘建超两次向中外记者介绍情况。

12月4～15日，温家宝总理访问法国、斯洛伐克、捷克、葡萄牙、马来西亚并出席在吉隆坡举行的第九次中国—东盟（10+1）领导人会议、第九次东盟与中日韩（10+3）领导人会议和首届东亚峰会。11月30日，外交部欧洲司司长赵军、亚洲司司长崔天凯向中外记者介绍情况。访问期间，外交部新闻司副司长、代表团发言人刘建超五次为中外记者介绍情况。12月15日，外交部长李肇星向中国媒体介绍访问成果。

### （3）其他专题介绍会

2005年，外交部新闻司为中外记者举行14场背景情况介绍会，参加者近700人。邀请有关部委负责人就国内问题介绍情况2场，邀请外交部领导和有关司负责人就外交问题向中外记者介绍情况12场。主要有：

4月15日，国台办副主任王在希在国民党主席连战访问大陆前夕为外国记者介绍两岸关系情况及大陆对台政策。

4月18日，中东问题特使王世杰向中外记者介绍出访以色列、巴勒

斯坦和埃及情况并阐述了中国在中东问题上原则立场。

5月10日，外交部欧洲司副司长马克卿介绍欧盟“三驾马车”外长访华背景情况。

6月6日，中国核工业集团公司总经理康日新向中外记者介绍中国核工业发展、和平利用核能及国际合作情况。

6月28日，外交部部长助理沈国放介绍大湄公河次区域经济合作第二次领导人会议背景情况、会议议题、议程及会议成果展望。

9月23日，外交部亚洲司司长崔天凯向外国记者介绍第四轮六方会谈成果及背景情况。

9月28日，中东问题特使王世杰介绍出访巴勒斯坦、以色列、约旦、埃及和摩洛哥情况并阐述了中国在中东问题上的原则立场。

此外，在六方会谈期间，外交部发言人还先后六次向中外媒体介绍情况。

7月26日、28日和8月4日，外交部新闻司副司长、六方会谈中方代表团发言人秦刚三次向中外记者介绍第四轮六方会谈第一阶段会议情况。

9月13日、15日，外交部新闻司副司长、六方会谈中方代表团发言人刘建超两次向中外记者介绍第四轮六方会谈第二阶段会议情况。

11月9日，外交部新闻司副司长、六方会谈中方代表团发言人秦刚向中外记者介绍第五轮六方会谈情况。

## 3. 外国记者工作

### （1）外国常驻记者概况

截至2005年12月底，共有46个国家的290家（比2004年增加27家）新闻机构向中国派出常驻记者515名（比2004年增加66人）。其中，驻北京机构254家，记者406人；驻上海机构88家，记者100人；驻广州机构5家，记者5人；驻重庆机构5家，记者4人。2005年底，同意外国新闻机构在辽宁省沈阳市设立分社并派常驻记者，2006年开始受理有关申请。

## (2) 外国记者赴各地采访情况

2005 年，外交部新闻司共组织外国记者赴西藏、新疆、云南、青海和内蒙古等地采访 22 次，参加活动记者近 1200 人。主要有：

1 月 5 日，赴黑龙江省哈尔滨市采访冰雪节。

3 月 30～31 日，赴天津市采访建立及健全社会保障体系、下岗人员再就业培训和维护外来务工人员权益等情况。

4 月 25～28 日，赴江苏省就当地民营经济发展情况进行专题采访。

5 月 23～28 日，赴陕西省采访黄土高原水土保持、世行贷款项目、长庆石油天然气净化厂、神东公司大柳塔煤矿等，并拍摄陕西省最新考古发现，了解红色旅游及环境保护等情况。

6 月 7～10 日，赴浙江省宁波和秦山核电站采访地方经济社会发展情况，了解中国和平利用核能政策。

7 月 5 日，组织外国记者于大湄公河次区域经济合作（GMS）第二次领导人会议后赴云南西双版纳，采访澜沧江—湄公河边境口岸等，了解中国参与 GMS 合作情况和云南省经社发展状况。

7 月 11～14 日，赴内蒙古自治区采访包头钢铁集团公司、北方重型汽车公司、蒙牛乳业集团和内蒙古大学等项目，并赴锡林郭勒盟正蓝旗治沙点了解治沙还树还草情况。

8 月 2～8 日，赴西藏自治区拉萨、日喀则等地采访，了解西藏经济和社会发展情况及民族、宗教政策。

9 月 12～16 日，赴青海省西宁、格尔木采访，了解当地经济建设情况。

10 月 12～18 日，赴新疆自治区采访独山子石化公司、伊斯兰经学院、昌吉州回民中学、新疆生产建设兵团现代化农业及农工家庭、霍尔果斯口岸等，了解新疆能源状况、新能源开发等情况。

12 月 16～19 日，组织驻京记者和俄罗斯远东记者赴黑龙江省采访中国治理松花江水污染情况。

此外，2005 年 1 月，外交部新闻司先后 5 次组织外国记者采访中国参与印度洋地震海啸救援情况；9 月初，先后 6 次组织近 200 名记者采访中国纪念抗日战争暨世界反法西斯战争胜利 60 周年有关活动；先后组织外国记者采访 2005 年台商春节包机首航仪式，中国国民党主席连战、亲民党主席宋楚瑜、新党代表团访问大陆，纪念台湾光复 60 周年等一系列重要活动。

### (3) 安排外国记者采访国家领导人

2005年，外交部新闻司负责落实国家领导人会见外国记者和接受外国媒体采访活动9次；协助安排国家领导人与外国领导人共同会见记者活动15次。其中包括：

6月21日，胡锦涛主席接受俄罗斯俄通—塔斯社和第一电视台联合采访，就中俄关系、举办“国家年”活动及北京2008年奥运会等回答提问。

7月1日，胡锦涛主席访问俄罗斯期间与普京总统共同会见记者，高度评价中俄战略协作伙伴关系取得的积极进展和重要成果。

7月2日，胡锦涛主席接受哈萨克斯坦通讯社书面采访，就中哈政治关系、双边经贸合作、上海合作组织发展等回答提问。

7月4日，胡锦涛主席访问哈萨克斯坦期间与纳扎尔巴耶夫总统共同会见记者，介绍中哈关系和访问达成的重要共识。

9月9日，胡锦涛主席访问加拿大期间与马丁总理共同会见记者，重申中方致力于发展中加友好合作关系，推动双边各领域合作，并就中加关系、人权等问题回答提问。

9月12日，胡锦涛主席访问墨西哥期间与福克斯总统共同会见记者，强调中墨长期友好合作符合两国和两国人民的根本利益，访问将进一步深化中墨战略伙伴关系。

9月13日，胡锦涛主席在出席联合国成立60周年首脑会议期间，与美国总统布什会谈后共同会见记者，强调中美应增进互信，加强合作，共同致力于发展中美建设性合作关系，促进世界的和平、稳定和发展。

10月，胡锦涛主席在访问英国前，为英阿高拉（AGORA）公司中国特刊题词，积极评价中英关系，表示中方将与英方共同努力推动中英全面战略伙伴关系发展。

11月10日，胡锦涛主席在访问德国期间与克勒总统共同会见记者，高度评价中德关系，表示中方将致力于不断发展中德友好合作关系。

11月16日，胡锦涛主席在访问韩国期间与卢武铉总统共同会见记者，表示中方将与韩方共同努力，推动两国全面合作伙伴关系发展，促进本地区和平与发展，并就双边关系等回答记者提问。

11月20日，胡锦涛主席与来华访问的美国总统布什在人民大会堂共同会见记者，表示中美关系持续健康稳定发展是时代的要求，也是两国人民的共同愿望，双方应增进了解、扩大共识、加深互信，全面推进21世纪中美建设性合作关系。

4月，温家宝总理接受印度报业托拉斯和巴基斯坦联合通讯社驻京记者采访，就中印、中巴关系，中国在南亚地区的作用，中国对国际政治形势的看法等回答提问，并为孟加拉国和斯里兰卡报纸致辞。

4 月 12 日，温家宝总理访问印度期间会见印主要媒体负责人和外国驻印记者，介绍访印情况，并就中印关系、南亚地区合作、大国关系、中日关系、中国经济发展等回答提问。

4 月 21 日，温家宝总理与来华访问的法国总理拉法兰在人民大会堂共同会见记者，就中法关系、中欧关系、中欧经贸合作等回答提问。

9 月 6 日，温家宝总理与来京参加第八次中欧领导人会晤的欧盟轮值主席国英国首相布莱尔、欧盟委员会主席巴罗佐在人民大会堂共同会见记者，就中欧关系、欧盟解除对华军售禁令、中国政治体制改革等回答提问。

11 月 3 日，温家宝总理与来华访问的俄罗斯总理弗拉德科夫共同会见记者，就《<中俄睦邻友好合作条约>实施纲要》落实情况、中俄能源合作和中方如何扩大进口俄机电产品等回答提问。

12 月 1 日，温家宝总理接受法国《费加罗报》采访，就中欧关系、中法合作、中国政治体制改革、安全生产、消除地区和城乡差距、中日关系等回答提问。

12 月 2 日，温家宝总理接受捷克《权利报》《今日青年阵线报》联合采访，就中捷关系、经贸合作、中国改革开放经验、人权问题、北京奥运会等回答提问。

12 月 5 日，温家宝总理在访问法国期间与德维尔潘总理共同会见记者，表示双方将共同努力，进一步深化两国全面战略伙伴关系，将双边关系提高到更高水平。

12 月 7 日，温家宝总理在访问斯洛伐克期间与祖林达总理共同会见记者，表示两国同意增进相互了解，扩大互利合作，推动双边关系取得新的进展。

12 月 8 日，温家宝总理在访问捷克期间与帕劳贝克总理共同会见记者，表示双方同意深化各级别的对话与接触，在中欧全面战略伙伴关系框架内和 1999 年两国政府联合公报的基础上发展两国关系。

12 月 9 日，温家宝总理在访问葡萄牙期间与苏格拉底总理共同会见记者，表示中葡建立全面战略伙伴关系是两国面向未来做出的具有战略意义的重要决定，中方愿与葡方一道为发展中葡关系做出不懈努力。

11 月 10 日，全国人大常委会副委员长成思危会见多米尼加新闻团，就中多关系回答记者提问。

4 月 12 日，唐家璇国务委员会见日本共同社社长山内丰彦，就中日关系、日本“争常”及中国民众涉日游行等问题介绍中国立场主张。

### （4）安排外国记者采访外交部领导

2005年，外交部新闻司负责安排外交部领导接受外国媒体采访47次。主要包括：

1月21日，李肇星部长与来华访问的英国外交大臣斯特劳在钓鱼台国宾馆共同会见记者，就中英关系等回答提问。

1月，李肇星部长接受沙特阿拉伯《利雅得报》主编顾问采访，就中阿关系、国际和地区问题阐述了中方立场。

2月25日，李肇星部长在哈萨克斯坦出席上海合作组织外长会议期间同与会其他国家外长共同会见记者，强调成员国进一步加强信任，扩大包括在安全领域的政治协作，发展经贸和投资合作，促进文化、人文交流。

3月28日，李肇星部长与来华访问的挪威外长共同会见记者，就中挪双边关系等回答提问。

5月12日，李肇星部长会见卡塔尔半岛电视台台长汉法尔，积极评价中阿、中卡关系，肯定半岛台为增进阿拉伯人民对中国的了解、促进中阿友好发挥了积极作用。

6月2日，李肇星部长在俄罗斯远东城市符拉迪沃斯托克出席第四次中俄印非正式会晤期间与俄外长拉夫罗夫和印度外长辛格共同会见记者，表示中俄印三国互为战略伙伴关系，加强三方合作符合三国利益；这种合作寻求互利共赢，不针对任何第三方，有利于亚洲和世界的和平、稳定与共同发展。

8月17日，李肇星部长访问爱沙尼亚期间，与帕依特外长共同会见记者，积极评价中爱关系并回答提问。

8月18日，李肇星部长访问立陶宛期间，与奥尼斯外长共同会见记者，积极评价中立关系，并就中立经贸、旅游合作等回答提问。

8月19日，李肇星部长在访问拉脱维亚期间，与帕布利克斯外长共同会见记者，积极评价中拉关系，并就中欧关系、港口合作等回答提问。

8月20～21日，李肇星部长访问塞尔维亚和黑山期间，先后与塞黑外长德拉什科维奇、塞尔维亚共和国总统拉迪奇、黑山共和国总统武亚诺维奇、塞黑总统马罗维奇共同会见记者，积极评价中国与塞黑传统友好关系，并就中塞（黑）关系、科索沃问题等回答提问。

8月22日，李肇星部长访问马其顿期间，与米特雷娃外长共同会见记者，积极评价中马双边合作关系，并就中马关系、联合国改革等回答提问。

8月23日，李肇星部长访问塞浦路斯期间，与亚科武外长共同会见记者，积极评价中塞互利合作关系，并就中塞关系、北塞浦路斯问题等回答了提问。

9 月 2 日，李肇星部长接受德国《经济周刊》主编巴龙书面采访，就中德关系、知识产权保护、西藏问题等回答提问。

9 月 25 日，李肇星部长接受澳大利亚《金融评论报》采访，就中澳关系、中日关系、台湾问题等回答提问。

10 月，李肇星部长接受埃及《十月》杂志和《金字塔报》采访，就中阿合作论坛、中埃、中美关系、联合国改革等阐述了中方立场。

10 月 19 日，戴秉国副部长会见澳大利亚《悉尼先驱晨报》专栏作家保罗·希安，介绍中澳关系、中国经济发展等情况。

8 月 25 日，杨洁篪副部长就中美关系向美国八家主流媒体驻京负责人介绍情况。

9 月，杨洁篪副部长接受澳大利亚驻京记者采访，就中澳关系、中澳自贸协定以及中国对澳参加东亚峰会、联合国安理会改革等阐述了看法。

10 月 17 日，杨洁篪副部长会见美国《纽约时报》总编凯勒，就中美关系、中日关系等回答提问。

10 月 24 日，杨洁篪副部长会见美国《纽约时报》专栏作家弗里德曼，就中美关系、中日关系等回答提问。

6 月 2 日，外交部领导成员乔宗淮会见非洲五国新闻团，阐述了中国一贯重视中非传统友好关系、新形势下加强中非合作的立场主张，并就中非关系、联合国改革等回答提问。

3 月 3 日，张业遂副部长就中欧建交 30 周年接受爱尔兰 ESRAS 摄制组采访，介绍中欧关系等情况。

5 月 17 日，张业遂副部长会见英国《金融时报》全球总编高尔斯，介绍中欧关系、中英关系等情况。

1 月 19 日，周文重副部长接受加拿大广播公司记者采访，就中加和中美关系、中国在亚太地区作用等回答提问。

3 月 1 日，武大伟副部长分别与日本驻京记者和韩国驻京记者座谈，就中日、中韩、中美关系及朝鲜半岛核问题等交换看法并回答提问。

7 月 10 日，武大伟副部长会见日本读卖新闻社访华团，就中国发展、中日关系等介绍情况并就朝鲜半岛核问题、联合国改革等回答提问。

8 月 12 日，武大伟副部长会见日本朝日电视台著名节目主持人田原总一郎，阐述中国对改善和发展中日关系的原则立场并介绍朝核问题第四轮六方会谈情况。

10 月 12 日，武大伟副部长会见东盟国家联合新闻团，介绍中国落实科学发展观、构建和谐社会，坚持走和平发展道路及周边外交政策，并就中国与东盟关系、中国经济发展及 2008 年奥运会等回答提问。

10月14日，武大伟副部长会见日本东京广播公司常务董事石原俊尔，就中日关系、六方会谈等介绍情况。

10月25日，武大伟副部长会见日本评论员团，全面阐述了中国对当前中日关系及有关问题的看法和主张。

11月7日，武大伟副部长会见日本外务省新闻团，就中国发展、中日关系及朝核问题第五轮六方会谈等介绍情况。

## 4. 对外新闻交往

2005年，外交部新闻司先后组织三批中国新闻团出访，接待来自欧美、亚太和非洲的30批78国243名记者访华。

出访新闻团有：

1月19日至2月8日，中国新闻团访问哈萨克斯坦、吉尔吉斯斯坦、乌兹别克斯坦、塔吉克斯坦和土库曼斯坦。

9月18日至10月2日，中国新闻团访问土耳其、伊朗和阿尔及利亚。

11月5~13日，中国新闻团访问巴巴多斯、牙买加、安提瓜和巴布达。

来访记者团有：

1月30日至2月7日，格鲁吉亚记者团访华。

2月2~4日，美国《迈阿密先驱报》记者奥本海默访华。

5月16~17日，英国《金融时报》全球主编团访华。

5月16~23日，韩国前驻京记者团访华。

5月22~26日，克罗地亚《信使报》新闻团访华。

5月24~31日，瑞士记者团访华。

6月6~9日，法国《外交世界》副主编布拉尔访华。

6月6~17日，印度、巴基斯坦、孟加拉国、尼泊尔、斯里兰卡五国联合新闻团访华。

6月19至7月1日，苏丹、也门、阿尔及利亚、毛里塔尼亚、摩洛哥、阿曼和沙特阿拉伯联合新闻团访华。

6月29至7月6日，巴拿马新闻团访华。

7月11~20日，捷克和斯洛伐克记者团访华。

7月13~21日，法国《人道报》国际部副主任巴丽—维达尔访华。

7月13~15日，“香港明天更好基金”组织的外国驻港记者团访问北京。

8月31日至9月9日，斐济、巴布亚新几内亚、密克罗尼西亚联邦、瓦努阿图等南太平洋十国联合新闻团访华。

9月4～13日，南非、埃塞俄比亚、肯尼亚、津巴布韦等非洲英语国家16国联合新闻团访华。

9月12～21日，“香港明天更好基金”组织的美国记者团访华。

9月13～20日，俄罗斯远东记者团访华。

9月19～28日，巴巴多斯、巴哈马、格林纳达、牙买加等加勒比十国联合新闻团访华。

9月25～30日，韩国外交通商部记者团访华。

10月10～19日，新加坡、马来西亚、文莱、印度尼西亚等东盟九国联合新闻团访华。

10月15～19日，美国《纽约时报》总编凯勒访华。

10月16～21日，阿尔巴尼亚新闻团访华。

10月19～28日，美国《纽约时报》专栏作家弗里德曼访华。

10月23～29日，格林纳达记者团访华。

10月24～28日，英国《金融时报》中国专刊组访华。

10月24日至11月2日，罗马尼亚、保加利亚和匈牙利联合记者团访华。

11月1～11日，多米尼加新闻团访华。

11月6～12日，日本外务省新闻团访华。

12月13～21日，哈萨克斯坦、吉尔吉斯斯坦、乌兹别克斯坦、塔吉克斯坦联合记者团访华。

12月16～19日，俄罗斯远东记者团访华。

## 5. 公众外交

### （1）公众外交概况

2005年，国内外公众对中国外交关注程度继续上升，参与热情高涨。外交部继续组织参观外交部活动，全年共接待八批近千名公众来部参观，形式更加多样，主题更加突出，内容更加丰富。成功实现“公众开放日”机制化，使之成为公众了解和支持外交工作的重要窗口和交流平台。紧扣公众关注问题，先后五次邀请外交部部、司和驻外机构主管领导分别就中国参与印度洋海啸救灾的整体情况、外交部公务员考录工作、中国与联合

国合作等内容与公众进行在线交流。全年共处理公众来信和电子邮件6000封，鼓励公众积极参与外交事务，注重汲取公众意见和建议。此外，还通过撰写文章、做报告等形式向公众介绍国际形势、中国外交政策及公众外交工作。增加外交部宣传品种类，增强实用性和服务性，对《外交部》宣传手册进行了改版。

2005年“公众开放日”活动：

4月15日，举行机制化后的首次“公众开放日”。来自全国20个省、市、自治区近30个行业的160名公众走进外交部，就中日关系、外交部如何处理突发事件、如何落实“外交为民”等与李肇星部长交流，新闻司、亚洲司、亚非司等司局负责人介绍了有关情况。

8月14日，配合中非合作论坛高官会，外交部举办“走近非洲”专题开放日活动，重点介绍新世纪中非友好合作关系。来自25个省、市、自治区20多个行业的200余名公众参加了活动。李肇星部长、沈国放部长助理及喀麦隆、科特迪瓦、刚果（布）、莱索托、坦桑尼亚和阿尔及利亚等六位非洲驻华大使就非洲问题、中非关系等与公众交流并合影留念。公众还欣赏了反映非洲风情的“图片和工艺品”展以及非洲歌舞表演等。

2005年公众参观外交部主要活动：

4月29日，中央国家机关工委副书记黄燕明率出席全国劳模和先进工作者表彰大会的80余名代表来外交部参观。李肇星部长会见了代表，并简要介绍了当前国际形势，新闻司司长、外交部发言人孔泉介绍了外交部机关和驻外使馆基本情况和工作特点。

5月14日，五名外交学院校董参观外交部。

7月20日和26日，约400名《中国少年报》小记者分两批参观外交部。

8月10日，河北赵县县委书记罗二虎率领的农民代表团一行10人来部参观。李肇星部长会见该团，介绍中国外交政策、当前国际形势等。代表们参观了部橄榄厅、新闻发布厅和朝核问题六方会谈场所——钓鱼台芳菲苑。

8月11日，中国关心下一代委员会、中国少年报和儿童漫画杂志共同组织的《读童话、写童话、画漫画》大赛获奖儿童及组织者约50人（包括4名新加坡师生）来部参观。来访者参观了新中国外交55周年成就展，在部新闻发布厅等地合影留念。

2005年“嘉宾访谈”情况：

1月21日，邀请外交部副部长武大伟与公众进行网上交流，全面介绍中国参与印度洋地震海啸灾难救援行动的整体情况。

3月8日，邀请驻澳大利亚大使傅莹、驻安提瓜和巴布达大使任小萍、驻文莱大使杨燕怡、驻比利时大使章启月和驻立陶宛大使杨秀萍与公众在线交流，在“三·八”国际妇女节之际畅谈女外交官在国外的工作、生活情况及亲身感受。这是外交部论坛首次实现远程方式访谈、多点多嘉宾同时受访和连续多日在线交流。

3月26日，外交部干部司司长吴恳和新闻司副司长刘建超参加中央人民广播电台《新闻直播间》节目，介绍中国外交工作及外交人员先进事迹，并就国际和地区形势等回答听众提问。

10月17日，邀请外交部干部司司长吴恳就外交部2006年公务员考录工作与公众进行在线交流，介绍2006年外交部招考工作的基本情况。

10月21日，邀请外交部国际司司长刘结一与公众进行在线交流，介绍中国与联合国合作、庆祝联合国成立60周年有关活动等情况。

### （2）外交部及驻外使、领馆网站的维护与管理

2005年，外交部及驻外机构网站体系进一步拓展，已建成外交部及驻外机构网站130个，共使用23种文字，发表各种信息资料逾7亿字，其中新建、改建驻外机构网站达43个。网站群全年访问量7.7亿人次，日均逾231万人次。2005年外交部网站中、外文版面共发布信息65699条，配图34317张，分别较2004年增加88%和113%。围绕中国领导人出访、重大突发事件、国际热点问题新建专题97个，栏目279个。部网站服务功能进一步加强，“领事新闻”内容不断充实、更新，在“出国特别提醒”等栏目及时发布、更新赴140多个国家和城市的有关注意事项及其他信息；创建“外国驻华外交官名册”、“走出国门”等栏目，为中国公民旅游、经商、求学等涉外活动提供权威服务类信息。在部英文网站链接“人文中国”栏目，客观、全面地向世界介绍中国。为一些重要专题独立设计版块，提供回忆录、视频、图片等形式的珍贵史料。

外交部网站（www.mfa.gov.cn）设有外交部、外交动态、新闻服务、国家和地区、国际问题、领事服务、资料等七大栏目和“驻外报道”、“外交掠影”、“特别推荐”等板块，全方位介绍中国外交的历史、现状及外交官的驻外经历等，版面设有中文简体、中文繁体、英文、法文、俄文、西班牙文和阿拉伯文。外交部网站提供强大的中外文搜索引擎和邮件新闻订阅功能。网站管理人员每日还处理大量的电子邮件，为公众释疑解惑。外交部网站是发布中国外交信息的权威网站，先后于2004年和2005年被国家有关部门评为“年度中国优秀政府门户网站”。

各驻外机构利用其网站介绍中国的外交政策、国内各方面发展情况以及与驻在国双边关系发展等情况，努力向当地公众提供个性化服务。

# 第七章

# 中国外交中的领事工作

## 1. 概　述

领事工作是外交工作的重要组成部分。领事工作在服务对外开放和经济建设、维护国家安全和社会稳定、推动中外人员往来和促进中国的和平统一大业等方面发挥着积极、独特的作用。

中国政府重视发展对外领事关系，主张通过平等协商、友好对话妥善处理在领事关系发展中出现的问题，照顾彼此关切，维护各自国家及公民的合法权益，推动与各国在领事事务方面的交往，促进友好合作关系的发展。2005年，中国对外领事关系的特点是交流频繁、互信增加、合作深化、成果丰富。

2005年，中国政府本着互利互惠、合作共赢的原则，以更加开放、务实的态度同有关国家和国际组织保持、发展密切的磋商和对话关系，就双边和多边领事关系中共同关心和亟待解决的问题进行广泛、深入的商谈。全年共派出7个领事代表团，访问了9个国家，接待了7个国家的领事代表团，与17个国家和国际组织举行了领事磋商或领事会谈。

中国政府坚持“以人为本”、“外交为民”的理念，高度重视并全力加强对在海外的国家利益及公民和法人合法权益的保护。2005 年，领事保护预警和处置机制初见成效，应对重大突发事件的能力进一步提升。驻外使领馆及外交部驻香港、澳门特派员公署继续加大工作力度，切实做好在海外的国家利益及公民和法人合法权益的保护工作。一年来，中国政府妥善处理了“俄罗斯执法部门查抄华商案”、“俄伊尔库茨克警方与中国劳务人员冲突事件”、“‘卡特里娜’飓风案”、“巴黎骚乱案”、“约旦首都安曼爆炸案”、“中国女青年在马来西亚受辱案”等重大领事保护案件。

2005 年，中外共达成设立领事机构的协议 28 个；中国驻外领事机构增至 70 个，外国驻内地的领事机构增至 113 个；外国驻香港的领事机构增至 118 个，外国驻澳门的领事机构增至 14 个。

中国政府严格按照《中华人民共和国香港特别行政区基本法》和《中华人民共和国澳门特别行政区基本法》的规定处理领事条约适用港澳、办理涉及在港澳设立领馆、有关签证安排、接受外国驻港澳领馆馆长的任命等领事事务。

为贯彻落实中央政府提出的“引进来，走出去”战略，更好地为因公出国团组人员提供便利，领事证件工作进一步强化服务意识，拓展服务内涵，增加服务手段。截至 2005 年底，外交部及各地方外办共颁发了 48 万本因公护照，为因公出国人员申办签证 724891 人次，办理领事认证 26 万份。

中国政府积极发展与外国的签证合作关系并不断拓宽合作渠道，主张各国应顺应时代要求，实行有利于各国人民正常交往的积极的签证政策，赞同以坦诚、务实、建设性的态度解决国与国之间在人员往来方面出现的问题，避免技术问题政治化，并反对歧视性的签证政策。中方的这一立场为越来越多的国家所理解和接受。

2005 年，中国与 5 个国家就互免签证或简化签证手续达成协议。截至 2005 年底，中国与 58 个国家就互免签证手续达成协议，与 38 个国家就简化签证手续达成协议。经中央政府授权，香港特别行政区与 2 个国家签署了互免签证协定，给予香港特别行政区护照持有者免办签证待遇的国家和地区增至 135 个，给予澳门特别行政区护照持有者免办签证待遇的国家和地区增至 68 个。2005 年，中国驻外使领馆共为外国来华人员办理各类签证 6367811 人次。迄今，中国政府已批准开放 108 个旅游目的地国家和地区，公民因私出国的渠道更加通畅便利。

## 2. 领事磋商

2005年，随着中国进入全面建设小康社会的历史新阶段，中外经贸和人员往来继续保持高速增长，推动中外领事关系持续升温。一年来，中国以积极、灵活、务实的姿态，通过国家和政府领导人会晤、互派领事代表团等多种方式，与有关国家就领事关系中存在的问题进行了多层次、多级别、广泛深入的商谈，取得了不少共识，深化了合作，解决了许多实际问题。有关国家对中方议题的重视程度普遍提高，双方人员往来中存在的问题逐步得到妥善解决，一些影响双边关系发展的消极因素得到有效抑制，有力地配合了外交大局，进一步促进了“走出去”战略的实施。

1月27日，中国与菲律宾第二次领事磋商在马尼拉举行。双方就中国渔民被扣、领事通报、中国公民入境受阻、合作打击跨国犯罪、非法移民、签证、出入境等问题深入交换了意见，并互相交流了领事工作经验，签署了《会谈纪要》。

3月10日，中国与马来西亚首轮领事磋商在吉隆坡举行。双方就商签互免外交、公务护照签证协议、商签领事条约、中国公民入境受阻、领事通报、共同打击非法劳务和色情中介等问题交换了意见，并签署了《会谈纪要》。

4月1日，中国与墨西哥在北京举行移民事务会谈，双方相互介绍了各自国家的移民和领事政策，并就便利人员往来等问题交换了意见。

4月6日，中国与保加利亚在北京举行领事磋商，就解决中国公民赴保签证难等问题进行了探讨。

4月19日，中国与乌克兰在基辅举行第五轮领事磋商，双方就便利人员往来、中国在乌公民人身财产安全及非法移民、乌在台侨民领事保护等问题交换了意见。

4月22日，中国与波兰在华沙举行第六轮领事磋商，探讨解决中国公民申办波兰签证、居留困难等问题。

5月19日，中国与塞尔维亚在贝尔格莱德举行第二轮领事磋商，双方就便利人员往来及中国公民在塞屡被抢劫、敲诈和勒索等问题交换了意见。

6月6日，中国与加拿大在渥太华举行领事磋商，双方就便利人员正常往来、中加领事协定执行与修改、中国驻加领事官员被诉及非法移民等问题交换了看法。

6月13日，中国与美国在华盛顿举行领事磋商，双方就便利人员往来、中方驻美领事机构及官员被诉、中方驻美领事机构的安全、中国在美增设总领馆或领事机构及非法移民问题交换了意见。

6月13日，中国与立陶宛在北京举行领事磋商，就进一步促进两国人员往来进行了探讨。

6月21日，中国与老挝第三次领事磋商在北京举行。双方就加强两国领事合作、领事通报、边境管理等问题充分交换了意见，并达成了许多共识。

6月27日，中国与朝鲜第八次领事磋商在平壤举行。双方就两国共同关心的有关领事问题交换了意见和看法。

7月5~6日，中国与欧盟在北京举行第六轮中欧打击非法移民和贩卖人口活动高级别磋商，双方就《中欧关于便利双方人员往来和合作打击非法移民活动谅解备忘录》（草案）中的有关具体问题交换了意见。

8月15日，中国与越南第六次领事磋商在北京举行。双方就边境地区非法出入境、中越互免签证协定、中国公民在越合法权益保护、北部湾渔业合作协定等问题深入交换了意见，并达成了一些共识。

9月23日，中国与俄罗斯在莫斯科举行第十轮领事磋商，就两国领事关系发展现状及存在的问题深入交换意见。

10月25日，中国与澳大利亚在北京举行移民事务会谈，就合作打击非法移民和便利人员往来等问题深入交换了意见。

11月25日，中国与南非首轮领事磋商在北京举行。双方就过境签证、商签领事条约等问题充分交换了意见，并达成了许多共识。

## 3. 领事保护

随着中国“走出去”战略不断深化，中国企业、公民进一步参与境外经济活动，海外工程承包和劳务输出也日益增长。截至2005年底，中国已成为亚洲第一大客源输出国。近年来，国际安全形势日趋复杂，非传统安全威胁因素增加，中国公民和中资机构在海外遭遇不测的机率大幅上升。领事保护案件呈常态化、群体化趋势，政治性、敏感性增强，工作的繁重性、复杂性突出。

中国政府高度重视海外公民及法人合法权益的保护。中国将国籍作为

实施领事保护的条件，主张各国应根据国际法、双边条约及在有关国家法律许可的范围内保护本国国家和公民的合法权益。强调各国应确保外国公民，包括违反当地法律的外国公民享有上述法律规定应享有的权利，特别是人道主义待遇，而不应因国籍、种族、宗教或其他政治、经济等原因受到歧视或不公正待遇。认为任何国家不应袒护本国公民的违法犯罪行为。同时，赞成未建交国家间在领事保护方面进行合作。

2005 年，中国政府在进一步完善领事保护工作应急处置机制的同时，强化了预防和预警机制，做到“预防和处置并举”。此外，加强外宣工作，采取接受媒体专访或应邀演讲等形式向公众普及领事保护知识；利用外交部网站及时发布领事新闻、出国特别提醒等信息，增强公民在境外的安全防范意识。另一方面，加大领事保护工作基础调研和政策指导力度，积极推动有关政策和文件出台。

2005 年，在中央政府的领导下，外交部和驻外使领馆主要处理了以下重大领事保护案件：

## （1）中国渔船被几内亚海军抓扣案

2005 年 2 月 3 日，中国大连长海渔业公司四艘渔船在几内亚和塞拉利昂交界海域（两国就此海域归属存在争议）作业时，被几海军炮艇拦截并强行带往几内亚。

案发后，中国驻几内亚和驻塞拉利昂使馆及外交部领事司分别向有关国家主管部门及其驻华使馆提出交涉，力求使案件早日得以妥善解决。

经多方努力，四艘渔船上的 52 名中国船员的人身安全和合法权益得到保障。3 月 19 日，中国大连长海渔业公司在缴纳罚金后，被扣渔船获准离开。

## （2）俄罗斯警察查抄中国温州鞋商货物案

2005 年 3 月 12 日晚，俄罗斯内务部反经济犯罪局以整顿市场秩序为由，查抄了位于莫斯科“花鸟市场”的中国温州鞋商仓库，没收 104 个集装箱的鞋子，总价值约为 8000 万元人民币，13 名中方货主被俄罗斯警方拘留。

案件发生后，中国驻俄罗斯使馆立即派领事官员前往现场了解情况，并向俄外交部、内务部提出交涉，要求俄警方立即停止查抄拉货行动，释放被扣华商，归还被没收货物。商务部欧洲司也紧急约见俄驻华代理商务代表并就此进行了交涉，强调目前贸易秩序不规范的症结是灰色清关，主要责任在俄方，且俄方在查抄活动中也有违反正常执法程序之嫌。

经国内外多方交涉，俄方停止了查抄与拉货行动，并释放了所有被扣华商。

### (3) 中国驻巴基斯坦使领馆妥善处理台湾渔船被扣事件

2005 年 3 月 26 日，两艘悬挂第三国国旗的台湾渔船在距巴基斯坦某海港城市东南 110 海里处被巴海军以非法侵入其海域捕鱼为由截扣，船上有 21 名中国船员（其中 15 名内地船员、6 名台湾船员）以及 54 名外籍船员。

案发后，中国驻卡拉奇总领馆立即派领事官员前往了解情况、看望被扣中方船员，并提供必要协助；中国驻巴使馆和总领馆多次向巴方主管部门交涉，全力做巴方工作。同时，外交部领事司紧急约见巴驻华大使，要求巴方妥善处理此事，尽快放船放人。巴方对台湾渔船悬挂他国国旗侵入其海域，损害其利益表示不满，希中方加强对渔船的管理和对渔民的教育，并表示愿意从两国友好关系出发，妥善处理此事。

经中方艰苦努力，2005 年 4 月 5 日，两艘台湾渔船及 21 名中国船员全部获释，并安全驶离巴海域。

### (4) 俄罗斯警察殴打中方劳务人员案

2005 年 5 月 11 日晚，在俄罗斯伊尔库茨克市承包建筑工程的中国江苏启东市对外经济技术公司的两名工人外出买东西时，遇俄警察检查护照，两人因害怕而跑回工地，俄警察追至工地与中国工人发生争执。随后，俄方出动 50 多名荷枪实弹的特警将工地包围，并殴打中国工人，近 100 名中国工人受伤，其中 20 人伤势严重。

中国驻哈巴罗夫斯克总领馆接到报案后，立即向俄罗斯伊尔库茨克州内务局、检察院等部门提出交涉，总领事亲赴伊市对中国劳工进行慰问。外交部有关领导紧急约见俄驻华大使和有关负责人并提出严正交涉，要求俄方高度重视此案，严惩肇事者，全力救治受伤中国公民并对其进行赔偿，同时要求俄方媒体客观、负责任地报道案件，不再歪曲事实。同时，江苏省政府派出工作组赶赴伊市协助驻哈巴罗夫斯克总领馆处理善后事宜。

俄国家领导人对此案做出批示，要求进行认真调查。俄内务部也成立了专门调查委员会赴伊市开展工作。截至 2005 年底，此案已进入司法程

序，俄检察部门对警察滥用职权和中方劳务人员暴力抗法分别立案调查。

## (5) 救助美国“卡特里娜”飓风中受灾的中国公民

2005年8月29日，美国中南部路易斯安那州、密西西比州、亚拉巴马州遭受“卡特里娜”飓风袭击。路州新奥尔良市灾情最为严重，全市80%被淹，大批房屋倒塌，交通电力瘫痪，通讯中断，百万人口大撤离，其中包括旅居该市的约5000名华侨华人和近800名中国留学生。

中国驻休斯敦总领馆在飓风来临前即与当地中国公民及中资公司保持密切联系，提醒应对注意事项。灾情发生后，外交部领事司和中国驻休斯敦总领馆立即启动应急机制，开通24小时热线电话，协助国内亲属查找失散亲人。中国驻休斯敦总领馆有关人员在灾害发生后的第一时间深入第一线，开展救助工作，并不顾自身安危，数次进入灾区，实地查找失散中国公民。其间，共找到中国公民257人，其中留学生145人，香港同胞5人，台湾同胞2人。撤离刚结束，立即转入安置工作，及时向撤离人员提供援助，帮助他们渡过难关。在获知部分中国留学生因不具备美永久居民身份而被拒发当地政府救济品时，外交部美大司和中国驻美使馆及时向美方提出交涉，要求美方一视同仁，有效维护了中国公民的权益。

## (6) 澳大利亚“9·5”台湾同胞车祸案

2005年9月5日，一辆载有22名台湾同胞的旅游巴士在澳大利亚悉尼郊区发生翻车事故，造成3名台胞死亡，其他人员均不同程度受伤。

中国驻悉尼总领馆获悉领区内发生涉及亚洲人车祸事故后，立即向澳方有关部门进行核实。在确认该起事故涉及台胞后，总领馆立即启动领事保护应急机制，派员赴悉尼医院探望受重伤的台胞，并与在外地医院接受救治的12名台胞一一通话。除向院方转达伤员要求，还协助他们与在台湾亲属取得联系，并督促有关旅行社到场救援。经过中国驻悉尼总领馆的积极工作，此次车祸事件得到妥善处理。

## (7) 法国巴黎骚乱案

2005年10月27日凌晨，法国巴黎北郊克利希苏布瓦市因该市青少年与警察冲突引发骚乱，暴力活动不断升级，并向法全国蔓延，造成4000多辆汽车被焚毁，数百人被捕，数十名警察受伤。期间，有6家华商仓库和1名华人车辆被烧，3名华人遇袭受轻伤，1名来自北京和3名来自台湾的学生受伤。

骚乱发生后，中国驻法使领馆及时启动应急机制，并采取相应措施，主要包括：开通值班电话，通过互联网向侨民发出预警信息，提醒注意自我防范；领事参赞第一时间赶赴被烧华商现场了解情况，慰问侨胞，并赴华商较集中地区召开侨团会议，号召华商团结互助，冷静对待；召开印支侨胞、台胞代表会议，提醒他们注意安全；多次向法方提出交涉，要求法有关部门保护华人社区安全。外交部领事司也在外交部网站上发布预警信息，提醒赴法和在法中国公民遵守当地法律规定，注意安全，加强自身防范。国内外积极配合，为全力维护在法中国公民的生命和财产安全做出不懈努力。

## （8）约旦首都安曼爆炸案

2005年北京时间11月10日凌晨，约旦首都安曼连续发生3起爆炸事件，造成67人死亡，300多人受伤。正在约旦访问的中国国防大学学员代表团有3名学员遇难，1人受伤。

案发后，中国驻约使馆立即启动应急机制，在第一时间向国内报告有关情况，并迅速组织抢救伤员，妥善安置代表团其他成员。外交部也及时启动应急机制，密切跟踪事态发展，并与国防部组成善后工作组，于事发当日下午乘专机赴约旦处理善后事宜。在约政府有关部门的大力配合下，12日上午，遇难者灵柩、伤员及代表团其他成员顺利被接回国内。

## （9）中国女青年在马来西亚受辱案

2005年11月，马来西亚连续发生多起中国女青年受到马来西亚执法部门官员侮辱事件，引起中国政府的严重关切。外交部和驻马来西亚使馆分别多次向马方提出严正交涉，要求马方立即展开调查，严惩肇事者，并采取有效措施防止类似事件再次发生。由于中方的严正交涉，马方意识到此事的严重性，马来西亚总理巴达维指示成立独立调查委员会调查事件真相，并派马内政部长专程就此来华做出解释。

12月5日，马内政部长阿兹米紧急来华就中国女青年在马受辱事与外交部沈国放部长助理进行会谈，阿向中方表示道歉，承诺将尽快展开调查并将调查结果向中方通报。

## 4. 领事条约和协定

中国是《维也纳领事关系公约》的成员国。同时，中国政府十分重视通过签订双边领事条约和协定发展双边领事关系、维护国家和国民的合法权益。2005年，中国政府进一步推进中外领事关系的法制化建设，积极同有关国家商签领事条约和协定，为依法保护本国国家和国民的利益、推进中外领事关系沿着法制化的轨道持久、稳定地发展做出了贡献。

2005年1月29日，中国与委内瑞拉签署《中委关于为执行政府间合作协议人员办理签证提供便利的协议》。该协议于2005年2月28日生效。

2005年4月20日，中国与文莱互换照会，达成互免持外交、公务（官员）护照人员签证的协议。该协议于2005年6月18日生效。

2005年4月25日，中国与印度尼西亚签署《中印尼关于互免持外交和公务护照人员签证的协定》。该协定于2005年11月14日生效。

2005年5月9日，中国外交部与坦桑尼亚驻华使馆互换照会，达成互发多次商务签证协议。该协议于2005年6月8日生效。

2005年5月13日，中国与坦桑尼亚互换照会，达成互免持外交、公务护照人员签证的协议。该协议于2005年7月11日生效。

2005年6月9日，中国与日本就签订双边领事协定在北京举行非正式谈判，双方就协定中各自关注的重要条款交换了意见。

2005年6月14日，中国外交部与美国驻华使馆互换照会，达成互发一年多次留学签证的谅解备忘录。该谅解备忘录于2005年6月20日起实施。

2005年6月23日，中国与牙买加互换照会，达成互发两年多次商务签证的协议。该协议于2005年8月1日生效。

2005年7月8日，中国外交部和意大利驻华使馆互换照会，达成简化使领馆人员家属探亲签证手续的协议。该协议于2005年7月8日生效。

2005年7月13日，中国外交部与斯里兰卡驻华使馆互换照会，达成互免机组人员签证的协议。该协议于2005年8月12日生效。

2005年8月15日，中国与尼泊尔签署《中尼关于互免持外交、公务（官员）护照人员签证的协定》（尚未生效）。

2005年8月15日，中国与尼泊尔互换照会达成互发多次商务签证的协议。该协议于2005年9月15日生效。

2005 年 10 月 10 日，中国外交部与肯尼亚驻华使馆互换照会，达成互免机组人员签证的协议。该协议于 2005 年 11 月 10 日生效。

2005 年 10 月 20 日，中国与赤道几内亚签署《中赤关于互免持外交、公务和官员护照人员签证的协定》。该协定将于 2006 年 1 月 1 日生效。

2005 年 11 月 28 日，中国外交部与埃及驻华使馆互换照会，达成互发一年多次机组签证的协议。该协议于 2005 年 11 月 28 日生效。

2005 年 12 月 20 日，中国外交部与卡塔尔驻华使馆互换照会，达成互免机组人员签证的协议。该协议将于 2006 年 1 月 20 日生效。

## 5. 领事机构的设立

2005 年，中国与外国在各领域的友好合作关系日益密切，中外互设领事机构数量大幅度增加。截至 11 月，已有 31 个国家提出在华设立 42 个领事机构，升格 4 个领事机构。其中在内地 28 个，在香港、澳门 14 个。中国提出在外国设立 9 个领事机构。2005 年，中外共达成设领协议 28 个。中国与发展中国家以平等互利、共同发展为基础的友好合作关系不断取得成效，发展中国家在华设立领事机构的数量显著增加；随着中国西部大开发战略的深入实施，外国在中、西部设领或将原领馆领区向中、西部扩展的步伐加快；香港、澳门继续保持繁荣稳定，外国设领数量持续增加；中国外交部紧紧围绕外交为全面建设小康社会服务的目标，抓住机遇，积极推动中外在各个领域的交流与合作，加快中外相互增设领事机构进程。中国主张在对等互惠的原则基础上与外国发展领事关系，一如既往，以更加开放的姿态欢迎外国在华设立领事机构。认为中外双方互设领事机构的数量、等级、地点、类别、领区范围、馆员人数及此后领区范围的调整应通过协商解决，要与双方的经贸、科技、教育、文化、旅游等领域的交流与合作水平及人员往来的状况基本相称，满足需要，实事求是，不拘一格。

2004 年 12 月至 2005 年 11 月，中国政府同下列国家政府就中国在外国设立领事机构事达成协议：

2004 年 12 月 14 日，中国驻澳大利亚大使馆与澳大利亚外交贸易部就中方在布里斯班设立领事馆事，以互换照会的形式在堪培拉达成协议。

2005 年 2 月 28 日，中国驻印度尼西亚大使馆与印度尼西亚外交部就中方在泗水设立总领事馆事，以互换照会的形式在雅加达达成协议。

4月27日，中国外交部与菲律宾外交部就中方在拉瓦格设立领事馆事，以互换照会的形式在马尼拉达成协议。

4月28日，中国驻韩国大使馆与韩国外交通商部就中方在光州设立中国驻韩国大使馆驻光州领事办公室事，以互换照会的形式在首尔达成协议。

5月12日，中国驻日本大使馆与日本外务省就中方在名古屋设立领事馆事，以互换照会的形式在东京达成协议。

6月14日，中国外交部与乌克兰外交部就中方在敖德萨设立总领事馆事，以互换照会的形式在基辅达成协议。

7月18日，中国外交部与法国驻华大使馆就中方在帕皮提设立领事馆事，以互换照会的形式在北京达成协议。

2005年1月至11月，中国政府同下列国家政府就外国在中国设立领事机构事达成协议：

1月25日，中国外交部与保加利亚驻华大使馆就保在上海设立总领事馆事，以互换照会的形式在北京达成协议。

3月25日，中国外交部与哈萨克斯坦驻华大使馆就哈在上海设立总领事馆事，以互换照会的形式在北京达成协议。

4月26日，中国驻格林纳达大使馆与格林纳达外交和国际贸易部就格在澳门委派名誉领事事，以互换照会的形式在圣乔治达成协议。

5月23日，中国外交部部长助理沈国放和葡萄牙共和国驻华大使桑塔纳在北京签署《中华人民共和国政府和葡萄牙共和国政府关于设立葡萄牙共和国驻上海总领事馆的协定》。

6月28日，中国外交部与安哥拉驻华大使馆就安在香港设立总领事馆事，以互换照会的形式在北京达成协议。

7月1日，中国外交部与泰国外交部就泰在西安设立泰国驻华大使馆西安领事办公室事，以互换照会的形式在北京达成协议。

7月5日，中国外交部部长助理沈国放与委内瑞拉驻华大使冈萨雷斯在北京签署《中华人民共和国政府和委内瑞拉玻利瓦尔共和国政府关于设立委内瑞拉玻利瓦尔共和国驻上海总领事馆的协定》。

7月5日，中国驻圣马力诺大使馆与圣马力诺外交部就圣在香港委派名誉领事事，以互换照会的形式在罗马达成协议。

7月12日，中国外交部与乌兹别克斯坦外交部就乌在上海设立总领事馆事，以互换照会的形式在北京达成协议。

7月15日，中国外交部与巴布亚新几内亚独立国驻华大使馆就巴新在上海委派名誉领事事，以互换照会的形式在北京达成协议。

7月18日，中国外交部与法国驻华大使馆就法在成都设立总领事馆事，以互换照会的形式在北京达成协议。

7 月 29 日，中国外交部与柬埔寨驻华大使馆就柬在南宁设立总领事馆事，以互换照会的形式在北京达成协议。

8 月 5 日，中国外交部与瑞士驻华大使馆就瑞在广州设立总领事馆事，以互换照会的形式在北京达成协议。

8 月 10 日，中国外交部与厄立特里亚驻华大使馆就厄在香港委派名誉领事事，以互换照会的形式在北京达成协议。

8 月 30 日，中国外交部与斯里兰卡外交部就斯在上海设立领事馆事，以互换照会的形式在北京达成协议。

8 月 31 日，中国外交部与墨西哥驻华大使馆就墨在广州设立领事馆事，以互换照会的形式在北京达成协议。

9 月 12 日，中国外交部与蒙古外交部就蒙驻呼和浩特总领事馆常驻二连浩特领事办公室升格为蒙驻二连浩特领事馆事，以互换照会的形式在北京达成协议。

10 月 10 日，中国外交部与比利时驻华大使馆就比在广州设立总领事馆事，以互换照会的形式在北京达成协议。

10 月 17 日，中国外交部与泰国驻华大使馆就泰在南宁设立泰国驻广州总领事馆驻南宁领事办公室事，以互换照会的形式在北京达成协议。

10 月 24 日，中国外交部与也门驻华大使馆就也在香港委派名誉领事事，以互换照会的形式在北京达成协议。

## 6. 处理外国驻华领事机构事务和涉外案件

2005 年，外国驻华领事机构大幅增加，这为发展派遣国与领区内商贸、旅游、科技、文化和教育的交流与合作以及发展与中国的领事关系发挥了不可替代的作用。中国外交部针对不同领区、领馆特点，大力加强与地方政府外办和主管部门之间的协调，发挥各地方政府外办的作用，确保外国领事机构和人员享受应有的特权与豁免，为其执行领事职务提供必要的便利和协助。中国外交部强调严格按照国际公约、双边领事条约、协议等处理有关领馆事务和涉外案件，特别是同领事特权与豁免、领事职务有关的领馆事务。由于中外国情不同，条约、协议内容各异，具体情况千差万别，中外双方在执行条约、协议的具体规定时出现分歧也是难免的。外

交部始终将这些分歧看成是中外领事关系发展过程中出现的具体的领事问题，主张通过友好协商妥善解决。2005 年，中国外交部和地方政府外办为外国驻华领事机构提供服务和协助的范围扩大，内容更加充实，促进了中外领事关系全面、稳定、健康发展。

2005 年，中国政府积极为外国驻华领事机构和人员执行职务提供便利和协助。中国外交部为 5 个国家调整领区、1 个国家设立领事办公室、1 个国家将领事办公室升格为领事馆、10 个国家设立总领事馆、2 个国家设立领事馆、5 个国家设立名誉领事提供便利和协助。接受了 16 位新任驻华总领事，及时为他们办理《领事证书》，并授权地方政府外办发布总领事到任公告，积极安排他们拜会中方有关官员和主管部门，协助开展有关活动。组织领事官员在领区内外参观访问，扩大、加深其对中国经济、社会发展状况的了解，使他们能够更好地、更充分、有效地履行职务。

中国政府积极为外国驻华领事机构人员特殊的生活要求提供必要的协助和便利。包括：协助领馆人员获得适当的住宅，随任成年子女、父母、岳父母和非直系亲属办理居留手续，本人及随任亲属进入中国学校学习，开办子女学校等。在办理过程中，中方强调有关人员应事先明确身份或办好身份变更，以便妥善处理同领事特权与豁免有关的问题。

2005 年，针对驻华外国领事机构安全、安宁方面出现的新情况，中国政府完善应对突发事件的预案，创新工作机制，进一步加强外国驻华领事机构和人员的安全保卫工作，特别是采取包括说服、劝阻等适当措施多次阻止有关人员进行妨碍外国驻华领事机构或其他机构正常工作秩序的活动，基本未发生在外国驻华领事机构外喧闹等干扰外国驻华领事机构安宁的情况，有效保护了外国领事机构和人员的安全，严格履行了中国政府承担的国际义务。

中国外交部十分重视在华外国人的领事协助工作。认为在华外国人遇险或依靠个人力量无法摆脱困境时，特别是发生自然灾害、空难海难、疫情或患病、死亡时，中方主管部门主动或应外国领事官员的请求立即采取一切可能的措施予以救助或为处理善后提供便利和协助，尤其是实施人道主义救助，尽最大的努力保护当事人的生命和财产安全，并及时向外国领事官员通报有关情况和为救助所采取的措施及救助结果。2005 年，中国外交部参与或协调处理了 100 多起涉外领事协助案件。

2005 年，中国改革开放深入发展，与世界各国在各个领域的合作继续加深，外国公民来华数量持续上升，仅前三个季度，外国来华人员约 1500 万人次。中国境内涉及外国公民和法人的行政、民事、海事、刑事等各类案件发案率也随之总体上升，案情复杂性增加，有关国家对本国公民的领事保护力度加大。中国政府十分重视涉外案件，国家和政府最高领导人多次对涉外案件的处理做出具体批示。中国外交部与其他主管部门继续贯彻落实为改革开放服务和依法治国的基本方略，按照“有法可依、有法必依、执法必严、违法必究”的要求，进一步强化各主管部门之间的监督机制，努力做到把处理涉外案件的一切活动纳入法制化的轨道，及时、依法、公正审理，做到事实清楚、证据确凿、适用法律准确、法律手续完备，使中外当事人的合法权益得到切实的保护。中国外交部认真对待外国驻华外交和领事机构就保护本国公民和法人权益所提出的交涉，密切联系，深化对话，增信释疑，加强合作。积极协调、配合主管部门严格依照有关国内法、国际公约和中外领事条约的规定，为外国领馆和领事官员充分、有效地履行职务提供必要便利。由于中外双方真诚合作，措施得当，妥善处理了有关涉外案件，有助于双边友好合作关系的平稳发展。中国政府历来反对人为地炒作或将一般性的涉外行政、民事、刑事案件扩大化、政治化，从而达到干涉别国内政的目的。

2005年，中国外交部参与处理了150多起行政、民事、刑事、海事案件，重点参与处理了外国“蛇头”组织中国公民非法移民案、在华外国非法移民案、在华外国人受伤害或死亡案、扰乱外国驻华机构正常工作秩序案等，保护了中外当事各方的合法权益，维护了中国的主权和国家利益。

中国政府十分重视历史遗留涉外案件的处理工作。强调处理此类案件应充分考虑案件的历史成因、性质，是否与中华人民共和国的根本立国原则相符，是否违反了中国人民的根本利益，是否在政治上和道义上为中国人民所接受。中国人民100多年为消除帝国主义对中国的压迫、废除不平等条约所进行的流血和不流血斗争的历史受到全世界人民的赞赏和承认。为此，处理有关历史遗留问题时，中国强调既尊重历史，又面对现实，实事求是的原则。根据这些原则，中国政府与有关国家政府妥善解决了中国旧政府外债和外国在华资产、战争遗留孤儿、妇女等问题。

## 7. 移民问题

中国政府重视移民问题，一向主张实行合理、公正的移民政策，赞同人口依法、有序的国际间流动并强调移民的正当权益应得到切实的保护。中国政府坚决反对任何形式的非法移民活动，这一立场是一贯的、明确的；同时，主张通过加强国际合作来打击并遏制非法移民活动。近年来，通过加强在移民领域的国际合作，取得了宝贵经验和丰硕成果。

2005年，中国政府加大了打击偷渡和非法移民活动的力度，并积极参与移民方面的区域性和全球性的国际合作：

(1) 7月5~6日，第六轮中欧打击非法移民和贩卖人口活动高级别磋商在北京举行。双方就中方提供的《中欧关于便利双方人员往来和合作打击非法移民活动谅解备忘录草案》中的有关问题交换了意见，并强调双方重视在便利人员往来和打击非法移民活动方面的合作。

(2) 继续参与亚太地区打击偷渡、贩卖人口及相关跨国犯罪问题部长级会议（巴厘会议）的后续活动，其中包括：

① 4月，出席在曼谷举行的巴厘进程“实现遗失与被盗旅行证件信息的电子交换”研讨会；

② 6月，出席在东京举行的巴厘进程“建立协调的跨部门国家行动计划根除贩运人口活动”研讨会；

③ 10月，出席国际移民政策发展中心在维也纳举行的巴厘—布达佩斯进程“在更广泛的非正常移民框架下实施打击贩卖人口的法律与政策”联合研讨会；

(3) 7月，与联合国难民署联合在京举办难民、流离失所者及移民问题亚太政府间磋商论坛（APC）“加强区域能力建设，寻求难民问题的永久解决方案”研讨会。

(4) 10月18日，中英双方启动《中英两国政府关于便利人员合法往来和打击非法移民活动谅解备忘录》(《实施细则》) 的正式谈判。中方还两次破例接受英方包机遣返中国非法移民共107人。

(5) 10月25日，外交部部长助理沈国放在北京会见澳大利亚移民多元文化和土著事务部部长范斯顿，双方就中澳合作打击非法移民活动和便利人员往来等问题深入交换了意见。

## 8. 领事证件工作

为配合“走出去，引进来”战略的实施，外交部秉承“外交为民”的理念，积极与有关国家商签签证协议，及时调整有关政策；同时，加强管理，改进服务，提高效率，切实做好因公护照、签证和领事认证等工作。

经中国政府艰苦努力，2004年12月，中美达成互发一年多次商务、旅游签证协议并于2005年1月15日起生效；2005年6月，双方达成互发一年多次学生签证谅解并于2005年6月20日起执行。上述协议和谅解的达成，有利于中美双方商务、旅游人员更加便利地取得多次签证，同时解决了6万多中国在美留学生回国探亲难问题。

2005年，中国先后与菲律宾、文莱、坦桑尼亚、印度尼西亚、赤道几内亚等国家达成互免持外交、公务护照人员签证协定，使中国与外国的互免签证协定达到58个；与意大利签订互免机组人员签证协议，目前中国与外国签订的机组签证协议达36个。此外，中国还与巴西、牙买加、坦桑尼亚等国签署了简化签证手续协议。以上协议的签署，为方便中外人员往来提供了便利。

中国政府进一步放宽多次签证审批权，改变了实行多年的凭被授权单位邀请函电颁发签证的做法，要求各驻外使领馆对确系来华经商、旅游、探亲者，可自行审发一次、两次或两年以下多次有效签证，对符合规定的外国人颁发有效期最长至5年的多次来华商务签证。这是中国在签证管理体制改革方面迈出的重要一步。这些措施的出台，减少了审批环节，大大方便了申请人来华投资办企业或从事商务活动。

为落实外事工作为国家经济建设服务的政策要求，外交部进一步明确企业人员因公出国持用护照种类，为国有企业人员因公出国提供便利，并为部分大型国有企业临时因公出国人员颁发五年有效因公护照，以使其“出得去、出得快、出得顺”。根据中央关于建设若干所世界一流大学和一批国际知名高水平研究性大学的要求，进一步促进高等院校的对外交往，外交部为26所高等院校校级领导干部因公出国颁发公务护照。

亚太经合组织（APEC）商务旅行卡为中国企业走向国际提供了许多便利（持卡人可在APEC各经济体范围内凭该卡及有效护照免办签证直接进入各经济体），受到企业界的欢迎。为积极履行加入商务旅行卡义务，使中国企业和公民充分享有商务旅行卡带来的便利，外交部探索将该卡发放对象从中央大型企业扩大至地方国企和优秀民营企业的政策，并选择将联想、海尔、华为作为试点，为企业“走出去”参与国际竞争创造便利条件。

# 2005 年中国外交重要活动纪事

## 一月

**5 日**　国家主席胡锦涛接受瑞士、土耳其、斯洛伐克、多米尼克、阿拉伯联合酋长国新任驻华大使递交的国书。

**5 日—8 日**　国务院总理温家宝赴雅加达出席东盟地震和海啸灾后问题领导人特别会议。

**6 日—7 日**　中国与美国就恢复人权对话问题在华盛顿举行第二轮磋商。

**6 日—14 日**　外交部长李肇星对莱索托、塞舌尔、马达加斯加和毛里求斯进行正式访问，并出席“小岛屿发展中国家可持续发展国际会议”。

**11 日—17 日**　葡萄牙共和国总统桑帕约对中国进行国事访问。

**16 日—18 日**　安道尔公国首相马克·福尔内·莫尔内对中国进行访问。

**17 日—22 日**　爱尔兰总理伯蒂·埃亨对中国进行正式访问。

**17 日—24 日**　瓦努阿图副总理兼外长基尔曼对中国进行正式访问。

**20 日**　外交部长李肇星在北京同来访的格林纳达外长尼姆罗德代表各自政府正式签署了关于恢复两国外交关系的联合公报，决定从 2005 年 1 月 20 日起恢复两国间的外交关系。

**20日—21日**　英国外交大臣斯特劳对中国进行正式访问。

**20日—22日**　加拿大总理马丁对中国进行正式访问。

**23日—29日**　毛里求斯总理贝朗热对中国进行正式访问。

**23日至2月3日**　国家副主席曾庆红对墨西哥、秘鲁、委内瑞拉、特立尼达和多巴哥、牙买加进行正式访问并参加“中国—加勒比经贸合作论坛”首届部长级会议开幕式。

**28日—30日**　国务院副总理黄菊率中国政府代表团出席在瑞士达沃斯举行的世界经济论坛2005年年会。

**28日至2月3日**　新加坡外长杨荣文对中国进行访问。

## 二月

**1日—4日**　国务委员唐家璇访问俄罗斯并举行中俄国家安全磋商。

**1日—5日**　土耳其共和国副总理兼外长居尔对中国进行正式访问。

**3日—5日**　阿塞拜疆外长马梅德亚罗夫对中国进行访问。

**17日—25日**　厄立特里亚总统伊萨亚斯对中国进行国事访问。

**20日—24日**　塞黑塞尔维亚共和国总统鲍里斯·塔迪奇对中国进行正式访问。

**20日至3月1日**　国务院副总理曾培炎对肯尼亚、刚果（布）、安哥拉进行正式访问，并出席在毛里求斯举行的联合国环境规划署理事会第23届会议暨全球部长级环境论坛。

**24日至3月4日**　瓦努阿图总理利尼对中国进行正式访问。

**25日**　上海合作组织成员国外长会议在哈萨克斯坦首都阿斯塔纳举行，外交部长李肇星出席。

**27日—28日**　新西兰外交贸易部长戈夫对中国进行正式访问。

**28日至3月6日**　马来西亚最高元首西拉杰丁对中国进行国事访问。

## 三月

**1日**　中国驻哈巴罗夫斯克总领馆符拉迪沃斯托克办公室正式办公。

**2日—5日**　白俄罗斯外交部长马丁诺夫对中国进行正式访问。

**8日—10日**　阿根廷外长别尔萨对中国进行访问。

**14日—19日**　外交部长李肇星对波斯尼亚和黑塞哥维那、比利时、卢森堡、欧盟总部、意大利、阿尔巴尼亚进行正式访问。

**17 日—19 日** 阿塞拜疆总统阿利耶夫对中国进行国事访问。

**20 日—21 日** 美国国务卿赖斯对中国进行访问。

**20 日—23 日** 刚果（金）总统卡比拉对中国进行工作访问。

**22 日—24 日** 朝鲜内阁总理朴凤柱对中国进行正式友好访问。

**23 日—27 日** 尼日利亚外交部长阿德尼吉对中国进行工作访问。

**25 日** 国家主席胡锦涛接受格鲁吉亚、新西兰、突尼斯、卢旺达、马来西亚、塞拉利昂、巴基斯坦、欧盟新任驻华大使递交国书。

**27 日—31 日** 挪威外交大臣彼得森对中国进行正式访问。

**31 日至 4 月 5 日** 外交部长李肇星访问尼泊尔、马尔代夫和阿富汗，并出席在阿富汗首都喀布尔召开的“阿富汗发展论坛”会议。

## 四月

**5 日—12 日** 国务院总理温家宝对巴基斯坦、孟加拉国、斯里兰卡和印度进行正式访问，并出席 4 月 6 日在伊斯兰堡举行的亚洲合作对话第四次外长会议开幕式，发表主旨讲话。

**6 日—13 日** 哥伦比亚总统乌里韦对中国进行国事访问。

**10 日—11 日** 中印边界问题特别代表第五次会晤在新德里举行。

**11 日—14 日** 荷兰外交大臣博特对中国进行正式访问。

**13 日—26 日** 国务院副总理回良玉对芬兰、挪威、丹麦和摩洛哥进行正式访问。

**14 日—17 日** 尼日利亚联邦共和国总统、非洲联盟轮值主席奥巴桑乔对中国进行国事访问。

**17 日—18 日** 日本外务大臣町村信孝对中国进行访问。

**17 日—22 日** 古巴共产党中央第二书记、国务委员会第一副主任兼部长会议第一副主席、革命武装力量部部长劳尔·卡斯特罗对中国进行正式访问。

**18 日—24 日** 澳大利亚总理霍华德对中国进行工作访问。

**19 日—25 日** 奥地利总理许塞尔对中国进行正式访问并出席博鳌亚洲论坛 2005 年年会。

**20 日—28 日** 国家主席胡锦涛对文莱、印度尼西亚、菲律宾进行国事访问，并出席 2005 年亚非峰会及万隆会议 50 周年纪念活动。

**21 日—25 日** 法国总理拉法兰对中国进行正式访问。

**23 日—24 日** 全国政协主席贾庆林出席海南博鳌论坛 2005 年年会。

**27 日** 中国在联合国经社理事会会议上当选人权委员会成员国，任期为2006~2008年。

**27日至5月1日** 缅甸外长吴年温对中国进行访问。

## 五月

**5日—9日** 外交部长李肇星出席在日本京都举行的东盟与中日韩（10+3）非正式外长会议和第七届亚欧外长会议。

**8日—9日** 国家主席胡锦涛出席在莫斯科举行的俄罗斯纪念卫国战争胜利60周年庆典。

**8日—15日** 萨摩亚总理马利埃莱额奥伊对中国进行正式访问。

**10日—13日** 欧盟主席国卢森堡外交大臣阿瑟伯恩、欧盟委员会对外关系委员瓦尔德纳、候任主席国英国外交大臣代表首次正式访问中国。

**10日—12日** 吉尔吉斯斯坦代外长奥通巴耶娃对中国进行工作访问。

**13日—14日** 外交部副部长戴秉国与日本外务省事务次官谷内正太郎在北京举行中日首次战略对话。

**16日—23日** 冰岛共和国总统格里姆松对中国进行国事访问。

**17日—19日** 巴勒斯坦民族权力机构主席阿巴斯对中国进行国事访问。

**17日—26日** 国务院副总理吴仪出席日本爱知世博会中国馆日活动，并访问日本和对蒙古进行正式访问。

**19日—22日** 苏丹外交部长伊斯梅尔对中国进行正式访问。

**22日—27日** 拉脱维亚外交部长帕布利克斯对中国进行访问。

**25日—27日** 乌兹别克斯坦总统卡里莫夫对中国进行国事访问。

**26日—30日** 克罗地亚总理萨纳戴尔对中国进行正式访问。

**29日—31日** 新西兰总理克拉克对中国进行工作访问。

**29日—31日** 智利外交部长瓦尔克对中国进行正式访问。

**30日—31日** 中日第二轮东海问题磋商在北京举行。

## 六月

**2日—4日** 外交部长李肇星出席海参崴中俄印外长第四次非正式会晤和上海合作组织阿斯塔纳外长会议。

**2日—6日** 秘鲁总统托莱多对中国进行国事访问。

**2日—4日** 美国商务部长古铁雷斯和贸易代表波特曼访问中国。

**4日—11日** 比利时国王阿尔贝二世对中国进行国事访问。

**5日—12日** 赤道几内亚共和国外交、国际合作和法语国家事务部长米恰对中国进行正式访问。

**7日—19日** 国务院副总理曾培炎对俄罗斯、阿曼、阿联酋进行访问并出席第二届南方首脑会议。

**8日—12日** 肯尼亚共和国外交部长姆瓦奎雷对中国进行工作访问。

**9日—10日** 全国政协副主席、中国经济社会理事会主席王忠禹率团赴法国出席经社理事会国际协会第九次全会，并当选协会新一届主席。

**10日** 商务部长薄熙来在上海与欧盟委员会贸易委员曼德尔森就中欧纺织品贸易问题举行磋商，并签署了谅解备忘录。

**12日—14日** 亚美尼亚外交部长奥斯卡尼扬对中国进行正式访问。

**16日—28日** 外交部长李肇星对约旦、以色列、巴勒斯坦、叙利亚、黎巴嫩五国进行正式访问并出席在布鲁塞尔举行的“伊拉克问题国际会议”。

**19日—24日** 牙买加总理帕特森对中国进行正式访问。

**21日—23日** 韩国总理李海瓒对中国进行正式访问。

**25日—30日** 斐济总理恩加拉塞对中国进行工作访问。

**26日—28日** 捷克总理帕鲁贝克对中国进行工作访问。

**30日至7月2日** 泰国总理塔信对中国进行正式访问。

**30日至7月7日** 国家主席胡锦涛对俄罗斯和哈萨克斯坦进行国事访问，并出席上海合作组织阿斯塔纳峰会和八国集团与中国、印度、巴西、南非、墨西哥五国领导人对话会。

## 七月

**4日—5日** 大湄公河次区域经济合作（GMS）第二次领导人会议在云南昆明举行，国务院总理温家宝出席开幕式并发表讲话。

**7日—11日** 格林纳达总理米切尔对中国进行正式访问。

**9日—10日** 美国国务卿赖斯对中国进行正式访问。

**10日—14日** 老挝人民革命党中央主席、国家主席坎代·西潘敦访问中国。

**11日** 国务院副总理吴仪与美国商务部长古铁雷斯、贸易代表波特曼在北京共同主持召开第16届中美商贸联委会会议。

**12日—14日** 国务委员唐家璇作为国家主席胡锦涛特别代表访问朝鲜。

**13日—22日** 国务院副总理吴仪出席在哈萨克斯坦举行的中哈合作

委员会第二次会议，并对哈萨克斯坦、乌兹别克斯坦、土库曼斯坦、塔吉克斯坦进行正式访问。

**14 日—17 日** 欧盟委员会主席巴罗佐对中国进行正式访问。

**17 日—24 日** 巴布亚新几内亚外交与移民事务部长纳马柳对中国进行正式访问。

**18 日—22 日** 越南国家主席陈德良对中国进行国事访问。

**19 日—21 日** 红十字国际委员会主席凯伦伯格访问中国。

**20 日—27 日** 圭亚那总理海因兹对中国进行工作访问。

**21 日—23 日** 西班牙首相萨帕特罗对中国进行正式访问。

**23 日—29 日** 津巴布韦总统穆加贝对中国进行国事访问。

**26 日—31 日** 国务委员唐家璇访问美国。

**26 日至 8 月 7 日** 朝鲜半岛核问题第四轮六方会谈第一阶段会议在北京举行。

**27 日—30 日** 外交部长李肇星访问老挝、缅甸，并出席在老挝万象举行的东盟与中日韩（10+3）外长会。

**27 日—30 日** 印度尼西亚总统苏希洛对中国进行国事访问。

## 八月

**1 日—2 日** 外交部副部长戴秉国与美国常务副国务卿佐立克在北京举行首次中美战略对话。

**2 日—9 日** 国家主席胡锦涛特使、国务院副总理回良玉赴沙特出席法赫德国王葬礼并顺访马耳他。

**10 日—14 日** 柬埔寨国王西哈莫尼对中国进行国事访问。

**11 日—13 日** 韩国外交通商部长潘基文对中国进行访问。

**14 日—18 日** 非洲联盟委员会主席、马里前总统科纳雷对中国进行正式访问。

**14 日—20 日** 尼泊尔外交大臣潘迪对中国进行访问。

**15 日—19 日** 肯尼亚总统齐贝吉对中国进行国事访问。

**16 日、29 日** 国家主席胡锦涛分别接受佛得角、纳米比亚、汤加（首任）、波斯尼亚和黑塞哥维那、密克罗尼西亚、瓦努阿图、俄罗斯、希腊、加拿大等国新任驻华大使递交的国书。

**16 日—24 日** 外交部长李肇星对爱沙尼亚、立陶宛、拉脱维亚、塞尔维亚和黑山、马其顿、塞浦路斯进行访问。

**17 日—21 日** 孟加拉国总理卡莉达·齐亚对中国进行正式访问。

**22日—23日** 中非合作论坛第四届高官会在北京召开。

**24日—30日** 爱沙尼亚总统吕特尔对中国进行国事访问。

**24日—31日** 圣卢西亚外长康普顿对中国进行访问。

**25日—27日** 泰国外长甘达提对中国进行访问。

**28日至9月2日** 斯里兰卡总统库马拉通加夫人对中国进行国事访问。

**30日至9月2日** 第13届亚太人权研讨会在北京开幕，国务委员唐家璇等出席开幕式。

## 九月

**3日** 国家主席胡锦涛与美国总统布什通电话，就美国部分地区遭受“卡特里娜”飓风袭击事表示慰问。

**4日—6日** 第八次中欧领导人会晤在北京举行。

**4日—6日** 欧盟轮值主席国英国首相布莱尔访问中国。

**7日—9日** 全国人大常委会委员长吴邦国在纽约出席世界议长大会。

**8日—9日** 匈牙利共和国总理久尔查尼对中国进行工作访问。

**8日—19日** 国家主席胡锦涛对加拿大和墨西哥进行国事访问。其间，出席在美国纽约举行的纪念联合国成立60周年首脑会议并与美国总统布什举行会晤。

**13日—19日** 朝鲜半岛核问题第四轮六方会谈第二阶段会议在北京举行，外交部副部长武大伟率团与会并主持会谈，19日发表了《第四轮六方会谈共同声明》。

**18日—24日** 多米尼克总理斯凯里特对中国进行正式访问。

**19日—25日** 吉布提总理迪莱塔对中国进行正式访问。

**19日—25日** 外交部长李肇星出席在纽约举行的第60届联合国大会。

**24日—26日** 俄罗斯联邦委员会主席米罗诺夫对中国进行正式友好访问并出席中俄地区经贸合作论坛。

**26日—27日** 中印边界问题特别代表第六次会晤在北京举行。

**26日—29日** 国务院副总理吴仪对新加坡、泰国和文莱进行访问，并主持中国—新加坡双边合作联委会第二次会议和中泰经贸联委会第二次会议。

**26日—30日** 刚果（布）总统萨苏对中国进行国事访问。

## 十月

**3 日—21 日** 联合国教科文组织第 33 届大会在巴黎举行，中国以高票连任当选教科文组织执行局成员，教育部副部长章新胜当选执行局主席。

**8 日—11 日** 国务院副总理吴仪对朝鲜进行正式友好访问。

**20 日—25 日** 玻利维亚外交和宗教事务部长阿曼多·洛艾萨·马里亚卡对中国进行访问。

**12 日—20 日** 澳大利亚总督杰弗里对中国进行国事访问。

**13 日—14 日** 伊朗外长马努切赫尔·穆塔基对中国进行正式访问。

**14 日—17 日** 中日第三轮战略对话在北京举行。

**17 日—18 日** 世界银行行长沃尔福威茨访问中国。

**19 日—21 日** 俄罗斯联邦安全会议秘书伊万诺夫访问中国，举行中俄第二次战略安全磋商。

**19 日—24 日** 赤道几内亚总统奥比昂对中国进行工作访问。

**22 日—27 日** 塞尔维亚和黑山外交部长武克·德拉什科维奇对中国进行正式访问。

**24 日** 国家主席胡锦涛接受埃及、蒙古、东帝汶、比利时、波兰新任驻华大使递交国书。

**24 日—25 日** 匈牙利外长寿莫吉对中国进行访问。

**24 日—29 日** 塞内加尔外交国务部长加迪奥对中国进行访问。

**24 日—30 日** 新加坡总理李显龙对中国进行正式访问。

**25 日** 外交部长李肇星与塞内加尔共和国外交国务部长谢赫·蒂迪亚内·加迪奥分别代表各自政府在北京签署《中华人民共和国和塞内加尔共和国关于恢复外交关系的联合公报》，两国自即日起恢复大使级外交关系。

**26 日—27 日** 国务院总理温家宝出席在莫斯科举行的上海合作组织成员国总理第四次会议。

**28 日至 11 月 2 日** 国家主席胡锦涛对朝鲜、越南进行正式友好访问。

## 十一月

**2 日—4 日** 俄罗斯总理弗拉德科夫对中国进行正式访问。

**8 日—19 日** 国家主席胡锦涛对英国、德国、西班牙、韩国进行国事访问并出席在韩国釜山举行的亚太经合组织第 13 次领导人非正式会议。

**9 日—11 日** 朝鲜半岛核问题第五轮六方会谈第一阶段会议在北京举

行，会议发表了主席声明。

**14 日—24 日**　国务院副总理黄菊出席信息社会世界峰会突尼斯阶段会议并对几内亚、博茨瓦纳和马达加斯加进行正式访问。

**14 日—16 日**　外交部长李肇星出席在韩国釜山举行的亚太经合组织第 17 届部长级会议。

**19 日—21 日**　美国总统布什对中国进行访问。

**20 日—25 日**　玻利维亚外交部长阿曼多·洛艾萨·马里亚卡对中国进行正式访问。

**23 日—25 日**　阿根廷外交、国际贸易及宗教事务部部长拉斐尔·安东尼奥·别尔萨对中国进行工作访问。

**26 日—29 日**　罗马尼亚外交部长米哈伊·勒兹万·温古雷亚努访华。

**27 日—30 日**　埃塞俄比亚联邦民主共和国外交部长塞尤姆·梅斯芬对中国进行正式访问。

**27 日至 12 月 3 日**　蒙古总统恩赫巴亚尔对中国进行国事访问，双方发表了《中蒙联合声明》。

**30 日至 12 月 6 日**　莱索托王国首相莫西西利对中国进行正式访问。

## 十二月

**4 日—6 日**　白俄罗斯总统卢卡申科对中国进行国事访问。

**4 日—7 日**　联合国秘书长安南对中国进行正式访问。

**4 日—15 日**　国务院总理温家宝对法国、斯洛伐克、捷克、葡萄牙、马来西亚进行正式访问并出席第九次中国—东盟领导人会议、第九次东盟与中日韩领导人会议及首届东亚峰会。

**7 日—9 日**　外交部副部长戴秉国与美国常务副国务卿佐立克在华盛顿举行中美第二次战略对话。

**8 日—9 日**　俄罗斯政府第一副总理、“国家年”活动俄方组委会主席梅德维杰夫对中国进行正式访问。

**8 日—10 日**　中越第 12 轮政府级边界谈判在越南河内举行。

**9 日—10 日**　外交部长李肇星出席中国—东盟外长会议、东盟与中日韩外长工作午餐会和东亚峰会外长工作午餐会。

**11 日—13 日**　约旦哈希姆国王阿卜杜拉二世对中国进行工作访问。

**15 日—23 日**　赞比亚共和国副总统卢潘多·奥古斯丁·费斯图斯·姆瓦佩对中国进行正式访问。

**16 日—20 日**　纳米比亚总统波汉巴对中国进行国事访问。

**20 日—24 日**　吉尔吉斯斯坦外交部长阿利克别克·杰克申库洛夫对中国进行正式访问。

**21 日—23 日**　布隆迪共和国对外关系与合作部长安托瓦内特·巴图穆布维拉对中国进行正式访问。

**28 日**　国家主席胡锦涛接受阿尔及利亚、马其顿、芬兰、卡塔尔、塔吉克斯坦、刚果（金）、尼日尔、索马里、巴勒斯坦、格林纳达、阿富汗、吉尔吉斯斯坦新任驻华大使递交的国书。

# 2005 年中国外交重要文献

## 与时俱进，继往开来，构筑亚非新型战略伙伴关系

### ——在亚非峰会上的讲话

（二〇〇五年四月二十二日）

中华人民共和国主席　胡锦涛

尊敬的苏希洛总统，尊敬的姆贝基总统，各位同事：

半个世纪前，大家所熟悉的中国总理周恩来，曾经在印度尼西亚这个美丽的地方，同亚非各国领导人进行了历史性聚会。50 年后的今天，我非常高兴带着 13 亿中国人民对亚非各国人民的深情厚谊，来到雅加达出席亚非峰会，同亚非各国领导人欢聚一堂。首先，我谨对苏希洛总统和姆贝基总统的盛情邀请、对印尼政府的周到安排，表示衷心的感谢。

今天，我们相聚在这里，都怀着良好的愿望，就是要缅怀历史、展望未来、推进合作，共同构筑亚非新型战略伙伴关系。

50 年前的亚非会议，是亚非民族解放运动的一座重要里程碑，是国际关系史上的一个伟大创举。从那时起，亚非发展中国家作为一支独立的新兴力量，更加有力地登上了国际舞台。那次会议所确立的处理国家关系的十项原则，为建立公正合理的国际政治经济新秩序奠定了重要基础。那次会议所倡导的团结、友谊、合作的万隆精神，成为半个世纪以来激励广大发展中国家为实现民族振兴和推动人类进步而不懈奋斗的强大动力，有力地推动了亚非国家的联合自强，促进了世界的和平与发展。

各位同事！

令人十分高兴的是，今日的亚非大陆，在自强振兴的道路上取得了巨大的历史性成就。50年来，经过亚非各国人民顽强奋斗，亚非各国经济社会显著发展，亚非区域合作方兴未艾。亚非国家的对话和协调明显增强，在国际事务中的地位和作用显著上升。进入新世纪，亚洲和非洲这两个人类文明的重要发源地，正在进一步发展和复兴的伟大征程上阔步前进，展现出美好的前景。

综观当今世界，和平、发展、合作已成为时代潮流。经济全球化趋势深入发展，科技进步突飞猛进，生产要素流动和产业转移加快，各国相互依存日益加深。这一切，为亚非国家加快发展带来了历史性机遇。另一方面，霸权主义、恐怖主义、局部战争、跨国犯罪等问题仍然影响着世界的和平与稳定，环境恶化、自然灾害、传染性疾病等因素依然威胁着人类的生存和发展。由于全球经济发展不平衡、南北差距扩大和贸易保护主义抬头等外部因素，加之自身基础薄弱，广大发展中国家在经济社会发展中面临着不少困难和矛盾，有的甚至面临被边缘化的危险。

新的形势，新的机遇，新的挑战，新的要求，赋予我们共同的历史责任和历史任务。我们共同面临着加快经济社会发展、提高人民生活水平的艰巨任务。我们共同面临着应对传统安全威胁和非传统安全威胁、维护世界和平与稳定的重大使命。我们共同面临着维护发展中国家权益、建立公正合理的国际政治经济新秩序的重要课题。

共同的责任，共同的任务，要求我们大力弘扬万隆精神，抓住历史机遇，加强团结合作，共绘亚非新型战略伙伴关系的蓝图。我相信，在亚非发展重要历史时刻召开的这次亚非峰会，将成为亚非合作的新起点，将作为亚非关系史上又一个划时代的重大事件载入史册。

各位同事！

构筑长期稳定、内涵丰富、与时俱进的亚非新型战略伙伴关系，是我们共同关心的重大问题。在这里，我愿发表如下意见，同各位同事一起探讨。

——政治上，我们亚非国家要成为相互尊重、相互支持的合作伙伴。要在《联合国宪章》、和平共处五项原则和万隆会议十项原则等公认的国际关系基本准则的基础上，坚持主权平等，共同推进多边主义，促进国际关系民主化，维护联合国在国际事务中的中心作用，维护发展中国家的正当权益。

——经济上，我们亚非国家要成为优势互补、互利共赢的合作伙伴。要拓展合作渠道，丰富合作内涵，扩大合作模式，探讨建立自由贸易安排，促进经贸合作和相互投资。要推动亚非区域组织的交流和合作，充分

调动政府、民间、企业和国际组织的力量。要加强应对经济全球化的能力建设，就发展战略问题开展对话，相互学习，共同提高。要加强政策协商，积极参加国际经济、金融、贸易规则的制定，争取公平的竞争条件，创造更多市场机会和发展空间。要促进南南合作，推动经济全球化朝着均衡、普惠、共赢的方向发展。

——文化上，我们亚非国家要成为相互借鉴、取长补短的合作伙伴。要发扬亚非会议求同存异的优良传统，倡导开放包容精神，尊重文明、宗教、价值观的多样性，尊重各国选择社会制度和发展模式的自主权，推动不同文明友好相处、平等对话、发展繁荣，共同构建一个和谐世界。

——安全上，我们亚非国家要成为平等互信、对话协作的合作伙伴。要树立互利、互信、平等、协作的新安全观，以对话增进互信，以协商化解矛盾，以合作谋求稳定，共同应对各种传统安全威胁和非传统安全威胁，维护世界和平。

各位同事！

发展是增进人民福祉、促进社会进步的根本途径，是巩固政治独立、维护国家稳定的重要保障。因此，发展是亚非国家最为紧迫的任务。亚非的发展，同世界其他地区的发展息息相关。亚非两大洲，地域占世界的一半，人口占世界的四分之三。没有亚非发展中国家的发展，就没有世界的发展。广大亚非发展中国家的发展，也离不开同其他地区国家的交流和合作。维护世界和平、促进共同发展，是世界各国共同面临的长期任务。我们要在平等互利的基础上，积极促进和改善南北关系，努力推进南北对话和合作，以期维护和拓展发展中国家的正当权益，在互利互惠、取长补短中实现共赢，共同促进世界的和平、稳定、繁荣，共同为人类进步做出贡献。

各位同事！

在这里，我愿郑重重申：中国将坚定不移地走和平发展的道路。中国外交政策的宗旨是维护世界和平、促进共同发展，中国永远是发展中国家的一员，加强同发展中国家的团结合作是中国外交的基石，在维护世界和平、促进共同发展的进程中，中国将始终同广大发展中国家风雨同舟、和衷共济。

中国的发展离不开同发展中国家的合作。新中国成立50多年来，我们在建设国家、维护国家主权、推进国家统一的进程中，得到了广大发展中国家坚定有力的支持和帮助。对此，中国政府和人民衷心感谢并将永远铭记。

中国将始终致力于同亚非国家实现共同发展。中国已经成为亚非国家出口增长最快的市场。2004年，中国对亚非国家的贸易额达到4629.9亿美元，占中国对外贸易总额的 40%。中国向多个亚非最不发达国家提供了优惠关税待遇，并减免了一些亚非国家的债务。中国加强同东南亚国家联盟、非洲联盟、阿拉伯国家联盟等亚非区域组织的对话和合作，分别建立了中非合作论坛、中阿合作论坛。中国同亚非国家的合作提高到了一个新的水平。去年底，印度洋沿岸国家遭受地震海啸灾害，中国政府和人民深表同情，开展了中国政府迄今为止最大规模的对外救援行动，显示了中国人民同亚非人民共度艰辛的坚定信念和真诚愿望。

各位同事！

加强亚非团结合作，维护亚非和平稳定，促进亚非发展振兴，是一项崇高的事业，是时代赋予我们的历史使命。亚非振兴的前途是光明的，但道路是不平坦的，需要我们长期艰苦奋斗。让我们肩并肩、手拉手，继承和发扬万隆精神，共同谱写亚非合作的新篇章，同各国人民一道创造世界更加美好的明天。

谢谢大家。

# 携手开创未来 推动合作共赢
## ——在八国集团与中国、印度、巴西、南非、墨西哥五国领导人对话会上的书面讲话

（二〇〇五年七月七日）

中华人民共和国主席 胡锦涛

布莱尔首相，

各位同事：

很高兴来到苏格兰鹰谷同各位见面，共同探讨应对我们面临的挑战，推动解决全球性问题。首先，我谨对布莱尔首相的盛情邀请表示感谢。

当前，和平与发展仍是当今时代的主题，世界多极化和经济全球化的趋势加速发展，科技进步日新月异，各国面临着难得的发展机遇。同时，我们也面临着地区冲突不止、贫富差距拉大、恐怖主义、环境恶化、金融风险、重大传染疾病等传统安全威胁和非传统安全威胁的挑战。这些问题涉及人类政治、经济、社会生活等各个方面，关系世界的和平、稳定、繁荣。世界经济正呈现出较强的增长势头，但也面临不少问题，需要我们共同应对。

在这机遇和挑战并存的历史时刻，携手开创未来、推动合作共赢，是世界各国人民的共同心愿和国际社会的广泛共识。各位同事来自在国际政治经济事务中有着重要影响的国家，对推动世界和平与发展负有重要职责。我们应该抓住机遇，在以下几个方面向国际社会表明我们开创未来、实现共赢的坚定决心。

第一，共同进行努力，保持世界经济稳定增长。这是促进世界各国人民福祉最有效的途径，也有利于维护世界的和平与稳定。我们这些国家的经济总量约占全球的75%，我们把各自国家的事情办好了，对推动世界经济均衡、持续发展具有重要作用。为此，我们应该共同承诺采取切实有效的财政政策和货币政策，调整经济结构，促进世界经济均衡、持续发展。

第二，加强政策磋商，推动解决影响世界经济发展的深层次问题。我们应该积极推动国际金融体制改革，为世界经济增长营造公平、稳定、高效的金融环境。我们应该支持多边贸易体制建设，为世界经济增长构建公平、公正、合理、开放的贸易环境，确保大多数国家特别是发展中国家从中受益。我们还应该共同稳定国际能源市场，为世界经济增长营造充足、安全、经济、清洁的能源环境。

第三，开展务实合作，落实千年发展目标。今年是国际合作的重要发展年。发展将成为联合国成立 60 周年首脑会议等重要国际会议的主题。我们应该积极达成新的全球共识。发达国家应该拿出切实可行的方案，兑现其在资金、债务、市场准入等方面的承诺，尤其是要实现官方发展援助达到其国民总收入 0.7% 的目标，并探讨建立新的发展融资机制。非洲发展问题理应得到国际社会更多关注。要切实增加对非洲国家的援助，包括加快落实减免债务的承诺。中国也将继续为支持和帮助非洲国家发展作出自己的努力。发展中国家应该积极推进体制改革和结构调整，为促进发展创造良好的国内环境。联合国秘书长报告就此提出了许多有益的建议，我期待着以此为基础推动国际发展合作取得新的进展。

第四，深化南北对话，建立新型合作伙伴关系。经济全球化趋势深入发展，给我们提出许多共同任务。加强南北合作，共同应对全球性威胁和挑战，是我们当前面临的一项重要任务。我们应该在平等互利、求同存异、灵活务实的基础上开展南北对话，在互利互惠、取长补短中实现共赢。我高度评价这次对话会议，同时认为这种对话应该着眼于逐步推动建立长期、全面的新型南北合作伙伴关系。

各位同事！

这次会议涉及的气候变化和国际贸易问题事关各国的切身利益，事关世界经济的可持续发展。

气候变化既是环境问题，也是发展问题，归根到底是发展问题。尽管各国对气候变化的认识和应对手段尚有不同看法，但通过合作和对话、共同应对气候变化带来的挑战是大家的基本共识。各国在推进发展的过程中，应该本着对本国人民和世界各国人民负责的态度，充分考虑资源和环境的承受力，统筹考虑当前和未来的发展，积极加强国际合作，共同应对气候变化带来的挑战。

我想强调的是，包括中国在内的广大发展中国家，经济发展水平都还不高，人民生活都还不富裕，发展经济、提高人民生活水平是他们最紧迫的任务。支持发展中国家加快发展，也是保持世界经济持续发展的重要条件。目前，发展中国家人均能耗还很低。随着经济社会不断发展，发展中国家的能耗不可避免地会有所上升。但我们认识到，高能耗、高污染、高排放的经济发展模式是不可持续的，必须采取坚决有力的措施抓紧加以改变。

加强在气候变化上的国际合作，一是要坚持发挥《联合国气候变化框架公约》及其《京都议定书》的指导作用，遵循公约确定的“共同但有区别的责任”等原则，发达国家应该继续率先采取减排行动，并帮助发展中国家提高应对气候变化的能力。二是要牢固树立在可持续发展框架内应对

气候变化的观念，改变不可持续的生产方式和消费方式，节约资源，减少污染，改善生态环境，走经济发展与人口、资源、环境相协调的发展道路。三是要重视科学技术的作用，加强务实合作，加快有关科技尤其是能源技术的进步和推广，实现经济发展和环境保护相互促进。我认为，英方提出的有关想法具有建设性。在此，我想提出三项具体建议。

（一）探讨建立有效的技术推广机制。这种机制既要符合市场规律，又要从气候变化、实现全球可持续发展的大局出发，切实降低技术转让成本，使更多发展中国家买得起、用得上先进环境友好型技术。

（二）开展互利技术合作。应对气候变化所需要的许多关键能源技术尚在研发之中，应该依靠国际社会广大成员国的合力，抓紧取得突破性进展。中国愿同各国加强相关合作，以在中国搞示范项目和建立联合技术研发中心等多种方式，共同开发清洁能源、提高能效等方面的先进技术。

（三）保障资金来源。目前，国际社会用于改善气候变化的资金远远不能满足需求。可以建立一个资金问题专家小组，研究如何扩大多边、双边和私营部门的融资规模，简化资金审批和使用手续，为广大发展中国家开展应对气候变化的合作提供资金支持。

实现可持续发展，是中国经济社会发展的重要目标。我们提出坚持以人为本、全面协调可持续的科学发展观，强调要统筹城乡发展、统筹区域发展、统筹经济社会发展、统筹人与自然和谐发展、统筹国内发展和对外开放，坚持走生产发展、生活富裕、生态良好的文明发展道路，就是为了增强发展的后劲和可持续性，也是为了对促进世界经济可持续发展做出贡献。

中国作为一个负责任的发展中国家，为应对气候变化采取了一系列有利于缓解温室气体排放的政策措施。我们按照落实科学发展观的要求，加快调整经济结构和转变经济增长方式，积极抑制高耗能产业，推动建立能源资源节约型国民经济体系；大力改善能源结构，积极发展优质能源，促进新能源和可再生能源的开发利用，推广清洁能源；提高能源利用率，广泛采取节能技术；推动发展循环经济，努力建设资源节约型、环境友好型社会。中国先后制定了节能中长期专项规划、可再生能源法等法律法规和政策。通过以上措施，中国在减少温室气体排放方面取得了初步成效。中国正在着手制定应对气候变化的国家战略，进一步致力于缓解温室气体排放，以同世界各国一道积极应对全球气候变化。

各位同事！

目前，多边贸易体制的发展正处于关键时期。贸易壁垒不断出现，贸易摩擦时有发生，特别是贸易保护主义趋于严重，不利于多边贸易体制健康发展，也为世界经济增长带来了新的不确定因素。建设公开、公正、合理、透明、开放、非歧视的国际多边贸易体制，有利于促进地区和全球贸易稳定增长，有利于推动世界经济均衡、持续发展，符合各方利益。

多哈回合是发展回合。世界贸易组织成员中，85%是发展中成员，谈判应该充分考虑发展中成员的发展水平和承受能力，通过特殊和差别待遇使他们能够保留必要的政策空间，实施符合本国国情的发展战略。多哈回合应该切实推进贸易自由化进程，逐步扩大市场开放。我们应该推动第六届世界贸易组织部长级会议取得成功，为在2006年完成多哈谈判铺平道路。我们应该把握机遇，拿出诚意，化解分歧，扩大共识，采取灵活务实的态度，共同推动谈判进程。

中国政府是多边贸易体制的积极拥护者和参与者。中国加入世界贸易组织后，严格信守承诺，进一步完善法律法规，扩大对外开放。中国市场潜力巨大，已成为世界第三大进口市场和亚洲第一大进口市场，2004年中国进出口总额达到11548亿美元，成为世界经济增长的一个重要发动机。中国的发展目标是，到2020年实现国内生产总值比2000年翻两番，达到4万亿美元左右，人均国内生产总值达到3000美元左右。这意味着中国市场的规模和总需求将要翻两番。我相信，在这一进程中，世界各国都能够从中国的发展中找到发展机遇和巨大商机。中国的发展不仅造福中国人民，也给世界各国带来了发展机遇。随着中国经济不断发展，中国对世界经济增长的贡献将不断加大。

让我们顺应时代潮流，遵从人民意愿，加强互利合作，实现合作共赢，共同推进人类和平与发展的崇高事业。

谢谢。

# 努力建设持久和平、共同繁荣的和谐世界
## ——在联合国成立60周年首脑会议上的讲话

（二〇〇五年九月十五日）

中华人民共和国主席　胡锦涛

主席先生，

各位同事，各位代表，

女士们，先生们：

在这个庄严而重要的时刻，世界各国的领导人和代表集聚一堂，共同纪念联合国成立60周年，重申我们对恪守《联合国宪章》宗旨和原则的承诺，表达维护世界和平、促进共同发展的决心。这是世界各国人民的共同愿望，也是各国有见识的政治家的共同认识。

联合国的成立，是人类为和平与发展长期努力的结果。联合国体现了世界各国人民"欲免后世再遭今代人类两度身历惨不堪言之战祸"、"彼此以善邻之道，和睦相处"的崇高精神，承载了国际社会共同促进经济社会发展的美好理想。60年的实践表明，联合国的成立是人类历史上一件具有划时代意义的大事，是人类和平进步事业发展的一座重要里程碑。

60年来，人类社会沧桑巨变，国际舞台风云变幻，联合国也历经种种考验，走过了不平凡的历程。我们高兴地看到，60年来特别是冷战结束以来，广大会员国共同努力，推动联合国各项事业蓬勃发展，使联合国在维护世界和平、推动共同发展、促进人类文明等方面发挥了重要作用，取得了巨大成就。

60年来，尽管地区动荡不断、局部冲突时有发生，但各国更加重视对话合作，更加重视谈判解决争端，通过联合国预防和制止武装冲突、维护世界和平日益成为国际社会的普遍诉求。遵守国际责任，承担国际义务，以和平方式解决争端，采取有效集体措施，共同维护地区和全球安全，是成立联合国的初衷，也越来越成为国际社会实现持久和平、普遍安全的必由之路。

60年来，尽管强权政治依然存在、国际关系民主化尚未实现，但对话交流、和睦相处已成为国际关系的主流，各国互相尊重、平等相待日益成为国际社会的重要共识。尊重国家主权和领土完整，尊重各国自主选择社会制度和发展道路的权利，是联合国宪章的重要原则，也越来越成为不同社会制度、不同发展水平国家互相建立和发展关系的指导原则。

60年来，尽管世界发展还很不平衡、贫穷和饥饿仍在不少国家肆虐，但国际社会已经制定了减少贫困、促进发展的目标，加强合作、共同发展日益成为各国的普遍选择。加强国际合作，促进共同发展，实现互利共赢，是联合国的重要宗旨，也越来越成为实现各国共同发展繁荣的重要途径。

主席先生、各位同事！

新的世纪为人类社会发展展现了光明前景。在维护世界和平、促进共同发展的道路上，我们既面临着难得机遇，也面临着严峻挑战。

要和平、促发展、谋合作是时代的主旋律。世界多极化和经济全球化的趋势深入发展，科技进步日新月异，世界生产力显著提高，全球经济保持总体增长，各类全球性和区域性合作生机勃勃，国际关系民主化不断推进。人类正以前所未有的速度发展进步。

同时，世界和平与发展这两大问题还没有得到根本解决。因种种原因导致的局部战争和冲突时起时伏，地区热点问题错综复杂，南北差距进一步拉大，许多国家人民的基本生存甚至生命安全得不到保障，国际恐怖势力、民族分裂势力、极端宗教势力在一些地区还相当活跃，环境污染、毒品走私、跨国犯罪、严重传染性疾病等跨国性问题日益突出。人类实现普遍和平、共同发展的理想还任重道远。

主席先生、各位同事！

历史昭示我们，在机遇和挑战并存的重要历史时期，只有世界所有国家紧密团结起来，共同把握机遇、应对挑战，才能为人类社会发展创造光明的未来，才能真正建设一个持久和平、共同繁荣的和谐世界。我愿就此发表以下几点意见。

第一，坚持多边主义，实现共同安全。和平是人类社会实现发展目标的根本前提。没有和平，不仅新的建设无以推进，而且以往的发展成果也会因战乱而毁灭。无论对于小国弱国还是大国强国，战争和冲突都是灾难。因此，各国应该携起手来，共同应对全球安全威胁。我们要摒弃冷战思维，树立互信、互利、平等、协作的新安全观，建立公平、有效的集体安全机制，共同防止冲突和战争，维护世界和平与安全。

联合国作为集体安全机制的核心，在保障全球安全的国际合作中发挥着不可替代的作用。其作用只能加强，不能削弱。《联合国宪章》确定的宗旨和原则，对维护世界和平与安全发挥着举足轻重的作用，已经成为公认的国际关系基本准则，必须得到切实遵循。安理会作为联合国维护世界和平与安全的专门机构，其维护世界和平与安全的权威必须得到切实维护。

我们应该鼓励和支持以和平方式，通过协商、谈判解决国际争端或冲突，共同反对侵犯别国主权的行径，反对强行干涉一国内政，反对任意使

用武力或以武力相威胁；应该加强反恐合作，坚持标本兼治，重在消除根源，坚决打击恐怖主义；应该按照公正、合理、全面、均衡的原则，实现有效裁军和军备控制，防止核扩散，积极推进国际核裁军进程，维护全球战略稳定。

第二，坚持互利合作，实现共同繁荣。发展事关各国人民的切身利益，也事关消除全球安全威胁的根源。没有普遍发展和共同繁荣，世界难享太平。经济全球化趋势的深入发展，使各国利益相互交织、各国发展与全球发展日益密不可分。经济全球化应该使各国特别是广大发展中国家普遍受益，而不应造成贫者愈贫、富者愈富的两极分化。联合国应该采取切实措施，落实千年发展目标，特别是要大力推动发展中国家加快发展，使21世纪真正成为"人人享有发展的世纪"。

我们应该积极推动建立健全开放、公平、非歧视的多边贸易体制，进一步完善国际金融体制，为世界经济增长营造健康有序的贸易环境和稳定高效的金融环境；应该加强全球能源对话和合作，共同维护能源安全和能源市场稳定，为世界经济增长营造充足、安全、经济、清洁的能源环境；应该积极促进和保障人权，努力普及全民教育，实现男女平等，加强公共卫生能力建设，使人人享有平等追求全面发展的机会和权利。

发达国家应该为实现全球普遍、协调、均衡发展承担更多责任，进一步对发展中国家特别是重债穷国和最不发达国家开放市场，转让技术，增加援助，减免债务。发展中国家要充分利用自身优势推动发展，广泛开展南南合作，推动社会全面进步。中国将尽自己所能，为推动各国共同发展做出积极贡献。

第三，坚持包容精神，共建和谐世界。文明多样性是人类社会的基本特征，也是人类文明进步的重要动力。在人类历史上，各种文明都以自己的方式为人类文明进步做出了积极贡献。存在差异，各种文明才能相互借鉴、共同提高；强求一律，只会导致人类文明失去动力、僵化衰落。各种文明有历史长短之分，无高低优劣之别。历史文化、社会制度和发展模式的差异不应成为各国交流的障碍，更不应成为相互对抗的理由。

我们应该尊重各国自主选择社会制度和发展道路的权利，相互借鉴而不是刻意排斥，取长补短而不是定于一尊，推动各国根据本国国情实现振兴和发展；应该加强不同文明的对话和交流，在竞争比较中取长补短，在求同存异中共同发展，努力消除相互的疑虑和隔阂，使人类更加和睦，让世界更加丰富多彩；应该以平等开放的精神，维护文明的多样性，促进国际关系民主化，协力构建各种文明兼容并蓄的和谐世界。

第四，坚持积极稳妥方针，推进联合国改革。《联合国宪章》确立的各项宗旨和原则，符合和平、发展、合作的历史潮流，符合国际关系健康发展的本质要求，符合世界各国人民的根本利益。我们应该通过合理、必要的改革，维护联合国权威，提高联合国效率，更好地发挥联合国作用，增强联合国应对新威胁新挑战的能力。

联合国改革是全方位、多领域的，可以先易后难、循序渐进，推动改革尽可能多出成果。改革应该重点推动联合国加大在发展领域的投入，致力于维护《联合国宪章》的宗旨和原则，增进广大会员国团结。

安理会改革是联合国改革的一项重要内容。要通过改革安理会，优先增加发展中国家特别是非洲国家的代表性，让更多国家特别是中小国家有更多机会参与安理会决策。改革涉及各国利益，应该充分协商，在达成广泛共识的基础上作出决定。

主席先生、各位同事！

在这里，我愿重申：中国将坚定不移地高举和平、发展、合作的旗帜，坚定不移地走和平发展道路，坚定不移地奉行独立自主的和平外交政策，在和平共处五项原则的基础上同世界各国发展友好合作关系。中国将始终不渝地把自身的发展与人类共同进步联系在一起，既充分利用世界和平发展带来的机遇发展自己，又以自身的发展更好地维护世界和平、促进共同发展。中国将一如既往地遵守《联合国宪章》的宗旨和原则，积极参与国际事务，履行国际义务，同各国一道推动建立公正合理的国际政治经济新秩序。中华民族是热爱和平的民族。中国的发展不会妨碍任何人，也不会威胁任何人，只会有利于世界的和平稳定、共同繁荣。

主席先生、各位同事！

在人类漫长的发展史上，各国人民的命运从未像今天这样紧密相连、休戚与共。共同的目标把我们联结在一起，共同的挑战需要我们团结在一起。让我们携手合作，共同为建设一个持久和平、共同繁荣的和谐世界而努力！

谢谢。

# 加强多边合作　促进共同发展
## ——在第二届世界议长大会上的发言

（二〇〇五年九月七日）

中华人民共和国全国人民代表大会常务委员会委员长　吴邦国

主席先生、各位同事：

在纪念联合国成立60周年和世界反法西斯战争胜利60周年之际，各国议长再次相聚联合国总部，回顾2000年首届议长大会以来采取的行动，探讨新形势下加强多边合作、应对人类社会面临的新挑战等重大问题，对维护世界和平、促进共同发展具有重要意义。

主席先生、各位同事：

上个世纪，人类经历了两次世界大战，给各国人民造成的灾难与痛苦至今难以忘却，启示我们更加懂得和平的珍贵、发展的重要。过去的60年，虽然有过近半个世纪的冷战，但从总体上看，人类社会进行的伟大创造、取得的巨大成就，是历史上任何一个时期都无法比拟的。世界上大多数国家赢得了独立和安宁，许多国家实现了经济跨越式发展，新兴工业化国家相继崛起，越来越多国家的人民开始过上好日子。

当前，国际局势总体趋向缓和，世界多极化和经济全球化的趋势深入发展，科学技术突飞猛进，经济联系日益密切，相互依存和相互影响不断加深，要和平、谋合作、促发展的时代潮流势不可挡。同时也要看到，我们生活的这个世界并不太平。影响世界和平与发展的不稳定、不确定因素增多，传统安全威胁和非传统安全威胁的因素相互交织，霸权主义和强权政治有新的表现，恐怖主义危害上升，局部冲突此起彼伏，南北差距仍在扩大，环境、毒品、难民和传染性疾病等全球性问题日益突出。消除威胁、应对挑战，实现人类社会的持久和平与持续发展，迫切需要国际社会的通力合作，需要世界各国坚持不懈的共同行动。

这里，我想就加强多边合作问题讲几点意见，与各位共同探讨。

一是，相互尊重。相互尊重是多边合作的前提。世界是丰富多彩的。各国人民在漫长历史进程中创造了独特的文化，为人类社会的文明进步做出了贡献。应当尊重世界文明的多样性，在坚持相互尊重、平等相待的基础上，促进国际关系民主化。国家不分大小、强弱、贫富，都是国际社会的平等一员，都应受到国际社会的尊重。大国应该尊重小国，强国应该扶持弱国，富国应该帮助穷国。应当相互尊重独立、主权和领土完整，我们反对以大欺小、以强凌弱、以富压贫。各国人民都有根据本国国情自主选择社会制度和发展道路的权利，任何国家无权干涉。各国的事情应当由各国人民自己决定，世界上的事情应当由各国平等协商。

二是，建立互信。建立互信是多边合作的保障。各国国情不同，在处理国际事务中维护本国利益是无可厚非的，但这不应该影响建立互信。事实证明，成熟的国家关系、成功的多边合作都是建立在互信基础上的。多边合作应当维护和发展共同利益，坚持平等协商，互谅互让，妥善处理彼此关切。应当加强对话，加深了解、增进互信。应对传统安全威胁和非传统安全威胁，应当树立互信、互利、平等、协作的新安全观。坚持通过对话与合作解决争端，反对动辄诉诸武力或以武力相威胁。应当摒弃冷战思维，超越社会制度和意识形态的差异，不断扩大利益交汇点。

三是，共同发展。共同发展是多边合作的目的。现代科学技术和经济全球化的发展，并没有使世界各国普遍受益，南北差距和贫富悬殊更趋严重，全世界仍有近五分之一的人民生活在绝对贫困线以下。不从根本上改变这种状况，难以避免国际社会的动荡，难以实现世界的普遍繁荣。加强多边合作，应当以促进共同发展为目的，特别重要的是要促进发展中国家的发展，这也是联合国千年发展目标的重要内容。事实上，没有发展中国家的发展，发达国家的繁荣也难以持久。发达国家应更加重视发展中国家，兑现承诺，切实减免债务，增加没有任何附加条件的援助，帮助发展中国家提高自我发展的能力。应切实加强南南合作，在平等互利的基础上推进南北合作。国际社会应更多地倾听发展中国家的呼声，维护发展中国家的正当权益，推动世界经济朝着均衡、稳定、普惠、共赢的方向发展。发展中国家的发展最终要靠自己。发展中国家应把加快发展、不断提高人民生活水平作为最重要的任务，结合本国实际，吸收世界文明成果，不断提高自我发展能力。

主席先生、各位同事：

充分发挥联合国的积极作用，对开展多边合作至关重要。联合国作为最具普遍性、代表性和权威性的主权国家间的国际组织，在国际事务中发挥着不可替代的作用，是实践多边主义的最佳场所，是集体应对威胁和挑战的有效平台。在世界多极化和经济全球化的趋势不断发展的新形势下，国际社会应当共同恪守《联合国宪章》的宗旨和原则，继续发挥联合国的积极作用，切实维护联合国及其安理会的权威，不断提高联合国的效率。

议员代表人民，议会反映民意。议会交往是国家关系的重要组成部分，议会多边合作在国际合作中发挥着独特作用。各国议会联盟是当今世界规模最大、最具影响力的国际议会组织，是各国议会开展多边合作的重要舞台。各国议会联盟应进一步加强与联合国的实质性互动与协调，建立更加紧密的工作联系，开辟更加广阔的合作领域；应进一步加强与各区域

性议会组织的联系，共同提高议会多边合作的效能和水平；应进一步加强与各国议会的联系，为促进各国议会间的交流与合作创造条件，提供支持和服务。

主席先生、各位同事：

中华民族是爱好和平的民族。中国是国际大家庭中负责任的一员。我们坚持以经济建设为中心，坚持改革开放，不断提高人民生活水平，努力构建社会主义和谐社会。我们始终不渝地奉行独立自主的和平外交政策。维护世界和平、促进共同发展是我们外交政策的宗旨。中国走的是一条和平发展的道路，并将坚定不移地沿着这条道路走下去。中国过去是、现在是、将来永远是维护世界和平、促进共同发展的积极因素和坚定力量。

中国全国人大愿与世界各国议会一道，充分利用各国议会联盟这个重要舞台，开展各种形式的多边合作，为建设和平、繁荣、和谐的新世界而不懈努力。

谢谢主席！

# 尊重不同文明，共建和谐世界
## ——在法国巴黎综合理工大学的演讲
（二〇〇五年十二月六日，巴黎）

中华人民共和国国务院总理　温家宝

尊敬的教育部长先生，尊敬的校长先生，同学们，老师们：

法国巴黎综合理工大学是法兰西的骄傲。这里聚集了才华横溢的知识精英，培养出许多像贝克莱尔、勒威耶、阿莱这样的杰出人才，为法兰西乃至世界文明的进步做出了贡献。应邀来这所知名学府演讲，我感到很高兴。

我演讲的题目是：尊重不同文明，共建和谐世界。

在人类社会的历史长河中，我们勇敢、智慧和勤劳的祖先创造了丰富多彩的文明。随着时间的推移，这些文明有的成为了历史，有的生生不息地一直延续下来，有的相互交融产生了新的文明。今天，人类文明正在发生深刻的变革。科技进步和经济文化交往缩短了各种文明之间的距离。无论在巴黎的香榭丽舍大街还是在北京的长安街，都可以看到不同服装、不同肤色、不同母语的人们接踵而行。无论在东方还是西方，人们的交往从来没有像今天这样密切，影响人们日常生活的因素已不再局限于某一种文化。文化是一个民族的灵魂，是她赖以生存和延续的基础。无论对中华民族还是对法兰西民族来说，我们各自继承和发扬的文化都是民族之根、国家之魂。文化多样性是人类文明的重要特征。文化多样性之于人类社会，就如同生物多样性之于自然界一样，是一种客观现实。只有尊重文化的多样性，才能使人类文明得以发展。

如何才能使不同文明共存和发展，归根到底在于“和”。这就是国与国之间的和平，人与人之间的和睦，人与自然之间的和谐。

站在人类文明发展的高度上，我们应该把和平放在第一位。不同文明的国家之间有没有可能和平相处？答案是肯定的。我们生活的这个星球上，有60多亿人口，200多个国家，2500多个民族，6000多种语言，有基督教、天主教、伊斯兰教、佛教和道教等多种宗教。正是这些不同文明的相互依存、相互交流、相互借鉴、相映生辉，才构成今天这个丰富多彩的世界。中国自古就有以和为贵、和而不同、和实生物的思想。“以和为贵”就是说国家之间、民族之间、人与人之间要以团结互助、友好相处为最高境界；“和而不同”就是说一个国家、一个民族既能容纳不同的文明

存在，又能保留自己的优秀文明传统；“和实生物”就是说只有不同文明之间相互吸收借鉴，才能文物化新，推进文明的进步。“和”是中国文化传统的基本精神，也是中华民族不懈追求的理想境界。早在一千多年前，中国的唐代对外交流就非常活跃。世界上与唐朝交往的国家有七十多个。丝绸之路上和平的使团、商队络绎不绝。中国文化那时就传播到了东罗马帝国、阿拉伯国家，同时唐代的舞蹈、音乐、绘画、食品、服装、宗教也吸纳了外来文化的精华，将中华文明推向一个新的高峰。

人与人之间的和睦相处是社会文明的重要标志，也是国家稳定的基础。中国古代著名思想家孟子说过：“天时不如地利，地利不如人和。”就是说只要人们和睦相处，就什么困难都能克服。要真正实现人与人之间的和睦，就需要发展社会生产力，消除贫穷与落后，使人们过上富裕的生活；就需要实现社会的公平与正义，坚持法律面前人人平等，尊重和保障人权；就需要提倡不同民族、不同信仰的人们相互包容、相互尊重、与人为善、以邻为伴。

人与自然的和谐相处是人类文明发展的前提。中国文化提倡“天人合一”的思想。所谓天人合一，包含着人与自然界相统一的意思。资源与环境是人类生存的基本条件，人类文明的发展从来就是依附于自然的。人可以认识自然，在与自然的和谐相处中谋生存、求发展，而不能破坏自然。有的古文明由兴盛走向衰败的一个重要原因就是对自然界肆意开发和掠夺，最终导致自然对人类的惩罚，酿成了文明的悲剧。因此，关爱自然，善待自然，是全人类的共同利益。一个失衡的地球是支撑不起现代文明大厦的。

刚刚过去的20世纪是人类文明大发展的时期。在这100年中，科技上的进步、经济上的发展、思想上的解放和艺术上的创新，都是人类智慧空前的展现，是以往几千年都难以做到的。然而，事情还有另外一面，20世纪同样见证了人类之间的相互残杀，对自然的大规模破坏和大量的贫困、饥荒、疾病。21世纪人类文明正面临前所未有的发展机遇，也面临空前的挑战。只有实现了国与国之间的和平，人与人之间的和睦，人与自然之间的和谐，人类文明才能持续发展。

世界上任何一种文明都是在变革中发展进步的。中国古代的哲学经典《周易》提出“穷则变，变则通，通则久”的思想。中华文明源远流长，却不是一成不变的。几千年来，中华文明延续发展，虽然在近代曾经一度落后，但又能奋起图强，大步前进，这不是偶然的。中华文明发展的基础和内在动力，在于它的刚健自强，在于它的独立意志，在于它的开放包容，在于它的维新变革。中华文明正是通过不断变革而传承下来并发扬光大的。

上个世纪中叶，新中国的成立，标志着“中国人从此站立起来了”。这是中华文明漫长历史中的一个重要里程碑。中国的社会主义社会是一个变革的社会，是一个开放的社会，是一个不断发展和完善的社会。改革开放将贯穿中国社会主义现代化建设的全过程。上世纪 70 年代末以来，中国在社会主义制度的基础上实行了改革开放的政策。中国的改革是全面的改革，我们在推进经济体制改革的同时，积极推进政治体制、文化体制和社会管理体制等方面的改革。实行改革开放，就是要充分激发亿万人民群众的积极性和创造性，进一步解放和发展生产力，不断满足人们日益增长的物质文化需要；就是要充分吸收和借鉴世界一切优秀文明成果，使社会主义永葆生机与活力；就是要贯彻科学发展观，构建和谐社会，实现人的全面发展；就是要健全民主制度，扩大公民有序的政治参与，贯彻依法治国的基本方略，建设社会主义法治国家。总之，我们通过改革将使社会更加发达、更加自由、更加平等，也更有秩序、更有法制，使中华文明更加灿烂辉煌。

摆脱贫困、谋求发展，是一代又一代中国人的追求和梦想。多少年来，我们的民族，即使在最艰难的时刻，心中总有着一盏明灯，它照亮我们的前程，使每个中国人燃起希望和勇气的火焰。我们深知，中国是一个拥有 13 亿人口的不发达国家，在发展中所遇到的问题，无论就其规模还是复杂性而言，都是举世罕见的，彻底摆脱贫困和落后还有很长的路要走。但我们坚信，一代又一代中国人传承着希望和勇气的灯火，不畏艰辛、百折不挠、团结奋斗，一定能够把中国建设成富强、民主、文明的社会主义现代化国家。

中国坚定不移地走和平发展道路，实行互利共赢的开放政策。全世界有识之士都看到，中国的发展对世界是机遇，而不是威胁。中国的稳定和发展本身就是对世界和平与繁荣的贡献。中华民族的悠久历史和深重灾难，培养了她自强不息、厚德载物的民族精神。中国作为世界大家庭中的一员，千百年来虽饱经忧患，但以自己的勤劳和智慧推动着世界文明的进步与发展。中华民族历来是一个讲信修睦、崇尚和平的民族。近代以来，中华民族曾经饱受列强入侵的苦难，深知和平的可贵。中国走和平发展道路是基于中国历史文化传统和现实利益需要的必然选择，是长期的、坚定不移的。

女士们，先生们：

中法之间的文化交流是东西方文明发展史上的佳话。中国人很早就对法国文化产生了浓厚兴趣。卢梭、孟德斯鸠等思想家的书籍很早就翻译成中文，在中国进步知识分子中广为流传。法国大革命“自由、平等、博爱”的理念传到了中国，为中国近代反对封建主义和殖民主义运动提供了

精神武器。那时，中国的思想家严复就提出了“身贵自由、国贵自主”的观点。中国现代的许多革命家、思想家、文学家和艺术家都曾求学法国，受过法国文化的熏陶。中国老一辈领导人周恩来、邓小平曾在法国勤工俭学、追求新知。

从17世纪开始，中国的《论语》、《大学》等儒家经典，就通过法国传入欧洲。巴黎曾成为欧洲“中国文化热”的中心。法国的一批杰出的思想家，如笛卡尔、伏尔泰、魁奈、孟德斯鸠，都对中国文化有很深的研究。伏尔泰在其名著《风俗论》中写道：“中国拥有世界上任何其他国家无法相匹的悠久历史，而且形成了光辉的理性主义文化。当世界上其他民族尚处在神话传说的时代，中国人已经在编撰自己的历史了。”许多法国现代的政治家和文学家对中国文化都有很深的感情。1960年诺贝尔文学奖得主、法国诗人圣—琼·佩斯的长篇杰作《远征》就是他在北京西郊的一座道观中完成的。

当前，中法关系正处在历史上最好的时期。战略互信不断增强，经贸关系日益密切，文化交流空前活跃。中国政府珍视同法国的友好合作关系，中国人民珍惜同法国人民的友好情谊。我们把法国看作是值得信赖的朋友和伙伴。我们对中法关系的前景充满信心。

女士们，先生们：

文化是沟通人们心灵最好的桥梁。法兰西文明和中华文明，都是世界文明百花园的奇葩，都有着厚重的历史积淀，都在创新中迸发着无穷的活力。我希望，刚刚结束的中法文化年能够成为中法文化交流与合作的历史新起点。“为了祖国、科学与荣誉”是贵校的校训，也代表了法国青年的理想与追求。青年是国家的希望，是世界的未来。我热切期待着：中法两国人民特别是两国青年携起手来，加强交流，增进了解，使中法文明交相辉映，共同构建和平、和睦、和谐的新世界！

# 坚持开放包容　实现互利共赢

## ——在首届东亚峰会上的讲话

（二〇〇五年十二月十四日）

中华人民共和国国务院总理　温家宝

尊敬的巴达维总理阁下，各位同事：

我很高兴出席这次历史性的会议。东亚峰会的召开是东亚合作进程中的一件大事，是经济全球化与区域合作加快发展的客观要求，是本地区各国相互依存、共同利益不断扩大的必然结果，标志着东亚合作进入一个新的发展阶段。东亚峰会为与会各国共商发展大计提供了一个新的平台，必将推动东亚合作向更大范围、更广领域和更高水平迈进。我们应充分利用这个平台，加强对话，增进互信，扩大交流，深化合作，共同促进本地区的和平、发展与繁荣。

各位同事，

当前，世界正发生着复杂而深刻的变化，既给我们提供了难得的机遇，也给我们带来了诸多挑战。当今世界，和平、发展、合作成为不可阻挡的时代潮流，为本地区国家的发展营造了有利的外部环境。科技进步日新月异，全球产业调整与生产要素转移加快，为各国实现更快发展提供了历史性机遇。丰富的资源、广阔的市场、积累多年的经验，为东亚的发展与振兴奠定了坚实基础。本地区对话与协作不断增强，区域合作方兴未艾，为各国共同发展注入强大动力。

同时，我们也面临着不少困难和挑战。东亚地区既有冷战阴霾和长期存在的领土、民族、宗教等历史问题，也有日益突出的恐怖主义、跨国犯罪、自然灾害、传染性疾病蔓延等新问题；既有发展不平衡，贫富差距拉大的问题，也有能源、资源消耗大幅增长，生态与环境恶化的问题。这些问题相互交织，影响和制约着本地区的稳定与发展。

面对新的形势，顺应潮流、加强协作、共迎挑战，实现本地区的持久和平、发展与繁荣，是我们面临的紧迫课题，是时代赋予我们的历史重任。

这里，我愿意谈几点看法，与各位同事共同探讨。

第一，以发展为中心，促进共同繁荣。东亚是世界上贫困人口较多、贫富差距较大的地区。发展是本地区最突出的矛盾，也是各国面临的首要任务。不从根本上解决发展问题，就难以实现本地区的长治久安。我们应

努力探索符合各自国情的发展道路，减少和消除贫困人口，不断提高人民生活水平。我们应重视体制改革和科技创新，优化经济结构，转变增长方式，努力实现经济社会全面、协调与可持续发展。我们应充分交流和借鉴彼此的发展经验，加大对本地区欠发达国家的支持，促进缩小地区差距，实现共同发展。

第二，构建和睦关系，维护和平稳定。东亚地区历史遗留问题较多，新旧矛盾错综复杂。建立一个各国相互信任、和睦相处的国家关系框架，是实现本地区和平与发展的前提和保障。我们应坚持相互尊重、平等相待，通过对话化解矛盾，通过协商消除分歧。我们应密切高层往来，加强对国际和地区问题的磋商与协调，增进互信，凝聚共识。我们应推进文化交流，促进文明对话，加强民间交往，增进人民间的友谊，夯实国家关系发展的基础，共同营造一个和平、发展、和谐的地区环境。

第三，以合作为途径，实现互利共赢。合作是新形势下实现共同发展的必由之路。惟有合作，我们才能超越彼此分歧；惟有合作，我们才能不断扩大共同利益；惟有合作，我们才能有效应对各种挑战，抵达共赢的彼岸。区域合作是当今时代的一个重要趋势。我们应从战略高度看待和推进本地区的合作进程，本着协商一致、循序渐进的原则，体谅和照顾各国的利益和关切。我们应尊重本地区的多样性，因地制宜，开拓创新，探索出一条符合地区特色的区域合作之路。我们应从本地区的实际出发，把握节奏，扎实推进，使区域合作更加贴近民众，始终沿着有利于本地区互利共赢的方向发展。

各位同事，

我要在这里特别强调，中国支持东亚合作保持透明和开放。中国反对搞封闭的、排他的和针对任何特定一方的东亚合作。中国主张，在区域合作进程中，要坚持开放的思维，倡导开放的地区主义，在开放中推动各国共同进步、促进各地区共同发展。

——只有开放的合作才能实现不断进步。与欧盟和北美地区相比，东亚合作仍处于起步阶段，还要经历一个漫长的发展过程。东亚合作作为新生事物，只有以开放的心态和宽广的胸襟，学习和借鉴其他地区的经验，才能具有持久旺盛的生命力。

——只有开放的合作才能更好地发挥区域优势。本地区各国的国情各异，发展模式与发展阶段不同，文化传统各具特色，多样性突出。各方的利益与合作的需要不尽相同。只有保持区域合作的开放性和透明度，才能凝聚共识，发挥多样性的优势，推动区域合作不断深入。

——只有开放的合作才能顺应时代潮流。在经济全球化迅速发展的条件下，任何国家和地区都不可能孤立地实现发展。封闭、排他只会导致僵化和落后。只有兼容并蓄，海纳百川，吸收人类一切优秀文明成果，融入世界经济发展大潮，才能保持东亚合作持续、健康发展。

历史和现实经验告诉我们，东亚的发展离不开世界。我们要大力推进由本地区国家参加、具有本地区特色、符合本地区要求的区域合作，继续支持东盟在东亚合作进程中发挥主导作用。我们也要考虑和照顾区域外国家在本地区的合理利益，增进这些国家对东亚合作的理解与支持。

印度、澳大利亚和新西兰参与到东亚合作进程中，必将为今后的合作开拓更大的发展空间。我们期待着与三国共同推进东亚的发展与合作大业。我们欢迎俄罗斯参加东亚峰会，也欢迎美国、欧盟等其他区域外国家和组织与东亚合作建立联系，为东亚的稳定与发展发挥积极的建设性作用。我们支持东亚合作与上海合作组织、东盟地区论坛、亚洲合作对话、亚太经合组织、亚欧会议、东亚一拉美合作论坛、亚洲一中东对话、南亚区域合作联盟等机制保持协调，努力营造多种区域合作机制各展所长、相互促进、共同发展的地区合作新格局。

各位同事，

中国改革开放27年来，经济和社会发展取得了显著成就，逐步探索出一条符合中国国情的发展道路，这就是中国特色的社会主义现代化道路，就是和平发展的道路。

中国走和平发展的道路，就是要利用世界和平的有利时机发展自己，同时又以自身的发展更好地维护和促进世界和平；就是主要依靠自身的力量和改革创新，以科学发展观为指导，实现全面、协调和可持续发展，努力构建和谐社会；就是坚持对外开放和积极参与经济全球化进程，在平等互利的基础上发展与世界各国的合作，将自身利益与世界各国的利益紧密结合起来，将中国的发展繁荣融入地区和世界发展繁荣之中。这条和平发展的道路，符合世界发展潮流，符合中国人民和世界人民的根本利益，我们将坚定不移地走下去。

中国将继续坚定地奉行“与邻为善、以邻为伴”的方针和“睦邻、安邻、富邻”的政策，致力于发展与本地区国家的友好合作关系。中国将继续坚持和平共处五项原则，通过对话协商，和平解决与其他国家的争端。中国将继续积极参与区域合作，为推进地区经济一体化作出不懈努力。中国将继续坚持互信、互利、平等、协作的新安全观，促进解决地区热点问题，推动多边安全合作，维护地区的和平稳定。中国将继续尊重本地区文化、宗教和价值观的多样性，推动不同文明与文化间的平等对话与交流。

事实已经并将继续证明，中国是一个负责任的国家，是维护世界和平、促进共同发展的坚定力量。不管国际风云如何变幻，中国将永远做本地区人民可信、可靠的合作伙伴。中国绝不会在本地区谋求支配性地位。

中国的发展，不会妨碍任何人，不会对任何国家构成威胁。一个稳定、开放、繁荣的中国，一定会为维护地区与世界和平、促进人类共同发展做出更大贡献。

各位同事，

中国有句古诗："不畏浮云遮望眼，只缘身在最高层"。我坚信，只要我们站在时代的前沿，以历史的眼光洞察世界大势，以战略家的智慧谋划未来，以互利共赢的精神致力于发展，以务实开放的态度推进区域合作，我们就能克服前进道路上的艰难险阻，不断谱写出本地区和平、发展与繁荣的新篇章。

谢谢大家。

# 和平、发展、合作——新时期中国外交的旗帜

中华人民共和国外交部长　李肇星

在和平发展合作旗帜的指引下，中国外交开拓进取，为国内建设服务，也为维护世界和平、促进共同发展做出了贡献。

一、和平发展合作是不可阻挡的时代潮流

进入二十一世纪，世界形势继续发生深刻变化，多极化与经济全球化在曲折中深入发展，科技进步突飞猛进，人类社会前进的步伐加快，新情况、新矛盾层出不穷。维护世界和平、促进共同发展是各国人民的共同使命。

国际社会在探索与实践中，更加深刻地认识到，应该站在时代发展和人类进步的高度，以合作谋和平，以合作促发展，努力扩大各国利益的汇合点，寻求互利共赢。

——维护共同安全需要合作。非传统安全威胁增加并与传统安全威胁相互交织。各类安全问题的跨国性、相关性、突发性日益增强。一国的安全与地区和全球安全紧密相联。只有通过国际合作，才能有效地解决各国共同的安全问题。冷战思维、单边主义、武力至上行不通。

——实现共同发展需要合作。经济全球化趋势使各国经济相互依存不断加深，也加剧了发展的不平衡，一部分国家面临被边缘化的危险。全球化的经济需要全球性的合作。通过合作，才能逐步解决全球发展失衡问题，有效防范经济和金融风险；才能帮助各国抓住全球化带来的机遇，实现共同发展。

——推进不同文明和谐共存需要合作。信息化改变了人们的生活和生产方式，也使国与国和不同文明之间的关系变得更加复杂。各种文明只有相互尊重、相互包容、相互取长补短，加强沟通、对话与合作，才能在发展自身的同时，为人类的共同进步做出贡献。

近年来，国际社会多领域、多层次、多渠道的合作，已成为越来越多国家的现实选择。各国人民对和平、发展、合作的追求，已汇成时代潮流。

二、坚持和平发展合作是中国社会主义的国家性质和全面建设小康社会的根本任务所决定的

中国长期坚持在《联合国宪章》精神及和平共处五项原则的基础上，同各国发展外交关系和经济文化交流；坚持反对侵略战争、霸权主义和强权政治。中国人民最需要和最珍爱的就是和平与发展。中国是维护世界和

平、促进共同发展的力量。我们的重要战略机遇期就是世界和平得到维护、共同发展得到推进的国际环境和历史进程。我们全面建设小康社会的宏伟目标，必须在这一大的战略前提下才有可能实现。

爱好和平、讲信修睦、协和万邦是中国文化传统的重要组成部分。中华民族在对外交往中，崇尚亲仁善邻，主张和而不同，追求普遍和谐。具有五千年悠久历史的中华文化是中国外交取之不尽的智慧源泉。孔子在两千多年前提出的“己所不欲、勿施于人”，被誉为处理国家间关系的“黄金法则”，镌刻于纽约联合国总部大厅。中国的发展将为人类的进步做出新的贡献。

中国的和平发展道路是一条在维护世界和平中发展自己、又以自身发展促进世界和平的道路；一条统筹国内发展和对外开放的道路；一条勇于参与和平国际竞争又坚持广泛合作的道路。中国选择这条道路，就是要顺应时代潮流，在平等互利的基础上发展同世界各国的友好合作，实现互利共赢；就是要超越传统模式，坚持主要依靠中国自身的力量和改革创新，以科学发展观为指导，实现全面、协调和可持续发展，努力构建社会主义和谐社会。

三、和平发展合作的思想，是对中国独立自主的和平外交政策的丰富和发展

中国政府坚定奉行独立自主的和平外交政策，主张国家无论大小、贫富和强弱，都应一律平等，友好相处。各国应在互利的基础上加强和扩大经济、科技和文化交流与合作，促进共同发展与繁荣。中国的这一主张，维护了中国人民和世界人民的根本利益，赢得了广泛赞誉。

进入新世纪，中国坚持维护世界和平、促进共同发展的外交宗旨，在外交实践中相继提出一系列新的思路和主张，丰富和发展了中国独立自主的和平外交政策。

积极倡导公正、合理的新秩序观。中国主张，应推进多边主义，促进国际关系民主化和法制化，推动建立公正合理的国际秩序。作为国际多边机制的核心和实践多边主义的重要舞台，联合国应进行必要、合理的改革，尤其要最大限度地照顾发展中国家的合理要求和关切。

认真实践以平等互利为核心的新发展观。中国主张，各国在追求发展的进程中应努力实现互利共赢，鼓励彼此开放而不是相互封闭，公平竞争而不是损人利己，优势互补而不是以邻为壑。国际社会应加强协调，推动经济全球化朝着有利于共同繁荣的方向发展。保证发展中国家在国际经济事务中的平等参与。建立开放、公平的贸易体制，改革和完善国际金融体制。通过对话妥善解决经贸摩擦，反对动辄采取单方面制裁和报复措施。

推动树立以互信、互利、平等和协作为主要内容的新安全观。中国主

张，各国在安全上应相互信任，通过互利合作维护地区和国际安全。坚持以协商化解矛盾，以合作谋求稳定。中国支持开展安全对话和建立区域安全合作机制，加强和深化多边安全合作，解决共同面临的安全威胁和挑战。中国反对任何形式的恐怖主义，主张通过加强国际合作，打击恐怖主义并消除产生恐怖主义的根源。

主张形成以尊重多样性为特点的新文明观。中国认为，世界文明的多样性是人类社会的共同遗产和走向昌盛的宝贵源泉，应努力加以维护。各国人民根据本国国情自主选择发展道路是不可剥夺的权利，必须予以尊重。各国要在平等的基础上，在“文明对话”中相互借鉴、取长补短，共同构建和谐的世界。

中国政府的上述主张有浓厚的中国特色，又有鲜明的时代特征，反映了世界发展和人类进步的普遍要求，将对当代国际关系的健康发展产生积极影响。

四、和平发展合作旗帜指引中国外交不断取得新成就

努力促进亚洲地区的和平、稳定与繁荣。中国坚持与邻为善、以邻为伴的方针和睦邻、安邻、富邻的政策，在维护地区和平、促进共同发展中发挥了重要作用。中国用实际行动证明，自己是周边国家的好邻居、好朋友、好伙伴。

在1997年亚洲金融危机中，中国从亚洲国家共同利益出发，坚持人民币币值稳定，并向有关国家提供力所能及的帮助，为亚洲国家最终战胜危机发挥了重大作用。

印度洋地震海啸灾难发生后，中国政府和人民与受灾国政府和人民心心相系，迅速作出反应，开展了建国以来规模最大的一次对外救援行动。

在朝核问题上，中国从大局出发，坚持不懈，积极斡旋，先后促成三方和六方会谈，避免了半岛紧张局势升级，为维护东北亚的和平与稳定发挥了建设性作用。

中国是亚洲区域合作的积极参与者和支持者，在东盟与中国、东盟与中日韩、上海合作组织、东盟地区论坛、亚洲合作对话机制中发挥了积极作用。在区域合作中，中国坚持协商一致、平等互利、循序渐进的原则，照顾各方利益和关切，以实际行动推动与亚洲国家的共同发展。

中国的发展已经成为亚洲振兴的重要组成部分。自1996年以来，中国对亚洲经济增长的贡献率达到44%。2004年，中国同亚洲的贸易额达6650.3亿美元，占当年中国对外贸易总额的57.6%。抓住中国发展的机遇，扩大同中国的互利合作，已经成为其他亚洲国家的普遍选择。

中国本着互谅互让、公平合理的原则，通过磋商与谈判，与俄罗斯等国全面解决了历史遗留的边界问题，与印度签署了关于解决两国边界问题

的政治指导原则。中国与东盟签署《南海各方行为宣言》，与菲律宾、越南在南海地区共同开发方面取得突破性进展。

加强与发展中国家的团结与合作是中国外交的基本立足点。新形势下，中国努力推动南南合作和南北对话，探索与发展中国家互利合作的新领域、新途径。继续提供力所能及的援助，帮助发展中国家克服困难，增强自主发展的能力。向亚非最不发达国家提供了优惠关税待遇，并减免了38 个亚非发展中国家 137.78 亿人民币的债务。积极推动建立中非和中阿合作论坛，加强新形势下与发展中国家的集体对话与合作。

稳定和发展与发达国家的关系，积极维护和促进世界的战略稳定。中国与主要大国建立了不同形式的伙伴关系，努力扩大共同利益的汇合点，妥善处理分歧，共同维护和促进世界和平与繁荣。

中美关系总体保持稳定和发展。双方各层次对话与交往密切，增进了相互理解与信任。两国在经济、科技、反恐、防扩散、地区安全等领域的对话与合作不断加强。这符合双方根本利益，也有利于世界和平与稳定。

中俄战略协作伙伴关系继续深化，两国领导人交往密切，相互信任，相互尊重。两国在政治、经济、军事、能源等领域的互利合作不断加强，在国际和地区问题上密切配合、协作，共同推动多边主义和国际关系民主化。

中欧全面战略伙伴关系的内涵不断充实。中国与欧盟及其成员国保持密切的高层往来。2004 年，中国和欧盟分别成为对方的第一和第二大贸易伙伴。中欧在文化、科技、教育、环保等领域的交流与合作保持蓬勃发展的势头。

中国和日本是一衣带水的邻邦，两国经济合作密切，人员往来频繁。中方重视中日关系。面对近年来中日政治关系中出现的复杂局面，中国主张双方、特别是两国领导人应从战略高度和长远角度出发，严格遵循中日间三个政治文件确立的原则，坚持“以史为鉴、面向未来”，加强交流与合作，消除障碍，为两国关系稳定健康地发展创造条件。

积极开展多边外交，推进国际合作。中国积极参与联合国事务，维护联合国及其安理会的权威和作用，广泛开展在反恐、军控、维和、发展、人权、司法和环境等领域的国际合作。15 年来，先后 15 次参与联合国维和行动，共派出 3000 多名非作战部队、警察分队和民事官员。在伊拉克和苏丹达尔富尔等问题上坚持原则，发挥了建设性作用。作为亚太经合组织、亚欧会议等机制的参与者，中国为有关区域、跨区域合作做出了贡献。

中国的发展离不开世界，世界的稳定与繁荣也需要中国。高举和平发展合作旗帜、坚持走和平发展道路的中国，必将为维护世界的和平与发展做出新的贡献。

# 上海合作组织成员国元首宣言

上海合作组织（以下简称“本组织”或“组织”）成员国——哈萨克斯坦共和国、中华人民共和国、吉尔吉斯共和国、俄罗斯联邦、塔吉克斯坦共和国和乌兹别克斯坦共和国元首2005年7月5日在阿斯塔纳举行上海合作组织成员国元首理事会会议，声明如下：

一

2004年6月17日塔什干峰会提出的进一步发展和巩固上海合作组织的所有任务已基本完成。本组织稳步推进成员国的多边合作，积极同其他国际组织和国家开展合作。

2004年启动的本组织常设机构——北京秘书处和塔什干地区反恐怖机构（简称“反恐机构”），成为保障组织顺利运作的有效集体机制。反恐机构的领导机关——理事会的作用日益显著，并应进一步加强。

为提高上海合作组织及其所有机构和机制的工作效率和协调作用，元首们商定，国家协调员理事会在2006年峰会前，就加强秘书处作用和将秘书处领导职务俄文名称改为上海合作组织秘书长提出建议。

元首们指出，采取必要措施，落实2005年6月2日在阿斯塔纳举行的本组织成员国第二次安全会议秘书会议达成的协议十分重要。

为促进反恐机构落实《打击恐怖主义、分裂主义和极端主义上海公约》，元首们同意按照已有的常驻秘书处代表机制的原则，建立成员国常驻反恐机构代表机制。

元首们相信，峰会期间通过的《上海合作组织成员国合作打击恐怖主义、分裂主义和极端主义构想》有利于提高合作效率，使反恐机构的活动更明确，更有针对性。

元首们认为，2005年秋即将在莫斯科举行的政府首脑（总理）理事会会议，将对执行2004年9月在比什凯克通过的《〈上海合作组织成员国多边经贸合作纲要〉落实措施计划》，把成员国对外经贸、交通、环保、紧急救灾、文化和教育部门合作引上务实轨道起到具体推动作用。这一会议还将确定本组织合理的财政预算政策。

本组织实业家委员会的组建工作已近尾声，它应成为促进本组织框架

内一体化进程的新资源。各方将本着协商一致的原则加快建立本组织发展基金。同时，各方同意加强银行间协作，为实施区域合作项目提供融资支持。

元首们指出，外长理事会做了大量建设性工作，强调，业已启动的国际问题磋商机制切实运转十分重要。元首们认为，确保本组织审慎和有针对性地开展对外交往是一项迫切任务。这些问题原则上应由外长理事会解决，而本组织常设机构对外交往的日常协调工作则由国家协调员理事会会同反恐机构理事会负责。

元首们相信，给予巴基斯坦、伊朗、印度本组织观察员地位，将增加本组织在各领域开展多边、互利合作的潜力。

本组织国际声望日益提高的重要标志，是本组织2004年12月获得联合国大会观察员地位，2005年4月与东盟和独联体签署谅解备忘录。

近期，国家协调员理事会应会同秘书处和反恐机构制定共同立场，使本组织能够最有效地与联合国秘书处及各委员会开展交往，落实同其他国际组织签署的合作文件，在平等和相互尊重的基础上与区域组织、论坛及有关国家建立联系。

## 二

元首们指出，在矛盾的全球化进程中，在平等、相互尊重、不干涉主权国家内政、非对抗思维和不断推动国际关系民主化的原则基础上开展多边合作，有助于维护普遍和平与安全，呼吁国际社会超越意识形态和社会制度差异，树立互信、互利、平等、协作的新安全观。

世界文化和文明的多样性是全人类的财富。在信息技术和交通迅猛发展的时代，这种多样性应促进相互了解和宽容、避免极端态度、发展对话。应充分保障各国人民选择自己发展道路的权利。

元首们坚信，公正合理的世界秩序应建立在巩固互信、睦邻、建立真正伙伴关系、不谋求垄断和主导国际事务的基础上。国际法，首先是《联合国宪章》的原则和准则的主导地位越强，这一世界秩序就会越稳定、越安全。在人权领域，必须严格和始终尊重各国人民历史传统和民族特点，坚持所有国家主权平等。

元首们支持联合国进行合理、必要的改革，以提高效率，维护权威。重申联合国改革应遵循最广泛协商一致的原则，不应为改革设立时限及强行推动表决尚有重大分歧的方案。

元首们认为，21世纪，亚太地区必将在促进和平与发展中发挥重要作用，主张：在整个亚太地区或次地区不应出现分界线；国家间的任何误解和争端都应通过谈判和平解决；应在这一充满活力的地区营造持久友好、相互理解、协作和建设性的氛围。推动实现这一目标，是本组织的一项主要工作。

元首们支持中亚国家为维护本国和整个地区和平、安全与稳定所作的努力，赞成本组织在促进中亚稳定和经济发展方面积极发挥作用。

三

元首们认为，成员国应共同努力，有效应对国际和地区安全与稳定面临的新挑战和新威胁。

这一共同努力应具有综合性质，能切实促进成员国对领土、居民、生活保障和基础设施的关键部门实施可靠保护，使其免受新挑战和新威胁的破坏，为本组织内各国的持续发展和消除贫困创造必要条件。这一共同努力包括：

——开展成员国外交、对外经济、执法、特种和国防部门的密切合作；

——充分发挥成员国安全会议秘书会议机制的作用；

——制定本组织对威胁本地区和平、安全与稳定的事态联合作出反应的有效措施和机制；

——共同制定和实施反恐措施；

——协调各成员国安全保障方面的法律；

——在研制和应用应对新挑战和新威胁的现代技术装备领域进行合作；

——在大众传媒领域建立应对新挑战和新威胁的有效机制；

——培训相关人员。

本组织成员国将制止在本国领土上策划和实施恐怖活动，包括针对其他国家恐怖活动的企图，不向被指控或涉嫌实施恐怖、分裂和极端活动的人员提供庇护。在本组织其他成员国提出相关请求后，严格遵照成员国现行法律移交这些人员。

将采取措施完善和提高本组织地区反恐怖机构的工作效率。

重要的是，本组织应在打击国际恐怖主义框架内解决消除恐怖主义的物质基础的问题，首先要打击走私武器、弹药、爆炸物和毒品，打击有组织跨国犯罪、非法移民和雇佣兵活动。特别要注意防范恐怖分子使用大规模杀伤性武器及其运载工具，防范信息恐怖主义。

为打击资助恐怖主义、分裂主义和极端主义的活动，包括将非法收入合法化的活动，迫切需要在本组织框架内制定统一方法和标准，以监控涉嫌参与恐怖活动的个人和组织的资金流动，同时积极推动上海合作组织参与相关国际努力。

根据2004年6月17日签署的《上海合作组织成员国关于合作打击非法贩运麻醉药品、精神药物及其前体的协议》，深化打击非法贩运麻醉药品、精神药物及其前体的合作应成为优先方向。本组织愿积极参与在阿富汗周边构筑“反毒带”的国际努力，参与制定并实施专门计划，帮助阿富汗稳定社会经济和人道主义形势。

我们支持并将继续支持国际联盟在阿富汗进行反恐行动的努力。今天，我们看到阿富汗在国内局势稳定方面发生了积极变化。为开展反恐行动，上海合作组织一些成员国向联盟各国提供了地面基础设施以临时部署军队，还提供了地面及空中军事运输通道。

鉴于阿富汗反恐的大规模军事行动已经告一段落，上海合作组织成员国认为，反恐联盟有关各方有必要确定临时使用上海合作组织成员国上述基础设施及在这些国家驻军的最后期限。

从预防和消除已成为新威胁重要组成部分的各种技术性灾难来看，保护和发展关键基础设施、交通设施越来越迫切。本组织成员国将制定多边机制，对可能发生的灾难及其后果进行监测、交换分析性信息，为进行联合救援行动创造必要的法律和组织条件，包括按统一方法培训人员、迅速调遣人员和实现技术装备的兼容。

上海合作组织将为国际社会维护陆地、海上、空中和外空安全的努力做出建设性贡献。

为提高打击恐怖主义、分裂主义、极端主义及应对其他挑战和威胁的能力，本组织成员国将根据多边经贸合作纲要及其落实措施计划，不断扩大经济合作。在生态和合理利用自然资源领域采取实际措施。

提出一致的方法和建议，在居民中采取预防性措施和进行相应解释工作，以抵制错误引导社会舆论的企图，是一项迫切任务。成员国将积极扩大本组织框架内教育、文化、体育、旅游等领域的合作。

元首们认为，本组织为保障安全和加强自身能力所作的共同努力，丝毫不损害其他国家的利益，不意味着要建立某种同盟。这样做完全符合本组织的开放原则，符合为应对新挑战和新威胁而进行广泛国际合作的精神。

哈萨克斯坦共和国总统　**努尔苏丹·阿比舍维奇·纳扎尔巴耶夫**

中华人民共和国主席　**胡锦涛**

| | |
|---|---|
| 吉尔吉斯共和国代总统 | **库尔曼别克·巴基耶夫** |
| 俄罗斯联邦总统 | **弗拉基米尔·普京** |
| 塔吉克斯坦共和国总统 | **埃莫马利·沙里波维奇·拉赫莫诺夫** |
| 乌兹别克斯坦共和国总统 | **伊斯兰·阿卜杜加尼耶维奇·卡里莫夫** |

# 中国政府发布关于联合国改革问题的立场文件

（二〇〇五年六月七日）

进入新世纪以来，国际形势发生深刻和复杂的变化。和平与发展仍是时代主题，但不确定、不稳定因素有所增加。实现人类社会的持久和平与普遍发展既有难得的机遇，也面临严峻的挑战。

在全球化深入发展、各国依存不断密切的情况下，全球性威胁和挑战呈现多元化的特点，更加相互关联。对这些威胁都应予以高度重视，不能厚此薄彼。各国应共同努力，通过沟通加深理解，通过对话增强信任，通过交流推动合作，以集体行动应对威胁和挑战，特别是努力消除其产生的根源。

联合国在国际事务中的作用不可或缺。作为最具普遍性、代表性和权威性的政府间国际组织，联合国是实践多边主义的最佳场所，是集体应对各种威胁和挑战的有效平台，应该继续成为维护和平的使者，推动发展的先驱。通过改革加强联合国作用，符合全人类的共同利益。

中国欢迎"威胁、挑战与变革"高级别名人小组报告、联合国千年发展项目报告以及秘书长综合报告。这些报告就振兴和改革联合国提出了不少有益、可行的思路和建议。中国愿与各方一道，推动联合国改革取得积极成果，推动将于今年9月举行的首脑会议取得成功。

中国认为，联合国改革应遵循以下原则：

——改革应有利于推动多边主义，提高联合国的权威和效率，以及应对新威胁和挑战的能力。

——改革应维护《联合国宪章》的宗旨和原则，特别是主权平等、不干涉内政、和平解决争端、加强国际合作等。

——改革是全方位、多领域的，在安全和发展两方面均应有所建树，特别是扭转联合国工作"重安全、轻发展"的趋势，加大在发展领域的投入，推动落实千年发展目标。

——改革应最大限度地满足所有会员国、尤其是广大发展中国家的要求和关切。应发扬民主，充分协商，努力寻求最广泛一致。

——改革应先易后难、循序渐进，有助于维护和增进联合国会员国的团结。对达成一致的建议，可尽快作出决定，付诸实施；对尚存分歧的重大问题，要采取谨慎态度，继续磋商，争取广泛一致，不人为设定时限或强行推动作出决定。

一、发展问题

发展是各国人民的共同诉求，是集体安全机制和人类文明进步的基础。贫困、疾病、环境恶化同样对国际社会构成严重挑战。要重视发展中国家的需要，实现全球协调、平衡和普遍的发展。

（一）贫困

——解决贫困问题的当务之急是推动落实联合国千年发展目标。这应成为联合国改革和9月首脑会议的重点。

——应引导全球化的平衡发展，加强发展中国家在国际经济事务中的平等参与权与决策权。

——中国支持发展中国家根据本国国情，尽快制定并启动实现千年发展目标的全面国家战略。国际社会应为此提供必要的帮助。

——国际发展援助应充分考虑发展中国家国情，增加受援国自主权与参与权，以提高援助效果。

——中国支持秘书长关于官方发展援助达到国民生产总值0.7%时间表的建议，并认为应制定具体落实方案，建立相应监督和评估机制。

——在发挥官方发展援助主导作用的同时，支持国际社会探讨创新性筹资方式作为官方发展援助的有益补充。

——推动改革和完善国际金融体制，使其遵循平等互利原则，监控、引导国际资本合理流动，防范金融危机。

——应建立、健全开放、公平的多边贸易体制，充分考虑发展中成员和新加入成员的利益，尽快按多哈宣言的授权取消对农产品的补贴、实质性削减关税和非关税贸易壁垒。

——中方支持推动第六届世界贸易组织香港部长级会议按照2004年7月框架协议和多哈部长宣言的授权，就谈判模式达成协议，以便尽早完成世界贸易组织多哈回合谈判，使之真正成为“发展的一轮”。

——发达国家应切实减免发展中国家的债务，使更多的资金用于发展。

——应鼓励加强公共和私营部门伙伴关系，动员多种资源，促进经济增长，消除贫困。

——中国支持加强南南合作，分享经验，拓展合作，互利互助，增强发展的内在能力。

（二）疾病

——各国应继续抓紧落实关于“加强全球公共卫生能力建设”的联大第58/3和59/27号决议，将发展公共卫生事业纳入各自发展计划和活动当中，建立科学规范的公共卫生体系，健全传染病监测、预防、控制、治

疗和信息通报网络。发达国家应向发展中国家提供帮助。

——联合国系统各有关机构应考虑将公共卫生纳入其活动、方案和规划中，进一步支持各国加强公共卫生能力建设，促进国际合作。

——应加强世界卫生组织和其他相关国际组织在疾病防治方面的指导和协调作用。中国支持向世界卫生组织全球疫情警报和反应网络提供更多资源。

——中国支持尽快就修订《国际卫生条例》达成协议。

——应进一步加强艾滋病防治工作。当务之急是在现有合作框架内，加快落实《艾滋病特别联大宣言》有关承诺。发达国家应履行承诺，为发展中国家艾滋病防治提供更多资金和技术支持。

——如何界定传染病是否对国际和平与安全构成威胁，目前没有公认标准。安理会作为主要处理对国际和平与安全构成重大威胁问题的机构，不宜重复其他机构的工作。

（三）环境

——中国主张树立科学发展观，将可持续发展和环境保护纳入国家发展战略，统筹协调经济、社会发展与环境保护三者之间的关系。

——各国应按照“共同但有区别责任”原则开展可持续发展国际合作，重点是帮助发展中国家有效应对环境挑战，特别是帮助其解决水资源短缺、城市空气污染、生态恶化、荒漠化等紧迫问题。发达国家应落实承诺，向发展中国家提供相关技术转让和资金支持，帮助发展中国家进行能力建设。

——实现可持续发展是应对全球气候变化的最有效途径。国际社会在制定能源政策和气候变化政策以及其他相关政策时，应切实考虑到各国的现实需求和挑战。

——《联合国气候变化框架公约》为应对气候变化国际合作提供了有效框架。《京都议定书》为有关缔约国规定的 2008—2012 年的各项义务，包括减排温室气体，向发展中国家提供技术转让、资金支持和能力建设等方面的援助等应得到切实履行。

——发达国家 2012 年后应继续根据公约“共同但有区别的责任”原则率先采取减排措施。同时，国际社会可探讨更为务实和灵活的国际机制，促进国际技术合作，推动先进能源技术在发展中国家的适用，促进可持续发展，提高国际社会应对气候变化的能力。

——中国支持加强现有环境机构间的协调与合作，整合资源，提高效率，促进政策的协调。中国愿研究旨在实现上述目标的相关建议。

（四）自然灾害

——中国支持尽快设立所有自然灾害的全球预警系统，加强国家、区域和国际各层面在紧急人道主义援助和减少灾害风险方面的协调与合作。

二、安全问题

我们赞成秘书长关于采取集体行动应对各种安全威胁和挑战的主张，这同中方倡导建立"互信、互利、平等、协作"新安全观的目标是一致的。建立一个有效力、效率和公平的集体安全机制，关键是坚持多边主义，推动实现国际关系民主化和法治化，坚持《联合国宪章》的宗旨和原则，加强联合国的权威与能力，维护安理会作为集体安全体系核心的地位。

（一）战争与冲突

——国家间冲突应按照《联合国宪章》和国际法，通过平等协商、和平谈判加以解决。

——国内冲突情况复杂，是否危及国际和平与安全，应具体问题具体分析。解决国内冲突应主要靠当事国人民努力。外部支持应以《联合国宪章》为基础，以国际法为准绳，采取谨慎和负责态度，综合应用政治、外交等手段，鼓励和帮助冲突方通过协商和谈判解决问题。

（二）反恐

——中国主张并支持打击一切形式的恐怖主义。国际反恐努力要充分发挥联合国的主导与协调作用，注意标本兼治，应避免政治化，不能采取双重标准。

——中国支持尽快制定全球综合反恐战略，赞同以秘书长提出的五个支柱为基础加以发展。

——中国支持进一步完善现有反恐条约体系和法律框架。各国应考虑尽快签署和批准现有的国际反恐公约，并本着合作和建设性态度，尽快就《关于国际恐怖主义的全面公约》草案达成一致。

——中国希望在恐怖主义定义问题上形成共识。有关定义可适当参照现有国际公约及安理会决议的相关规定。

——会员国及民间组织在参与反恐合作过程中必须遵守《联合国宪章》和相关国际法准则。

——对反恐过程中的侵犯人权行为，应充分利用人权会现有机制、公约机构和国际人道主义法监督机制加以解决，目前没有必要设立新机制。

——中国支持加强安理会反恐委员会职能，扩大执行局权限，特别是帮助发展中国家加强反恐能力建设，并为此设立能力建设信托基金。

——中国认为，有必要任命一名联合国反恐事务协调员。

（三）裁军与防扩散

——中国一贯主张全面禁止和彻底销毁大规模杀伤性武器，反对此类武器及其运载工具任何形式的扩散。中国一直积极推进国际核裁军进程。

——核武器国家应缔结互不首先使用核武器的条约。核武器国家还应无条件地承诺不对无核武器国家或无核武器区使用或威胁使用核武器，并就此达成有约束力的国际法律文书。

——国际社会应采取切实有效步骤，维护和加强《不扩散核武器条约》条约的普遍性和权威性。条约缔约国应本着建设性态度，平衡对待条约三大目标。

——中国支持《全面禁止核试验条约》，希望条约尽早生效。中国将继续暂停核武器试验，并争取早日批准条约。

——中国支持在日内瓦裁军谈判会议达成一项平衡的工作计划基础上，尽快启动“禁止为核武器或其他核爆炸装置生产裂变材料条约”的谈判。

——中国支持国际原子能机构（IAEA）根据《规约》宗旨，在防止核武器扩散及促进各国和平利用核能方面发挥重要作用。当前形势下，有必要通过国际合作与协商，探讨如何进一步增强核不扩散机制，包括采取适当措施进一步加强国际原子能机构保障监督有效性等重要问题。强调IAEA附加议定书的重要性，希其普遍性得到加强。

——中国支持并积极参与旨在加强《生物和毒素武器公约》有效性的多边努力，对就《公约》核查议定书立即恢复谈判持积极态度。中国支持公约缔约国谈判制定一项新的生物安全议定书，对危险生物制剂分类，并为此类制剂出口订立有约束力的国际标准。

——中国支持加强《生物和毒素武器公约》与《禁止化学武器公约》的普遍性。

——《生物和毒素武器公约》的协商、合作与调查机制是处理指称使用生物武器的主要手段，缔约国应予遵行。秘书长机制有其特定的历史背景和适用范围。如多数国家同意，可通过多边谈判全面重新审议。

——鼓励所有缔约国按照《生物和毒素武器公约》相关审议大会的要求，提交建立信任措施的有关资料。

——拥有化学武器的国家应加速销毁全部现有化武储存、老化武和遗弃在别国领土上的化武。禁化武组织核查机制运转大体正常，缔约国还可通过澄清、协商、合作等机制处理、解决违约关切。如发生严重违约情况，缔约国大会或执理会可提请联合国大会和安理会注意该问题。

——中国反对大规模杀伤性武器及其运载工具的扩散，支持加强现有国际防扩散机制，主张在国际法框架内通过政治和外交手段解决扩散问题。任何防扩散措施都应有助于增进国际和地区的和平、安全和稳定。与许多国家一样，我们不赞成“防扩散安全倡议”在国际法范畴外采取拦截措施。

——防止外空武器化和外空军备竞赛有助于维护全球战略稳定，促进军控与裁军进程。国际社会应高度重视，采取积极有效的措施防患于未然。日内瓦裁谈会应尽快设立特设委员会，谈判缔结相关国际法律文书，或以此为目标开展工作，弥补现有外空法律机制的漏洞，切实防止外空武器化和外空军备竞赛。

——《特定常规武器公约》在解决战争引起的人道主义关切方面发挥了重要作用。中国一直积极参与和公约相关的各项工作。中国希望《战争遗留爆炸物议定书》尽早生效并得到切实履行。中国将继续支持并参与《特定常规武器公约》政府专家组工作，希望有关工作取得进展。

——中国支持国际社会打击小武器非法贸易的努力，支持谈判达成有关"识别和追查非法小武器"的国际文书。小武器非法贸易涉及裁军、安全、发展和人道主义等多方面因素，应寻求全面妥善的解决办法。各国应承担首要责任，加强相互协调与合作，联合国应继续发挥主导作用。

（四）有组织犯罪

——中国支持加强国际和地区合作，打击跨国有组织犯罪。发达国家应在提供资源方面承担更多义务。

——中国希望打击跨国有组织犯罪和腐败等方面的国际公约能得到有效实施。

——联合国毒品和犯罪问题办公室应努力协助各国履行公约。

——在确保联合国现有国际公约有效实施的前提下，中国对在联合国框架谈判制定新的必要的国际公约不持异议。中国对谈判制定一项关于洗钱问题的全面国际公约持开放态度。

（五）预防与调停

——中国支持联合国建立"预防文化"，加大对预防冲突和调停的投入，特别是完善预警、实地调查团等机制和措施。

——会员国既要充分发挥安理会在此方面的主导作用，也要支持秘书长根据授权履行斡旋和调解职能。

（六）制裁

——中国一贯主张谨慎使用制裁，必须以用尽和平解决的所有手段为前提。一旦安理会决定实施制裁，各国均有义务严格执行。

——中国支持改进联合国制裁机制，设立严格标准，加强针对性，设定明确时限，并尽可能减少制裁引发人道主义危机和对第三国的影响。各制裁委员会应定期评估制裁造成的人道主义影响。

——国际社会应帮助发展中国家加强执行制裁的能力。

（七）使用武力

——和平解决国际争端与在国际关系中不使用武力是《宪章》的重要

原则和国际法基本准则。中国一贯主张通过和平方式解决国际争端，反对在国际关系中使用武力或以武力相威胁。

——我们赞成既不修改《宪章》第51条，也不重新解释第51条。《宪章》对使用武力已有明确规定，除因遭受武力攻击而进行自卫外，使用武力必须得到安理会授权。对是否构成“紧迫威胁”，应由安理会根据《宪章》第七章并视具体情况判定，慎重处理。

——导致发生危机的原因和各类危机的情况不尽相同。就使用武力形成一个“放之四海皆准”的规则和标准不现实，也容易引起较大争议。是否使用武力，应由安理会视冲突实际情况逐案处理。

——安理会是联合国唯一可决定使用武力的机构。区域办法或区域组织采取强制性行动，必须事先得到安理会授权。

（八）维和

——联合国维和行动应遵循《联合国宪章》以及实践证明行之有效的各项基本原则，包括中立、当事方同意以及非自卫不得使用武力等。

——中方支持加强联合国维和行动能力，欢迎秘书长关于建立战略储备、成立维和民警待命安排的建议。希望秘书处根据联大维和特别委员会的要求，对建议的诸多方面予以细化和澄清。建立新机制需要进行谨慎、周密的研究，确保其可行性、有效性，整合资源，量力而行，并充分发挥现有机制的潜力。

——联合国维和资源有限，应合理有效使用。联合国可根据具体情况，对非洲区域组织开展的维和行动提供必要支持。

——中国支持加强联合国与区域组织的合作，以加强协调，发挥各自优势。区域组织开展的维和行动，须符合《联合国宪章》的宗旨和原则。

（九）建设和平

——中国支持设立建设和平委员会。委员会的职责应主要是协助制订从冲突过渡到冲突后重建的计划，协调国际社会努力。中国赞同秘书长关于该委员会不具有预警和监测职能、并主要发挥咨询作用的看法。

——委员会主要向安理会负责，有助于保证其效率和效力。中国也支持经社理事会充分参与委员会的工作。

——秘书处设立建设和平支助厅应本着精干和有效原则。

三、法治、人权与民主

（一）“保护的责任”

——各国负有保护本国公民的首要责任。一国内乱往往起因复杂，对判定一国政府是否有能力和意愿保护其国民应慎重，不应动辄加以干预。

——在出现大规模人道危机时，缓和和制止危机是国际社会的正当关切。有关行动须严格遵守《宪章》的有关规定，尊重有关当事国及其所在地区组织的意见，在联合国框架下由安理会根据具体情况判断和处置，尽可能使用和平方式。在涉及强制性行动时，更应慎重行事，逐案处理。

（二）国际刑事法院

——中国支持建立一个独立、公正、有效和具有普遍性的国际刑事法院，以惩治最严重的国际罪行。

——由于《国际刑事法院罗马规约》尚存的一些不足可能影响法院公正、有效地行使职能，因此中国尚未参加，但仍希望法院能以其实际工作赢得非缔约国的信心，赢得国际社会普遍接受。

——对是否将有关局势提交国际刑事法院，安理会应谨慎行事。

（三）国际法院

——中国支持加强国际法院作用，改进法院的工作方法，提高法院的效率。各国自由选择和平解决争端方式的权利应得到尊重。

（四）人权

——中国赞同并支持改革联合国人权机构。改革的关键是扭转将人权问题政治化的现状，不搞双重标准，减少和避免对抗，促进合作，将更多资源用于人权技术合作项目，加强各国人权能力建设。

——应同等重视经济、社会、文化权利和公民、政治权利两类人权，纠正只偏重一类人权的现象。

——联合国人权会在国际人权领域发挥了重要作用，人权会的作用和贡献不能轻易否定。

——联合国人权机构的组成必须遵循公平地域分配原则，确保具有广泛的代表性。由一个小规模的“人权理事会”取代人权会，恐怕解决不了当前人权领域严重的“信誉赤字”，如何改进联合国人权机构的工作，各方还需进行认真探讨。

——中国同意联合国“机构间国家工作队”支持各国人权建设的全球方案。“国家工作队”应尊重会员国的主权和法律，并充分考虑到会员国在人权方面的实际需求，以加强会员国本身的人权能力建设为工作目标。“国家工作队”的工作情况每年应形成报告，供会员国审议。

——中国支持人权高专根据其授权在联合国系统发挥积极作用。安理会和拟议中的建设和平委员会可根据需要邀请人权高专参加有关审议。

——人权高专办应获得相应资源，以加强履行职责的能力，同时应提高经费利用效率。高专办的组成也应更好地体现公平地域分配原则，以便争取各国更广泛的支持。

——中国支持改革现行的人权公约报告和审议制度，以避免各条约机构工作的重复，切实减轻缔约国负担。应制订公约机构的工作准则，加强公约机构与缔约国的交流与对话。

（五）拟议中的“民主基金”

——秘书长应首先对拟议中的民主基金来源、使用规则和评估方法进行说明，以便各方就此进一步进行讨论。

——中国不赞成将各国分为“民主”和“非民主”国家。

四、加强联合国

（一）联合国大会

——大会是联合国民主决策的重要机构。中国支持通过改革，提高大会的工作效率，并加强其决策能力。

——中国赞成就振兴大会通过一揽子方案，对各方提出的具体建议持开放态度。

——中国支持适当精减大会议程，优化议事日程，每年根据各方，特别是发展中国家关心的问题，讨论一些重大和实质性问题。那些没有必要的议题可逐年、平衡地删除。

——中国重视民间社会在国际事务中发挥的建设性作用，愿与各方就建立大会与民间社会的互动机制问题继续展开深入讨论。民间社会参与联合国活动不应影响联合国的政府间国际组织性质，不应影响联合国的工作秩序和效率。

（二）经社理事会

——中国欢迎和支持联合国经社领域改革，认为改革应遵循联大有关决议确定的方向、原则、目标与重点，应以政府为主导。

——经社领域的工作应以执行和落实千年发展目标和其他联合国主要会议成果为目标、以资金援助、技术转让、能力建设、市场开放、消除贫困等为重点，促进国际经济、发展合作政策的连续性和协调性，全面、综合与平衡地推进联合国经济、发展议程。

——中国赞同经社理事会作为高级别发展论坛，审查国际发展合作趋势，发挥协调作用。

——中国支持经社理事会在规范制定和战略决策方面发挥领导作用，制定一项全球发展议程。

——中国支持经社理事会举行年度部长级会议，评估实现有关商定的发展目标，特别是千年发展目标的进展情况以及发展中国家关心的其他发展问题。

——中国支持加强经社理事会同布雷顿森林体系、世界贸易组织和联合国相关发展机构间的协调。

——中国支持经社理事会在评估饥荒、流行病和严重自然灾害并推动集体应对方面发挥重要作用。

（三）安理会

——安理会改革是多方面的，既包括扩大问题，也包括提高工作效率、改进工作方法等重要问题。安理会改革应遵循以下原则：

——提高安理会的权威和效率，增强其应对全球性威胁和挑战的能力。

——优先增加发展中国家代表性。发展中国家已占联合国会员国总数的2/3以上，但在安理会的代表性严重不足。这个状况必须纠正。

——应让更多国家，特别是中小国家有更多的机会轮流进入安理会，参与其决策。

——坚持地域平衡原则，并兼顾不同文化和文明的代表性。

——涉及各地区的改革方案应首先在有关地区组内达成一致。中方认为，一些国家倡导的地区轮任原则值得重视和考虑。

——坚持协商一致，这是《宪章》的重要精神，目的是兼顾各方，特别是中小国家利益，只有经过协商一致做出的决定才能赢得最广泛的信任和支持。中方反对人为设时限，反对强行表决尚有重大分歧的方案。

（四）秘书处改革

——中国支持秘书长通过改进管理建立一个精干高效的秘书处的努力。

——中国赞成联合国实行更加简便易行的规划和预算制度，及时审查大会授权的各项方案和活动，以确定这些活动的相关性并获得足够的资源保障。

——秘书处人员招聘应切实执行《宪章》规定，充分考虑公平地域分配原则，照顾性别平等。

——中国希望秘书处增加管理的透明度、公信度，提高效率，加强问责制。

（五）军参团

——中国对取消军参团的建议有严重保留。认为改革不是简单地取消，应通过协商，赋予军参团在维和及安全等方面新的职能。

# 中华人民共和国和俄罗斯联邦<br>关于21世纪国际秩序的联合声明

中华人民共和国和俄罗斯联邦（以下简称“双方”），

值此第二次世界大战胜利60周年和联合国成立60周年之际，

本着作为联合国安理会常任理事国对世界和平与发展所负的历史责任，

恪守1997年4月23日《中华人民共和国和俄罗斯联邦关于世界多极化和建立国际新秩序的联合声明》阐述的建立多极世界和国际新秩序的主张，

确认2001年7月16日《中华人民共和国和俄罗斯联邦睦邻友好合作条约》重申的双方战略协作伙伴关系，

声明如下：

一、当今世界正经历历史性的变革。建立国际新秩序的过程将是复杂而漫长的。

和平与发展仍是时代主题。世界多极化和经济全球化作为当前人类发展阶段的重要趋势，其发展进程存在不平衡和矛盾的现象。国家间的相互依存关系大大加强。

21世纪人类面临的中心任务是维护全人类和平、稳定和安全，在平等、维护主权、互相尊重、互利和确保子孙后代发展前景条件下实现全面协调发展。

人类拥有共同实现上述目标的机遇，也面临国际恐怖主义、大规模杀伤性武器扩散、贫富差距、环境恶化、传染病、有组织跨国犯罪、贩毒等诸多全球性挑战。

二、只有以公认的国际法原则和准则为基础，在公正、合理的世界秩序下，才能解决人类面临的问题。世界各国应严格遵守互相尊重主权和领土完整、互不侵犯、互不干涉内政、平等互利、和平共处的原则。

应充分保障各国根据本国国情选择发展道路的权利、平等参与国际事务的权利和平等发展的权利。必须和平解决分歧与争端，不采取单边行动，不采取强迫政策，不以武力威胁或使用武力。

各国的事情应由各国人民自主决定，世界上的事情应以多边集体为基础通过对话和协商决定。国际社会应彻底摒弃对抗和结盟的思维，不寻求对国际事务的垄断和主导权，不将国家划分为领导型和从属型。

三、联合国是世界上最具普遍性、代表性和权威性的国际组织，其地位和作用不可替代。联合国应在国际事务中发挥主导作用，成为制定和执行国际法基本准则的核心。

联合国维和行动应符合《联合国宪章》的宗旨和原则。必须严格遵守安理会相关决议，开展联合国与区域、次区域组织的合作。联合国在研究全球经济和发展问题上应发挥更大作用。

联合国改革的目的，应是加强其在国际事务中的主导作用，提高效率，增强应对新挑战与威胁的潜力。推进改革应以协商一致原则为基础，充分体现广大成员国的共同利益。

四、全球化进程的积极意义是，借助空前活跃的经贸关系和极为广泛的信息开放，促进世界经济的发展。另一方面，全球化的发展很不平衡，发达国家和地区与世界其他国家和地区的差距拉大。为使全球化进程健康发展，应加强国家间和地区间的协调与互利合作，消除经济关系中的一切歧视，缩小贫富差距，通过扩大和深化经贸、科技交流促进共同繁荣。

国际社会应制定全面和广为接受的经贸体制，其途径是平等谈判、摒弃以施压和制裁迫使单方面经济让步的做法、发挥全球和地区多边组织机制的作用等。

五、占世界人口大多数的发展中国家是维护世界和平与发展的重要力量。国际社会应高度关注消除发展中国家与发达国家发展水平差距的问题。解决该问题的途径首先是保障国际社会所有成员均能平等利用全球化带来的社会经济、科学技术、信息、文化及其他机遇，加强南北、南南互利合作，实现共同发展，有关国家应履行其在联合国及其他多边框架内所承担的相应义务。

六、人权具有普遍性。各国应尊重《世界人权宣言》中规定的人权和基本自由，根据本国国情和传统促进保障和维护人权，在平等和相互尊重的基础上通过对话与合作解决分歧。国际人权保护应建立在坚定维护各国主权平等和不干涉内政的原则基础之上。

七、必须尊重多民族国家的历史传统及其促进各民族和睦相处、共同发展和维护国家统一的努力。任何旨在分裂主权国家和煽动民族仇恨的行为都是不能接受的。不能无视主权国家社会发展的客观进程，不能从外部强加社会政治制度模式。

八、世界文化和文明的多样性应成为相互充实而不是相互冲突的基础。当今世界的主流要求不是搞“文明冲突”，而是必须开展全球合作。应尊重和维护世界文明的多样性和发展模式的多样化。各国历史背景、文化传统、社会政治制度、价值观念和发展道路的差异不应成为干涉别国内政的借口。应在相互尊重和包容中开展文明对话与经验交流，相互借鉴，

取长补短，以求共同进步。应加强人文交流以建立国家间友好信任的关系。

九、双方呼吁国际社会共同努力，建立互信、互利、平等、协作的新型安全架构。此架构应以公认的国际关系准则为政治基础，以互利合作和共同繁荣为经济基础，并应建立在尊重各国平等安全权利的基础上。平等对话、协商和谈判应成为解决矛盾和维护和平的手段。

双方支持维护和巩固全球战略稳定以及军控、裁军与防扩散法律体系和多边进程。双方主张尽快促成《全面禁止核试验条约》生效，努力推动加强《不扩散核武器条约》、《禁止生物武器公约》、《禁止化学武器公约》等军控、防扩散条约的普遍性和有效性。双方呼吁和平利用外空，防止外空武器化和军备竞赛，为此应制定相关的国际法律文件。

双方认为，面对新威胁和新挑战，必须进一步采取有效措施，防止大规模杀伤性武器及其运载工具以及相关材料的扩散。双方决心为此在相关国际组织和论坛框架内紧密合作，同时与其他国家扩大协作。应在国际法框架内，通过政治、外交和国际合作解决扩散问题。

双方将促进落实以《联合国宪章》和其他相关国际法准则为基础，在联合国主导下，建立应对新威胁和挑战的全球系统的倡议。应在新的安全架构内，加强国际合作、共同探索切断恐怖主义资金来源和社会根基的途径，根除恐怖主义和极端主义思想，即暴力、种族、民族和宗教仇恨等思潮。在此问题上不应采用双重标准。国际社会所有成员应坚决谴责恐怖分子和恐怖组织对人权的粗暴侵犯。必须防止恐怖主义组织获取、使用大规模杀伤性武器及其运载工具。

十、区域一体化是当前国际形势发展的重要特征。双方指出，建立在地区开放、平等合作和不针对其他国家基础上的多边区域组织在国际新秩序形成过程中发挥着积极作用。在经济领域，地区倡议应促进贸易共同体更加开放和富有成效。在地区安全领域，建立兼顾各参与方利益的、开放的、不针对其他国家的安全合作机制具有根本性意义。双方支持各地区一体化组织建立横向联系，营造互信、合作氛围。

十一、中俄新型国家关系正为建立国际新秩序做出重大贡献。中俄关系的实践印证了本声明所述原则的生命力，同时表明，在此基础上可以有效发展睦邻友好合作关系，解决各种问题。

两国决心与其他有关国家共同不懈努力，建设发展与和谐的世界，成为安全的世界体系中重要的建设性力量。

十二、建立合理和公正的 21 世纪国际秩序是一个不断寻求各方都可接受的立场和决定的过程。只有在国际社会所有成员都赞同其宗旨和准则的情况下，国际新秩序才真正具有普遍性。

双方呼吁世界各国就建立 21 世纪国际秩序问题开展广泛对话。世界的未来、人类进步及应对挑战与威胁的能力在很大程度上取决于这一对话的结果。

中华人民共和国主席　　　　俄罗斯联邦总统

**胡锦涛**　　　　**弗拉基米尔·普京**

二〇〇五年七月一日于莫斯科

# 中国和欧盟气候变化联合宣言

（二〇〇五年九月五日）

一、我们强调对《联合国气候变化框架公约》和《京都议定书》的目标和原则的承诺，并在此框架下同意建立气候变化伙伴关系。该伙伴关系将加强气候变化，包括清洁能源方面的合作与对话，促进可持续发展。伙伴关系将定期在适当高层，包括在中欧领导人会晤框架下，通过双边磋商机制开展后续活动。

二、我们将加强气候变化政策对话，并就气候变化谈判重大问题交换意见。

三、我们将合作实现各自显著改进经济能源强度的目标。

四、我们将在低碳技术的开发、应用和转让方面加强务实合作，以提高能源效率，并促进低碳经济。

五、我们同意在如下重点领域开展技术合作：

（一）能源效率、节能、新能源和可再生能源；

（二）清洁煤；

（三）甲烷回收和利用；

（四）碳捕获和封存；

（五）氢能和燃料电池；

（六）发电和电力传输。

六、我们将采取有力措施鼓励低碳技术的开发、应用和推广，并共同确保这些技术成为负担得起的能源选择。我们将探索资金问题，包括私营部门、合资企业、公私伙伴关系的作用以及探索碳融资和出口信贷的潜在作用。我们将共同解决技术开发、应用和转让方面的障碍。

七、到 2020 年，我们将争取实现以下合作目标：

（一）通过碳捕获和封存，在中国和欧盟开发和示范接近零排放的先进煤炭技术；

（二）显著降低关键能源技术成本并促进其应用和推广。

八、我们将加强现有合作，并欢迎以下新近倡议：

（一）旨在促进在中国合作开发清洁煤技术的中欧清洁煤行动计划；

（二）中欧能源效率和可再生能源产业合作行动计划。

九、我们将合作推动清洁发展机制的实施，交换清洁发展机制项目信息，并鼓励双方企业参与清洁发展机制项目合作。我们将就改进和进一步发展清洁发展机制进行对话。在排放贸易等以市场为基础的其他政策工具的设计和实施以及对这些工具的成本效益进行评估方面，我们将促进信息和经验交流。

十、我们将通过以下措施加强适应气候变化影响方面的合作：

（一）研究和分析气候变化的负面影响和脆弱性；

（二）研究和分析气候变化的社会经济影响和成本；

（三）在科学、技术和机构方面，加强预测气候变化及其影响的能力；

（四）研究和开发适应气候变化的技术和措施；

（五）提高在制定和实施可持续发展战略时考虑减少脆弱性和适应需求的意识。

十一、我们将加强在能力建设、机构建设方面的合作，包括提高公众意识、开展人员交流和培训等。

# 附　录

## 一、2005 年中华人民共和国外交部组织机构表

办　公　厅
政策研究司
亚　洲　司
西亚北非司
非　洲　司
欧　亚　司
欧　洲　司
北美大洋洲司
拉丁美洲和加勒比司
国　际　司
军　控　司
条约法律司
新　闻　司
礼　宾　司

领　事　司
香港澳门台湾事务司
翻　译　室
外事管理司
涉外安全事务司
干　部　司
离退休干部局
行　政　司
财　务　司
机　要　局
机关党委
部纪委监察局
国外工作局
档　案　馆
外交部机关及驻外机构服务局

## 二、2005 年中华人民共和国外交部领导成员名单

| | |
|---|---|
| **李肇星** | 外交部长 |
| **戴秉国** | 外交部副部长 |
| **杨洁篪** | 外交部副部长 |
| **乔宗淮** | 外交部领导成员 |
| **张业遂** | 外交部副部长 |
| **吕新华** | 外交部副部长 |
| **武大伟** | 外交部副部长 |
| **沈国放** | 外交部部长助理 |
| **吕国增** | 外交部部长助理 |
| **李金章** | 外交部部长助理 |
| **李　辉** | 外交部部长助理 |

# 三、同中国建交的国家、建交日期和2005年中国驻外使节一览表

(以建交先后为序)

| 序号 | 国名 | 建交日期 | 中国在任使节 | 备注 |
|---|---|---|---|---|
| 1 | 俄罗斯联邦 | 1949年10月2日* | 刘古昌 | |
| 2 | 保加利亚共和国 | 1949年10月4日 | 谢杭生、于振起(8月以后) | |
| 3 | 罗马尼亚 | 1949年10月5日 | 徐坚 | |
| 4 | 捷克共和国 | 1949年10月6日** | 唐国强 | |
| 5 | 朝鲜民主主义人民共和国 | 1949年10月6日 | 武东和 | |
| 6 | 匈牙利共和国 | 1949年10月6日 | 朱祖寿 | |
| 7 | 斯洛伐克共和国 | 1949年10月6日*** | 黄忠坡 | |
| 8 | 波兰共和国 | 1949年10月7日 | 苑桂森 | |
| 9 | 蒙古国 | 1949年10月16日 | 高树茂 | |
| 10 | 阿尔巴尼亚共和国 | 1949年11月23日 | 田长春 | |
| 11 | 越南社会主义共和国 | 1950年1月18日 | 齐建国 | |
| 12 | 印度共和国 | 1950年4月1日 | 孙玉玺 | |
| 13 | 印度尼西亚共和国 | 1950年4月13日 | 卢树民、兰立俊(3月以后) | |
| 14 | 瑞典王国 | 1950年5月9日 | 吕凤鼎 | |
| 15 | 丹麦王国 | 1950年5月11日 | 甄建国 | |

* 1949年10月2日系中国与前苏联建交日。1991年12月27日，国务委员兼外长钱其琛致电俄罗斯外长，宣布中华人民共和国承认俄罗斯联邦政府并决定中华人民共和国驻前苏联大使改任驻俄罗斯大使。

** 1992年12月28日，外交部部长助理戴秉国通知捷克和斯洛伐克联邦共和国驻华大使馆临时代办：中国政府决定自1993年1月1日起承认捷克共和国，并建立大使级外交关系，中国现驻捷克和斯洛伐克联邦共和国大使馆改为驻捷克共和国大使馆。双方确认，中捷建交时间仍为中国与原捷克斯洛伐克建交时间，即1949年10月6日。

*** 1992年12月28日，外交部部长助理戴秉国通知捷克和斯洛伐克联邦共和国驻华大使馆临时代办：中国政府决定自1993年1月1日起承认斯洛伐克共和国，并建立大使级外交关系，中国现驻布拉迪斯拉发总领馆升格为驻斯洛伐克共和国大使馆。双方确认，中斯建交时间仍为中国与原捷克斯洛伐克建交时间，即1949年10月6日。

续表

| 序号 | 国名 | 建交日期 | 中国在任使节 | 备注 |
|---|---|---|---|---|
| 16 | 缅甸联邦 | 1950年6月8日 | 李进军、管木（10月以后） | |
| 17 | 瑞士联邦 | 1950年9月14日 | 朱邦造 | |
| 18 | 列支敦士登公国* | 1950年9月14日 | 陆文杰（兼）、朱邦造（兼）（8月以后） | |
| 19 | 芬兰共和国 | 1950年10月28日 | 张直鑑 | |
| 20 | 巴基斯坦伊斯兰共和国 | 1951年5月21日 | 张春祥 | |
| 21 | 挪威王国 | 1954年10月5日 | 陈乃清（女） | |
| 22 | 塞尔维亚和黑山** | 1955年1月2日 | 李国邦 | |
| 23 | 阿富汗伊斯兰共和国 | 1955年1月20日 | 刘健 | |
| 24 | 尼泊尔王国 | 1955年8月1日 | 孙和平 | |
| 25 | 阿拉伯埃及共和国 | 1956年5月30日 | 吴思科 | |
| 26 | 阿拉伯叙利亚共和国 | 1956年8月1日 | 周秀华（女） | |
| 27 | 也门共和国 | 1956年9月24日 | 高育生 | |
| 28 | 斯里兰卡民主社会主义共和国 | 1957年2月7日 | 孙国祥 | |
| 29 | 柬埔寨王国 | 1958年7月19日 | 胡乾文 | |
| 30 | 伊拉克共和国*** | 1958年8月25日 | 杨洪林、李华新（11月以后） | |
| 31 | 摩洛哥王国 | 1958年11月1日 | 程涛 | |
| 32 | 阿尔及利亚民主人民共和国 | 1958年12月20日 | 王旺生 | |
| 33 | 苏丹共和国 | 1959年2月4日 | 张栋 | |
| 34 | 几内亚共和国 | 1959年10月4日 | 刘玉坤 | |
| 35 | 加纳共和国 | 1960年7月5日 | 张克远 | |
| 36 | 古巴共和国 | 1960年9月28日 | 李连甫、赵荣宪（11月以后） | |
| 37 | 马里共和国 | 1960年10月25日 | 魏文华 | |

* 中国驻苏黎世总领事兼任中国驻列支敦士登总领事，自2005年8月起，由中国驻瑞士联邦大使兼。

** 2003年2月4日，南斯拉夫联盟共和国将国名改为塞尔维亚和黑山。

*** 因战争原因，2003年3月中国驻伊拉克使馆人员撤离伊拉克，2004年7月9日驻伊拉克使馆正式复馆。

续表

| 序号 | 国名 | 建交日期 | 中国在任使节 | 备注 |
|---|---|---|---|---|
| 38 | 索马里共和国* | 1960年12月14日 | | |
| 39 | 刚果民主共和国 | 1961年2月20日 | 崔永乾、范振水（3月以后） | |
| 40 | 老挝人民民主共和国 | 1961年4月25日 | 刘永兴 | |
| 41 | 乌干达共和国 | 1962年10月18日 | 樊桂金 | |
| 42 | 肯尼亚共和国 | 1963年12月14日 | 郭崇立 | |
| 43 | 布隆迪共和国 | 1963年12月21日 | 冯志军 | |
| 44 | 突尼斯共和国 | 1964年1月10日 | 刘玉和 | |
| 45 | 法兰西共和国 | 1964年1月27日 | 赵进军 | |
| 46 | 刚果共和国 | 1964年2月22日 | 沃瑞棣 | |
| 47 | 坦桑尼亚联合共和国 | 1964年4月26日 | 于庆泰 | |
| 48 | 中非共和国 | 1964年9月29日 | 何泗记 | |
| 49 | 赞比亚共和国 | 1964年10月29日 | 胡守勤、李保东（8月以后） | |
| 50 | 贝宁共和国 | 1964年11月12日 | 李蓓芬（女） | |
| 51 | 毛里塔尼亚伊斯兰共和国 | 1965年7月19日 | 李国学 | |
| 52 | 加拿大 | 1970年10月13日 | 梅平、卢树民（3月以后） | |
| 53 | 赤道几内亚共和国 | 1970年10月15日 | 汪晓源 | |
| 54 | 意大利共和国 | 1970年11月6日 | 程文栋、董津义（3月以后） | |
| 55 | 埃塞俄比亚联邦民主共和国 | 1970年11月24日 | 林琳 | |
| 56 | 智利共和国 | 1970年12月15日 | 李长华 | |
| 57 | 尼日利亚联邦共和国 | 1971年2月10日 | 王永秋 | |
| 58 | 科威特国 | 1971年3月22日 | 吴久洪 | |
| 59 | 喀麦隆共和国 | 1971年3月26日 | 王四法 | |
| 60 | 圣马力诺共和国** | 1971年5月6日 | 董津义（兼） | |
| 61 | 奥地利共和国 | 1971年5月28日 | 卢永华 | |
| 62 | 塞拉利昂共和国 | 1971年7月29日 | 程文举 | |

* 由于索马里国内原因，中国驻索马里外交人员自1991年撤离后迄今未返索。

** 中国驻意大利大使兼任驻圣马力诺大使。

续表

| 序号 | 国名 | 建交日期 | 中国在任使节 | 备注 |
|---|---|---|---|---|
| 63 | 土耳其共和国 | 1971年8月4日 | 宋爱国 | |
| 64 | 伊朗伊斯兰共和国 | 1971年8月16日 | 刘振堂 | |
| 65 | 比利时王国 | 1971年10月25日 | 关呈远、章启月（女）（2月以后） | |
| 66 | 秘鲁共和国 | 1971年11月2日 | 殷恒民 | |
| 67 | 黎巴嫩共和国 | 1971年11月9日 | 刘向华（女） | |
| 68 | 卢旺达共和国 | 1971年11月12日 | 戚德恩 | |
| 69 | 塞内加尔共和国 * | 1971年12月7日 | | |
| 70 | 冰岛共和国 | 1971年12月8日 | 王信石 | |
| 71 | 塞浦路斯共和国 | 1971年12月14日 | 张利民、赵亚力（12月以后） | |
| 72 | 马耳他共和国 | 1972年1月31日 | 刘正修 | |
| 73 | 墨西哥合众国 | 1972年2月14日 | 任景玉 | |
| 74 | 阿根廷共和国 | 1972年2月19日 | 柯小刚 | |
| 75 | 大不列颠及北爱尔兰联合王国 | 1972年3月13日 | 查培新 | |
| 76 | 毛里求斯共和国 | 1972年4月15日 | 许孟水 | |
| 77 | 荷兰王国 | 1972年5月18日 | 薛捍勤（女） | |
| 78 | 希腊共和国 | 1972年6月5日 | 田学军 | |
| 79 | 圭亚那合作共和国 | 1972年6月27日 | 沈庆 | |
| 80 | 多哥共和国 | 1972年9月19日 | 张史贤 | |
| 81 | 日本国 | 1972年9月29日 | 王毅 | |
| 82 | 德意志联邦共和国 | 1972年10月11日 | 马灿荣 | |
| 83 | 马尔代夫共和国** | 1972年10月14日 | 孙国祥（兼） | |
| 84 | 马达加斯加共和国 | 1972年11月6日 | 李树立 | |
| 85 | 卢森堡大公国 | 1972年11月16日 | 孙荣民 | |
| 86 | 牙买加 | 1972年11月21日 | 赵振宇 | |
| 87 | 澳大利亚联邦 | 1972年12月21日 | 傅莹（女） | |
| 88 | 新西兰 | 1972年12月22日 | 陈明明、张援远（11月以后） | |
| 89 | 西班牙 | 1973年3月9日 | 邱小琪 | |

* 中华人民共和国同塞内加尔共和国1971年12月7日建交，1996年1月9日中止外交关系，2005年10月25日复交。

** 中国驻斯里兰卡大使兼任驻马尔代夫大使。

续表

| 序号 | 国名 | 建交日期 | 中国在任使节 | 备注 |
|---|---|---|---|---|
| 90 | 几内亚比绍共和国 | 1974 年 3 月 15 日 | 田广凤 | |
| 91 | 加蓬共和国 | 1974 年 4 月 20 日 | 范振水、薛金维（3 月以后） | |
| 92 | 马来西亚 | 1974 年 5 月 31 日 | 王春贵 | |
| 93 | 特立尼达和多巴哥共和国 | 1974 年 6 月 20 日 | 王治权 | |
| 94 | 委内瑞拉玻利瓦尔共和国 | 1974 年 6 月 28 日 | 居一杰 | |
| 95 | 尼日尔共和国 | 1974 年 7 月 20 日 | 孙兆通、陈公来（3 月以后） | |
| 96 | 巴西联邦共和国 | 1974 年 8 月 15 日 | 蒋元德 | |
| 97 | 博茨瓦纳共和国 | 1975 年 1 月 6 日 | 蒋正云 | |
| 98 | 菲律宾共和国 | 1975 年 6 月 9 日 | 吴红波、李进军（12 月以后） | |
| 99 | 莫桑比克共和国 | 1975 年 6 月 25 日 | 洪虹 | |
| 100 | 泰王国 | 1975 年 7 月 1 日 | 张九桓 | |
| 101 | 孟加拉人民共和国 | 1975 年 10 月 4 日 | 柴玺 | |
| 102 | 斐济群岛共和国 | 1975 年 11 月 5 日 | 蔡金彪 | |
| 103 | 萨摩亚独立国 | 1975 年 11 月 6 日 | 刘关仁 | |
| 104 | 科摩罗联盟 | 1975 年 11 月 13 日 | 赵春胜、陶卫光（11 月以后） | |
| 105 | 佛得角共和国 | 1976 年 4 月 25 日 | 孙荣茂 | |
| 106 | 苏里南共和国 | 1976 年 5 月 28 日 | 陈京华 | |
| 107 | 塞舌尔共和国 | 1976 年 6 月 30 日 | 陈美芬（女） | |
| 108 | 巴布亚新几内亚独立国 | 1976 年 10 月 12 日 | 李正君、魏瑞兴（12 月以后） | |
| 109 | 利比里亚* | 1977 年 2 月 17 日 | 林松添 | |
| 110 | 约旦哈希姆王国 | 1977 年 4 月 7 日 | 罗兴武 | |
| 111 | 巴巴多斯 | 1977 年 5 月 30 日 | 杨智宽、刘焕兴（6 月以后） | |

* 中华人民共和国同利比里亚 1977 年 2 月 17 日建交，1997 年 9 月 9 日中止外交关系，2003 年 10 月 11 日复交。

续表

| 序号 | 国名 | 建交日期 | 中国在任使节 | 备注 |
|---|---|---|---|---|
| 112 | 阿曼苏丹国 | 1978 年 5 月 25 日 | 邓绍勤 | |
| 113 | 大阿拉伯利比亚人民社会主义民众国 | 1978 年 8 月 9 日 | 黄杰民 | |
| 114 | 美利坚合众国 | 1979 年 1 月 1 日 | 杨洁篪、周文重（3 月以后） | |
| 115 | 吉布提共和国 | 1979 年 1 月 8 日 | 沈江宽 | |
| 116 | 葡萄牙共和国 | 1979 年 2 月 8 日 | 马恩汉 | |
| 117 | 爱尔兰共和国 | 1979 年 6 月 22 日 | 沙海林、张鑫森（11 月以后） | |
| 118 | 厄瓜多尔共和国 | 1980 年 1 月 2 日 | 刘玉琴（女） | |
| 119 | 哥伦比亚共和国 | 1980 年 2 月 7 日 | 吴长胜 | |
| 120 | 津巴布韦共和国 | 1980 年 4 月 18 日 | 张宪一 | |
| 121 | 瓦努阿图共和国 | 1982 年 3 月 26 日 | 鲍树生 | |
| 122 | 安提瓜和巴布达 | 1983 年 1 月 1 日 | 任小萍（女） | |
| 123 | 安哥拉共和国 | 1983 年 1 月 12 日 | 张备三 | |
| 124 | 科特迪瓦共和国 | 1983 年 3 月 2 日 | 马志学 | |
| 125 | 莱索托王国 | 1983 年 4 月 30 日 | 仇伯华 | |
| 126 | 阿拉伯联合酋长国 | 1984 年 11 月 1 日 | 张志军 | |
| 127 | 玻利维亚共和国 | 1985 年 7 月 9 日 | 张拓 | |
| 128 | 格林纳达 * | 1985 年 10 月 1 日 | 钱洪山 | |
| 129 | 乌拉圭东岸共和国 | 1988 年 2 月 3 日 | 王永占 | |
| 130 | 卡塔尔国 | 1988 年 7 月 9 日 | 赵会民、李建英（2 月以后） | |
| 131 | 巴勒斯坦国** | 1988 年 11 月 20 日 | 刘玉和（兼） | |
| 132 | 巴林王国 | 1989 年 4 月 18 日 | 吴从勇 | |
| 133 | 密克罗尼西亚联邦 | 1989 年 9 月 11 日 | 杨强 | |
| 134 | 纳米比亚共和国 | 1990 年 3 月 22 日 | 梁银柱 | |
| 135 | 沙特阿拉伯王国 | 1990 年 7 月 21 日 | 武春华 | |
| 136 | 新加坡共和国 | 1990 年 10 月 3 日 | 张云 | |

* 中华人民共和国同格林纳达共和国 1985 年 10 月 1 日建交，1989 年 8 月 7 日断交，2005 年 1 月 20 日复交。

** 中国驻突尼斯大使兼任驻巴勒斯坦大使。

续表

| 序号 | 国名 | 建交日期 | 中国在任使节 | 备注 |
| --- | --- | --- | --- | --- |
| 137 | 爱沙尼亚共和国 | 1991 年 9 月 11 日 | 宏九印 | |
| 138 | 拉脱维亚共和国 | 1991 年 9 月 12 日 | 季雁池、张利民（11 月以后） | |
| 139 | 立陶宛共和国 | 1991 年 9 月 14 日 | 陈育明、杨秀萍（女）（1 月以后） | |
| 140 | 文莱达鲁萨兰国 | 1991 年 9 月 30 日 | 魏苇、杨燕怡（女）（1 月以后） | |
| 141 | 乌兹别克斯坦共和国 | 1992 年 1 月 2 日 | 高玉生、于洪君（10 月以后） | |
| 142 | 哈萨克斯坦共和国 | 1992 年 1 月 3 日 | 周晓沛、张喜云（11 月以后） | |
| 143 | 塔吉克斯坦共和国 | 1992 年 1 月 4 日 | 吴虹滨、李惠来（9 月以后） | |
| 144 | 乌克兰 | 1992 年 1 月 4 日 | 姚培生、高玉生（10 月以后） | |
| 145 | 吉尔吉斯共和国 | 1992 年 1 月 5 日 | 张延年 | |
| 146 | 土库曼斯坦 | 1992 年 1 月 6 日 | 鲁桂成 | |
| 147 | 白俄罗斯共和国 | 1992 年 1 月 20 日 | 于振起、吴虹滨（8 月以后） | |
| 148 | 以色列国 | 1992 年 1 月 24 日 | 陈永龙 | |
| 149 | 摩尔多瓦共和国 | 1992 年 1 月 30 日 | 徐中楷、宫建伟（11 月以后） | |
| 150 | 阿塞拜疆共和国 | 1992 年 4 月 2 日 | 张喜云、张海舟（12 月以后） | |

续表

| 序号 | 国名 | 建交日期 | 中国在任使节 | 备注 |
|---|---|---|---|---|
| 151 | 亚美尼亚共和国 | 1992年4月6日 | 左学良 | |
| 152 | 斯洛文尼亚共和国 | 1992年5月12日 | 王富元 | |
| 153 | 克罗地亚共和国 | 1992年5月13日 | 吴正龙 | |
| 154 | 格鲁吉亚 | 1992年6月9日 | 王开文 | |
| 155 | 大韩民国 | 1992年8月24日 | 李滨、宁赋魁（8月以后） | |
| 156 | 厄立特里亚共和国 | 1993年5月24日 | 黄永安 | |
| 157 | 马其顿共和国* | 1993年10月12日 | 张万学 | |
| 158 | 安道尔公国** | 1994年6月29日 | 邱小琪（兼） | |
| 159 | 摩纳哥公国*** | 1995年1月16日 | 李小苏（女）（兼） | |
| 160 | 波斯尼亚和黑塞哥维那 | 1995年4月3日 | 李书元 | |
| 161 | 巴哈马国 | 1997年5月23日 | 李元明 | |
| 162 | 库克群岛**** | 1997年7月25日 | 陈明明（兼）、张援远（兼）（11月以后） | |
| 163 | 圣卢西亚 | 1997年9月1日 | 古华明 | |
| 164 | 南非共和国 | 1998年1月1日 | 刘贵今 | |
| 165 | 汤加王国 | 1998年11月2日 | 高善海、胡业顺（12月以后） | |
| 166 | 东帝汶民主共和国 | 2002年5月20日 | 陈笃庆 | |
| 167 | 瑙鲁共和国***** | 2002年7月21日 | 崔惠欣（至5月） | |
| 168 | 多米尼克国 | 2004年3月23日 | 叶大波 | |

---

* 中华人民共和国同马其顿共和国1993年10月12日建交，1999年2月9日中止外交关系，2001年6月18日复交。

** 中国驻西班牙大使兼任驻安道尔公国大使。

*** 中华人民共和国同摩纳哥公国自1995年1月16日起建立领事关系，中国驻马赛总领事兼任驻摩纳哥总领事。

**** 中国驻新西兰大使兼任驻库克群岛大使。

***** 中华人民共和国同瑙鲁共和国2002年7月21日建交，2005年5月27日中止外交关系。

# 四、中华人民共和国常驻联合国、驻其他国际组织代表团名称、驻地和2005年常驻代表、团长一览表

| 名　　称 | 驻地 | 常驻代表 |
|---|---|---|
| 中华人民共和国常驻联合国代表团 | 纽约 | 王光亚大使 |
| 中华人民共和国常驻联合国日内瓦办事处和瑞士其他国际组织代表团 | 日内瓦 | 沙祖康大使 |
| 中华人民共和国常驻联合国维也纳办事处和其他国际组织代表团 | 维也纳 | 张炎大使、吴海龙大使（3月以后） |
| 中华人民共和国驻欧盟使团* | 布鲁塞尔 | 关呈远大使 |

* 中华人民共和国驻欧盟使团使团长原由驻比利时大使兼任，2005年1月1日驻欧盟使团与驻比利时使馆分设后，驻比大使不再兼任使团长，改为专任使团长。

# 五、中国与外国互设领事机构一览表

（以英文国名字母为序）

## 1. 中国在外国设立领事机构一览表

(1) 总领事馆

| 序号 | 所在国 | 所在地 | 协议日期 | 开馆日期 | 领区范围 | 馆长 |
|---|---|---|---|---|---|---|
| 1 | 澳大利亚 | 悉尼 | 1978.9.18 | 1979.3.19 | 新南威尔士州 | 邱绍芳 |
| 2 | 澳大利亚 | 墨尔本 | 1986.6.23 | 1986.9.11 | 维多利亚州、塔斯马尼亚州 | 梁梳根 |
| 3 | 澳大利亚 | 珀斯 | 1994.4.15 | 1994.10.18 | 西澳大利亚州 | 钟子祺 |
| 4 | 巴西 | 圣保罗 | 1984.8.15 | 1985.11.4 | 圣保罗州、巴拉那州，同时兼管未建交国巴拉圭的事务 | 李姣云 |
| 5 | 巴西 | 里约热内卢 | 1991.8.5 | 1992.6.15 | 里约热内卢州、米纳斯吉拉斯州、圣埃斯皮里托州、巴伊亚州 | 李仲良 |
| 6 | 加拿大 | 温哥华 | 1973.10.24 | 1974.11.17 | 不列颠哥伦比亚省、育空地区 | 田春燕 |
| 7 | 加拿大 | 卡尔加里 | 1997.11.28 | 1998.10.2 | 阿尔伯塔省、萨斯喀彻温省、西北地区 | 宋锡柱 |
| 8 | 加拿大 | 多伦多 | 1980.8.25 | 1984.12.20 | 安大略省、曼尼托巴省 | 陈小玲 |
| 9 | 智利 | 伊基克 | 1985.4.29 | 1997.12.30（该馆自2002年4月1日起暂时关闭） | 第一行政区、第二行政区 | 无 |
| 10 | 朝鲜 | 清津 | 1986.9.15 | 1987.7.1 | 咸境北道、咸境南道、两江道 | 孙显宇 |
| 11 | 厄瓜多尔 | 瓜亚基尔 | 1984.5.17 | 1984.9.10 | 瓜亚斯省、马纳维省、洛斯里奥斯省、埃尔奥罗省 | 刘自发 |

续表

| 序号 | 所在国 | 所在地 | 协议日期 | 开馆日期 | 领区范围 | 馆长 |
|---|---|---|---|---|---|---|
| 12 | 埃及 | 亚历山大 | 1967.7.4 | 1968.2.5 | 塞得港省、亚历山大省、伊斯梅利亚省、苏伊士省 | 詹京保 |
| 13 | 法国 | 马赛 | 1980.10.17 | 1985.12.19 | 阿尔卑斯滨海省、阿尔代什省、罗纳河口省、加尔省、埃罗省、伊泽尔省、卢瓦尔省、罗纳省、瓦尔省 | 李小苏 |
| 14 | 法国 | 斯特拉斯堡 | 1997.3.21 | 1998.4.28 | 阿尔萨斯、洛林、弗朗斯贡地、香槟阿登四个大区的14个省 | 孙树忠 |
| 15 | 德国 | 汉堡 | 1979.10.24 | 1984.5.14 | 汉堡州、不来梅州、下萨克森州、石勒苏益格—荷斯泰因州 | 马晋生 |
| 16 | 德国 | 慕尼黑 | 1995.7.13 | 1997.6.7 | 巴伐利亚州 | 杨惠群 |
| 17 | 德国 | 法兰克福 | 2003.12.1 | 2005.6.23 | 黑森州、北莱茵—威斯特法伦州、巴登—符腾堡州、莱茵兰—普法耳茨州、萨尔州 | 谢俊平 |
| 18 | 印度 | 孟买 | 1991.12.13 | 1992.12.8 | 孟买市、马哈拉斯特拉邦、卡纳塔克邦 | 宋德亨 |
| 19 | 意大利 | 米兰 | 1979.11.6 | 1985.6.11 | 伦巴第大区、艾米利亚—罗马涅大区、皮埃蒙特大区、威尼托大区 | 明俊富 |
| 20 | 意大利 | 佛罗伦萨 | 1997.11.3 | 1998.6.1 | 托斯卡纳大区、翁布里亚大区、马尔凯大区、利古里亚大区 | 李润甫 |
| 21 | 日本 | 大阪 | 1975.8.15 | 1976.3.8 | 大阪府、京都府、兵库县、奈良县、和歌山县、滋贺县、三重县、爱媛县、香川县、高知县、德岛县、岛根县、鸟取县、广岛县、冈山县 | 邱国洪 |
| 22 | 日本 | 札幌 | 1980.2.1 | 1980.9.10 | 北海道、青森县、秋田县、岩手县 | 齐江 |

续表

| 序号 | 所在国 | 所在地 | 协议日期 | 开馆日期 | 领区范围 | 馆长 |
|---|---|---|---|---|---|---|
| 23 | 日本 | 福冈 | 1984.12.26 | 1985.5.4 | 福冈县、佐贺县、大分县、熊本县、鹿儿岛县、宫崎县、冲绳县、山口县 | 武亚朋 |
| 24 | 日本 | 长崎 | 1984.12.26 | 1985.5.4 | 长崎县 | 王昆 |
| 25 | 列支敦士登* | 瓦杜兹 | 1950.9.14 | 1988.9.15 | 全国 | 朱邦造（兼） |
| 26 | 马来西亚 | 古晋 | 1993.10.18 | 1994.8.3 | 沙捞越州、沙巴州、纳闽联邦辖州 | 张铁根 |
| 27 | 墨西哥 | 蒂华纳 | 1984.10.10 | 1985.8.15 | 北下加利福尼亚州、南下加利福尼亚州、奇瓦瓦州、索诺拉州 | 孙鹤 |
| 28 | 摩纳哥** | 摩纳哥 | 1995.1.16 | 1995.4.14 | 全国 | 李小苏（兼） |
| 29 | 缅甸 | 曼德勒 | 1993.4.28 | 1994.8.22 | 曼德勒省、克钦邦、掸邦 | 段稚荃 |
| 30 | 新西兰 | 奥克兰 | 1991.5.9 | 1992.6.15 | 奥克兰区、怀卡托区、北部区 | 马崇仁 |
| 31 | 尼日利亚 | 拉各斯 | 2003.8.27 | 2003.9.3 | 拉各斯州、奥约州、奥贡州、奥雄州、埃基提州、翁多州、科吉州、埃多州、三角州、贝耶尔萨州、阿南布拉州、依莫州、河流州、埃努古州、阿比亚州、阿夸依邦州、纳萨拉瓦州、贝努埃州、埃邦州、十字河州、塔拉巴州 | 袁文进 |
| 32 | 巴基斯坦 | 卡拉奇 | 1966.5.16 | 1966.8.5 | 卡拉奇市、信德省、俾路支省 | 孙春业 |
| 33 | 菲律宾 | 宿务 | 1994.12.8 | 1995.10.2 | 伊洛伊洛省、西内格罗省、保各省、宿务省、东内格罗省、锡基霍尔省、东萨马省、莱特省、北萨马省、西萨马省、南莱特省 | 崔罗生 |

续表

| 序号 | 所在国 | 所在地 | 协议日期 | 开馆日期 | 领区范围 | 馆长 |
|---|---|---|---|---|---|---|
| 34 | 波兰 | 格但斯克 | 1954.4.7 | 1958.12.1 | 格但斯克省、奥尔什汀省、什切青省、艾尔布郎格省、托伦省、斯伍普斯克省、比得哥煦省、伏沃茨瓦维克省 | 暂无 |
| 35 | 韩国 | 釜山 | 1992.12.30 | 1993.9.6 | 釜山市、庆尚南道、庆尚北道 | 刘谨凤 |
| 36 | 罗马尼亚 | 康斯坦察 | 1978.8.21 | 1985.12.16 | 康斯坦察市、康斯坦察县、图尔恰县、加拉茨县、布勒依拉县 | 暂无 |
| 37 | 俄罗斯 | 圣彼得堡 | 1985.6.13 | 1986.12.10 | 圣彼得堡市、列宁格勒州、卡累利阿自治共和国、摩尔曼斯克州、普斯科夫州、阿尔汉格尔斯克州、诺夫哥罗德州 | 田二龙 |
| 38 | 俄罗斯 | 哈巴罗夫斯克 | 1990.9.25 | 1992.9.9 | 哈巴罗夫斯克边疆区、滨海边疆区、萨哈林州、阿穆尔州、赤塔州、伊尔库茨克州、犹太自治州 | 范先荣 |
| 39 | 沙特阿拉伯 | 吉达 | 1992.2.16 | 1993.4.25 | 吉达市、塔伊夫市、麦加省、麦地那省 | 常毅 |
| 40 | 塞尔维亚和黑山 | 波德戈里察 | 2000.8.1 | 2001.11.1 | 黑山共和国 | 刘文信 |
| 41 | 南非 | 开普敦 | 1997.12.30 | 1999.2.9 | 西开普省、东开普省、北开普省 | 施伟强 |
| 42 | 南非 | 约翰内斯堡 | 1997.12.30 | 1999.2.3 | 豪登省、自由省 | 唐庆恒 |
| 43 | 南非 | 德班 | 1997.12.30 | 1999.2.9 | 夸祖鲁/纳塔尔省 | 张连云 |
| 44 | 西班牙 | 巴塞罗那 | 1985.6.16 | 1987.4.6 | 巴塞罗那省、赫罗那省、莱里达省、塔拉戈纳省 | 高正月 |
| 45 | 瑞典 | 哥德堡 | 1996.7.3 | 1997.4.7 | 韦尔姆兰、艾尔夫斯堡、哥德堡—布胡斯、斯卡拉堡、延雪平、哈兰德、克鲁努贝里、克里斯蒂安斯塔德、布莱金厄、马尔默胡斯省 | 崔建超 |

续表

| 序号 | 所在国 | 所在地 | 协议日期 | 开馆日期 | 领区范围 | 馆长 |
|---|---|---|---|---|---|---|
| 46 | 瑞士 | 苏黎世 | 1986.6.13 | 1988.9.15 | 苏黎世州、沙夫豪森州、图尔高州、圣加伦州、内罗登阿本策尔半州、外罗登阿本策尔半州、格劳宾登州、格拉鲁斯州、施维茨州、楚格州、阿尔高州 | 陆文杰 |
| 47 | 坦桑尼亚*** | 桑给巴尔 | 1999.1.11 | 1964.5.24 | 桑给巴尔地区 | 张洪铁 |
| 48 | 泰国 | 清迈 | 1988.7.22 | 1991.4.10 | 清迈府、清莱府、夜丰颂府、南奔府、南邦府、拍夭府、难府、帕府、程逸府、彭世洛府、素可泰府、达府 | 彭仁东 |
| 49 | 泰国 | 宋卡 | 1993.8.16 | 1994.7.27 | 宋卡府、春蓬府、拉廊府、素叻他尼府、攀牙府、普吉府、甲米府、洛坤府、董里府、博他伦府、沙敦府、北大年府、也拉府、陶公府 | 姚伯民 |
| 50 | 土耳其 | 伊斯坦布尔 | 1984.10.2 | 1985.7.26 | 伊斯坦布尔省、特基尔达省、科贾埃利省、布尔萨省、巴尔克西尔省、查纳卡累省、伊兹密尔省、马尼萨省、埃迪尔内省、克尔克拉霍利省 | 郁红阳 |
| 51 | 阿拉伯联合酋长国 | 迪拜 | 1988.3.14 | 1989.2.14 | 迪拜、沙迦、阿治曼、乌姆盖万、哈伊马角、富查伊拉 | 高有桢 |
| 52 | 英国 | 曼彻斯特 | 1985.11.4 | 1986.6.30 | 大曼彻斯特郡、泰恩和威尔郡、兰开夏郡、北约克郡、南约克郡、默西赛德郡、西约克郡、达勒姆郡、德比郡 | 龚建忠 |
| 53 | 英国 | 爱丁堡 | 1996.9.3 | 1997.11.4 | 苏格兰、北爱尔兰 | 郭桂芳 |

续表

| 序号 | 所在国 | 所在地 | 协议日期 | 开馆日期 | 领区范围 | 馆长 |
|---|---|---|---|---|---|---|
| 54 | 美国 | 休斯敦 | 1979.8.24 | 1979.11.20 | 密西西比州、亚拉巴马州、阿肯色州、俄克拉荷马州、佐治亚州、路易斯安那州、佛罗里达州、得克萨斯州 | 华锦洲 |
| 55 | 美国 | 旧金山 | 1979.8.24 | 1979.12.13 | 加利福尼亚州北部48个县、俄勒冈州、华盛顿州、阿拉斯加州、内华达州 | 彭克玉 |
| 56 | 美国 | 纽约 | 1981.6.16 | 1981.12.12 | 纽约州、新泽西州、康涅狄格州、马萨诸塞州、新罕布什尔州、宾夕法尼亚州、佛蒙特州、缅因州、俄亥俄州、罗德岛州 | 刘碧伟 |
| 57 | 美国 | 芝加哥 | 1981.6.16 | 1985.7.26 | 伊利诺伊州、印第安纳州、威斯康星州、密歇根州、密苏里州、堪萨斯州、艾奥瓦州、明尼苏达州、科罗拉多州 | 徐尽忠 |
| 58 | 美国 | 洛杉矶 | 1981.6.16 | 1988.3.2 | 夏威夷州及美属太平洋岛屿、亚利桑那州、新墨西哥州、加利福尼亚州南部10个县 | 钟建华 |
| 59 | 越南 | 胡志明市 | 1992.11.22 | 1993.5.28 | （待定） | 高德可 |
| 60 | 也门 | 亚丁 | 1990.5.26 | 1990.6.1 | （待定） | 吴传清 |

* 中国驻瑞士大使兼任驻列支敦士登总领事。

** 中国驻马赛总领事目前兼任驻摩纳哥总领事。

*** 1964年5月24日是中国驻桑给巴尔领事馆的开馆日期。根据中坦（桑尼亚）双方1999年1月11日签订的协定，该馆于即日起升格为总领事馆。

（2）领事馆

| 序号 | 所在国 | 所在地 | 开馆日期 | 领区范围 | 馆长 |
|---|---|---|---|---|---|
| 1 | 澳大利亚 | 布里斯班 | 2004.12.14 | 昆士兰州 | 刘菲 |
| 2 | 玻利维亚 | 圣克鲁斯 | 1992.5.6 | 圣克鲁斯省 | 吴柏根 |

续表

| 序号 | 所在国 | 所在地 | 开馆日期 | 领区范围 | 馆长 |
|---|---|---|---|---|---|
| 3 | 喀麦隆 | 杜阿拉 | 1993.12.21 | 滨海省(含杜阿拉)、西南省、西部省、西北省 | 吴永清 |
| 4 | 哥伦比亚 | 巴兰基亚 | 1990.6.26 | 大西洋省、马格达莱纳省、玻利瓦尔省 | 徐庆 |
| 5 | 日本 | 名古屋 | 2005.8 | 爱知县 | 孙平 |
| 6 | 马达加斯加 | 塔马塔夫 | 1996.5.17 | 塔马塔夫省(含塔马塔夫市)和迪耶果—苏瓦雷斯省 | 陈长江 |

(3) 领事办公室

| 序号 | 所在国 | 所在地 | 所属(使馆)总领馆 | 开馆日期 |
|---|---|---|---|---|
| 1 | 埃及 | 塞得港 | 驻亚历山大总领馆 | 1978 年 |
| 2 | 老挝 | 孟赛 | 驻老挝大使馆 | (待开) |
| 3 | 韩国 | 光州 | 光州市、全罗南道、全罗北道、济州道 | 2005.4.28 |
| 4 | 俄罗斯 | 海参崴 | 驻哈巴罗夫斯克总领馆 | 2005.3 |

(4)已达成协议,尚未开馆的总领事馆/领事馆/领事办公室

| 序号 | 所在国 | 所在地 | 达成协议日期 | 领区范围 |
|---|---|---|---|---|
| 1 | 奥地利 | 萨尔茨堡 | 1994.6.24 | 萨尔茨堡、克恩顿州、蒂罗尔州、拉弗尔格州 |
| 2 | 比利时 | 安特卫普 | 1985.6.3 | 安特卫普省、东佛兰德省、西佛兰德省 |
| 3 | 法国 | 帕皮提领事馆 | 2005.7.18 | 法属波利尼西亚 |
| 4 | 印度尼西亚 | 泗水 | 2005.2.28 | 东爪哇省、巴厘省、西努沙登加拉省和东努沙登加拉省 |
| 5 | 菲律宾 | 达沃 | 1996.11.26 | 巴西兰、苏禄、塔威塔威、北三宝颜、南三宝颜、北阿古桑、南阿古桑、布基农、卡米昆、西米萨米斯、东米萨米斯、北苏里高、南苏里高、北达沃、南达沃、东达沃、南哥打巴托、北哥打巴托、北拉瑙、南拉瑙、马京达瑙、苏丹库达拉省 |

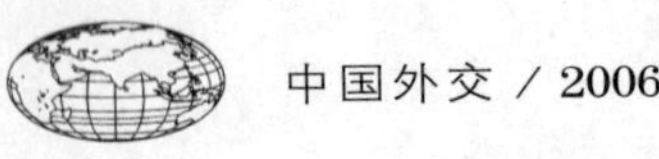



续表

| 序号 | 所在国 | 所在地 | 达成协议日期 | 领区范围 |
| --- | --- | --- | --- | --- |
| 6 | 菲律宾 | 拉瓦格 | 2005.4.27 | 科迪勒拉行政区(阿拉布省、阿巴尧省、本格特省、伊夫肴省、卡林巴省、高山省)、第一地区(北伊罗戈省、南伊罗戈省、拉允隆省、班诗兰省)和第二地区(巴坦省、卡加延省、伊莎贝拉省、新比斯开省、基里诺省) |
| 7 | 俄罗斯 | 叶卡捷琳堡 | 2004.10.14 | 克拉斯诺亚尔斯克边疆区、新西伯利亚州、鄂木斯克州、斯维尔德洛夫斯克州、秋明州、车里雅宾斯克州 |
| 8 | 乌克兰 | 敖德萨 | 2005.6.14 | 敖德萨州、尼古拉耶夫州、赫尔松州、基洛沃格勒州、扎波罗热州、顿涅茨克州、克里米亚自治共和国、塞瓦斯托波尔直辖市 |

## 2. 外国在中国内地设立领事机构一览表

### (1) 总领事馆

| 序号 | 国名 | 所在地 | 领区 | 开馆时间 |
|---|---|---|---|---|
| 1 | 阿根廷 | 上海 | 上海、江苏、浙江、安徽 | 2000.5.22 |
| 2 | 澳大利亚 | 上海 | 上海、江苏、浙江、安徽、江西、湖北 | 1984.7.2 |
| 3 | 澳大利亚 | 广州 | 广东、广西、福建、海南、湖南 | 1989.2.20 |
| 4 | 奥地利 | 上海 | 上海、江苏、浙江、安徽 | 1994.7.15 |
| 5 | 比利时 | 上海 | 上海、江苏、浙江、安徽 | 1996.10.1 |
| 6 | 比利时 | 广州 | 广东 | 2005.10.10 |
| 7 | 巴西 | 上海 | 上海、江苏、浙江 | 2002.9.30 |
| 8 | 保加利亚 | 上海 | 上海、江苏、浙江、安徽、江西、福建 | 2005.1.25 |
| 9 | 柬埔寨 | 广州 | 广东、广西、福建、海南 | 1998.5.1 |
| 10 | 柬埔寨 | 上海 | 上海、江苏、浙江、安徽 | 1999.7.1 |
| 11 | 柬埔寨 | 昆明 | 云南、四川、贵州 | 2003.9.23 |
| 12 | 柬埔寨 | 重庆 | 重庆、湖北、湖南、陕西 | 2004.12.11 |
| 13 | 柬埔寨 | 南宁 | 广西 | 待开 |
| 14 | 加拿大 | 上海 | 上海、江苏、浙江、安徽 | 1986.4.30 |
| 15 | 加拿大 | 广州 | 广东、广西、福建、海南 | 1994.9.28 |
| 16 | 智利 | 上海 | 上海、江苏、浙江、安徽 | 1996.6.17 |
| 17 | 古巴 | 上海 | 上海、江苏、浙江 | 1990.7.24 |
| 18 | 捷克 | 上海 | 上海、江苏、浙江、安徽 | 1989.2.21 |
| 19 | 丹麦 | 上海 | 上海、江苏、浙江、安徽、江西 | 1994.6.20 |
| 20 | 丹麦 | 广州 | 广东、广西、福建、海南 | 1998.9.17 |
| 21 | 朝鲜 | 沈阳 | 辽宁、吉林、黑龙江 | 1986.9.6 |
| 22 | 厄瓜多尔 | 上海 | 上海、浙江 | 待开 |
| 23 | 埃及 | 上海 | 上海、江苏、浙江、安徽 | 1999.5.1 |
| 24 | 芬兰 | 上海 | 上海、江苏、浙江、安徽、江西 | 1995.11.1 |
| 25 | 芬兰 | 广州 | 广东、福建、海南、广西 | 待开 |

续表

| 序号 | 国名 | 所在地 | 领区 | 开馆时间 |
|---|---|---|---|---|
| 26 | 法国 | 上海 | 上海、江苏、浙江、安徽 | 1980.10.21 |
| 27 | 法国 | 广州 | 广东、广西、福建、海南 | 1997.4.24 |
| 28 | 法国 | 武汉 | 湖北、湖南、江西 | 1998.10.10 |
| 29 | 法国 | 成都 | 四川、云南、贵州、重庆 | 2005.7.18 |
| 30 | 德国 | 上海 | 上海、江苏、浙江、安徽 | 1982.10.15 |
| 31 | 德国 | 广州 | 广东、广西、福建、海南 | 1995.10.1 |
| 32 | 德国 | 成都 | 四川、贵州、云南、重庆 | 2004.9.6 |
| 33 | 希腊 | 上海 | 山东、江苏、浙江、福建、安徽、江西、上海 | 2004.10.12 |
| 34 | 匈牙利 | 上海 | 上海、浙江、江苏、安徽 | 2004.8.16 |
| 35 | 印度 | 上海 | 上海、江苏、浙江 | 1993.1.16 |
| 36 | 印度尼西亚 | 广州 | 广东、广西、福建、海南 | 2002.12.12 |
| 37 | 印度尼西亚 | 上海 | 上海、江苏、浙江、安徽、江西 | 待开 |
| 38 | 伊朗 | 上海 | 上海、江苏、浙江、安徽 | 1989.2.20 |
| 39 | 爱尔兰 | 上海 | 上海、江苏、浙江、安徽、江西 | 2000.8.1 |
| 40 | 以色列 | 上海 | 上海、江苏、浙江、安徽 | 1994.9.8 |
| 41 | 意大利 | 上海 | 上海、江苏、浙江、安徽 | 1985.6.21 |
| 42 | 意大利 | 广州 | 广东、广西、福建、海南 | 1998.11.4 |
| 43 | 日本 | 上海 | 上海、江苏、浙江、安徽 | 1975.9.2 |
| 44 | 日本 | 广州 | 广东、广西、福建、海南 | 1980.3.1 |
| 45 | 日本 | 沈阳 | 辽宁、吉林、黑龙江 | 1985.1.15 |
| 46 | 日本 | 重庆 | 重庆、四川、贵州、云南 | 2005.1.1 |
| 47 | 哈萨克斯坦 | 上海 | 上海、江苏、安徽、浙江、江西、福建 | 2005.3.25 |
| 48 | 老挝 | 昆明 | 云南、广东、广西 | 1993.11.25 |
| 49 | 马来西亚 | 广州 | 广东、福建、海南、江西、湖南 | 1993.10.24 |
| 50 | 马来西亚 | 上海 | 上海、江苏、浙江、安徽 | 1999.12.23 |
| 51 | 马来西亚 | 昆明 | 云南、广西、贵州、四川、重庆 | 2003.11.20 |
| 52 | 墨西哥 | 上海 | 上海、江苏、浙江、安徽、湖南、福建、江西 | 1993.10.18 |

续表

| 序号 | 国名 | 所在地 | 领区 | 开馆时间 |
| --- | --- | --- | --- | --- |
| 53 | 蒙古 | 呼和浩特 | 内蒙古自治区 | 1990.7.10 |
| 54 | 缅甸 | 昆明 | 云南、贵州、四川、重庆 | 1993.9.1 |
| 55 | 尼泊尔 | 拉萨 | 未定 | 1958.5.11 |
| 56 | 荷兰 | 上海 | 上海、江苏、浙江、安徽 | 1994.9.12 |
| 57 | 荷兰 | 广州 | 广东、广西、福建、海南 | 1997.9.18 |
| 58 | 新西兰 | 上海 | 上海、江苏、浙江、安徽 | 1992.7.17 |
| 59 | 挪威 | 上海 | 上海、江苏、浙江、安徽、江西、福建 | 1996.9.4 |
| 60 | 巴基斯坦 | 上海 | 上海、江苏、浙江、安徽 | 待开 |
| 61 | 秘鲁 | 上海 | 上海、江苏、浙江、安徽、福建、江西 | 2002.5.30 |
| 62 | 菲律宾 | 厦门 | 福建、江西 | 1995.2.28 |
| 63 | 菲律宾 | 广州 | 广东、广西、海南、湖南、云南、贵州、四川、重庆 | 1997.5.26 |
| 64 | 菲律宾 | 上海 | 上海、江苏、浙江、安徽、湖北 | 2002.4.18 |
| 65 | 波兰 | 上海 | 上海、江苏、浙江、安徽、福建 | 1955.6.17 |
| 66 | 波兰 | 广州 | 广东、广西、海南 | 1989.7.22 |
| 67 | 葡萄牙 | 上海 | 上海、浙江、江苏、安徽、江西 | 2005.5.23 |
| 68 | 韩国 | 上海 | 上海、江苏、浙江、安徽 | 1993.6.11 |
| 69 | 韩国 | 广州 | 广东、广西、福建、海南 | 2001.8.28 |
| 70 | 韩国 | 青岛 | 山东 | 1994.9.12 |
| 71 | 韩国 | 沈阳 | 辽宁、黑龙江 | 2002.12.27 |
| 72 | 韩国 | 成都 | 四川、云南、贵州、重庆 | 2004.10.26 |
| 73 | 罗马尼亚 | 上海 | 上海、江苏、浙江、安徽 | 2000.2.1 |
| 74 | 俄罗斯 | 上海 | 上海、江苏、浙江、安徽 | 1986.12.15 |
| 75 | 俄罗斯 | 沈阳 | 辽宁、吉林、黑龙江 | 1991.5.7 |
| 76 | 俄罗斯 | 广州 | 广东、福建、海南、云南、江西、广西 | 待开 |
| 77 | 沙特阿拉伯 | 上海 | 上海、江苏、浙江、福建 | 待开 |
| 78 | 塞尔维亚和黑山 | 上海 | 上海、江苏、浙江、安徽 | 1998.7.3 |

续表

| 序号 | 国名 | 所在地 | 领区 | 开馆时间 |
|---|---|---|---|---|
| 79 | 新加坡 | 上海 | 上海、江苏、浙江 | 1992.1.24 |
| 80 | 新加坡 | 厦门 | 福建、广东、海南 | 1995.12.7 |
| 81 | 斯洛伐克 | 上海 | 上海、江苏、浙江、福建、安徽、江西 | 2004.7.30 |
| 82 | 南非 | 上海 | 上海、山东、江苏、浙江、安徽、福建、广东 | 2002.11.8 |
| 83 | 西班牙 | 上海 | 上海、江苏、浙江 | 1999.5.7 |
| 84 | 瑞典 | 上海 | 上海、江苏、浙江、安徽 | 1996.9.16 |
| 85 | 瑞典 | 广州 | 广东、广西、福建、海南 | 2002.11.25 |
| 86 | 瑞士 | 上海 | 上海、江苏、浙江、安徽 | 1995.4.25 |
| 87 | 瑞士 | 广州 | 广东、福建、海南、广西 | 2005.8.5 |
| 88 | 泰国 | 广州 | 广东、广西、福建、海南 | 1989.2.12 |
| 89 | 泰国 | 昆明 | 云南、贵州、四川、湖南、重庆 | 1994.9.12 |
| 90 | 泰国 | 上海 | 上海、江苏、浙江、安徽 | 1996.10.1 |
| 91 | 土耳其 | 上海 | 上海、江苏、浙江、安徽 | 1996.11.6 |
| 92 | 乌克兰 | 上海 | 上海、江苏、浙江、安徽、福建、江西 | 2001.4.4 |
| 93 | 英国 | 上海 | 上海、江苏、浙江、安徽 | 1985.2.11 |
| 94 | 英国 | 广州 | 广东、广西、福建、海南、湖南 | 1997.1.16 |
| 95 | 英国 | 重庆 | 重庆、四川、贵州、云南 | 2000.3.1 |
| 96 | 美国 | 上海 | 上海、江苏、浙江、安徽 | 1980.4.28 |
| 97 | 美国 | 广州 | 广东、广西、福建、海南 | 1979.8.11 |
| 98 | 美国 | 沈阳 | 辽宁、吉林、黑龙江 | 1984.5.30 |
| 99 | 美国 | 成都 | 云南、贵州、四川、西藏、重庆 | 1985.10.15 |
| 100 | 美国 | 武汉 | 河南、湖北、湖南、江西 | 待开 |
| 101 | 乌拉圭 | 上海 | 上海、江苏、浙江、安徽 | 2003.7.15 |
| 102 | 乌兹别克斯坦 | 上海 | 上海、浙江、江苏、安徽、江西、湖南、福建 | 2005.7.12 |
| 103 | 委内瑞拉 | 上海 | 江苏、浙江、上海 | 2005.7.5 |
| 104 | 瓦努阿图 | 上海 | 上海、江苏、浙江、安徽 | 待开 |

续表

| 序号 | 国名 | 所在地 | 领区 | 开馆时间 |
|---|---|---|---|---|
| 105 | 越南 | 广州 | 广东 | 1993.1.18 |
| 106 | 越南 | 南宁 | 广西 | 2004.8.5 |
| 107 | 越南 | 昆明 | 云南 | 2003.10.16 |

(2) 领事馆

| 序号 | 国名 | 所在地 | 领区 | 达成协议时间 |
|---|---|---|---|---|
| 1 | 加拿大 | 重庆 | 重庆、四川、贵州、云南 | 1997.11.28 |
| 2 | 丹麦 | 重庆 | 重庆、四川、贵州、云南 | 2004.11.11 |
| 3 | 墨西哥 | 广州 | 广东、广西、海南 | 2005.8.31 |
| 4 | 蒙古 | 二连浩特 | 内蒙古自治区呼伦贝尔市、锡林郭勒盟、兴安盟（原领办领区只包括二连） | 2005.9.12 由领办升格 |
| 5 | 斯里兰卡 | 上海 | 上海、浙江、江苏、安徽、湖南、福建 | 2005.8.30 |

(3) 领事办公室

| 序号 | 国名 | 所在地 | 办公室名称 | 开始对外办公时间 |
|---|---|---|---|---|
| 1 | 日本 | 大连 | 日本驻沈阳总领事馆常驻大连办公室 | 1993.6.1 |
| 2 | 老挝 | 景洪 | 老挝驻昆明总领事馆常驻景洪办公室 | 待开 |
| 3 | 俄罗斯 | 哈尔滨 | 俄罗斯驻沈阳总领事馆常驻哈尔滨办公室 | 待开 |
| 4 | 新加坡 | 广州 | 新加坡驻厦门总领事馆驻广州领事办公室 | 2003.6.25 |
| 5 | 泰国 | 厦门 | 泰国驻广州总领事馆驻厦门领事办公室 | 2004.10.10 |
| 6 | 泰国 | 西安 | 泰国大使馆驻西安领事办公室 | 待开 |
| 7 | 泰国 | 成都 | 泰国驻昆明总领事馆驻成都领事办公室 | 2005.4.12 |
| 8 | 泰国 | 南宁 | 泰国驻广州总领事馆驻南宁领事办公室 | 待开 |

(4) 名誉领事

| 序号 | 国名 | 所在地 | 领区 | 时间 |
|---|---|---|---|---|
| 1 | 几内亚 | 上海 | 未定 | |
| 2 | 牙买加 | 上海 | 上海、江苏、浙江、安徽 | 2001.4.26 |
| 3 | 马尔代夫 | 上海 | 未定 | |
| 4 | 摩纳哥 | 上海 | 上海、江苏、浙江、安徽 | 2002.1.25 |
| 5 | 尼泊尔 | 上海 | 未定 | 2002.12.23 |
| 6 | 尼日尔 | 广州 | 未定 | |
| 7 | 巴布亚新几内亚 | 上海 | 上海 | 2005.7.15 |
| 8 | 塞舌尔 | 北京 | 未定 | |
| 9 | 坦桑尼亚 | 广州 | 未定 | |
| 10 | 汤加 | 北京 | 北京 | 2000.5.24 已开使馆，并向其提出关闭名领馆 |
| 11 | 瓦努阿图 | 北京 | 北京 | 1999.8.30 已开使馆，未提出关闭名领馆 |

## 3. 外国在中国香港设立领事机构一览表

### (1) 总领事馆

| 序号 | 国名 | 领区 | 保留(设立)领馆协议时间 | 备注 |
|---|---|---|---|---|
| 1 | 安哥拉 | 香港 | 2005.6.28 | |
| 2 | 安提瓜和巴布达 | 香港、澳门 | 1998.6.19 | 待开 |
| 3 | 阿根廷 | 香港、<br>澳门(扩领) | 1997.1.31<br>1999.6.17 | |
| 4 | 澳大利亚 | 香港、<br>澳门(扩领) | 1996.9.26<br>1999.9.8 | |
| 5 | 奥地利 | 香港、澳门 | 1997.6.20 | |
| 6 | 巴哈马 | 香港、澳门 | 1999.1.15 | 关闭 |
| 7 | 孟加拉国 | 香港、澳门 | 1997.1.29 | |
| 8 | 比利时 | 香港、澳门 | 1997.2.3 | |
| 9 | 巴西 | 香港、<br>澳门(扩领) | 1996.11.8<br>1999.12.15 | |
| 10 | 保加利亚 | 香港 | 1997.5.5 | 关闭 |
| 11 | 柬埔寨 | 香港、<br>澳门(扩领) | 1997.4.16<br>2002.2.22 | 1999.7.8 设立总领馆 |
| 12 | 加拿大 | 香港、澳门 | 1996.9.19 | |
| 13 | 佛得角 | 香港 | 1997.6.30 | 关闭 |
| 14 | 智利 | 香港、<br>澳门(扩领) | 1996.11.6<br>1998.5.6 | |
| 15 | 哥伦比亚 | 香港、<br>澳门(扩领) | 1996.10.21<br>1999.12.17 | |
| 16 | 捷克 | 香港、澳门 | 1997.6.27 | |
| 17 | 丹麦 | 香港、澳门 | 1997.6.6 | |
| 18 | 朝鲜 | 香港 | 1999.6.1 | |
| 19 | 厄瓜多尔 | 香港 | 1997.3.21 | 关闭 |
| 20 | 埃及 | 香港、<br>澳门(扩领) | 1996.11.11<br>2000.3.31 | |
| 21 | 芬兰 | 香港、澳门 | 1996.12.9 | |

续表

| 序号 | 国名 | 领区 | 保留(设立)领馆协议时间 | 备注 |
|---|---|---|---|---|
| 22 | 法国 | 香港、澳门 | 1997.5.15 | |
| 23 | 德国 | 香港、澳门 | 1997.6.20 | |
| 24 | 希腊 | 香港、<br>澳门(扩领) | 1997.3.18<br>1999.11.18 | |
| 25 | 匈牙利 | 香港、澳门 | 1998.5.19 | |
| 26 | 印度 | 香港、澳门 | 1996.11.29 | |
| 27 | 印度尼西亚 | 香港 | 1996.12.6 | |
| 28 | 伊朗 | 香港 | 1999.7.5 | |
| 29 | 以色列 | 香港、澳门 | 1997.2.4 | |
| 30 | 意大利 | 香港、澳门 | 1997.6.5 | |
| 31 | 日本 | 香港、澳门 | 1997.3.29 | |
| 32 | 哈萨克斯坦 | 香港、澳门 | 2003.7.2 | |
| 33 | 科威特 | 香港 | 1999.6.30 | |
| 34 | 老挝 | 香港、澳门 | 1999.4.30 | |
| 35 | 马来西亚 | 香港、澳门 | 1997.5.14 | |
| 36 | 墨西哥 | 香港、<br>澳门(扩领) | 1996.11.22<br>1999.10.29 | |
| 37 | 缅甸 | 香港、<br>澳门(扩领) | 1997.4.25<br>2000.6.2 | |
| 38 | 尼泊尔 | 香港、<br>澳门(扩领) | 1997.5.20<br>2001.2.6 | |
| 39 | 荷兰 | 香港、澳门 | 1996.11.12 | |
| 40 | 新西兰 | 香港、澳门 | 1997.1.22 | |
| 41 | 尼日利亚 | 香港、澳门 | 1997.4.28 | |
| 42 | 挪威 | 香港、澳门 | 1997.2.5 | 关闭 |
| 43 | 巴基斯坦 | 香港、<br>澳门(扩领) | 1996.12.1<br>1999.6.28 | |
| 44 | 秘鲁 | 香港、<br>澳门(扩领) | 1997.6.23<br>1999.11.26 | |
| 45 | 菲律宾 | 香港、<br>澳门(扩领) | 1996.11.26<br>1999.8.30 | |

续表

| 序号 | 国名 | 领区 | 保留(设立)领馆协议时间 | 备注 |
| --- | --- | --- | --- | --- |
| 46 | 波兰 | 香港、澳门 | 1997.5.19 | |
| 47 | 葡萄牙 | 香港 | 1996.12.17 | 关闭 |
| 48 | 韩国 | 香港、澳门 | 1997.4.24 | |
| 49 | 罗马尼亚 | 香港、澳门 | 2003.8.11 | |
| 50 | 俄罗斯 | 香港、澳门 | 1997.6.27 | |
| 51 | 沙特阿拉伯 | 香港、澳门 | 1998.4.29 | |
| 52 | 新加坡 | 香港、澳门 | 1997.2.5 | |
| 53 | 南非 | 香港、<br>澳门(扩领) | 1997.12.30<br>1999.6.7 | |
| 54 | 西班牙 | 香港、澳门 | 1997.6.18 | |
| 55 | 瑞典 | 香港、澳门 | 1996.11.3 | |
| 56 | 瑞士 | 香港、澳门 | 1997.4.11 | |
| 57 | 泰国 | 香港、澳门 | 1997.4.2 | |
| 58 | 土耳其 | 香港、澳门 | 1997.5.8 | |
| 59 | 阿联酋 | 香港 | 1998.10.29 | |
| 60 | 英国 | 香港、<br>澳门(扩领) | 1996.9.26<br>1999.10.29 | |
| 61 | 美国 | 香港、澳门 | 1997.3.25 | |
| 62 | 委内瑞拉 | 香港、<br>澳门(扩领) | 1996.11.13<br>1999.10.11 | |
| 63 | 越南 | 香港、<br>澳门(扩领) | 1996.12.19<br>2003.5.16 | |

(2) 名誉领事

| 序号 | 国名 | 领区 | 保留(设立)领馆协议时间 | 备注 |
| --- | --- | --- | --- | --- |
| 1 | 阿尔巴尼亚 | 香港 | 2003.11.4 | |
| 2 | 巴林 | 香港 | 2001.4.5 | |
| 3 | 巴巴多斯 | 香港 | 1997.4.30 | |
| 4 | 贝宁 | 香港 | 1997.2.28 | |

续表

| 序号 | 国名 | 领区 | 保留(设立)领馆协议时间 | 备注 |
|---|---|---|---|---|
| 5 | 不丹 | 香港 | 2004.4.27 | |
| 6 | 喀麦隆 | 香港 | 1997.6.2 | |
| 7 | 中非 | 香港 | 2001.9.28 | |
| 8 | 刚果(共) | 香港 | 1997.2.26 | |
| 9 | 科特迪瓦 | 香港 | 1997.6.2 | |
| 10 | 克罗地亚 | 香港 | 2002.5.15 | |
| 11 | 古巴 | 香港 | 1996.12.31 | |
| 12 | 塞浦路斯 | 香港 | 1997.2.3 | |
| 13 | 吉布提 | 香港 | 1997.1.22 | |
| 14 | 刚果(金) | 香港 | 1999.12.29 | |
| 15 | 赤道几内亚 | 香港 | 1997.4.8 | |
| 16 | 爱沙尼亚 | 香港 | 1998.12.11 | |
| 17 | 厄立特里亚 | 香港、澳门 | 2005.8.10 | |
| 18 | 埃塞俄比亚 | 香港、澳门 | 2002.6.18 | |
| 19 | 斐济 | 香港 | 1997.6.20 | |
| 20 | 加蓬 | 香港 | 1996.8.22 | |
| 21 | 加纳 | 香港 | 1997.5.5 | |
| 22 | 几内亚 | 香港 | 1997.5.5 | |
| 23 | 冰岛 | 香港 | 1996.12.17 | |
| 24 | 爱尔兰 | 香港 | 1997.6.20 | |
| 25 | 牙买加 | 香港 | 1997.5.29 | |
| 26 | 约旦 | 香港 | 1997.2.3 | |
| 27 | 肯尼亚 | 香港、澳门 | 2003.12.9 | |
| 28 | 拉脱维亚 | 香港 | 2002.8.12 | |
| 29 | 莱索托 | 香港 | 2001.9.5 | |
| 30 | 利比里亚 | 香港 | 2004.10.8 | |
| 31 | 立陶宛 | 香港 | 1997.5.29 | |

续表

| 序号 | 国名 | 领区 | 保留(设立)领馆协议时间 | 备注 |
|---|---|---|---|---|
| 32 | 卢森堡 | 香港 | 1997.4.23 | |
| 33 | 马达加斯加 | 香港 | 1997.5.28 | |
| 34 | 马尔代夫 | 香港 | 1997.4.15 | |
| 35 | 马里 | 香港 | 1997.4.22 | |
| 36 | 马耳他 | 香港 | 1997.4.9 | |
| 37 | 毛里求斯 | 香港 | 1997.4.14 | |
| 38 | 摩纳哥 | 香港 | 1997.5.6 | |
| 39 | 蒙古 | 香港 | 1997.1.27 | |
| 40 | 摩洛哥 | 香港 | 1996.12.25 | |
| 41 | 莫桑比克 | 香港 | 1997.5.7 | |
| 42 | 纳米比亚 | 香港、<br>澳门(扩领) | 1997.1.30<br>2000.8.18 | |
| 43 | 尼日尔 | 香港 | 1999.3.1 | 设有名誉副领事 |
| 44 | 挪威 | 香港、澳门 | 2003.9.10 | |
| 45 | 阿曼 | 香港 | 1997.4.4 | 设有名誉副领事 |
| 46 | 巴布亚新几内亚 | 香港 | 1996.7.16 | |
| 47 | 葡萄牙 | 香港 | 2005.1.7 | |
| 48 | 卢旺达 | 香港、澳门 | 2000.7.26 | |
| 49 | 萨摩亚 | 香港、澳门 | 2004.7.22 | 关闭 |
| 50 | 圣马力诺 | 香港 | 2005.7.5 | |
| 51 | 塞舌尔 | 香港 | 1997.1.3 | |
| 52 | 斯洛伐克 | 香港 | 1997.6.19 | |
| 53 | 斯洛文尼亚 | 香港 | 1997.6.20 | |
| 54 | 斯里兰卡 | 香港、<br>澳门(扩领) | 1997.5.21<br>2004.8.4 | |
| 55 | 苏里南 | 香港 | 1997.2.17 | |
| 56 | 坦桑尼亚 | 香港、澳门 | 1998.4.8 | |
| 57 | 多哥 | 香港 | 1996.12.19 | |

续表

| 序号 | 国名 | 领区 | 保留(设立)领馆协议时间 | 备注 |
|---|---|---|---|---|
| 58 | 汤加 | 香港 | 2003.1.22 | |
| 59 | 特立尼达和多巴哥 | 香港 | 1997.3.24 | |
| 60 | 突尼斯 | 香港 | 1997.5.2 | |
| 61 | 乌干达 | 香港 | 1999.1.8 | |
| 62 | 乌克兰 | 香港 | 2003.8.20 | |
| 63 | 乌拉圭 | 香港、<br>澳门(扩领) | 2002.12.23<br>2003.8.8 | 关闭 |
| 64 | 瓦努阿图 | 香港 | 1997.1.9 | |
| 65 | 也门 | 香港 | 2005.10.24 | |

# 4. 外国在中国澳门设立领事机构一览表

(1) 总领事馆

| 序号 | 国名 | 领区 | 保留(设立)领馆协议时间 | 备注 |
|---|---|---|---|---|
| 1 | 菲律宾 | 澳门 | 2000.9.25 | 待开 |
| 2 | 葡萄牙 | 澳门、香港 | 1999.7.28 | |

(2) 名誉领事

| 序号 | 国名 | 领区 | 保留(设立)领馆协议时间 | 备注 |
|---|---|---|---|---|
| 1 | 不丹 | 澳门 | 2000.1.12 | |
| 2 | 佛得角 | 澳门 | 2000.10.11 | |
| 3 | 爱沙尼亚 | 澳门 | 1999.8.25 | |
| 4 | 法国 | 澳门 | 1999.12.14 | |
| 5 | 几内亚 | 澳门 | 1999.5.24 | |
| 6 | 几内亚比绍 | 澳门 | 1999.11.22 | |
| 7 | 马里 | 澳门 | 1999.3.18 | |
| 8 | 莫桑比克 | 澳门 | 1999.4.12 | |
| 9 | 尼日尔 | 澳门 | 2002.7.30 | |
| 10 | 秘鲁 | 澳门 | 1999.11.26 | |
| 11 | 苏里南 | 澳门 | 1999.11.16 | |
| 12 | 英国 | 澳门 | 1999.10.29 | |
| 13 | 格林纳达 | 澳门 | 2005.4.26 | |

# 六、中国与外国签订互免签证协议一览表

（以英文国名字母为序）

## 1. 中国政府和外国政府互免签证协议一览表

| 序号 | 协议国 | 生效日期 | 互免签证的证件 | 备注 |
|---|---|---|---|---|
| 1 | 阿尔巴尼亚 | 1956.8.25 | 外交、公务、特别护照 | |
| 2 | 阿根廷 | 1993.8.14 | 外交、公务、官员护照 | |
| 3 | 亚美尼亚 | 1994.8.3 | 外交、公务、因公普通、加注“因公”字样的普通护照 | |
| 4 | 阿塞拜疆 | 1994.2.10 | 外交、公务、因公普通护照 | |
| | | 1994.5.1 | 团体旅游 | |
| 5 | 孟加拉国 | 1989.12.18 | 外交、公务、官员、因公普通、加注“政府公务”或“免费”字样的普通护照 | |
| 6 | 白俄罗斯 | 1993.3.1 | 外交、公务护照；团体旅游 | |
| 7 | 贝宁 | 1993.11.6 | 外交、公务、因公普通、附有“公务证明”的普通护照 | |
| 8 | 玻利维亚 | 1987.11.15 | 外交、公务、官员护照 | |
| 9 | 波斯尼亚和黑塞哥维那 | 1980.1.9 | 外交、公务、因公普通护照、标有“因公”字样的普通护照 | * |
| 10 | 巴西 | 2004.8.10 | 外交、公务、官员护照 | |
| 11 | 文莱 | 2005.6.18 | 外交、公务、官员护照 | |
| 12 | 保加利亚 | 1987.7.17 | 外交、公务、因公普通护照 | |
| 13 | 智利 | 1986.5.7 | 外交、公务、官员护照 | |
| 14 | 哥伦比亚 | 1987.11.14 | 外交护照 | |
| | | 1991.11.14 | 公务、官员护照 | |
| 15 | 克罗地亚 | 1995.4.9 | 外交、公务、官员护照 | |
| 16 | 古巴 | 1988.12.23 | 外交、公务、官员、因公普通护照 | |
| 17 | 塞浦路斯 | 1991.10.2 | 外交、公务护照 | |

续表

| 序号 | 协议国 | 生效日期 | 互免签证的证件 | 备注 |
|---|---|---|---|---|
| 18 | 厄瓜多尔 | 1987.7.11 | 外交、公务、官员护照 | |
| | | 1988.12.25 | 因公普通、特别护照 | |
| 19 | 赤道几内亚 | 2006.1.1 | 外交、公务、官员护照 | |
| 20 | 格鲁吉亚 | 1994.2.3 | 外交、公务、因公普通护照；团体旅游 | |
| 21 | 圭亚那 | 1998.8.19 | 外交、公务、官员、因公普通护照 | |
| 22 | 匈牙利 | 1992.5.28 | 外交、公务护照 | |
| 23 | 印度尼西亚 | 2005.11.14 | 外交、公务护照 | |
| 24 | 伊朗 | 1989.7.12 | 外交、公务护照 | |
| 25 | 牙买加 | 1995.6.8 | 外交、公务、官员护照 | |
| 26 | 约旦 | 1993.3.11 | 外交、公务、特别护照 | |
| 27 | 哈萨克斯坦 | 1994.2.1 | 外交、公务护照 | |
| 28 | 朝鲜 | 1956.10.1 | 外交、公务护照 | |
| | | 1965.1.1 | 因公普通、因公团体护照 | |
| 29 | 吉尔吉斯斯坦 | 2003.6.14 | 外交、公务护照 | |
| 30 | 老挝 | 1989.11.6 | 外交、公务、因公普通、<br>加注有效公务签证的普通护照 | |
| 31 | 立陶宛 | 1992.9.14 | 外交、公务护照、海员证（随船） | |
| 32 | 马其顿 | 1980.1.9 | 外交、公务、因公普通护照、<br>标有“因公”字样的普通护照 | * |
| 33 | 马尔代夫 | 1984.11.27 | 外交、公务护照 | |
| 34 | 墨西哥 | 1998.1.1 | 外交、公务、官员护照 | |
| 35 | 摩尔多瓦 | 1993.1.1 | 外交、公务、因公普通、<br>加注“公务”字样的普通护照；团体旅游 | |
| 36 | 蒙古 | 1989.4.30 | 外交、公务、因公普通护照 | |
| 37 | 缅甸 | 1998.3.5 | 外交、公务、官员护照 | |
| 38 | 巴基斯坦 | 1987.8.16 | 外交、公务、官员护照 | |
| | | 1988.4.30 | 因公普通护照 | |
| 39 | 秘鲁 | 2004.5.12 | 外交、公务（特别）护照 | |
| 40 | 菲律宾 | 2005.2.28 | 外交、公务（官员）护照（限临时访问人员） | |

续表

| 序号 | 协议国 | 生效日期 | 互免签证的证件 | 备注 |
|---|---|---|---|---|
| 41 | 波兰 | 1992.7.27 | 外交、公务护照、海员证、机组人员证件 | |
| 42 | 罗马尼亚 | 1981.9.16 | 外交、公务护照、海员证 | |
| 43 | 俄罗斯 | 2000.12.1 | 团体旅游 | |
| | | 2001.5.25 | 外交护照，随车执行公务的国际列车乘务员、指定定期机组人员、持海员证执行公务船员 | |
| 44 | 圣马力诺 | 1985.7.22 | 外交、公务、普通护照 | |
| 45 | 塞尔维亚和黑山 | 1980.1.9 | 外交、公务、因公普通、加注“因公”字样的普通护照 | * |
| 46 | 塞舌尔 | 1992.2.20 | 外交、公务护照 | |
| 47 | 斯洛伐克 | 1956.6.1 | 外交、公务、特别护照 | ** |
| 48 | 斯洛文尼亚 | 1994.7.1 | 外交、公务护照 | |
| 49 | 苏丹 | 1995.10.26 | 外交、公务、特别、官员护照 | |
| 50 | 塔吉克斯坦 | 1993.6.1 | 外交、公务、因公普通、加注“公务”字样的普通护照 | |
| 51 | 坦桑尼亚 | 2005.7.11 | 外交、公务护照 | |
| 52 | 泰国 | 1997.6.1 | 外交、公务、官员护照 | |
| | | 2003.10.18 | | |
| 53 | 土耳其 | 1989.12.24 | 外交、公务、因公普通、特别护照 | |
| 54 | 土库曼斯坦 | 1993.2.1 | 外交、公务、因公普通、加注“公务”字样的普通护照；团体旅游 | |
| 55 | 乌克兰 | 2002.3.31 | 外交、公务护照和海员证 | |
| 56 | 乌拉圭 | 1988.11.7 | 常驻对方国家使领馆人员所持外交、公务、官员护照 | |
| | | 1994.1.1 | 外交护照 | |
| 57 | 委内瑞拉 | 1989.7.13 | 外交、公务护照 | |
| 58 | 越南 | 1992.3.15 | 外交、公务、因公普通护照 | |

* 目前适用中国与前南斯拉夫社会主义联邦共和国有关协议。

** 目前适用中国与前捷克斯洛伐克共和国有关协议。

## 2. 香港、澳门特区与外国（地区）免签情况

(1) 香港特区给予外国（地区）护照免签一览表

| 序号 | 国家或地区 | 免办签证停留期 | 备注 |
|---|---|---|---|
| 1 | 阿尔及利亚 | 14天 | |
| 2 | 安道尔 | 3个月 | |
| 3 | 安圭拉 | 3个月 | |
| 4 | 安提瓜和巴布达 | 3个月 | |
| 5 | 阿根廷 | 3个月 | 2004.1.14互免协议 |
| 6 | 澳大利亚 | 3个月 | |
| 7 | 奥地利 | 3个月 | |
| 8 | 巴哈马 | 3个月 | |
| 9 | 巴林 | 14天 | |
| 10 | 孟加拉国 | 14天 | |
| 11 | 巴巴多斯 | 3个月 | |
| 12 | 比利时 | 3个月 | |
| 13 | 伯利兹 | 3个月 | |
| 14 | 贝宁 | 14天 | 1997.2.28互免协议 |
| 15 | 百慕大 | 3个月 | |
| 16 | 不丹 | 14天 | |
| 17 | 玻利维亚 | 1个月 | |
| 18 | 波斯尼亚和黑塞哥维那 | 14天 | |
| 19 | 博茨瓦纳 | 3个月 | |
| 20 | 巴西 | 3个月 | 2005.10.20互免协议 |
| 21 | 英国（英国公民） | 180天 | |
| 22 | 英属南极群岛 | 3个月 | |
| 23 | 英属印度洋群岛 | 3个月 | |
| 24 | 英属维尔京群岛 | 3个月 | |
| 25 | 文莱 | 3个月 | |
| 26 | 保加利亚 | 3个月 | 2005.4.8互免协议 |

续表

| 序号 | 国家或地区 | 免办签证停留期 | 备注 |
|---|---|---|---|
| 27 | 布基纳法索 | 14天 | |
| 28 | 加拿大 | 3个月 | |
| 29 | 佛得角 | 1个月 | 1998.4.27互免协议 |
| 30 | 开曼群岛 | 3个月 | |
| 31 | 中非共和国 | 14天 | |
| 32 | 乍得 | 14天 | |
| 33 | 智利 | 3个月 | 1998.5.15互免协议 |
| 34 | 哥伦比亚 | 3个月 | |
| 35 | 科摩罗 | 14天 | |
| 36 | 刚果（共和国） | 14天 | 1997.1.20互免协议 |
| 37 | 哥斯达黎加 | 1个月 | 临时护照及签证身份书需申请签证 |
| 38 | 克罗地亚 | 14天 | |
| 39 | 塞浦路斯 | 3个月 | |
| 40 | 捷克 | 3个月 | |
| 41 | 丹麦 | 3个月 | |
| 42 | 吉布提 | 14天 | |
| 43 | 多米尼克 | 3个月 | |
| 44 | 多米尼加 | 1个月 | |
| 45 | 厄瓜多尔 | 3个月 | 1999.9.3互免协议 |
| 46 | 埃及 | 3个月 | 1997.4.18互免协议 |
| 47 | 萨尔瓦多 | 1个月 | |
| 48 | 赤道几内亚 | 14天 | |
| 49 | 爱沙尼亚 | 3个月 | 2001.6.29互免协议 |
| 50 | 福克兰群岛属地（马尔维纳斯群岛） | 3个月 | |
| 51 | 法罗群岛 | 3个月 | |
| 52 | 斐济 | 3个月 | |
| 53 | 芬兰 | 3个月 | |
| 54 | 法国 | 3个月 | |

续表

| 序号 | 国家或地区 | 免办签证停留期 | 备注 |
|---|---|---|---|
| 55 | 加蓬 | 14天 | |
| 56 | 冈比亚 | 3个月 | |
| 57 | 德国 | 3个月 | |
| 58 | 加纳 | 14天 | 1997.5.29互免协议 |
| 59 | 直布罗陀 | 3个月 | |
| 60 | 希腊 | 3个月 | |
| 61 | 格陵兰 | 3个月 | |
| 62 | 危地马拉 | 1个月 | |
| 63 | 几内亚 | 14天 | |
| 64 | 几内亚比绍 | 14天 | |
| 65 | 圭亚那 | 3个月 | |
| 66 | 海地 | 14天 | |
| 67 | 洪都拉斯 | 1个月 | |
| 68 | 匈牙利 | 3个月 | 2002.1.8互免协议 |
| 69 | 冰岛 | 3个月 | |
| 70 | 印度 | 14天 | |
| 71 | 印度尼西亚 | 1个月 | |
| 72 | 爱尔兰 | 3个月 | |
| 73 | 以色列 | 3个月 | 1997.6.30互免协议 |
| 74 | 意大利 | 3个月 | |
| 75 | 牙买加 | 3个月 | 1997.6.25互免协议 |
| 76 | 日本 | 3个月 | |
| 77 | 约旦 | 14天 | 1997.5.6互免协议 |
| 78 | 肯尼亚 | 3个月 | |
| 79 | 基里巴斯 | 3个月 | 不再承认基投资者护照 |
| 80 | 韩国 | 3个月 | |
| 81 | 科威特 | 14天 | |
| 82 | 拉脱维亚 | 3个月 | 2002.9.24互免协议 |

续表

| 序号 | 国家或地区 | 免办签证停留期 | 备注 |
|---|---|---|---|
| 83 | 莱索托 | 14 天 | 1997.6.19 互免协议 |
| 84 | 列支敦士登 | 3 个月 | 2000.3.31 互免协议 |
| 85 | 立陶宛 | 3 个月 | 2001.12.4 互免协议 |
| 86 | 卢森堡 | 3 个月 | |
| 87 | 马其顿 | 14 天 | |
| 88 | 马达加斯加 | 14 天 | |
| 89 | 马拉维 | 3 个月 | |
| 90 | 马来西亚 | 3 个月 | |
| 91 | 马尔代夫 | 3 个月 | 1997.5.4 互免协议 |
| 92 | 马里 | 14 天 | 1997.1.14 互免协议 |
| 93 | 马耳他 | 3 个月 | |
| 94 | 马绍尔群岛 | 14 天 | 1997.5.12 互免协议 |
| 95 | 毛里塔尼亚 | 14 天 | |
| 96 | 毛里求斯 | 3 个月 | 1997.4.14 互免协议 |
| 97 | 墨西哥 | 3 个月 | 2004.8.18 互免协议 |
| 98 | 密克罗尼西亚联邦 | 14 天 | |
| 99 | 摩纳哥 | 3 个月 | |
| 100 | 蒙古国 | 14 天 | 1998.6.18 互免协议 |
| 101 | 蒙特塞拉特 | 3 个月 | |
| 102 | 摩洛哥 | 1 个月 | |
| 103 | 莫桑比克 | 14 天 | |
| 104 | 纳米比亚 | 3 个月 | 1997.3.12 互免协议 |
| 105 | 瑙鲁 | 3 个月 | |
| 106 | 荷兰 | 3 个月 | |
| 107 | 新西兰 | 3 个月 | |
| 108 | 尼日尔 | 14 天 | 1997.5.26 互免协议 |
| 109 | 挪威 | 3 个月 | |
| 110 | 阿曼 | 14 天 | |

续表

| 序号 | 国家或地区 | 免办签证停留期 | 备注 |
| --- | --- | --- | --- |
| 111 | 巴基斯坦（外交、公务护照持有人） | 14天 | |
| 112 | 帕劳 | 14天 | |
| 113 | 巴布亚新几内亚 | 3个月 | 1997.3.21互免协议 |
| 114 | 巴拉圭 | 1个月 | |
| 115 | 秘鲁 | 1个月 | 秘鲁特别护照需申办签证 |
| 116 | 菲律宾 | 14天 | |
| 117 | 皮特开恩、亨特森、迪西和奥埃诸西群岛 | 3个月 | |
| 118 | 波兰 | 3个月 | 2001.8.30互免协议 |
| 119 | 葡萄牙 | 3个月 | 凡持葡萄牙外籍居民护照（Portuguese Alien Passport）而又同时持有澳门身份证不少于两年人士，可无须签证或进入许可来港旅游不超过七日 |
| 120 | 卡塔尔 | 14天 | |
| 121 | 罗马尼亚 | 3个月 | |
| 122 | 卢旺达 | 14天 | |
| 123 | 萨摩亚 | 1个月 | 1996.7.19互免协议 |
| 124 | 圣马力诺 | 3个月 | |
| 125 | 圣多美和普林西比 | 14天 | |
| 126 | 沙特阿拉伯 | 14天 | |
| 127 | 塞舌尔 | 3个月 | 1997.1.3互免协议 |
| 128 | 新加坡 | 3个月 | |
| 129 | 斯洛伐克 | 3个月 | 2000.10.14互免协议 |
| 130 | 斯洛文尼亚 | 3个月 | |
| 131 | 南非 | 1个月 | |
| 132 | 西班牙 | 3个月 | |
| 133 | 圣赫勒拿 | 3个月 | |

续表

| 序号 | 国家或地区 | 免办签证停留期 | 备注 |
|---|---|---|---|
| 134 | 圣赫勒拿属地（阿森松岛、特里斯坦—达库尼亚群岛） | 3个月 | |
| 135 | 圣基茨-尼维斯-安圭拉 | 3个月 | |
| 136 | 圣卢西亚 | 3个月 | |
| 137 | 圣文森特和格林纳丁斯 | 3个月 | |
| 138 | 苏里南 | 14天 | 1997.2.17 互免协议 |
| 139 | 斯威士兰 | 3个月 | |
| 140 | 瑞典 | 3个月 | |
| 141 | 瑞士 | 3个月 | 2000.3.31 互免协议 |
| 142 | 坦桑尼亚 | 3个月 | 1997.6.12 互免协议 |
| 143 | 泰国 | 1个月 | 1997.7.2 互免协议 |
| 144 | 南乔治亚及南桑威奇群岛 | 3个月 | |
| 145 | 阿克鲁帝利及德基利亚主权根据地区 | 3个月 | |
| 146 | 多哥 | 14天 | |
| 147 | 汤加 | 3个月 | 汤加国家护照和汤加受保护人士护照需申办签证 |
| 148 | 特立尼达和多巴哥 | 3个月 | 1997.3.24 互免协议 |
| 149 | 突尼斯 | 1个月 | |
| 150 | 土耳其 | 3个月 | |
| 151 | 特克斯和凯科斯群岛 | 3个月 | |
| 152 | 图瓦卢 | 3个月 | 在护照的“national status”上注为（1.TUVALU）申办签证 |
| 153 | 乌干达 | 1个月 | 1997.6.25 互免协议 |
| 154 | 阿拉伯联合酋长国 | 1个月 | |
| 155 | 美国 | 3个月 | |
| 156 | 乌拉圭 | 1个月 | 根据法令第289/90号所签发的乌拉圭护照须申请签证 |
| 157 | 太平洋托管地（只限美国托管地护照持有人） | 14天 | |

续表

| 序号 | 国家或地区 | 免办签证停留期 | 备注 |
|---|---|---|---|
| 158 | 瓦努阿图 | 3个月 | |
| 159 | 梵蒂冈 | 14天 | 梵蒂冈公务护照须申请签证 |
| 160 | 委内瑞拉 | 3个月 | |
| 161 | 也门 | 1个月 | |
| 162 | 赞比亚 | 3个月 | |
| 163 | 津巴布韦 | 3个月 | |

注：已签署协议或换文达成协议的国家共38个，其余以行政安排方式给予外国或地区免签待遇。

(2) 给予香港特区护照免签的国家和地区

| 序号 | 国家或地区 | 签署或宣布日期 | 免签停留期 | 备注 |
|---|---|---|---|---|
| 1 | 安道尔 | 2002.4.8 | 3个月 | |
| 2 | 安圭拉 | 2002.12.2 | 3个月 | |
| 3 | 阿根廷 | 2004.1.14 | 90天 | * |
| 4 | 阿鲁巴岛 | 2002.7.12 | 3个月 | |
| 5 | 奥地利 | 2001.3.16 | 3个月 | |
| 6 | 巴哈马 | | 8个月 | |
| 7 | 巴林 | 1999.8.27 | 14天 | ** |
| 8 | 巴西 | 2005.10.20 | 90天 | * |
| 9 | 孟加拉 | 1997.6.29 | 14天 | |
| 10 | 比利时 | 2001.3.16 | 3个月 | |
| 11 | 伯利兹 | 1999.10.15 | 30天 | |
| 12 | 贝宁 | 1997.2.28 | 14天 | * |
| 13 | 百慕大 | 1996.4.26 | 3个月 | |
| 14 | 博茨瓦纳 | 1999.11.11 | 90天 | |
| 15 | 英属维尔京群岛 | 2004.2.17 | 1个月 | |
| 16 | 布基纳法索 | 2003.9.13 | 14天 | |
| 17 | 布隆迪 | | 14天 | |
| 18 | 保加利亚 | 2005.4.8 | 90天 | * |

续表

| 序号 | 国家或地区 | 签署或宣布日期 | 免签停留期 | 备注 |
|---|---|---|---|---|
| 19 | 加拿大 | 1997.3.19 | 至 6 个月 | |
| 20 | 佛得角共和国 | 1998.4.27 | 1 个月 | * |
| 21 | 开曼群岛 | 2002.12.27 | 30 天 | |
| 22 | 中非共和国 | 2003.8.15 | 15 天 | |
| 23 | 智利 | 1998.5.15 | 3 个月 | * |
| 24 | 哥伦比亚 | 2002.1.7 | 至 180 天 | |
| 25 | 刚果 | 1997.1.20 | | * # |
| 26 | 库克群岛 | 2002.5.23 | 31 天 | ** |
| 27 | 克罗地亚共和国 | 2003.2.20 | 90 天 | |
| 28 | 塞浦路斯 | 2002.5.2 | 3 个月 | |
| 29 | 捷克 | 2001.10.3 | 3 个月 | |
| 30 | 丹麦 | 2001.3.16 | 3 个月 | |
| 31 | 吉布提 | 1997.6.23 | 14 天 | |
| 32 | 多米尼克国 | 1998.9.17 | 90 天 | |
| 33 | 东帝汶 | 2002.10.12 | 14 天 | ** |
| 34 | 厄瓜多尔 | 1999.9.3 | 90 天 | * |
| 35 | 埃及 | 1997.4.18 | 90 天 | * |
| 36 | 爱沙尼亚 | 2001.6.29 | 90 天 | * |
| 37 | 埃塞俄比亚 | 2002.10.7 | 至 3 个月 | ♀ |
| 38 | 福克兰群岛（马尔维纳斯） | 1999.9.29 | 4 个月 | |
| 39 | 法罗群岛 | 2002.7.24 | 90 天 | |
| 40 | 芬兰 | 2001.3.16 | 3 个月 | |
| 41 | 法国 | 2001.3.16 | 3 个月 | |
| 42 | 法属圭亚那 | 2001.11.21 | 3 个月 | |
| 43 | 法属波利尼西亚 | 2001.11.21 | 3 个月 | |
| 44 | 法属南半球及南极地区 | 2001.11.21 | 3 个月 | |
| 45 | 德国 | 2001.3.16 | 3 个月 | |
| 46 | 加纳 | 1997.5.29 | | * # |

续表

| 序号 | 国家或地区 | 签署或宣布日期 | 免签停留期 | 备注 |
|---|---|---|---|---|
| 47 | 直布罗陀 | 1998.10.14 | 1个月 | |
| 48 | 希腊 | 2001.3.16 | 3个月 | |
| 49 | 格陵兰 | 2002.7.24 | 90天 | |
| 50 | 瓜德罗普岛 | 2001.11.21 | 3个月 | |
| 51 | 匈牙利 | 2002.1.8 | 90天 | * |
| 52 | 冰岛 | 2001.4.6 | 3个月 | |
| 53 | 印度尼西亚 | 1999.3.5 | 30天 | |
| 54 | 爱尔兰 | 1997.5.26 | 至3个月 | |
| 55 | 以色列 | 1997.6.30 | | * # |
| 56 | 意大利 | 2001.3.16 | 3个月 | |
| 57 | 牙买加 | 1997.6.25 | 30天 | * |
| 58 | 日本 | 2004.2.4 | 90天 | @@ |
| 59 | 约旦 | 1997.5.6 | | * # |
| 60 | 基里巴斯 | 1997.6.19 | 90天 | |
| 61 | 韩国 | 2002.1.22 | 90天 | |
| 62 | 科威特 | 2004.3.25 | 至1个月 | |
| 63 | 拉脱维亚 | 2002.9.24 | 90天 | * |
| 64 | 黎巴嫩 | 2002.11.20 | 至3个月 | ** |
| 65 | 莱索托 | 1997.6.19 | | * # |
| 66 | 列支敦士登 | 2000.3.31 | 90天 | * |
| 67 | 立陶宛 | 2001.12.4 | 90天 | * |
| 68 | 卢森堡 | 2001.3.16 | 3个月 | |
| 69 | 马来西亚 | 1997.9.4 | 1个月 | |
| 70 | 马尔代夫 | 1997.5.4 | | * # |
| 71 | 马里 | 1997.1.14 | | * # |
| 72 | 马耳他 | 2002.5.31 | 至3个月 | |
| 73 | 马绍尔群岛 | 1997.5.12 | 14天 | * |
| 74 | 马提尼克岛 | 2001.11.21 | 3个月 | |

续表

| 序号 | 国家或地区 | 签署或宣布日期 | 免签停留期 | 备注 |
|---|---|---|---|---|
| 75 | 毛里求斯 | 1997.4.14 | 90天 | * |
| 76 | 马约特岛 | 2001.11.21 | 3个月 | |
| 77 | 密克罗尼西亚（联邦） | 1998.12.19 | 90天 | |
| 78 | 摩纳哥 | 2002.1.23 | 3个月 | |
| 79 | 蒙古 | 1998.6.18 | 14天 | * |
| 80 | 蒙特塞拉特岛 | 1999.9.29 | 3个月 | |
| 81 | 摩洛哥 | 2002.9.3 | 至30天 | |
| 82 | 墨西哥 | 2004.8.18 | 90天 | |
| 83 | 纳米比亚 | 1997.3.12 | | * # |
| 84 | 尼泊尔 | 1997.9.5 | 至30天 | ** |
| 85 | 荷兰 | 2001.3.16 | 3个月 | |
| 86 | 荷属安的列斯群岛 | 1999.1.9 | 至90天 | |
| 87 | 新西兰 | 1998.6.18 | 3个月 | |
| 88 | 尼日尔 | 1997.5.26 | 14天 | * |
| 89 | 纽埃 | 1999.5.17 | 至90天 | ** |
| 90 | 北马里亚纳群岛 | 1997.5.2 | | & |
| 91 | 挪威 | 2001.4.6 | 3个月 | |
| 92 | 阿曼 | 2002.2.8 | 14天 | § |
| 93 | 巴基斯坦 | 2005.5.25 | | Λ |
| 94 | 帕劳 | 1999.11.11 | 30天 | ** |
| 95 | 巴布亚新几内亚 | 1997.3.21 | | * # |
| 96 | 秘鲁 | 1998.10.9 | 90天 | |
| 97 | 菲律宾 | 1997.3.26 | 7天 | |
| 98 | 波兰 | 2001.8.30 | 3个月 | * |
| 99 | 葡萄牙 | 2001.3.16 | 3个月 | |
| 100 | 卡塔尔 | 2002.1.25 | 14天 | ♀♀ |
| 101 | 留尼汪岛 | 2001.11.21 | 3个月 | |
| 102 | 罗马尼亚 | 2001.12.17 | 90天 | |

续表

| 序号 | 国家或地区 | 签署或宣布日期 | 免签停留期 | 备注 |
|---|---|---|---|---|
| 103 | 卢旺达 | 2002.6.10 | 1个月 | |
| 104 | 圣皮埃尔岛及密克隆岛 | 2001.11.21 | 3个月 | |
| 105 | 萨摩亚 | 1996.7.19 | 30天 | * |
| 106 | 圣马力诺 | 1997.4.15 | | & |
| 107 | 塞舌尔 | 1997.1.3 | 90天 | * |
| 108 | 新加坡 | 1995.11.20 | 至1个月 | |
| 109 | 斯洛伐克 | 2000.10.14 | 90天 | * |
| 110 | 斯洛文尼亚 | 2001.5.26 | 90天 | |
| 111 | 南非 | 1997.6.12 | 30天 | |
| 112 | 西班牙 | 2001.3.16 | 3个月 | |
| 113 | 斯里兰卡 | 1997.5.23 | 30天 | |
| 114 | 圣赫勒拿 | 1998.10.20 | 3个月 | |
| 115 | 圣基茨和尼维斯 | 1998.2.26 | 3个月 | |
| 116 | 圣卢西亚 | 2002.10.15 | 28天 | |
| 117 | 圣文森特和格林纳丁斯 | 1998.9.24 | | + |
| 118 | 苏里南 | 1997.2.17 | | * # |
| 119 | 瑞典 | 2001.3.16 | 3个月 | |
| 120 | 瑞士 | 2000.3.31 | 90天 | * |
| 121 | 坦桑尼亚 | 1997.6.12 | | * # |
| 122 | 泰国 | 1997.7.2 | 30天 | * |
| 123 | 特立尼达和多巴哥 | 1997.3.24 | | * # |
| 124 | 土耳其 | 1998.7.14 | 3个月 | |
| 125 | 特克斯和凯科斯群岛 | 2004.1.27 | 30天 | |
| 126 | 图瓦卢 | 1999.9.29 | 1个月 | ** |
| 127 | 乌干达 | 1997.6.25 | | * # |
| 128 | 阿拉伯联合酋长国 | 2001.4.3 | 30天 | ** |
| 129 | 英国 | 1996.3.5 | 6个月 | |
| 130 | 乌拉圭 | 2004.12.14 | 90天 | |

续表

| 序号 | 国家或地区 | 签署或宣布日期 | 免签停留期 | 备注 |
|---|---|---|---|---|
| 131 | 瓦努阿图 | 1998.5.8 | 4个月 | |
| 132 | 委内瑞拉 | 1999.10.17 | 90天 | @ |
| 133 | 瓦利斯群岛和富图纳群岛 | 2001.11.21 | 3个月 | |
| 134 | 也门 | 2000.12.1 | 30天 | |
| 135 | 津巴布韦 | 1998.6.2 | 3个月 | |

* 签署协定或换文达成协议的国家。

# 免签停留期未确定。

** 香港护照持有人会在入境时获发签证。

+ 入境时由当地入境官员决定。

@ 委内瑞拉政府将旅游卡计划扩展至适用于香港特区护照持有人。委内瑞拉旅游卡持有人可以免签证在委内瑞拉旅游至90天。

§ 签证将于抵达阿曼马斯喀特国际机场和其他海陆口岸时签发。

♀♀ 签证将于抵达卡塔尔多哈机场和其他海路和陆路口岸时签发。

& 因该国在港没有领事馆，免签期未能确定。

♀ 签证将于抵达亚的斯亚贝巴国际机场时签发。

@@ 日本免签证安排于2004年4月1日生效。

∧ 获巴基斯坦商业机构推荐信可办落地签证。

(3) 澳门特区给予免签的外国（地区）护照一览表

| 序号 | 国家或地区 | 免办签证停留期 | 备注 |
|---|---|---|---|
| 1 | 安道尔 | 90天 | a) |
| 2 | 奥地利 | 90天 | a) |
| 3 | 澳大利亚 | 30天 | b) |
| 4 | 比利时 | 90天 | a) |
| 5 | 巴西 | 30天 | b) |
| 6 | 保加利亚 | 90天 | a) |
| 7 | 加拿大 | 30天 | b) |
| 8 | 佛得角 | 90天 | a) |
| 9 | 智利 | 30天 | a) |
| 10 | 克罗地亚 | 90天 | a) |
| 11 | 塞浦路斯 | 3个月 | a) |
| 12 | 捷克 | 90天 | a) |

续表

| 序号 | 国家或地区 | 免办签证停留期 | 备注 |
| --- | --- | --- | --- |
| 13 | 丹麦 | 90 天 | a) |
| 14 | 埃及 | 90 天 | a) |
| 15 | 爱沙尼亚 | 90 天 | a) |
| 16 | 芬兰 | 90 天 | a) |
| 17 | 法国 | 90 天 | a) |
| 18 | 德国 | 90 天 | a) |
| 19 | 希腊 | 90 天 | a) |
| 20 | 匈牙利 | 90 天 | a) |
| 21 | 冰岛 | 90 天 | a) |
| 22 | 印度 | 30 天 | b) |
| 23 | 印度尼西亚 | 30 天 | a) |
| 24 | 爱尔兰 | 90 天 | a) |
| 25 | 以色列 | 3 个月 | a) |
| 26 | 意大利 | 90 天 | a) |
| 27 | 日本 | 30 天 | b) |
| 28 | 基里巴斯 | 30 天 | a) |
| 29 | 拉脱维亚 | 90 天 | a) |
| 30 | 黎巴嫩 | 90 天 | a) |
| 31 | 列支敦士登 | 30 天 | c) |
| 32 | 立陶宛 | 90 天 | a) |
| 33 | 卢森堡 | 90 天 | a) |
| 34 | 马来西亚 | 30 天 | a) |
| 35 | 马里 | 90 天 | a) |
| 36 | 马耳他 | 90 天 | a) |
| 37 | 墨西哥 | 30 天 | b) |
| 38 | 摩纳哥 | 30 天 | a) |
| 39 | 蒙古国 | 90 天 | a) |
| 40 | 纳米比亚 | 30 天 | a) |
| 41 | 荷兰 | 90 天 | a) |

续表

| 序号 | 国家或地区 | 免办签证停留期 | 备注 |
|---|---|---|---|
| 42 | 新西兰 | 30天 | b) |
| 43 | 挪威 | 90天 | a) |
| 44 | 菲律宾 | 30天 | a) |
| 45 | 波兰 | 90天 | a) |
| 46 | 葡萄牙 | 90天 | a) |
| 47 | 罗马尼亚 | 90天 | a) |
| 48 | 萨摩亚 | 30天 | a) |
| 49 | 塞舌尔 | 30天 | b) |
| 50 | 新加坡 | 30天 | a) |
| 51 | 斯洛伐克 | 90天 | a) |
| 52 | 斯洛文尼亚 | 90天 | a) |
| 53 | 南非 | 30天 | a) |
| 54 | 韩国 | 90天 | a) |
| 55 | 西班牙 | 90天 | a) |
| 56 | 瑞典 | 90天 | a) |
| 57 | 瑞士 | 30天 | b) |
| 58 | 坦桑尼亚 | 90天 | a) |
| 59 | 泰国 | 30天 | a) |
| 60 | 土耳其 | 1个月 | a) |
| 61 | 英国 | 6个月 | a) |
| 62 | 美国 | 30天 | b) |
| 63 | 乌拉圭 | 30天 | b) |

a) 已签订互免签证协定或达成行政安排。

b) 单方面免签进入澳门。

c) 免签证或入境许可进入澳门特区，特区护照持有人到该国旅游需要签证。

## (4) 给予澳门特区护照免签或落地签证待遇的国家和地区一览表

| 序号 | 国家或地区 | 生效日期 | 免签停留期 | 备注 |
|---|---|---|---|---|
| 1 | 安道尔 | 2004.2.16 | 90天 | a) |
| 2 | 阿鲁巴 | 2002.7.11 | 3个月 | |

续表

| 序号 | 国家或地区 | 生效日期 | 免签停留期 | 备注 |
|---|---|---|---|---|
| 3 | 奥地利 | 2001.4.10 | 90天 | a) |
| 4 | 比利时 | 2001.4.10 | 90天 | a) |
| 5 | 保加利亚 | 2005.7.14 | 90天 | b) |
| 6 | 佛得角 | 2005.6.15 | 90天 | a) |
| 7 | 智利 | 2004.4.13 | 30天 | a) |
| 8 | 克罗地亚 | 2003.2.19 | 90天 | a) |
| 9 | 塞浦路斯 | 2003.7.29 | 3个月 | a) |
| 10 | 捷克 | 2001.10.1 | 90天 | a) |
| 11 | 丹麦 | 2001.4.10 | 90天 | a) |
| 12 | 多米尼克国 | 2005.9.26 | 90天 | b) |
| 13 | 埃及 | 2000.11 | 90天 | a) |
| 14 | 爱沙尼亚 | 2001.7.29 | 90天 | b) |
| 15 | 芬兰 | 2001.4.10 | 90天 | a) |
| 16 | 法国 | 2001.4.10 | 90天 | a) |
| 17 | 波利尼西亚 | 2002.1.1 | 3个月 | c) |
| 18 | 法属南半球和南极领地 | 2002.1.1 | 3个月 | c) |
| 19 | 德国 | 2001.4.10 | 90天 | a) |
| 20 | 直布罗陀 | 2004.2.17 | --- | |
| 21 | 希腊 | 2001.4.10 | 90天 | a) |
| 22 | 瓜德鲁普 | 2002.1.1 | 3个月 | c) |
| 23 | 圭亚那 | 2002.1.1 | 3个月 | c) |
| 24 | 匈牙利 | 2001.10.30 | 90天 | b) |
| 25 | 冰岛 | 2001.4.10 | 90天 | a) |
| 26 | 印度尼西亚 | 2001.11.20 | 28天 | a) |
| 27 | 爱尔兰 | 2002.4.27 | 90天 | a) |
| 28 | 以色列 | 2002.4 | 3个月 | a) |
| 29 | 意大利 | 2001.4.10 | 90天 | a) |
| 30 | 日本 | 2004.3.25 | 30天 | b) |

续表

| 序号 | 国家或地区 | 生效日期 | 免签停留期 | 备注 |
| --- | --- | --- | --- | --- |
| 31 | 约旦 | 2004.2.16 | - - - | d) |
| 32 | 基里巴斯 | 2001.1 | 30 天 | a) |
| 33 | 韩国 | 1999.12 | 30 天 | a) |
| 34 | 留尼汪 | 2002.1.1 | 3 个月 | c) |
| 35 | 拉脱维亚 | 2004.4.15 | 90 天 | b) |
| 36 | 黎巴嫩 | 2001.8.9 | 3 个月 | a) |
| 37 | 立陶宛 | 2001.12.6 | 90 天 | b) |
| 38 | 列支敦士登 | 2005.12.1 | 90 天 | b) |
| 39 | 卢森堡 | 2001.4.10 | 90 天 | a) |
| 40 | 马来西亚 | 2000.7 | 30 天 | a) |
| 41 | 马耳他 | 2002.10.7 | 90 天 | a) |
| 42 | 马提尼克 | 2002.1.1 | 3 个月 | c) |
| 43 | 马里 | 2004.11.11 | 90 天 | b) |
| 44 | 摩纳哥 | 2001.4.10 | 90 天 | a) |
| 45 | 纳米比亚 | 2001.7.27 | 30 天 | b) |
| 46 | 蒙古国 | 2004.10.28 | 90 天 | b) |
| 47 | 荷兰 | 2001.4.10 | 90 天 | a) |
| 48 | 荷属安的列斯 | 2002.7.11 | 3 个月 |  |
| 49 | 挪威 | 2001.4.10 | 90 天 | a) |
| 50 | 菲律宾 | 1999.12 | 7 天 | a) |
| 51 | 波兰 | 2002.8.28 | 3 个月 | b) |
| 52 | 葡萄牙 | 2001.4.10 | 90 天 | a) |
| 53 | 罗马尼亚 | 2002.10.1 | 90 天 | a) |
| 54 | 萨摩亚 | 2000.8 | 30 天 | b) |
| 55 | 新加坡 | 1999.12 | 30 天 | a) |
| 56 | 斯洛伐克 | 2004.2.7 | 90 天 | b) |
| 57 | 斯洛文尼亚 | 2001.5.26 | 90 天 | a) |
| 58 | 南非 | 2000.9 | 30 天 | a) |

续表

| 序号 | 国家或地区 | 生效日期 | 免签停留期 | 备注 |
|---|---|---|---|---|
| 59 | 西班牙 | 2001.4.10 | 90 天 | a) |
| 60 | 瑞典 | 2001.4.10 | 90 天 | a) |
| 61 | 瑞士 | 2005.12.1 | 90 天 | b) |
| 62 | 坦桑尼亚 | 2002.6.19 | 90 天 | a) |
| 63 | 泰国 | 2003.1.15 | 30 天 | b) |
| 64 | 马约特岛 | 2002.1.1 | 3 个月 | c) |
| 65 | 圣皮埃尔岛和密克隆岛 | 2002.1.1 | 3 个月 | c) |
| 66 | 瓦利斯群岛和富图纳群岛 | 2002.1.1 | 3 个月 | c) |
| 67 | 土耳其 | 2000.7 | 20 天 | a) |
| 68 | 英国 | 2002.4.17 | 6 个月 | a) |

注：a) 以行政方式达成。
b) 以签署协议的方式达成。
c) 法国本土及海外地区。
d) 落地签证。

# 七、2005 年中国参加的多边条约一览表

| 序号 | 公约名称 | 签订日期/地点/保存机关 | 生效日期 | 中国采取行动情况 |
|---|---|---|---|---|
| 1 | 《关于在国际贸易中对某些危险化学产品和农药采用事先知情同意程序的鹿特丹公约》 | 1998 年 9 月 10 日<br>荷兰鹿特丹<br>联合国秘书长 | 2004.2.24 | 2004 年 12 月 29 日第十届全国人大常委会第十三次会议批准，2005 年 3 月 22 日交存批准书 |
| 2 | 《上海合作组织特权与豁免公约》 | 2004 年 6 月 17 日<br>塔什干（乌兹别克）<br>上合组织秘书处 | 尚未生效（但自签字之日起临时适用） | 2005 年 2 月 28 日第十届全国人大常委会第十四次会议批准，2005 年 4 月 8 日交存批准书 |
| 3 | 《统一国际航空运输某些规则的公约》 | 1999 年 5 月 28 日<br>蒙特利尔<br>国际民用航空组织 | 2003.11.4 | 2005 年 2 月 28 日第十届全国人大常委会第十四次会议批准，2005 年 6 月 1 日交存批准书 |
| 4 | 《禁止为军事或任何其他敌对目的使用改变环境的技术的公约》 | 1976 年 12 月 10 日<br>纽约<br>联合国秘书长 | 1978.10.5 | 2005 年 4 月 27 日第十届全国人大常委会第十五次会议批准，2005 年 6 月 8 日交存批准书 |
| 5 | 《跨国收养方面保护儿童及合作公约》 | 1993 年 5 月 29 日<br>海牙<br>荷兰外交部 | 1995.5.1 | 2005 年 4 月 27 日第十届全国人大常委会第十五次会议批准，2005 年 9 月 16 日交存批准书 |

续表

| 序号 | 公约名称 | 签订日期/地点/保存机关 | 生效日期 | 中国采取行动情况 |
|---|---|---|---|---|
| 6 | 《〈生物多样性公约〉卡塔赫纳生物安全议定书》 | 2000 年 1 月 29 日<br>蒙特利尔<br>联合国秘书长 | 2003.9.11 | 2005 年 4 月 27 日国务院核准，同年 6 月 28 日交存核准书 |
| 7 | 《烟草控制框架公约》 | 2003 年 5 月 21 日<br>日内瓦<br>联合国秘书长 | 2005.2.27 | 2005 年 8 月 28 日第十届全国人大常委会第十七次会议批准，同年 10 月 12 日交存批准书 |
| 8 | 《1958 年消除就业和职业歧视公约》 | 1958 年 6 月 25 日<br>日内瓦<br>国际劳工组织总干事 | 1960.6.15 | 2005 年 8 月 28 日第十届全国人大常委会第十七次会议批准 |
| 9 | 《国际植物保护公约》（1997 年修订本） | 1997 年 11 月<br>罗马<br>联合国粮农组织总干事 | 2005.10.2 | 2005 年 9 月 22 日国务院决定加入，10 月 20 日交存加入书 |
| 10 | 《联合国反腐败公约》 | 2003 年 10 月 31 日<br>纽约<br>联合国秘书长 | 2005.12.14 | 2005 年 10 月 27 日第十届全国人大第十八次会议批准 |
| 11 | 《联合国国家及其财产管辖豁免公约》 | 2004 年 12 月 2 日<br>纽约<br>联合国秘书长 | 尚未生效 | 2005 年 9 月 14 日签署 |
| 12 | 《制止核恐怖主义行为国际公约》 | 2005 年 4 月 13 日<br>纽约<br>联合国秘书长 | 尚未生效 | 2005 年 9 月 14 日签署 |

# 八、2005年中国与外国签订的主要双边条约一览表

| 序号 | 名称 | 签订时间 | 签订地点 |
|---|---|---|---|
| 1 | 中华人民共和国政府和孟加拉人民共和国政府经济技术合作协定 | 2005.1.4 | 达卡 |
| 2 | 中华人民共和国政府和马达加斯加共和国政府经济技术合作协定 | 2005.1.10 | 塔那那利佛 |
| 3 | 中华人民共和国政府和葡萄牙共和国政府经济技术合作协定 | 2005.1.12 | 北京 |
| 4 | 中华人民共和国政府和葡萄牙共和国政府关于相互承认高等教育学历、学位证书的协定 | 2005.1.12 | 北京 |
| 5 | 中华人民共和国政府与格林纳达政府经济技术合作协定 | 2005.1.24 | 北京 |
| 6 | 中华人民共和国政府和毛里求斯共和国政府经济技术合作协定 | 2005.1.24 | 北京 |
| 7 | 中华人民共和国政府向委内瑞拉玻利瓦尔共和国政府提供优惠贷款的框架协定 | 2005.1.29 | 拉巴斯 |
| 8 | 中华人民共和国政府和特立尼达和多巴哥共和国政府经济技术合作协定 | 2005.1.31 | 西班牙港 |
| 9 | 中华人民共和国政府向特立尼达和多巴哥共和国政府提供优惠贷款的框架协定 | 2005.1.31 | 西班牙港 |
| 10 | 中华人民共和国政府和牙买加政府经济技术合作协定 | 2005.2.1 | 金斯敦 |
| 11 | 中华人民共和国政府和阿富汗伊斯兰共和国政府经济技术合作协定 | 2005.2.17 | 喀布尔 |
| 12 | 中华人民共和国政府和厄立特里亚国政府经济技术合作协定 | 2005.2.17 | 北京 |
| 13 | 中华人民共和国政府和肯尼亚共和国政府经济技术合作协定 | 2005.2.23 | 内罗毕 |
| 14 | 中华人民共和国政府和纳米比亚共和国政府经济技术合作协定 | 2005.2.23 | 温得和克 |
| 15 | 中华人民共和国政府和瓦努阿图共和国政府经济技术合作协定 | 2005.2.25 | 北京 |

续表

| 序号 | 名　　　　　称 | 签订时间 | 签订地点 |
| --- | --- | --- | --- |
| 16 | 中华人民共和国政府和安哥拉共和国政府经济技术合作协定 | 2005.2.25 | 罗安达 |
| 17 | 中华人民共和国政府和安哥拉共和国政府关于成立能源矿产资源和基础设施领域合作委员会的谅解备忘录 | 2005.2.25 | 罗安达 |
| 18 | 中华人民共和国政府和乌干达共和国政府经济技术合作协定 | 2005.2.28 | 坎帕拉 |
| 19 | 中华人民共和国政府和加拿大政府关于中加政策选择项目谅解备忘录 | 2005.3.7 | 北京 |
| 20 | 中华人民共和国政府和澳大利亚政府发展技术合作项目下小康社会领导者培训项目谅解备忘录 | 2005.3.15 | 北京 |
| 21 | 中华人民共和国政府与阿塞拜疆共和国政府经济技术合作协定 | 2005.3.17 | 北京 |
| 22 | 中华人民共和国政府免除玻利维亚共和国政府部分债务的议定书 | 2005.3.17 | 拉巴斯 |
| 23 | 中华人民共和国政府和阿塞拜疆共和国政府关于对所得避免双重征税和防止偷漏税的协定 | 2005.3.17 | 北京 |
| 24 | 中华人民共和国政府和刚果民主共和国政府经济技术合作协定 | 2005.3.21 | 北京 |
| 25 | 中华人民共和国与亚洲开发银行山西煤层气综合开发利用项目贷款协定 | 2005.3.24 | 马尼拉 |
| 26 | 中华人民共和国政府向格林纳达政府提供无偿援助的经济技术合作协定 | 2005.3.24 | 圣乔治 |
| 27 | 中华人民共和国政府和巴基斯坦伊斯兰共和国政府经济技术合作协定 | 2005.4.5 | 伊斯兰堡 |
| 28 | 中华人民共和国政府和巴基斯坦伊斯兰共和国关于自由贸易协定及其他贸易问题的谅解备忘录 | 2005.4.5 | 伊斯兰堡 |
| 29 | 中华人民共和国和巴基斯坦伊斯兰共和国睦邻友好合作条约 | 2005.4.5 | 伊斯兰堡 |
| 30 | 中华人民共和国政府向孟加拉人民共和国政府关于中国向孟加拉提供优惠贷款的框架协定 | 2005.4.7 | 达卡 |
| 31 | 中华人民共和国政府和孟加拉人民共和国政府经济技术合作协定 | 2005.4.7 | 达卡 |
| 32 | 中华人民共和国政府和孟加拉人民共和国政府和平利用核能合作协定 | 2005.4.7 | 达卡 |
| 33 | 中华人民共和国政府和安哥拉共和国政府能源、矿产资源和基础设施领域合作协定 | 2005.4.7 | 罗安达 |

续表

| 序号 | 名　　称 | 签订时间 | 签订地点 |
|---|---|---|---|
| 34 | 中华人民共和国政府和斯里兰卡民主社会主义共和国政府关于免除斯里兰卡政府部分债务的议定书 | 2005.4.8 | 科伦坡 |
| 35 | 中华人民共和国政府和斯里兰卡民主社会主义共和国政府经济技术合作协定 | 2005.4.8 | 科伦坡 |
| 36 | 中华人民共和国政府向利比里亚共和国政府提供无息贷款协定 | 2005.4.13 | 蒙罗维亚 |
| 37 | 中华人民共和国政府和尼日利亚联邦共和国政府经济技术合作协定 | 2005.4.14 | 北京 |
| 38 | 中华人民共和国政府和古巴共和国政府经济技术合作协定 | 2005.4.18 | 北京 |
| 49 | 中华人民共和国政府和阿富汗伊斯兰共和国政府经济技术合作协定 | 2005.4.25 | 北京 |
| 40 | 中华人民共和国政府和印度尼西亚共和国政府关于经济技术合作谅解备忘录 | 2005.4.25 | 雅加达 |
| 41 | 中华人民共和国政府向菲律宾共和国政府提供贷款框架协议 | 2005.4.27 | 马尼拉 |
| 42 | 中华人民共和国政府和菲律宾共和国政府经济技术合作协定 | 2005.4.27 | 马尼拉 |
| 43 | 中华人民共和国政府与菲律宾共和国政府关于中国与东盟综合经济合作框架协定早期收获项目的谅解备忘录 | 2005.4.27 | 马尼拉 |
| 44 | 关于中国派遣医疗队赴坦桑尼亚工作议定书 | 2005.5.2 | 达累斯萨拉姆 |
| 45 | 中华人民共和国政府和科摩罗联盟政府经济技术合作协定 | 2005.5.10 | 莫罗尼 |
| 46 | 中华人民共和国政府和摩洛哥王国政府经济技术合作协定 | 2005.5.16 | 拉马特 |
| 47 | 中华人民共和国政府和吉布提共和国政府关于中国派遣医疗队赴吉布提工作议定书 | 2005.5.16 | 吉布提 |
| 48 | 中华人民共和国政府和瑞士联邦委员会关于卫生合作的谅解备忘录 | 2005.5.17 | 日内瓦 |
| 49 | 中华人民共和国政府和巴勒斯坦国政府经济技术合作协定 | 2005.5.18 | 北京 |
| 50 | 中华人民共和国政府和巴勒斯坦国经济、贸易和技术合作协定 | 2005.5.18 | 北京 |

续表

| 序号 | 名 称 | 签订时间 | 签订地点 |
|---|---|---|---|
| 51 | 中华人民共和国政府和哈萨克斯坦共和国政府关于打击犯罪的合作协议 | 2005.5.19 | 阿斯塔那 |
| 52 | 中华人民共和国政府和蒙古国政府经济技术合作协定 | 2005.5.24 | 乌兰巴托 |
| 53 | 中华人民共和国政府和蒙古国政府关于中国向蒙古提供优惠贷款的框架协议 | 2005.5.25 | 乌兰巴托 |
| 54 | 中华人民共和国外交部和乌兹别克斯坦共和国外交部2005年至2006年合作计划 | 2005.5.25 | 北京 |
| 55 | 中华人民共和国和乌兹别克斯坦共和国友好合作伙伴关系条约 | 2005.5.25 | 北京 |
| 56 | 中华人民共和国与亚洲开发银行关于湖南公路发展项目二期的贷款协定 | 2005.5.26 | 马尼拉 |
| 57 | 中华人民共和国与亚洲开发银行关于辽宁环境改善项目贷款协定 | 2005.5.26 | 马尼拉 |
| 58 | 中华人民共和国和克罗地亚共和国关于建立全面合作伙伴关系的联合声明 | 2005.5.26 | 北京 |
| 59 | 中华人民共和国政府和荷兰王国政府关于相互承认高等教育学位证书及入学的协定 | 2005.5.30 | 北京 |
| 60 | 中华人民共和国政府和加纳共和国政府经济技术合作协定 | 2005.5.31 | 阿克拉 |
| 61 | 中华人民共和国政府与日本国政府关于实施人才培养奖学金项目提供的日本国无偿援助的换文 | 2005.6.6 | 北京 |
| 62 | 中华人民共和国政府和比利时—卢森堡经济联盟关于相互促进和保护投资协定 | 2005.6.6 | 北京 |
| 63 | 中华人民共和国政府和比利时王国政府关于在环境领域进一步合作的联合声明 | 2005.6.6 | 北京 |
| 64 | 中华人民共和国和国际复兴开发银行关于宁波市水环境治理项目贷款协定 | 2005.6.6 | 北京 |
| 65 | 中华人民共和国与国际复兴开发银行关于农业科技项目贷款协定 | 2005.6.7 | 华盛顿 |
| 66 | 中华人民共和国政府和莫桑比克共和国政府经济技术合作协定 | 2005.6.10 | 马普托 |
| 67 | 中华人民共和国政府和亚美尼亚政府关于相互提供使馆馆舍和地皮的协议 | 2005.6.13 | 北京 |
| 68 | 中华人民共和国政府和中非共和国政府经济技术合作协定 | 2005.6.16 | 班吉 |

续表

| 序号 | 名　　称 | 签订时间 | 签订地点 |
|---|---|---|---|
| 69 | 中华人民共和国政府和乌干达共和国政府关于派遣中国医疗队赴乌干达工作的议定书 | 2005.6.17 | 坎帕拉 |
| 70 | 中华人民共和国政府和摩尔多瓦共和国政府经济技术合作协定 | 2005.6.20 | 基希讷 |
| 71 | 中华人民共和国政府和牙买加政府经济技术合作协定 | 2005.6.20 | 北京 |
| 72 | 中华人民共和国政府和牙买加政府关于教育领域合作的谅解备忘录 | 2005.6.20 | 北京 |
| 73 | 中华人民共和国政府和多哥共和国政府关于中国派遣医疗队赴多哥工作议定书 | 2005.6.20 | 洛美 |
| 74 | 中华人民共和国政府和加蓬共和国政府关于中国派遣医疗队赴加蓬工作议定书 | 2005.6.21 | 利伯维尔 |
| 75 | 中华人民共和国政府和格鲁吉亚政府关于对所得和财产避免双重征税和防止偷漏税的协定 | 2005.6.22 | 北京 |
| 76 | 中华人民共和国政府与牙买加政府关于互发两年多次商务签证的换文 | 2005.6.23 | 北京 |
| 77 | 中华人民共和国政府和阿拉伯叙利亚共和国政府经济技术合作协定 | 2005.6.23 | 大马士革 |
| 78 | 中华人民共和国政府和黎巴嫩共和国政府经济技术合作协定 | 2005.6.25 | 贝鲁特 |
| 79 | 中华人民共和国政府和吉布提共和国政府经济技术合作协定 | 2005.6.26 | 吉布提 |
| 80 | 中华人民共和国与亚洲开发银行关于大理至丽江铁路项目的贷款协定 | 2005.6.27 | 马尼拉 |
| 81 | 中华人民共和国政府和斐济群岛共和国政府经济技术合作协定 | 2005.6.29 | 北京 |
| 82 | 中华人民共和国政府和多哥共和国政府经济技术合作协定 | 2005.7.1 | 洛美 |
| 83 | 中华人民共和国政府向柬埔寨政府提供贷款的框架协议 | 2005.7.4 | 昆明 |
| 84 | 中华人民共和国政府和阿拉伯埃及共和国政府经济技术合作协定 | 2005.7.4 | 开罗 |
| 85 | 中华人民共和国政府和缅甸联邦政府经济技术合作协定 | 2005.7.4 | 昆明 |
| 86 | 中华人民共和国政府和意大利共和国政府关于相互承认高等教育学位的协议 | 2005.7.4 | 北京 |

续表

| 序号 | 名　　称 | 签订时间 | 签订地点 |
| --- | --- | --- | --- |
| 87 | 中华人民共和国和哈萨克斯坦共和国关于建立发展战略伙伴关系的联合声明 | 2005.7.4 | 阿斯塔那 |
| 88 | 中华人民共和国政府和委内瑞拉玻利瓦尔共和国政府关于设立委内瑞拉驻上海总领馆协定 | 2005.7.5 | 北京 |
| 89 | 中华人民共和国政府和苏丹共和国政府经济技术合作协定 | 2005.7.6 | 喀土穆 |
| 90 | 中华人民共和国政府和苏丹共和国政府经济技术合作协定 | 2005.7.6 | 喀土穆 |
| 91 | 中华人民共和国政府和毛里塔尼亚伊斯兰共和国政府经济技术合作协定 | 2005.7.7 | 努瓦克肖特 |
| 92 | 中华人民共和国政府和利比里亚共和国政府经济技术合作协定 | 2005.7.14 | 蒙罗维亚 |
| 93 | 中华人民共和国政府和瓦努阿图共和国政府经济技术合作协定 | 2005.7.18 | 维拉港 |
| 94 | 中华人民共和国政府和越南社会主义共和国政府关于中国向越南提供优惠贷款的框架协议 | 2005.7.18 | 北京 |
| 95 | 中华人民共和国政府和厄立特里亚国政府经济技术合作协定 | 2005.7.18 | 阿斯马拉 |
| 96 | 中华人民共和国和亚洲开发银行关于黑龙江省三江平原湿地保护项目贷款协定 | 2005.7.18 | 北京 |
| 97 | 中华人民共和国政府和巴布亚新几内亚独立国政府经济技术合作协定 | 2005.7.19 | 北京 |
| 98 | 中华人民共和国政府和红十字国际委员会协议 | 2005.7.20 | 北京 |
| 99 | 关于将中华人民共和国驻法兰克福总领馆领区扩大到萨尔州的建议的换文 | 2005.7.20 | 柏林 |
| 100 | 中华人民共和国和西班牙王国关于刑事司法协助的条约 | 2005.7.21 | 北京 |
| 101 | 中华人民共和国外交部和西班牙王国外交与合作部关于建立政治对话机制的谅解备忘录 | 2005.7.21 | 北京 |
| 102 | 中华人民共和国政府和圭亚那合作共和国政府经济技术合作协定 | 2005.7.22 | 北京 |
| 103 | 中华人民共和国政府和津巴布韦共和国政府经济技术合作协定 | 2005.7.26 | 北京 |
| 104 | 中华人民共和国政府和印度尼西亚共和国政府经济技术合作协定 | 2005.7.28 | 北京 |

续表

| 序号 | 名称 | 签订时间 | 签订地点 |
|---|---|---|---|
| 105 | 中华人民共和国政府向多哥共和国政府提供优惠贷款的框架协议 | 2005.8.3 | 洛美 |
| 106 | 中华人民共和国政府和刚果民主共和国政府经济技术合作协定 | 2005.8.5 | 金沙萨 |
| 107 | 中华人民共和国政府免除瓦努阿图共和国政府部分债务的议定书 | 2005.8.9 | 维拉港 |
| 108 | 中华人民共和国和国际复兴开发银行关于柳州环境治理项目贷款协定 | 2005.8.11 | 北京 |
| 109 | 中华人民共和国和国际复兴开发银行关于可再生能源规模扩大化项目贷款协定 | 2005.8.11 | 北京 |
| 110 | 中华人民共和国政府和埃塞俄比亚联邦民主共和国政府经济技术合作协定 | 2005.8.12 | 亚的斯亚贝巴 |
| 111 | 中华人民共和国政府和尼泊尔国王陛下政府关于牧民过境放牧换文 | 2005.8.15 | 北京 |
| 112 | 中华人民共和国政府和尼泊尔王国政府关于互免持外交、公务（官员）护照人员签证的协定 | 2005.8.15 | 北京 |
| 113 | 中华人民共和国政府和尼泊尔国王陛下政府就互为两国商务人员颁发多次入境签证问题协议 | 2005.8.15 | 北京 |
| 114 | 中华人民共和国政府和肯尼亚共和国政府经济技术合作协定 | 2005.8.17 | 北京 |
| 115 | 中华人民共和国政府和肯尼亚共和国政府关于中国向肯尼亚提供优惠贷款的框架协议 | 2005.8.17 | 北京 |
| 116 | 中华人民共和国外交部和罗马尼亚外交部关于在外交档案领域的合作协议 | 2005.8.17 | 北京 |
| 117 | 中华人民共和国外交部和马其顿共和国外交部关于在外交档案领域的合作议定书 | 2005.8.22 | 斯科普里 |
| 118 | 中华人民共和国政府和圣卢西亚政府经济技术合作协定 | 2005.8.26 | 北京 |
| 119 | 中华人民共和国政府和斯里兰卡民主社会主义共和国政府经济技术合作协定 | 2005.8.30 | 北京 |
| 120 | 中华人民共和国政府和加纳共和国政府经济技术合作协定 | 2005.8.30 | 阿克拉 |
| 121 | 中华人民共和国政府和密克罗尼西亚联邦政府经济技术合作协定 | 2005.8.31 | 北京 |
| 122 | 中华人民共和国政府和墨西哥合众国政府关于对所得避免双重征税和防止偷漏税的协定 | 2005.9.1 | 墨西哥城 |

续表

| 序号 | 名　　　称 | 签订时间 | 签订地点 |
|---|---|---|---|
| 123 | 中华人民共和国政府和摩洛哥王国政府经济技术合作协定 | 2005.9.5 | 拉巴特 |
| 124 | 中华人民共和国政府和欧洲共同体及其成员国海运协定修改议定书 | 2005.9.5 | 北京 |
| 125 | 中华人民共和国政府和卢旺达共和国政府经济技术合作协定 | 2005.9.8 | 基加利 |
| 126 | 中华人民共和国政府和利比里亚共和国政府关于中国派遣医疗队赴利比里亚工作议定书 | 2005.9.8 | 蒙罗维亚 |
| 127 | 中华人民共和国和国际复兴开发银行关于重庆小城镇基础设施改善项目贷款协定 | 2005.9.10 | 北京 |
| 128 | 中华人民共和国政府和墨西哥合众国政府关于在墨西哥城建立中国文化中心的谅解备忘录 | 2005.9.12 | 墨西哥城 |
| 129 | 中华人民共和国政府和墨西哥合众国政府关于植物检疫的合作协定 | 2005.9.12 | 墨西哥城 |
| 130 | 中华人民共和国政府和乌拉圭东岸共和国政府经济技术合作协定 | 2005.9.13 | 北京 |
| 131 | 中华人民共和国政府向科特迪瓦共和国政府提供贷款协定 | 2005.9.19 | 阿比让 |
| 132 | 中华人民共和国政府和吉布提共和国政府经济技术合作协定 | 2005.9.19 | 北京 |
| 133 | 中华人民共和国政府和马尔代夫共和国政府经济技术合作协定 | 2005.9.25 | 马累 |
| 134 | 中华人民共和国政府和刚果共和国政府经济技术合作协定 | 2005.9.26 | 北京 |
| 135 | 中华人民共和国政府与南非共和国政府在水资源领域合作的谅解备忘录 | 2005.9.26 | 比勒陀利亚 |
| 136 | 中华人民共和国政府和亚美尼亚共和国政府经济技术合作协定 | 2005.9.26 | 北京 |
| 137 | 中华人民共和国外交部和德意志联邦共和国外交部关于建立中德对话论坛的协议 | 2005.9.28 | 柏林 |
| 138 | 中华人民共和国与亚洲开发银行关于吉林供排水设施建设项目贷款协定 | 2005.9.29 | 马尼拉 |
| 139 | 中华人民共和国政府和喀麦隆共和国政府经济技术合作协定 | 2005.9.30 | 雅温得 |
| 140 | 中华人民共和国政府和赤道几内亚共和国政府经济技术合作协定 | 2005.10.20 | 北京 |

续表

| 序号 | 名称 | 签订时间 | 签订地点 |
| --- | --- | --- | --- |
| 141 | 中华人民共和国政府和赤道几内亚共和国政府关于互免持外交、公务和官员护照人员签证的协定 | 2005.10.20 | 北京 |
| 142 | 中华人民共和国和塞内加尔共和国关于恢复外交关系的联合公报 | 2005.10.25 | 北京 |
| 143 | 中华人民共和国政府和喀麦隆共和国政府经济技术合作协定 | 2005.10.26 | 雅温得 |
| 144 | 中华人民共和国和国际复兴开发银行关于上海可调整规划贷款环境治理二期项目贷款协定 | 2005.10.31 | 北京 |
| 145 | 中华人民共和国和国际复兴开发银行关于内河航运V项目贷款协定 | 2005.11.3 | 北京 |
| 146 | 中华人民共和国政府和俄罗斯联邦政府关于在俄学习汉语和在华学习俄语的协议 | 2005.11.3 | 北京 |
| 147 | 中华人民共和国政府和大不列颠及北爱尔兰联合王国关于可持续发展高级别对话机制的联合声明 | 2005.11.8 | 伦敦 |
| 148 | 中华人民共和国和西班牙王国引渡条约 | 2005.11.14 | 马德里 |
| 149 | 中华人民共和国政府和蒙古国政府关于中蒙边界第二次联合检查的议定书 | 2005.11.28 | 乌兰巴托 |
| 150 | 中华人民共和国政府同意日本国政府在重庆设立总领馆的换文 | 2005.12.3 | 北京 |
| 151 | 中华人民共和国和白俄罗斯共和国联合声明 | 2005.12.5 | 北京 |
| 152 | 中华人民共和国政府和白俄罗斯共和国政府关于两国地方政府自行管理机关合作原则的协定 | 2005.12.5 | 北京 |
| 153 | 中华人民共和国政府和捷克共和国政府联合声明 | 2005.12.8 | 布拉格 |
| 154 | 《中华人民共和国政府和捷克和斯洛伐克联邦共和国政府关于促进和保护投资协定》的附加议定书 | 2005.12.8 | 布拉格 |
| 155 | 中华人民共和国和捷克共和国关于促进和保护投资协定 | 2005.12.8 | 布拉格 |
| 156 | 中华人民共和国政府和葡萄牙共和国政府关于加强双边关系的联合声明 | 2005.12.9 | 里斯本 |
| 157 | 中华人民共和国和葡萄牙共和国关于刑事司法协助的协定 | 2005.12.9 | 里斯本 |
| 158 | 中华人民共和国和纳米比亚共和国引渡条约 | 2005.12.19 | 北京 |

# 九、2005年中国与各建交国贸易额一览表*

金额单位：万美元

| 国家 | 进出口总额 | 出口额 | 进口额 | 累计比上年同期增减% | | |
|---|---|---|---|---|---|---|
| | | | | 进出口 | 出口 | 进口 |
| 亚洲 | | | | | | |
| 阿富汗 | 5 277 | 5 121 | 156 | -8.9 | -10.1 | 64.5 |
| 巴林 | 25 591 | 18 697 | 6 894 | 20.2 | 55.1 | -25.4 |
| 孟加拉国 | 248 134 | 240 274 | 7 860 | 26.4 | 26.0 | 37.9 |
| 文莱 | 26 087 | 5 314 | 20 773 | -12.7 | 11.0 | -17.3 |
| 缅甸 | 120 933 | 93 493 | 27 440 | 5.6 | -0.4 | 32.6 |
| 柬埔寨 | 56 332 | 53 601 | 2 731 | 16.9 | 18.6 | -8.8 |
| 塞浦路斯 | 29 015 | 28 731 | 284 | 55.2 | 55.1 | 67.8 |
| 朝鲜 | 158 034 | 108 118 | 49 916 | 14.1 | 35.2 | -14.8 |
| 印度 | 1 870 298 | 893 464 | 974 834 | 37.4 | 50.5 | 27.2 |
| 印度尼西亚 | 1 678 889 | 835 135 | 843 753 | 24.6 | 33.5 | 16.9 |
| 伊朗 | 1 008 393 | 329 655 | 678 738 | 43.1 | 29.0 | 51.1 |
| 伊拉克 | 82 379 | 40 811 | 41 568 | 75.3 | 172.9 | 29.8 |
| 以色列 | 302 794 | 195 440 | 107 354 | 21.9 | 26.7 | 13.9 |
| 日本 | 18 444 376 | 8 399 213 | 10 045 163 | 9.9 | 14.3 | 6.5 |
| 约旦 | 91 063 | 83 176 | 7 887 | 28.1 | 33.7 | -10.9 |
| 科威特 | 164 884 | 62 834 | 102 050 | 32.1 | 29.8 | 33.6 |
| 老挝 | 12 892 | 10 338 | 2 555 | 13.6 | 2.5 | 101.9 |
| 黎巴嫩 | 47 625 | 47 206 | 419 | -3.5 | -2.4 | -56.8 |
| 马来西亚 | 3 070 304 | 1 060 686 | 2 009 618 | 16.9 | 31.2 | 10.6 |
| 马尔代夫 | 1 696 | 1 693 | 2.7 | 109.6 | 114.1 | -85.0 |
| 蒙古 | 85 991 | 31 898 | 54 093 | 23.8 | 36.7 | 17.3 |
| 尼泊尔 | 19 643 | 18 794 | 850 | 14.6 | 15.1 | 3.2 |

续表

| 国家 | 进出口总额 | 出口额 | 进口额 | 累计比上年同期增减% | | |
|---|---|---|---|---|---|---|
| | | | | 进出口 | 出口 | 进口 |
| 阿曼 | 432 991 | 19 099 | 413 891 | -1.4 | 72.0 | -3.3 |
| 巴基斯坦 | 426 120 | 342 803 | 83 317 | 39.2 | 39.0 | 40.1 |
| 巴勒斯坦 | 2 387 | 2 364 | 22.9 | 140.6 | 140.1 | 207.9 |
| 菲律宾 | 1 755 789 | 468 787 | 1 287 002 | 31.7 | 9.8 | 42.1 |
| 卡塔尔 | 67 643 | 20 367 | 47 276 | 54.5 | 96.7 | 41.4 |
| 沙特阿拉伯 | 1 607 039 | 382 467 | 1 224 572 | 56.1 | 37.8 | 62.8 |
| 新加坡 | 3 314 906 | 1 663 262 | 1 651 644 | 24.2 | 31.1 | 18.0 |
| 大韩民国 | 11 193 125 | 3 510 926 | 7 682 199 | 24.3 | 26.2 | 23.4 |
| 斯里兰卡 | 97 641 | 93 982 | 3 660 | 36.1 | 35.3 | 62.0 |
| 叙利亚 | 90 634 | 88 860 | 1 774 | 25.8 | 28.3 | -36.7 |
| 泰国 | 2 181 234 | 782 048 | 1 399 186 | 25.8 | 34.8 | 21.2 |
| 土耳其 | 487 390 | 425 213 | 62 177 | 42.8 | 50.7 | 5.1 |
| 阿拉伯联合酋长国 | 1 077 577 | 873 016 | 204 561 | 32.3 | 27.6 | 56.8 |
| 也门 | 321 485 | 54 716 | 266 769 | 67.8 | 19.5 | 82.9 |
| 越南 | 819 640 | 564 448 | 255 192 | 21.6 | 32.5 | 2.8 |
| 东帝汶 | 127 | 127 | 0.1 | -25.5 | -25.5 | 704.5 |
| 哈萨克斯坦 | 681 032 | 390 093 | 290 939 | 51.4 | 76.4 | 27.3 |
| 吉尔吉斯斯坦 | 97 220 | 86 715 | 10 505 | 61.4 | 76.0 | -4.1 |
| 塔吉克斯坦 | 15 794 | 14 374 | 1 420 | 129.1 | 168.4 | -7.6 |
| 土库曼斯坦 | 10 987 | 9 088 | 1 899 | 11.6 | 7.5 | 36.7 |
| 乌兹别克斯坦 | 68 056 | 23 006 | 45 050 | 18.3 | 33.4 | 11.8 |
| 非洲 | | | | | | |
| 阿尔及利亚 | 176 898 | 140 525 | 36 373 | 42.7 | 43.3 | 40.4 |
| 安哥拉 | 695 462 | 37 279 | 658 183 | 41.6 | 92.6 | 39.5 |
| 贝宁 | 109 235 | 95 295 | 13 939 | 58.6 | 65.1 | 25.3 |
| 博茨瓦纳 | 6 252 | 5 851 | 400 | 19.3 | 18.1 | 40.0 |
| 布隆迪 | 1 222 | 1 189 | 32.7 | 138.0 | 147.0 | 2.6 |

续表

| 国家 | 进出口总额 | 出口额 | 进口额 | 累计比上年同期增减% | | |
|---|---|---|---|---|---|---|
| | | | | 进出口 | 出口 | 进口 |
| 喀麦隆 | 19 662 | 12 986 | 6 675 | -21.0 | 29.8 | -55.2 |
| 佛得角 | 519 | 519 | - | 88.9 | 88.9 | - |
| 中非 | 1 608 | 709 | 899 | 68.0 | 113.3 | 44.0 |
| 科摩罗 | 183 | 183 | 0.1 | 41.1 | 41.0 | |
| 刚果(布) | 242 268 | 14 470 | 227 799 | 45.8 | 55.5 | 45.2 |
| 吉布提 | 11 200 | 11 146 | 53.6 | 54.0 | 54.3 | 4.2 |
| 埃及 | 214 524 | 193 410 | 21 114 | 36.1 | 39.3 | 12.3 |
| 赤道几内亚 | 145 664 | 1 880 | 143 783 | 44.7 | 85.7 | 44.3 |
| 埃塞俄比亚 | 36 971 | 28 400 | 8 571 | 77.4 | 46.4 | 495.8 |
| 加蓬 | 39 296 | 4 128 | 35 168 | -5.2 | 191.5 | -12.1 |
| 加纳 | 76 860 | 67 259 | 9 601 | 30.1 | 31.8 | 19.4 |
| 几内亚 | 14 732 | 14 431 | 300 | 36.6 | 55.1 | -79.7 |
| 几内亚比绍 | 579 | 579 | - | -3.8 | -3.3 | -100.0 |
| 科特迪瓦 | 22 210 | 13 702 | 8 509 | -4.0 | 11.4 | -21.5 |
| 肯尼亚 | 47 457 | 45 692 | 1 765 | 29.7 | 31.0 | 4.0 |
| 利比里亚 | 16 380 | 14 963 | 1 417 | -17.4 | -17.7 | -14.2 |
| 利比亚 | 130 222 | 36 050 | 94 172 | 93.9 | 41.4 | 126.0 |
| 马达加斯加 | 19 664 | 18 264 | 1 400 | 18.3 | 20.1 | -0.6 |
| 马里 | 14 519 | 6 594 | 7 925 | -12.3 | 12.2 | -25.8 |
| 毛里塔尼亚 | 7 835 | 7 430 | 406 | -31.7 | 15.5 | -91.9 |
| 毛里求斯 | 18 560 | 17 732 | 828 | 17.6 | 17.3 | 24.4 |
| 摩洛哥 | 148 386 | 120 641 | 27 745 | 28.2 | 27.9 | 29.6 |
| 莫桑比克 | 16 501 | 9 148 | 7 353 | 38.1 | 21.7 | 66.0 |
| 纳米比亚 | 13 674 | 6 035 | 7 639 | 38.0 | 14.9 | 64.0 |
| 尼日尔 | 3 390 | 3 390 | 0.1 | 35.6 | 35.6 | -94.4 |
| 尼日利亚 | 283 035 | 230 339 | 52 696 | 29.7 | 34.0 | 13.8 |
| 卢旺达 | 2 354 | 1 201 | 1 153 | 11.3 | 134.1 | -28.1 |

续表

| 国家 | 进出口总额 | 出口额 | 进口额 | 累计比上年同期增减% | | |
|---|---|---|---|---|---|---|
| | | | | 进出口 | 出口 | 进口 |
| 塞内加尔 | 14 096 | 13 308 | 788 | 25.6 | 22.9 | 99.9 |
| 塞舌尔 | 341 | 340 | 1 | 88.5 | 90.9 | -64.8 |
| 塞拉利昂 | 3 212 | 3 076 | 136 | 7.6 | 8.8 | -15.1 |
| 索马里 | 1 964 | 1 657 | 307 | 13.3 | 74.0 | -60.6 |
| 南非 | 727 066 | 382 630 | 344 436 | 23.0 | 29.6 | 16.4 |
| 苏丹 | 390 806 | 129 360 | 261 446 | 55.0 | 58.6 | 53.3 |
| 坦桑尼亚 | 47 430 | 30 359 | 17 072 | 66.9 | 40.6 | 150.1 |
| 多哥 | 56 986 | 53 799 | 3 187 | 28.0 | 35.0 | -31.4 |
| 突尼斯 | 33 968 | 29 559 | 4 409 | 21.7 | 20.6 | 29.2 |
| 乌干达 | 9 937 | 7 937 | 2 000 | 12.8 | 3.8 | 71.8 |
| 刚果(金) | 22 535 | 4 974 | 17 561 | 65.0 | 34.5 | 76.3 |
| 赞比亚 | 30 020 | 4 850 | 25 170 | 35.1 | -5.0 | 47.1 |
| 津巴布韦 | 28 332 | 12 540 | 15 792 | 11.4 | 10.9 | 11.9 |
| 莱索托 | 5 615 | 5 582 | 33.1 | 18.3 | 17.6 | 60 384.6 |
| 厄立特里亚 | 842 | 801 | 40.8 | 4.5 | 6.2 | -20.0 |
| 欧洲 | | | | | | |
| 比利时 | 1 174 515 | 773 977 | 400 538 | 25.2 | 32.1 | 13.8 |
| 丹麦 | 398 510 | 278 893 | 119 617 | 26.4 | 43.3 | -0.8 |
| 英国 | 2 450 310 | 1 897 702 | 552 608 | 24.2 | 26.8 | 16.1 |
| 德国 | 6 325 197 | 3 252 760 | 3 072 438 | 16.9 | 36.9 | 1.2 |
| 法国 | 2 064 944 | 1 164 039 | 900 904 | 17.5 | 17.3 | 17.8 |
| 爱尔兰 | 460 745 | 318 434 | 142 311 | 38.4 | 48.8 | 19.8 |
| 意大利 | 1 861 774 | 1 169 135 | 692 640 | 18.8 | 26.8 | 7.4 |
| 卢森堡 | 219 043 | 203 960 | 15 083 | 109.3 | 122.3 | 16.8 |
| 荷兰 | 2 880 269 | 2 587 683 | 292 586 | 34.0 | 39.7 | -1.5 |
| 希腊 | 202 192 | 193 523 | 8 669 | 37.9 | 40.2 | 0.4 |
| 葡萄牙 | 123 586 | 91 201 | 32 385 | 42.2 | 55.0 | 15.3 |

续表

| 国家 | 进出口总额 | 出口额 | 进口额 | 累计比上年同期增减% | | |
|---|---|---|---|---|---|---|
| | | | | 进出口 | 出口 | 进口 |
| 西班牙 | 1 052 418 | 843 958 | 208 461 | 45.7 | 54.1 | 19.4 |
| 奥地利 | 249 226 | 88 304 | 160 922 | 8.8 | 13.1 | 6.6 |
| 芬兰 | 625 445 | 362 631 | 262 814 | 13.4 | 45.4 | -13.0 |
| 瑞典 | 569 876 | 257 656 | 312 221 | 9.6 | 38.6 | -6.5 |
| 阿尔巴尼亚 | 9 078 | 8 373 | 704 | 31.2 | 32.4 | 18.2 |
| 安道尔 | 324 | 323 | 0.9 | 53.1 | 52.9 | 143.6 |
| 保加利亚 | 53 086 | 44 164 | 8 922 | 31.0 | 30.7 | 32.9 |
| 匈牙利 | 285 920 | 249 370 | 36 550 | -8.6 | -5.9 | -23.1 |
| 冰岛 | 12 143 | 7 470 | 4 673 | 65.7 | 62.5 | 70.9 |
| 列支敦士登 | 1 897 | 922 | 975 | -37.5 | 38.5 | -58.8 |
| 马耳他 | 53 904 | 30 111 | 23 794 | 2.6 | 10.2 | -5.6 |
| 摩纳哥 | 1 923 | 925 | 998 | -7.4 | -35.5 | 55.0 |
| 挪威 | 246 582 | 132 193 | 114 390 | 1.6 | 28.5 | -18.2 |
| 波兰 | 315 295 | 259 549 | 55 747 | 35.3 | 40.8 | 14.4 |
| 罗马尼亚 | 166 154 | 136 924 | 29 229 | 20.1 | 29.5 | -10.6 |
| 圣马力诺 | 162 | 162 | 0.5 | 162.6 | 163.1 | 68.1 |
| 瑞士 | 582 745 | 194 672 | 388 073 | 13.8 | 29.3 | 7.4 |
| 爱沙尼亚 | 36 910 | 31 142 | 5 768 | 65.8 | 54.2 | 179.4 |
| 拉脱维亚 | 29 023 | 28 167 | 856 | 46.0 | 57.4 | -56.8 |
| 立陶宛 | 37 244 | 36 096 | 1 148 | 30.3 | 32.5 | -15.1 |
| 格鲁吉亚 | 4 342 | 4 076 | 266 | -23.9 | 78.1 | -92.2 |
| 亚美尼亚 | 2 338 | 2 303 | 35.1 | 68.9 | 97.1 | -83.7 |
| 阿塞拜疆 | 25 835 | 23 395 | 2 440 | 40.4 | 62.8 | -39.3 |
| 白俄罗斯 | 57 174 | 8 128 | 49 046 | 161.2 | 25.1 | 218.6 |
| 摩尔多瓦共和国 | 5 163 | 5 149 | 14 | 114.3 | 115.3 | -24.8 |
| 俄罗斯 | 2 910 314 | 1 321 225 | 1 589 090 | 37.1 | 45.2 | 31.0 |
| 乌克兰 | 327 729 | 249 243 | 78 487 | 31.7 | 72.7 | -24.9 |

续表

| 国家 | 进出口总额 | 出口额 | 进口额 | 累计比上年同期增减% | | |
|---|---|---|---|---|---|---|
| | | | | 进出口 | 出口 | 进口 |
| 塞尔维亚和黑山 | 22 250 | 20 108 | 2 141 | 26.6 | 23.2 | 70.5 |
| 斯洛文尼亚 | 32 281 | 26 557 | 5 724 | 29.7 | 28.4 | 36.4 |
| 克罗地亚 | 61 747 | 57 364 | 4 383 | 68.5 | 66.5 | 100.1 |
| 捷克共和国 | 203 921 | 166 745 | 37 176 | 13.7 | 23.4 | -15.9 |
| 斯洛伐克 | 49 137 | 30 835 | 18 302 | 70.4 | 92.9 | 42.4 |
| 马其顿共和国 | 3 415 | 2 150 | 1 265 | 22.5 | -18.6 | 763.9 |
| 波斯尼亚和黑塞哥维那 | 12 298 | 1 957 | 10 341 | 720.7 | 37.8 | 13 155.6 |
| 美洲 | | | | | | |
| 加拿大 | 1 916 516 | 1 165 381 | 751 135 | 23.5 | 42.8 | 2.2 |
| 美国 | 21 162 595 | 16 289 965 | 4 872 630 | 24.8 | 30.4 | 9.1 |
| 安提瓜和巴布达 | 14 690 | 14 690 | - | 23.9 | 23.9 | - |
| 阿根廷 | 512 467 | 132 509 | 379 958 | 24.8 | 55.5 | 16.7 |
| 巴哈马 | 15 564 | 15 545 | 18.8 | 56.6 | 57.5 | -72.9 |
| 巴巴多斯 | 1 940 | 1 919 | 21.1 | 82.7 | 84.9 | -12.6 |
| 玻利维亚 | 8 162 | 5 054 | 3 109 | 53.6 | 114.2 | 5.2 |
| 巴西 | 1 481 729 | 482 755 | 998 974 | 20.0 | 31.4 | 15.2 |
| 智利 | 713 440 | 214 989 | 498 451 | 33.2 | 27.3 | 35.9 |
| 哥伦比亚 | 113 532 | 93 017 | 20 515 | 41.1 | 47.8 | 16.9 |
| 多米尼克 | 4 999 | 4 905 | 94.6 | 5.7 | 7.7 | -46.0 |
| 古巴 | 87 282 | 63 587 | 23 696 | 66.8 | 93.7 | 21.6 |
| 厄瓜多尔 | 51 011 | 46 739 | 4 272 | 17.0 | 36.0 | -53.7 |
| 格林纳达 | 273 | 273 | 0.1 | 247.7 | 247.5 | 1 580.0 |
| 圭亚那 | 3 478 | 2 721 | 757 | 55.5 | 28.4 | 544.1 |
| 牙买加 | 32 507 | 10 407 | 22 100 | -17.9 | -17.4 | -18.1 |
| 墨西哥 | 776 428 | 553 827 | 222 602 | 9.2 | 11.4 | 4.0 |
| 秘鲁 | 288 532 | 60 891 | 227 640 | 48.6 | 45.5 | 49.5 |

续表

| 国家 | 进出口总额 | 出口额 | 进口额 | 累计比上年同期增减% | | |
|---|---|---|---|---|---|---|
| | | | | 进出口 | 出口 | 进口 |
| 圣卢西亚 | 3 554 | 283 | 3 271 | 1430.9 | 23.3 | 120 988.0 |
| 苏里南 | 4 603 | 3 868 | 735 | 47.4 | 27.8 | 664.3 |
| 特立尼达和多巴哥 | 11 909 | 10 043 | 1 866 | 49.6 | 32.3 | 407.5 |
| 乌拉圭 | 45 590 | 28 257 | 17 333 | 42.5 | 34.8 | 57.1 |
| 委内瑞拉 | 214 185 | 90 784 | 123 401 | 60.6 | 52.4 | 67.2 |
| **大洋洲** | | | | | | |
| 澳大利亚 | 2 724 822 | 1 106 174 | 1 618 648 | 33.6 | 25.2 | 40.1 |
| 库克群岛 | 592 | 44.4 | 547 | 552.2 | －46.2 | 6 641.6 |
| 斐济 | 4 527 | 4 300 | 227 | 16.9 | 32.2 | －63.2 |
| 瓦努阿图 | 827 | 780 | 47.5 | 10.4 | 7.9 | 79.5 |
| 新西兰 | 268 015 | 135 350 | 132 665 | 7.6 | 25.6 | －6.1 |
| 巴布亚新几内亚 | 37 605 | 6 659 | 30 946 | 26.9 | 26.8 | 26.9 |
| 汤加 | 294 | 294 | 0.1 | －53.1 | －53.2 | － |
| 萨摩亚 | 598 | 594 | 4.1 | －12.8 | 1.0 | －95.8 |
| 密克罗尼西亚联邦 | 244 | 242 | 1.9 | －67.3 | －67.5 | － |

* 以上统计数字未包括各建交国与中国香港特别行政区、中国澳门特别行政区和中国台湾省的贸易额。

# 十、2005年中国接收各建交国留学生情况统计表*

| 国　别 | 长期留学生人数 | 短期留学生人数 | 总　数 |
|---|---|---|---|
| 亚洲 | | | |
| 阿富汗 | 23 | 1 | 24 |
| 巴林 | 7 | | 7 |
| 孟加拉国 | 118 | 24 | 142 |
| 文莱 | 2 | 5 | 7 |
| 缅甸 | 456 | 38 | 494 |
| 柬埔寨 | 173 | 15 | 188 |
| 塞浦路斯 | 1 | | 1 |
| 朝鲜 | 664 | 92 | 756 |
| 印度 | 3248 | 47 | 3295 |
| 印度尼西亚 | 3658 | 958 | 4616 |
| 伊朗 | 136 | 8 | 144 |
| 伊拉克 | 46 | 4 | 50 |
| 以色列 | 93 | 63 | 156 |
| 日本 | 11933 | 6941 | 18874 |
| 约旦 | 61 | 9 | 70 |
| 科威特 | 7 | | 7 |
| 老挝 | 537 | 32 | 569 |
| 黎巴嫩 | 26 | 3 | 29 |
| 马来西亚 | 1409 | 180 | 1589 |
| 马尔代夫 | 7 | 1 | 8 |
| 蒙古国 | 1800 | 156 | 1956 |
| 尼泊尔 | 2356 | 18 | 2374 |

续表

| 国　　别 | 长期留学生人数 | 短期留学生人数 | 总　数 |
|---|---|---|---|
| 阿曼 | 10 | 3 | 13 |
| 巴基斯坦 | 1872 | 28 | 1900 |
| 巴勒斯坦 | 110 | 6 | 116 |
| 菲律宾 | 1007 | 1169 | 2176 |
| 卡塔尔 | 2 | 1 | 3 |
| 沙特阿拉伯 | 52 | 2 | 54 |
| 新加坡 | 775 | 547 | 1322 |
| 韩国 | 43705 | 10374 | 54079 |
| 斯里兰卡 | 278 | 3 | 281 |
| 叙利亚 | 89 | 3 | 92 |
| 泰国 | 2593 | 1001 | 3594 |
| 土耳其 | 290 | 21 | 311 |
| 阿拉伯联合酋长国 | 9 | | 9 |
| 也门共和国 | 381 | 8 | 389 |
| 越南 | 5619 | 223 | 5842 |
| 东帝汶 | | | |
| 哈萨克斯坦 | 731 | 50 | 781 |
| 吉尔吉斯斯坦 | 22 | 6 | 28 |
| 塔吉克斯坦 | 66 | | 66 |
| 土库曼斯坦 | 31 | | 31 |
| 乌兹别克斯坦 | 83 | 26 | 109 |
| 非洲 | | | |
| 阿尔及利亚 | 71 | 1 | 72 |
| 安哥拉 | 12 | 1 | 13 |
| 贝宁 | 44 | 3 | 47 |
| 博茨瓦纳 | 6 | 6 | 12 |
| 布隆迪 | 61 | 2 | 63 |
| 喀麦隆 | 81 | 15 | 96 |

续表

| 国　　别 | 长期留学生人数 | 短期留学生人数 | 总　　数 |
|---|---|---|---|
| 佛得角 | 15 | | 15 |
| 中非 | 27 | | 27 |
| 科摩罗 | 9 | 1 | 10 |
| 刚果(布) | 69 | 15 | 84 |
| 吉布提 | 11 | 2 | 13 |
| 埃及 | 27 | 83 | 111 |
| 赤道几内亚 | 64 | 1 | 65 |
| 埃塞俄比亚 | 66 | 66 | 132 |
| 加蓬 | 65 | 3 | 68 |
| 加纳 | 43 | 5 | 48 |
| 几内亚 | 47 | | 47 |
| 几内亚比绍 | 145 | 3 | 148 |
| 科特迪瓦 | 16 | 3 | 19 |
| 肯尼亚 | 67 | 35 | 102 |
| 利比里亚 | 20 | 9 | 29 |
| 利比亚 | 34 | 62 | 96 |
| 马达加斯加 | 35 | 2 | 37 |
| 马里 | 86 | 1 | 87 |
| 毛里塔尼亚 | 23 | 8 | 31 |
| 毛里求斯 | 79 | 16 | 95 |
| 摩洛哥 | 39 | 1 | 40 |
| 莫桑比克 | 14 | 5 | 19 |
| 纳米比亚 | 23 | 4 | 27 |
| 尼日尔 | 53 | 1 | 54 |
| 尼日利亚 | 106 | 10 | 116 |
| 卢旺达 | 45 | 4 | 49 |
| 塞内加尔 | 21 | 1 | 22 |
| 塞舌尔 | 14 | 3 | 17 |

续表

| 国　　别 | 长期留学生人数 | 短期留学生人数 | 总　数 |
|---|---|---|---|
| 塞拉利昂 | 58 | 7 | 65 |
| 索马里 | 6 | 1 | 7 |
| 南非 | 44 | 7 | 51 |
| 苏丹 | 105 | 12 | 117 |
| 坦桑尼亚 | 240 | 16 | 256 |
| 多哥 | 28 | 1 | 29 |
| 突尼斯 | 23 | | 23 |
| 乌干达 | 64 | 10 | 74 |
| 刚果(金) | 47 | 1 | 48 |
| 赞比亚 | 90 | 15 | 105 |
| 津巴布韦 | 23 | 8 | 31 |
| 莱索托 | 15 | 10 | 25 |
| 厄立特里亚 | 7 | | 7 |
| 欧洲 | | | |
| 比利时 | 148 | 77 | 225 |
| 丹麦 | 139 | 197 | 336 |
| 英国 | 711 | 694 | 1405 |
| 德国 | 1654 | 1082 | 2736 |
| 法国 | 1733 | 1372 | 3105 |
| 爱尔兰 | 40 | 68 | 108 |
| 意大利 | 584 | 515 | 1099 |
| 卢森堡 | 4 | 5 | 9 |
| 荷兰 | 292 | 116 | 408 |
| 希腊 | 28 | 55 | 83 |
| 葡萄牙 | 58 | 58 | 116 |
| 西班牙 | 259 | 199 | 458 |
| 奥地利 | 111 | 275 | 386 |
| 芬兰 | 122 | 128 | 250 |

续表

| 国别 | 长期留学生人数 | 短期留学生人数 | 总数 |
|---|---|---|---|
| 瑞典 | 371 | 144 | 515 |
| 阿尔巴尼亚 | 13 | 1 | 14 |
| 安道尔 | | 2 | 2 |
| 保加利亚 | 52 | 6 | 58 |
| 匈牙利 | 61 | 13 | 74 |
| 冰岛 | 15 | 2 | 17 |
| 列支敦士登 | | | |
| 马耳他 | 3 | | 3 |
| 摩纳哥 | | | |
| 挪威 | 171 | 108 | 279 |
| 波兰 | 132 | 42 | 174 |
| 罗马尼亚 | 68 | 3 | 71 |
| 圣马力诺 | | | |
| 瑞士 | 259 | 199 | 458 |
| 爱沙尼亚 | 8 | 4 | 12 |
| 拉脱维亚 | 15 | 1 | 16 |
| 立陶宛 | 25 | | 25 |
| 格鲁吉亚 | 24 | 1 | 25 |
| 亚美尼亚 | 20 | 1 | 21 |
| 阿塞拜疆 | 21 | 1 | 22 |
| 白俄罗斯 | 65 | 1 | 66 |
| 摩尔多瓦 | 30 | | 30 |
| 俄罗斯联邦 | 2552 | 983 | 3535 |
| 乌克兰 | 149 | 7 | 156 |
| 塞尔维亚和黑山 | 43 | 11 | 54 |
| 斯洛文尼亚 | 33 | 3 | 36 |
| 克罗地亚 | 18 | 1 | 19 |
| 捷克 | 39 | 8 | 47 |

续表

| 国　别 | 长期留学生人数 | 短期留学生人数 | 总　数 |
|---|---|---|---|
| 斯洛伐克 | 23 | 3 | 26 |
| 马其顿 | 4 | | 4 |
| 波斯尼亚—黑塞哥维那 | 7 | | 7 |
| **拉丁美洲** | | | |
| 安提瓜和巴布达 | | | |
| 阿根廷 | 39 | 9 | 48 |
| 巴哈马 | 12 | 1 | 13 |
| 巴巴多斯 | 3 | | 3 |
| 玻利维亚 | 56 | 2 | 58 |
| 巴西 | 143 | 121 | 264 |
| 智利 | 30 | 8 | 38 |
| 哥伦比亚 | 54 | 48 | 102 |
| 多米尼克 | 19 | 2 | 21 |
| 古巴 | 55 | 8 | 63 |
| 厄瓜多尔 | 49 | 8 | 57 |
| 格林纳达 | 7 | | 7 |
| 圭亚那 | 5 | | 5 |
| 牙买加 | 11 | 1 | 12 |
| 墨西哥 | 256 | 255 | 511 |
| 秘鲁 | 47 | 27 | 74 |
| 圣卢西亚 | 2 | | 2 |
| 苏里南 | 6 | 1 | 7 |
| 特立尼达和多巴哥 | 4 | | 4 |
| 乌拉圭 | 6 | | 6 |
| 委内瑞拉 | 32 | 2 | 34 |
| **北美洲** | | | |
| 加拿大 | 851 | 562 | 1413 |
| 美国 | 4151 | 6192 | 10343 |

续表

| 国　　别 | 长期留学生人数 | 短期留学生人数 | 总　数 |
|---|---|---|---|
| **大洋洲** | | | |
| 澳大利亚 | 522 | 1069 | 1591 |
| 库克群岛 | | | |
| 斐济 | 7 | | 7 |
| 瓦努阿图 | 1 | 1 | 2 |
| 新西兰 | 124 | 35 | 159 |
| 巴布亚新几内亚 | 6 | 3 | 9 |
| 汤加 | 9 | 5 | 14 |
| 萨摩亚 | 8 | 1 | 9 |
| 密克罗尼西亚联邦 | 4 | 1 | 5 |

* 本表未包括各建交国在中国香港特别行政区、澳门特别行政区和台湾省就读的留学生人数。

# 后　记

为增进国内外人士对中国外交工作的了解，由外交部各地区业务司撰稿、外交部政策研究司主编、世界知识出版社出版发行的《中国外交》，每年出版一卷，向国内外公开发行。

《中国外交》旨在比较准确、全面地阐述中国的外交政策和中国对国际形势的最新看法，较为系统、完整地介绍中国上一年度外交关系状况及外交实践。

《中国外交》2006年版主要介绍2005年的中国外交，个别章节对有关历史状况作了简要介绍。为满足国内外读者的需要，中文版与英文全译本同时发行。

《中国外交》2006年版共分七章。

第一章和第二章主要介绍中国对2005年国际形势的看法和中国外交工作概况。

第三章主要介绍2005年中国与各建交国家的关系。每个建交国成一节，按各建交国国名的英文字母顺序排列。

第四章主要介绍2005年中国与国际和地区组织的关系以及中国对有关问题的立场及观点。

第五章介绍2005年中国外交中的条约法律工作。

第六章介绍2005年中国外交中的新闻工作。

第七章介绍2005年中国外交中的领事工作。

另设“2005年中国外交重要活动记事”和“2005年中国外交重要文献”。

最后为附录。本卷附录收有2005年中国外交部组织机构表，外交部领导成员名单，与中国建交的国家、建交日期和2005年中国驻外使节一览表，中国常驻联合国代表团名称、驻地和2005年常驻代表一览表，中国与外国互设领事机构一览表，中国与外国签订互免签证协议一览表，2005年中国采取行动的国际公约一览表以及2005年中国与外国签订的主要双边条约一览表，2005年中国与各建交国贸易额一览表和2005年中国接收各建交国留学生情况统计表。

外交部政策研究司

二〇〇六年三月十日

图书在版编目（CIP）数据

中国外交.2006年／外交部政策研究司编.—北京：
世界知识出版社，2006.5
ISBN 7-5012-2807-8

Ⅰ.中… Ⅱ.外… Ⅲ.外交-概况-中国-2006 Ⅳ.D82

中国版本图书馆CIP数据核字（2006）第027324号

**中国外交／2006年版**
**Zhongguo Waijiao / 2006 Nian Ban**

**责任编辑**／龚玲琳
**封面设计**／勾建山
**责任出版**／王勇刚
**责任校对**／王　铮

出版发行／世界知识出版社
地址电话／北京市东城区干面胡同51号　（010）65265923
邮政编码／100010
经　　销／新华书店
排版印刷／世知萨隆文化交流中心　河北新华印刷一厂印刷
开本印张／787×1092　1/16　33印张　524千字
版　　次／2006年5月第一版　2006年5月第一次印刷
印　　数／1—5000
定　　价／38.00元（平装）